高等院校环境类系列教材

生 态 经 济 学

ECOLOGICAL ECONOMICS

（第三版）

沈满洪　主　编

谢慧明　王　颖　副主编

中国环境出版集团・北京

图书在版编目（CIP）数据

生态经济学/沈满洪主编. —3 版. —北京：中国环境出版集团，2022.7（2024.2 重印）
高等院校环境类系列教材
ISBN 978-7-5111-5182-7

Ⅰ. ①生… Ⅱ. ①沈… Ⅲ. ①生态经济学—高等学校—教材 Ⅳ. ①F062.2

中国版本图书馆 CIP 数据核字（2022）第 108823 号

微信扫码
●配套课件

出 版 人　武德凯
责任编辑　宾银平　陈金华
封面设计　彭　杉

出版发行　中国环境出版集团
（100062　北京市东城区广渠门内大街 16 号）
网　　址：http：//www.cesp.com.cn
电子邮箱：bjgl@cesp.com.cn
联系电话：010-67112765（编辑管理部）
发行热线：010-67125803，010-67113405（传真）
印　　刷　玖龙（天津）印刷有限公司
经　　销　各地新华书店
版　　次　2008 年 6 月第 1 版，2022 年 7 月第 3 版
印　　次　2024 年 2 月第 2 次印刷
开　　本　787×1092　1/16
印　　张　21.5
字　　数　530 千字
定　　价　58.00 元

中国特色生态经济学学科构建的创新力作

——沈满洪主编的《生态经济学》（第三版）序言

李周

中国是世界上最早开展有组织的生态经济学研究的国家。1980 年 9 月，由时任中国社会科学院副院长许涤新主持，中国社会科学院经济研究所和《经济研究》编辑部联合召开我国首次生态经济问题座谈会，正式拉开我国创建生态经济学的序幕。在许涤新、于光远、陈岱孙等著名经济学家和马世骏、侯学煜、阳含熙等著名生态学家的共同推动下，1984 年创建了中国生态经济学学会，1987 年创办了《生态经济》杂志，1987 年出版了许涤新先生主编的《生态经济学》。这些工作为中国学者开展生态经济研究提供了重要平台和知识基础。

中国生态经济学的开拓者和奠基人许涤新先生强调，“在生态平衡与经济平衡之间，主导的一面，一般说，应该是前者，因为生态平衡如果受到破坏，这种破坏的损失，就要落到经济的身上”①。生态与经济之间占主导地位的一般为生态，这是当时创立生态经济学的中国前辈学者们共同认可的理论内核。40 多年来，围绕这个理论内核，中国生态经济学家的研究由守住生态平衡底线逐步跃迁到凸显生态经济协调发展主线、立好生态安全标线和追求生态文明高线，由扭转生态系统退化的问题导向逐步跃迁到把生态产品质量、生态服务效率和生态演化速度融为一体的目标导向和建立健全科学化、法治化、规范化、标准化的生态经济融合发展体制机制的制度导向，共同推动着生态经济学的发展。

沈满洪是其中的佼佼者。我与沈满洪 1997 年相识于杭州大学，由于主要研究方向相同，一直保持着学术交往。在我的印象中，沈满洪的学术人生可以用三句话概括：一是中国生态经济学界为数不多的坚守者。沈满洪 30 年如一日，聚焦生态经济学教育和科研工作，主持国家社科基金重大项目等各类课题 70 余项，在《经济研究》《管理世界》《新华文摘》等期刊发表学术论文 300 余篇，2 项成果获得教育部“高等学校优秀科研成果奖（人文社科类）二等奖”、6 项成果获得“浙江省哲学社会科学优秀成果一等奖”、50 多项成果得到中央和地方的采纳或被省部级以上领导肯定性批示，形成了一系列创新性理论成果。二是中国生态经济学学科建设高峰永不停歇的攀登者。沈满洪按照生态经济理论必须与时俱进和创新元素蕴涵在中国生态经济发展鲜活实践中的认识，自觉地承担起构建中国特色生态经济学学科的重任。2008 年其主编的《生态经济学》（第一版）正式出版；2016 年其主编的《生态经济学》（第二版）正式出版；2022 年其主编的《生态经济学》（第三版）出版。三是中国生态经济学学会竭尽所能的支持者。沈满洪入会 25 年来，不仅参加了中国

① 许涤新. 实现四化与生态经济学[J]. 经济研究，1980（11）：17.

生态经济学学会举办的每次年会，而且主办或承办了多次中国生态经济学学会、中国生态经济学学会生态经济教育委员会、中国生态经济学学会海洋生态经济专业委员会的各类会议，为学会发展作出了积极贡献。在深入开展学术研究和积极参与学会活动的过程中，沈满洪从学士成长为博士，从讲师成长为教授，从硕士生导师成长为博士生导师，从中国生态经济学学会会员成长为副理事长。

2022 年春节前夕，沈满洪把他主编的《生态经济学》（第三版）发给我，邀我为其作序，我欣然答应。通读全书，深感该书是一部承载中国特色生态经济学学科构建任务的创新力作。该书具有下列鲜明特色：一是思想引领。全书以习近平生态文明思想为指导，将“绿水青山就是金山银山”“山水林田湖草沙是生命共同体”“坚持人与自然和谐共生”等理念贯穿于全书始终。二是框架严密。该书以生态经济系统、生态经济产业、生态经济消费、生态经济效益（效率）、生态经济科技、生态经济制度等作为基本范畴，构建了生态系统篇、生态产业篇、生态消费篇、生态价值篇、生态科技篇、生态制度篇等六篇 15 章的框架。三是创新丰富。该书虽然是吸收已有研究成果的集大成者，但是，全书仍然充满创新性思想，如关于生态经济学以“经济生态化”和“生态经济化”为研究对象的观点，关于生态经济学以生态经济人假设为前提的观点，关于生态产业链规律、生态需求递增规律、生态价值增值规律等的提炼，关于基于制度的替代性和互补性进行生态经济制度的优化选择和耦合强化的观点等。

沈满洪主编的《生态经济学》（第三版）是我国最有代表性的生态经济学创新力作。虽有瑕疵，但瑕不掩瑜，特推荐给各位读者。

生态经济学的理论创新不会停步，生态经济发展的社会实践不会停步。在中国特色哲学社会科学学科体系构建的过程中，期待沈满洪百尺竿头，更进一步；期待更多的生态经济学学者参与到这一创造性工作中来。如此，中国特色生态经济学学科体系必将更趋完善！

（作者系中国生态经济学学会理事长、中国社会科学院农村发展研究所原所长）

目　录

第三篇 生态消费篇

第四篇　生态价值篇

第五篇　生态科技篇

第六篇　生态制度篇

第1章　引　论

习近平总书记在2016年12月召开的全国高校思想政治工作会议上指出：要加快构建中国特色哲学社会科学学科体系和教材体系，推出更多高水平教材，创新学术话语体系，建立科学权威、公开透明的哲学社会科学成果评价体系，努力构建全方位、全领域、全要素的哲学社会科学体系。[①]生态经济学是中国最早创设的哲学社会科学，理应形成中国特色的生态经济学学科体系。构建生态经济学学科体系，必须阐明研究对象、研究方法、基本范畴和主要规律等基本问题。本章从生态非资源化和经济逆生态化等生态经济问题入手阐述了生态经济学的研究对象；从唯物辩证法、系统论及经济分析法3个层面阐述了生态经济学的分析方法，并在对经济人假设进行修正的基础上提出了生态经济人假设；在生态经济学的研究对象、研究方法和生态经济人假设的基础上勾画了生态经济学的基本范畴和基本规律。[②]

1.1　生态经济学的研究对象[③]

1.1.1　生态经济问题

1.1.1.1　生态非资源化

长期以来，人们将物品分为经济物品和自由物品。经济物品就是要付费才能使用的物品，如服装、食品等；自由物品是指不需要付费就可以使用的物品，如空气、海景等。经济物品之所以要付费才能使用，是因为经济学假设经济物品是稀缺资源，所付的“费”就是用来衡量该物品稀缺程度的标志。自由物品之所以不需要付费就可以使用，是因为经济学假设自由物品是取之不尽、用之不竭的。

现在看来，经济学对经济物品和自由物品的分类已经不能完全成立，不存在绝对的自由物品，反而出现了自由物品的“经济物品化”。洁净的水需要付费才能使用，对此人们已经习以为常。清新的空气日益变为稀缺资源，消费者也需要付费才能使用，如人们付费进入城市里的“氧吧”呼吸几口新鲜的空气。因此，长期以来将“生态”看作“非资源”的观点已经难以立足。

---

① 习近平在全国高校思想政治工作会议上强调：把思想政治工作贯穿教育教学全过程　开创我国高等教育事业发展新局面[N]. 人民日报，2016-12-09.

② 沈满洪. 生态经济学[M]. 2版. 北京：中国环境出版社，2016.

③ 沈满洪. 生态经济学的定义、范畴与规律[J]. 生态经济，2009（1）.

将生态资源当作自由物品是生态非资源化的一个表现。更普遍的问题在于，没有使生态资源的价格充分体现出其稀缺性程度。过低的水价导致水资源的过度使用和浪费使用，未体现生态价值的木材价格导致森林资源的掠夺性砍伐，不考虑生态代价的矿产资源的开采导致矿山“从摇篮到坟墓”。

1.1.1.2 经济逆生态化

如果用“人”表示人类社会，用“天”表示“自然界”即生态系统，那么，人类社会与生态系统的发展演化大致可以分为4个阶段：史前文明阶段、农业文明阶段、工业文明阶段、生态文明阶段。经济逆生态化发端于农业文明阶段，而在工业文明阶段达到了登峰造极的程度。工业文明阶段占统治地位的发展观总体上属于机械主义增长观。“驾驭自然，做自然的主人”“对自然的否定，就是通往幸福之路”等观点就是这一时期的典型代表。这些机械主义增长观开始统治全球，鼓舞人们去改造自然、征服自然乃至破坏自然。尽管人类沿袭这种发展模式取得了伟大的经济成就，却由此导致了严重的人口爆炸、生态灾难、资源枯竭、环境危机等问题。

反思机械主义增长观，可以发现其中至少存在3个明显的缺陷：

（1）忽视了人是自然的一部分，强调人是自然的主宰，将人类与自然简单地对立起来而不是和谐地统一起来。这是人类认识自然、认识社会的根本问题，也就是世界观问题。世界观问题出现偏差，导致发展观的错误选择。

（2）忽视了自然资源供给能力的有限性，违背了资源的稀缺性法则。假设经济增长所依赖的自然资源在数量上是不会枯竭的，因而对它们的开发可以不受约束。事实上，我们只有一个地球。这就充分说明在资源观上出现了认知扭曲。

（3）忽视了生态环境支撑能力的有限性，违背了经济发展要以生态环境的良性循环为基础这一基本法则。以为自然环境自净能力具有无限性，人类生产和生活的废弃物排放所需要的自然环境在容量上不会降低，因而对它的利用可以不受约束。事实上，环境容量是有限的。这就说明在环境观上存在认知缺陷。

1.1.1.3 生态与经济的对抗

生态保护的“好”和“坏”与经济增长的“快”和“慢”的排列组合可以有4种情况（表1-1）。

表1-1 生态保护与经济增长的可能组合

		经济增长	
		快	慢
生态保护	好	Ⅰ（好，快）	Ⅱ（好，慢）
	坏	Ⅲ（坏，快）	Ⅳ（坏，慢）

组合Ⅰ（好，快），属于符合社会需要的目标均衡。这种状态要求做到生态保护与经济增长的良性互动，而不是相互对抗。这也是生态文明建设所要追求的目标。当然，这里“快”是建立在生态系统承载能力之上的适度的快。

组合Ⅱ（好，慢），不属于符合社会需要的目标均衡。这种状态虽然保护了生态，但是经济增长徘徊不前。这种组合类似于环境保护主义所倡导的“只要保护，不要增长”的“零增长模式”。没有经济增长，就难以满足人们的基本需要，而且会进一步导致生态保护难以为继。

组合Ⅲ（坏，快），也不属于符合社会需要的目标均衡。这种状态是发达国家工业化进程中普遍采取的一种模式，也是我国工业化进程中所面临的现实难题。这种组合模式实际上是以“高投入、高消耗、高排放”为代价，实现了“高产出”目标，却导致生态问题异常严峻。

组合Ⅳ（坏，慢），更不属于符合社会需要的目标均衡。这种状态属于“生态贫困型”模式，即越是贫困，越需要依赖自然资源；越依赖自然资源，越导致生态破坏；越是生态破坏，越导致贫困。我国有些地区出现的“生态移民”就是为了摆脱这种困境。

人类社会发展至今，已经达到生态保护与经济增长又好又快的发展模式还十分少见，更大量出现的是“好而不快”“快而不好”“既不好又不快”的发展模式。正因为如此，才需要生态经济学的发展，才需要生态经济学者的努力。

综上所述，所谓生态经济问题就是人类经济社会发展过程中所出现的生态非资源化、经济逆生态化以及生态系统和经济系统之间的相互对抗的状况。

1.1.2 生态经济学的定义与学科群

1.1.2.1 生态经济学的定义

著名生态经济学家罗伯特•科斯坦扎（Robert Costanza）认为：“生态经济学是一门全面研究生态系统与经济系统之间关系的学科，这些关系是当今人类所面临的众多紧迫问题（如可持续性、酸雨、全球变暖、物种消失、财富分配等）的根源，而现有的学科不能对生态系统和经济系统之间的这些关系予以很好的研究。”①这个定义较好地把握了生态经济学的学科性质和基本特征，但是，列举式展示生态经济问题在逻辑上不够严谨。

本书认为，生态经济学是一门研究和解决生态经济问题、探究生态经济系统运行规律的学科，旨在实现经济生态化、生态经济化和生态系统与经济系统之间的良性互动。

该定义具有下列特点：

（1）生态经济学是社会科学，是社会科学中的经济科学。虽然生态经济学建立在一些自然规律尤其是生态规律的基础之上，但是生态经济学是从经济学的角度来探寻这些规律。

（2）生态经济学以问题为导向，即以生态经济问题为研究的出发点。生态经济学不是从理论到理论的纯粹理论经济学，而是从实践上升到理论、再以理论指导实践的亦实践亦理论的应用理论经济学。

（3）生态经济学必须在一些核心范畴的基础上，总结出一些生态经济规律。如果无规律可循，那么，生态经济学就失去了其存在的意义。

（4）生态经济学追求的目标是实现经济生态化、生态经济化和生态系统与经济系统

---

① Costanza R．Ecological economics：reintegrateing the study of humans and nature[J]．Ecological Applications，1996，6（4）．

的良性互动。

所谓经济生态化，就是要求任何经济活动既要遵循经济规律和社会规律，又要遵循生态规律，使经济活动建立在不损害生态环境的基础之上。从“黑色经济”“线性经济”“高碳经济”向“绿色经济”“循环经济”“低碳经济”的转变就是经济生态化的过程。

所谓生态经济化，就是自然界的所有物品不能仅仅考察其常规的经济价值，还要考虑其生态价值，不能将它们当作免费使用的自由物品，而是宝贵的生态资源。因此，需要把环境容量、碳汇价值等生态价值转化成经济价值。在生态经济化的背景下，保护生态就是保护生产力。

习近平总书记指出：“我们既要绿水青山，也要金山银山。宁要绿水青山，不要金山银山，而且绿水青山就是金山银山。”①这一论断充分说明了生态经济化与经济生态化的辩证关系。首先，在一般情况下要坚持“兼顾论”——“既要绿水青山，也要金山银山”；其次，在难以兼顾的特殊情况下要坚持“优先论”——“宁要绿水青山，不要金山银山”；再次，面向未来要坚持“转化论”——既要把“绿水青山”转化成“金山银山”，又要防止在获取“金山银山”时破坏“绿水青山”。

所谓生态系统与经济系统的良性互动，就要求生态系统和经济系统不能相互冲突，而要协调发展、和谐共生。为此，必须坚持“生态优先，绿色发展”的原则。

1.1.2.2　生态经济学的学科群

生态经济学的发展历史并不长，然而，生态经济学的学科发展十分迅猛。生态经济学已经形成了颇具特色的学科群。

生态经济学首先可以区分为理论生态经济学和应用生态经济学。

应用生态经济学又可以区分为专门性生态经济学、部门性生态经济学和区域性生态经济学。其中，专门性生态经济学可以区分为人口生态经济学、资源生态经济学、环境生态经济学等；部门性生态经济学可以区分为农业生态经济学、林业生态经济学、渔业生态经济学、畜牧业生态经济学、工业生态经济学、服务业生态经济学等；区域性生态经济学可以区分为城市生态经济学、乡村生态经济学、海洋生态经济学、流域生态经济学、区域生态经济学等。

当然上述划分只是粗略的，各个子学科之间还存在相互交叉或相互包容的问题。

上述生态经济学的学科分类可以用树图加以表示，如图 1-1 所示。当然，图 1-1 中只是列举了部分学科，并未全部给出。

1.1.3　生态经济学与相关学科之间的关系②

生态经济学与众多学科存在千丝万缕的联系。与生态经济学特别接近的学科主要有：

---

① 习近平. 论坚持人与自然和谐共生. 北京：中央文献出版社，2022.

② 沈满洪. 生态经济学[M]. 2 版. 北京：中国环境出版社，2016；沈满洪. 资源与环境经济学 [M]. 3 版. 北京：中国环境出版集团，2020；许涤新. 生态经济学[M]. 杭州：浙江人民出版社，1987；刘思华. 理论生态经济学若干问题研究[M]. 南宁：广西大学出版社，1989；刘思华. 刘思华可持续经济文集[M]. 北京：中国财政经济出版社，2007；刘思华. 可持续发展经济学[M]. 武汉：湖北人民出版社，1997；曲福田. 资源经济学[M]. 北京：中国农业出版社，2001；洪银兴. 可持续发展经济学[M]. 北京：商务印书馆，2000；刘亭. 循环经济知识读本[M]. 杭州：浙江人民出版社，2006.

环境经济学、循环经济学、低碳经济学、资源经济学和可持续发展经济学。下面着重分析这几个学科与生态经济学的区别。

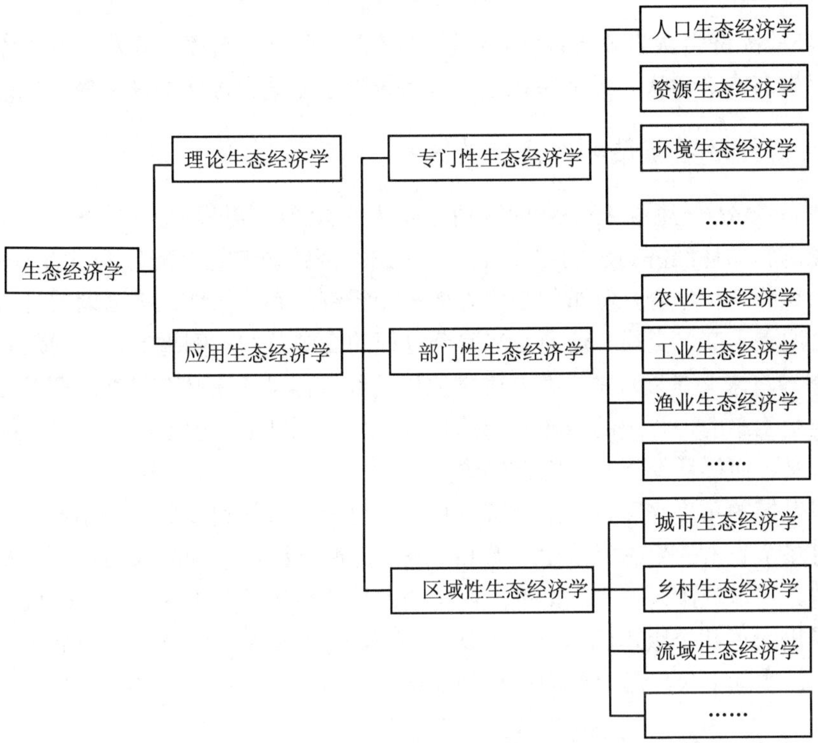

图 1-1 生态经济学的学科分类

1.1.3.1 生态经济学与环境经济学的关系

生态与环境这两个词往往混用，甚至干脆用组合词生态环境。可见，区分生态与环境十分困难。同样，区分生态经济学与环境经济学也十分困难。但是，对生态经济学与环境经济学作一深入剖析，其实还是存在差异的，主要有：

（1）环境经济学侧重于负外部性问题的研究，解决负外部性的内部化。生态经济学侧重于正外部性问题的研究，解决正外部性的内部化。平时讲“环境问题”时总是带有贬义的味道，而用“生态经济”一词时总是带有褒义的色彩。

（2）环境经济学侧重于局部均衡的分析，往往分析在给定条件下的最优解。生态经济学侧重于一般均衡的分析，往往采用系统分析方法寻求生态系统、经济系统及生态经济系统的综合最优解。

（3）环境经济学起源于工业革命以来的企业环境污染，比较多地集中在企业污染的治理问题上。生态经济学起源于人类活动对自然生态的破坏，涉及范围更加宽泛，包括自然界和人类社会的各个领域。

（4）环境经济学中讨论的“环保产业”针对的是环保设备和环保技术，生态经济学中讨论的“生态产业”则涉及生态农业、生态工业和生态服务业等所有产业，生态经济既指经济的生态化，也指生态的经济化。

（5）环境经济学基本上建立在传统的经济人假设基础上，而生态经济学已经对经济人假设提出了修正。前者更近似于个人主义的分析方法，后者更接近于整体主义的分析方法。

（6）环境经济学认为环境系统是经济系统的子系统，或者环境系统与经济系统是并列的系统。生态经济学认为经济系统是生态系统的子系统，经济系统从属于生态系统。

1.1.3.2 生态经济学与循环经济学的关系

研究生态经济学与循环经济学的区别可以从生态经济与循环经济的区别入手。

生态经济和循环经济的区别主要有：① 生态经济强调的是经济与生态的协调，经济系统与生态系统的有机结合，侧重的是生态效率和经济效率；循环经济强调的是自然资源的循环利用，注重生产、交换、流通、消费全过程的资源节约，侧重的是资源效率与经济效益。② 生态经济未必是循环的，符合生态原则的经济活动，未必有显性的资源循环；但循环经济一定是生态的，资源的循环利用总是符合生态原则的。也就是说，生态经济具有更为宽泛的含义，而循环经济具有特定的含义。

从学科发展的角度来看，生态经济学总体上已经具备学科发展的基本条件。因此，国内外已经有多个版本的生态经济学专著和教材。而循环经济学则尚未具备学科发展所需要的基本范畴、基本规律、基本理论等。换言之，循环经济学尚未建立起它的理论平台。国内虽然已经出版了几个版本的《循环经济学》，但究其内容，至今尚无一个规范的循环经济学的定义，实际上仅仅是“资源循环的经济”，基本不具备“学”的特征。

1.1.3.3 生态经济学与低碳经济学的关系

研究生态经济学与低碳经济学的区别可以从生态经济与低碳经济的区别入手。

生态经济和低碳经济的区别主要有：① 生态经济强调的是经济与生态的协调，经济系统与生态系统的有机结合，侧重的是生态效率和经济效率；低碳经济强调的高碳经济的低碳化和低碳经济的产业化，是气候资源的高效利用，侧重的是碳效率与经济效益。② 生态经济具有更为宽泛的含义，往往可以用绿色经济替代，而低碳经济具有特定的含义，主要指向碳减排和碳增汇，直至实现碳中和。如果从含义广狭的角度来看，绿色经济最宽泛，循环经济其次，低碳经济最窄。

虽然低碳经济学、碳中和经济学、气候经济学等概念已经被提出，但是真正作为独立的学科尚不完整。然而由于气候变暖的问题十分严峻，急需创建低碳经济学。总的来看，低碳经济学的发展可以丰富生态经济学，生态经济学的发展可以为低碳经济学的发展开辟道路。

1.1.3.4 生态经济学与资源经济学的关系

经济学是研究稀缺资源配置问题的学科。这个定义中的资源是最为一般意义上的资源概念，既包括自然资源，又包括社会资源（图 1-2）。资源经济学中的资源一般是指自然资源。

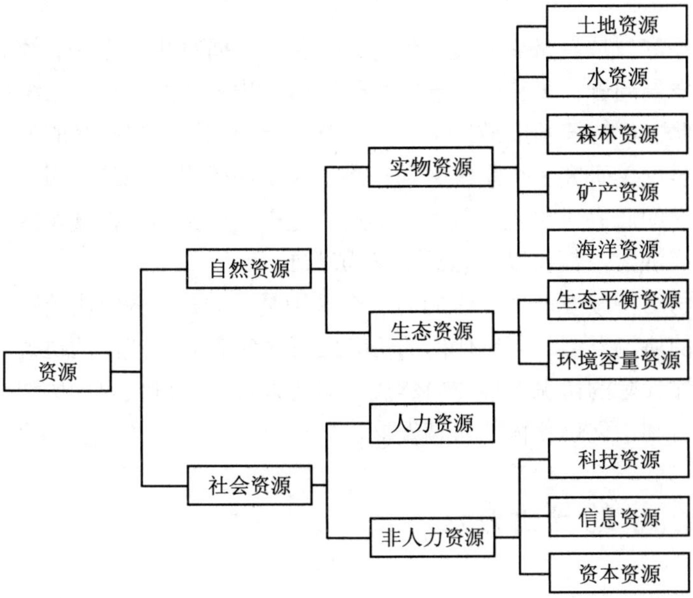

图 1-2 资源分类树图

如果将自然资源作为研究对象，那么资源经济学就是既包括实物资源又包括生态资源的经济学，如阿兰·兰德尔的《资源经济学》[①]实际上就是资源与环境经济学或资源与生态经济学。在这种情况下，资源经济学包括生态经济学。

如果将自然资源的实物资源作为研究对象，那么资源经济学就是最狭义的自然资源经济学，如曲福田主编的《资源经济学》[②]。在这种情况下，资源经济学与生态经济学就是并列的两个经济学分支学科。

当然，不论是包容关系，还是并列关系，生态问题与资源问题往往是“你中有我、我中有你”，难以完全区分。将生态视作资源时，生态经济学就是资源经济学的一部分；当资源的保护、开发和使用均纳入生态问题分析时，资源经济学就是生态经济学。

1.1.3.5 生态经济学与可持续发展经济学的关系

自从《中国 21 世纪议程》提出创建“可持续发展经济学”的倡议以来，国内已经涌现出了几个版本的《可持续发展经济学》。如果将可持续发展看作生态系统、经济系统、社会系统所构成的一个复合系统，那么，从经济学学科角度进行审视，大致存在两种不同的理解：① 将可持续发展经济学理解为同时研究 3 个系统的经济学，这样的理解基本上停留于可持续发展学的层次，如洪银兴主编的《可持续发展经济学》[③]，可称为广义的可持续发展经济学；② 将可持续发展经济学理解为仅仅研究 3 个系统中的经济子系统问题的经济学，如刘思华主编的国内第一本《可持续发展经济学》[④]，可称为狭义的可持续发展经

① 阿兰·兰德尔. 资源经济学[M]. 施以正，译. 北京：商务印书馆，1989.

② 曲福田. 资源经济学[M]. 北京：中国农业出版社，2001.

③ 洪银兴. 可持续发展经济学[M]. 北京：商务印书馆，2000.

④ 刘思华. 可持续发展经济学[M]. 武汉：湖北人民出版社，1997.

济学。

与广义的可持续发展经济学相比，生态经济学主要研究生态系统、经济系统以及生态经济系统的和谐发展问题；可持续发展经济学则研究生态系统、经济系统和社会系统的和谐发展问题。因此，可持续发展经济学研究的范围更加宽泛。与狭义的可持续发展经济学相比，生态经济学仅仅研究 3 个系统中的经济子系统和生态子系统。因此，生态经济学比可持续发展经济学的研究对象更加宽泛。不过，无论是广义的可持续发展经济学，还是狭义的可持续发展经济学，都要以生态经济学为基础。

生态经济学与可持续发展经济学的另一个区别是：生态经济学比较侧重于代内的生态系统与经济系统的协调发展，当然代内的协调发展必然有利于代际的协调发展；可持续发展经济学更加关注代际的协调发展，当然代际的协调发展要以代内的协调发展为前提，代际的协调发展也有利于促进代内的协调发展。

1.2 生态经济学的分析方法

1.2.1 唯物辩证法①

唯物辩证法是关于自然、社会和思维的最一般规律的学科，其基本特征是普遍联系的观点和永恒发展的观点。

唯物辩证法用联系的观点看问题，主张世界上的一切事物处于相互影响、相互作用、相互制约之中。所谓联系是指事物之间以及事物内部诸要素之间的相互作用、相互影响、相互制约。联系是事物本身所固有的，它不以人的主观意志为转移。联系具有普遍性，联系具有多样性，联系具有条件性。

唯物辩证法用发展的观点看问题，主张事物不仅存在着量变，同时还存在着质变。发展是指事物由简单到复杂、由低级到高级的变化趋势，其实质是新事物的产生和旧事物的灭亡。新事物是指符合客观规律、具有强大生命力和远大前途的事物，旧事物是指丧失了存在的必然性、日趋灭亡的事物。不能以时间出现的先后作为划分新、旧事物的标准，区分新、旧事物的标准在于该事物是否符合发展的必然趋势。

唯物辩证法的理论体系包括对立统一规律、质量互变规律、否定之否定规律等三大规律，以及原因和结果、偶然性和必然性、可能性和现实性、内容和形式、现象和本质等五对基本范畴。

唯物辩证法是认识生态经济系统的方法论，是探索生态经济规律的方向盘，是从事生态经济实践的指南针。唯物辩证法关于普遍联系的观点可以指导人们对生态系统、经济系统及生态经济系统相互关系的把握；关于永恒发展的观点可以指导人们对经济、社会、生态发展规律的把握；对立统一规律可以指导人们对经济发展与生态保护的矛盾冲突及其转化的把握；质量互变规律可以指导人们对生态环境容量的有限性、生态环境质量的可逆性或不可逆性的把握；否定之否定规律可以指导人们对“人不敌天—天人失衡—人定胜天—天人和谐”等生态变迁和生态创新规律的把握。

---

① 李达. 唯物辩证法大纲[M]. 武汉：武汉大学出版社，2007；黄志斌. 自然辩证法概论新编[M]. 合肥：安徽大学出版社，2007.

习近平新时代中国特色社会主义思想是 21 世纪的马克思主义，是当代中国的马克思主义。习近平生态文明思想是习近平新时代中国特色社会主义思想的重要内容。绿水青山就是金山银山理念是习近平生态文明思想的核心内容。该理念充分展示了马克思主义唯物辩证法的精髓，是唯物辩证法的生动体现。该理念揭示了“绿水青山”和“金山银山”之间的内在联系；揭示了“绿水青山就是金山银山”的发展规律；揭示了“绿水青山”与“金山银山”相互转化的对立统一规律；揭示了“只要金山银山不要绿水青山”的质量互变规律；揭示了从否定“绿水青山”到保护“绿水青山”的否定之否定规律。①

1.2.2 系统论

系统论是研究系统的一般模式、结构和规律的理论，它研究各种系统的共同特征，用数学方法定量地描述其功能，寻求并确立适用于一切系统的原理、原则和数学模型，是具有逻辑和数学性质的一门新兴学科。

系统观念产生于古代，古希腊亚里士多德曾提出“整体大于部分的总和”的命题。系统观念趋于成熟则在近代，康德和黑格尔都为系统观念的成熟做出了重要贡献。马克思第一次将系统方法应用于人类社会历史的研究，是社会科学中现代系统方法的始祖。但作为一门学科的系统论，人们公认的是美籍奥地利人、理论生物学家贝塔朗菲（L. V. Bertelanffy）创立的。他于 1925 年发表《抗体系统论》，提出了系统论的思想。1937 年提出了一般系统论原理，奠定了这门学科的理论基础。确立这门学科学术地位的是 1968 年贝塔朗菲出版的专著《一般系统论：基础、发展、应用》（*General System Theory*：*Foundations*，*Development*，*Applications*）②，该书被公认为是这门学科的代表作。

系统就是由若干要素以一定结构形式联结构成的具有某种功能的有机整体。在这个定义中包括系统、要素、结构、功能 4 个概念，表明了要素与要素、要素与系统、系统与环境三方面的关系。系统论认为，整体性、关联性、等级结构性、动态平衡性、时序性等是所有系统共同的基本特征。③系统论的核心思想是整体观念。贝塔朗菲强调，任何系统都是一个有机的整体，它不是各个部分的机械组合或简单相加，系统的整体功能是各要素在孤立状态下所没有的新质（整体大于部分之和）。其基本思想方法就是，把所研究和处理的对象当作一个系统，分析系统的结构和功能，研究系统、要素、环境三者的相互关系和变化的规律性，并优化系统的整体功能。所以从系统观点看问题，世界上任何事物都可以看成是一个系统，系统是普遍存在的。系统是多种多样的，可以根据不同的原则和情况来划分系统的类型。按人类干预的情况可划分为自然系统、人工系统；按学科领域可分成自然系统、社会系统和思维系统；按范围划分则有宏观系统、微观系统；按与环境的关系划分就有开放系统、封闭系统、孤立系统等。系统论的任务，不仅在于认识系统的特点和规律，更重要的还在于利用这些特点和规律去控制、管理、改造一个系统，使它的存在与发展合乎人的目的和需要。也就是说，研究系统的目的在于调整系统结构，协调各要素关系，使系统达到优化目标。④

---

① 沈满洪. 习近平生态文明体制改革重要论述研究[J]. 浙江大学学报（人文社会科学版），2019（11）.

② 贝塔朗菲. 一般系统论：基础、发展、应用[M]. 秋同，袁嘉新，译. 北京：社会科学文献出版社，1987.

③ 刘仲英. 管理信息系统[M]. 北京：高等教育出版社，2006.

④ 曹顺爱. 土地利用规划中的能值分析研究[D]. 杭州：浙江大学，2006.

系统论的出现，使人类的思维方式发生了深刻的变化。以往研究问题，总是将事物分解成若干部分，抽象出最简单的因素，然后再以部分的性质去说明整体的性质，用最简单的因素说明复杂事物。这是在特定范围内行之有效、人们最熟悉的思维方法。在现代科学的整体性和综合化发展的趋势下，在人类面临规模巨大、关系复杂、参数众多的复杂问题面前，就显得无能为力了。而系统论却能站在时代前列，综观全局地为研究现代复杂问题提供有效的思维方式。所以系统论和信息论、控制论等其他学科一起所提供的新思路和新方法，为人类的思维开拓新路，它们作为现代科学的新潮流促进着各门学科的发展。

系统观念正渗透到每个领域。系统论思想在生态经济学的形成和发展过程中产生了十分重要的影响。系统论的分析方法在生态经济学中得到了广泛的运用。

从系统目标上看，生态经济学的研究目的就是追求生态经济效益的最大化而不是单一的经济效益或生态效益的最大化。这样，就避免了系统目标的单一性，实现了系统目标的全面性。

从系统关系上看，生态经济学的研究目的就是追求生态系统与经济系统的协调，追求生态系统中森林系统、湿地系统、海洋系统等各个系统的协调，追求经济系统中产业与产业之间、生产与消费之间的协调。这样，就避免了孤立地看待问题，而是在矛盾运动中认识和把握问题。

从系统优化上看，生态经济学的研究目的就是通过研究生态经济系统、要素、环境三者的相互关系和变动的规律性，优化生态经济系统的整体功能。这样，就避免了把系统看成是一成不变的倾向，而是可以通过人的主观努力实现系统的优化与升级。

系统论和唯物辩证法的普遍联系观点既有联系又有区别。两者的联系表现为，系统论证实并丰富了唯物辩证法的普遍联系观点，是普遍联系观点的深化。它们的区别主要有：① 系统论虽然也有跨学科的性质，但它仍属于具体学科，不是哲学的世界观和方法论；而普遍联系观点则是哲学观点。② 系统论只深入研究系统整体与各部分的关系，它只是世界上普遍存在的联系中的一种类型，所以，系统论并未能揭示所有的一般的联系，同普遍联系观点相比，系统论只是一个局部。所以，不能将系统论与普遍联系观点等同起来，不能用系统论代替普遍联系观点。同时，也不应该用普遍联系观点代替系统论。

1.2.3 经济分析法

经济学出现“经济学帝国主义”的重要原因之一就是其特有的分析方法的广效性，使之在各个领域都有很强的解释力。生态经济学作为经济学的分支学科同样离不开这些重要的分析方法。[①]

1.2.3.1 均衡分析法

所谓经济均衡是指这样一种状态：经济主体（厂商或居民）在权衡或抉择其使用资源的方式时，认为重新调整其资源配置的方式已不能获得更多的好处，不存在帕累托改进的机会，从而不再改变其经济行为；或者相互抗衡的经济力量势均力敌，达到了帕累托最优，这时所考察的经济现象不再发生变化。均衡分析法有两组均衡概念：一是局部均衡与一般

① 宋承先，等. 西方经济学：上册[M]. 上海：复旦大学出版社，1988.

均衡。生态经济学需要局部均衡分析法，因为生态经济现象如此复杂，必须从个别上升到一般、从局部扩展到全局，逐步深化对生态经济问题的认识；生态经济学更需要一般均衡分析法，将生态系统与经济系统共同置于需求与供给、成本与收益的分析框架，才能使生态经济学逼近现实，可计算一般均衡模型（CGE）就是一般均衡分析法的具体运用。二是目标均衡与非目标均衡。生态经济学研究既要描述生态经济的均衡状况，了解事物的真实面貌，又要根据均衡状况，提出对策建议，即如何保持目标均衡，如何从非目标均衡转向目标均衡等。

1.2.3.2 边际分析法

边际分析法是在经济现象之间存在各种函数关系的基础上，研究因变量随自变量变化而变化程度的方法。生态经济学把生态成本纳入经济分析之中，因此，生态经济成本是生态成本与经济成本之和；生态经济学把生态收益纳入经济分析之中，因此，生态经济收益是生态收益与经济收益之和。在这种情况下，边际分析法按照边际值相等的原则确定产量、要素的投入等仍然适用。生态经济学的特殊性在于运用边际分析法时，既要考虑内部成本又要考虑外部成本，既要考虑内部收益又要考虑外部收益，努力谋求外部性的内部化。

1.2.3.3 静态分析、比较静态分析与动态分析法

静态分析就是分析在某一时期中经济现象的均衡状态以及有关经济变量达到均衡状态需要具备的条件，但不涉及经济达到均衡状态的过程。比较静态分析，是指原有的各种条件发生了变化，分析和比较经济现象如何在新的条件下达到新的均衡状态，也就是说，对从一个时期的均衡状态到另一个时期的均衡状态的变化作比较分析。动态分析是指区别变量的先后过程的模型和理论。动态分析要求把经济运行过程划分为连续的分析时期，从而考察有关经济变量在不同时期的变化情况。因此，这种分析称为序列分析。生态经济学既考虑代内的效率与公平，又考虑代际的效率与公平。因此，跨时期的动态分析显得尤为重要，虽然分析难度很大。

1.2.3.4 实证分析与规范分析法

实证分析就是经济学中进行科学预测和纯事实叙述的分析方法。所谓科学预测就是在其他情况不变的前提下，如果有 A 事实存在，就会发生 B 情况的那种后果。它是关于在特定条件下因果关系的叙述。所谓纯事实叙述主要回答“是什么”这类问题。它说明某一事物过去怎样、现在怎样、将来会怎样。实证分析的一个基本特征是，实证命题是可以测试真伪的。例如，有一种经济学说认为，实施生态补偿制度可以促进生态产品的价值转化。这种学说就是实证的经济学说。因为它的正确与否可以通过实施生态补偿制度，观察生态产品的价值转化状况进行检验。规范分析就是经济学中对经济政策或经济状况进行价值判断，确定“应该是怎样”的分析方法。规范分析是在一定的哲学、文化、宗教、道德前提下，对什么是好、什么是坏做出价值判断。由于每个人或各个群体的哲学、文化、宗教、道德观念不同，对同一事物将存在不同的规范论述，它们之间的分析是不能通过事实的检验来判断的。传统的经济分析中更多地使用实证分析，但实际上离不开规范分析。在生态经济问题研究中，首先需要描述生态经济现象、剖析生态经济问题、掌握生态经济规律等，

这属于实证分析。但是，将生态因素作为经济分析的内生变量后，价值判断就成为一个不可避免的问题。例如，是否应该实施低碳补贴制度、选择碳税制度还是碳排放权交易制度等，都是基于实证分析的规范分析。可以说，生态经济学中的规范分析比传统经济学中的规范分析显得更加常见和更为重要。

1.2.4 生态经济人假设

1.2.4.1 生态经济人的内涵

传统的主流经济学是建立在经济人假设的基础上的。通俗地讲，经济人就是以利己心为动机来从事经济活动的人，这些人总是企图以最小的成本来换取最大的收益，经济人就是自利的人。经济人必然是进行理性选择的。所谓理性选择，是指每个经济主体都能通过成本-收益核算或趋利避害原则来对其所面临的一切机会和目标及实现目标的手段进行优化选择。理性选择就是说，人在经济活动中总是受个人利益或利己心的动机所驱动，人在作出一项经济决策时总是深思熟虑地对各种可能的抉择进行权衡比较，以便找出一个方案，这个方案能够使他在耗费给定的劳动或资本的情况下获得最大程度的利益。这就是说，对一个经济人来讲，作出一项决策的动机是利己的，过程是优化选择的，结果是利益最大化的。

但是，经济人假设存在一些明显的缺陷。例如，经济人范式过于强调个人利益在支配个人行为中的地位和作用，而完全忽视了人的利他主义和自我牺牲的一面。经济人是经济学中的利己主义和伦理学中的利他主义的有机结合。人除了要满足生理需要外，还需要安全需要、爱与归属的需要、尊重的需要、自我实现的需要等。需要的层次越高，用自利动机来解释就越显得力不从心。理想、信念、情感和利他也会成为人的行为动机，在有些场合，这些动机有可能压倒个人的自利动机。又如，经济人范式对个人利益和集体利益关系的理解是片面的。人的有些行为是需要用集体主义来解释的，民族利益、国家利益、家族利益和集团利益有时候会高于个人利益，个人有时候会以增加集体利益为目的，并不是任何时候都以追求个人利益最大化为目的的。因此，经济人的极端个人主义倾向会带来严重的社会后果。[①]

生态经济学认为，理性选择是综合理性而非单一理性。理性选择仅仅局限于经济效益是不够的，还存在生态效益与社会效益。传统的经济人假设认为人只是追求经济效益最大化的经济工具。事实上，人是追求经济效益、社会效益和生态效益最大化的社会动物。在系统结构中也可以看到，3 个系统构成了整个大系统。

表 1-2 表明，按照传统经济学，人们只追求经济净收益的最大化（为 100 个单位），而此时的全社会净收益只有 80 个单位；按照生态经济学，人们追求全社会净收益的最大化（为 100 个单位），而其中的经济净收益仅为 80 个单位。

---

① 赫尔曼・E. 达利，小约翰・B. 柯布. 21 世纪生态经济学[M]. 王俊，韩冬筠，译. 北京：中央编译出版社，2015.

表 1-2　传统经济学与生态经济学关于收益的比较

模式	经济净收益	社会净收益	生态净收益	全社会净收益
传统经济学	100	−10	−10	80
生态经济学	80	10	10	100

生态经济学认为，理性选择是综合理性而非经济理性。经济理性仅仅追求经济效益的最大化，综合理性则追求经济效益、社会效益、生态效益等组成的综合效益的最大化。经济效益最大化时可能是但未必是综合效益的最大化。

生态经济学认为，理性选择是群体理性而非个人理性。个人理性与群体理性存在着不一致性。只追求个人理性，往往会面临“公地悲剧”“合成谬误”“囚犯难题”“卡特尔困境”等一系列问题。人存在着利他主义倾向和群体协作意识。因此，要倡导人类命运共同体、自然命运共同体、人与自然命运共同体的理念。

生态经济学认为，理性选择不仅仅是代内理性，而且是代内理性与代际理性的统一。竭泽而渔的思维、吃子孙饭的做法是生态经济学所坚决反对的。代内做到综合理性和群体理性，才能保证代际的综合理性和群体理性，这就是可持续发展理念。

因此，生态经济学主张采用生态经济人假设。所谓生态经济人就是从群体利益出发，在生态约束和制度约束条件下追求经济效益、生态效益和社会效益等综合效益和长远效益最大化的人。①

1.2.4.2　生态经济人针对的主体

传统经济学意义上的经济人假设是针对微观经济主体的，即针对作为消费者的家庭和作为生产者的企业。那么，生态经济学意义上的生态经济人假设针对的主体是谁呢？

（1）针对政府。政府追求的目标是社会福利的最大化。这种社会福利是包括经济效益、社会效益和生态效益在内的综合效益的最大化。因此，生态建设与环境保护在多数情况下被认为是政府的基本职能。政府是生态产品和生态服务的供给者，居民则是生态产品和生态服务的需求者。政府也存在行为扭曲的问题，但这是个别官员的行为扭曲。这种行为扭曲可以通过生态考核机制加以矫正。

（2）针对社会组织，如绿色社团组织等社会组织。社会组织追求的是社会效益的最大化。以社会组织为代表的社会机制与市场机制、政府机制相互作用、相互制衡，促进生态文明制度的有效运行。生态建设是社会效益的重要组成部分。社会组织往往是生态建设的推动者，因此，其符合生态经济人假设。

（3）针对消费者。消费者追求个人效用的最大化，消费者的效用是普通的物质产品和特殊的生态产品或生态服务的函数。非生态的产品和服务不仅不能带来正效用，而且可能会带来负效用。因此，在常规情况下，消费者追求的是生态经济综合效益的最大化。

（4）针对生产者。生产者追求的是利润最大化，在其他经济主体追求生态经济综合效益最大化的背景下，纯粹追求经济利润的最大化而不顾及生态环境保护的企业是难以在市场上立足的。企业的行为只能是生态约束和制度约束下的经济利益最大化。更何况，有

---

① 沈满洪. 生态经济学[M]. 2 版. 北京：中国环境出版社，2016.

些生态产品和生态服务的生产与销售本身就能够给企业带来最大化利润。无论是生态约束下的利润最大化，还是生态产品和生态服务本身给企业带来的利润最大化，都满足生态经济人假设。

那么，这些不同的主体的效益是如何统一起来的呢？答案是：通过生态经济治理体系和治理结构的构建，实现多个主体的协同和多重效益的统一。生态经济治理结构是由作为治理引领者的政府及其政府机制、作为治理主体的企业及其市场机制、作为治理参与者的公众及其社会机制彼此之间构成的三足鼎立、相互制衡的结构。

可见，生态经济人假设比经济人假设具有更加宽泛的适用性。

1.3 生态经济学的基本范畴

范畴是反映事物本质属性和普遍联系的基本概念，是人类理性思维的逻辑形式，是人类在一定历史时期理论思维发展水平的指示器。范畴一词一般来说是指最高概念。称某种对象为一范畴时，多指某一种学科或领域，如“科学范畴”“理性范畴”等。通常范畴性概念所涵盖的对象范围是最大的，在分类学中可以作为最高层次的类的称呼。

各门具体学科都有各自的范畴体系，如商品价值、抽象劳动、具体劳动等，是政治经济学的范畴；需求与供给、成本与收益等，是由微观经济学和宏观经济学构成的现代经济学的范畴。新制度经济学之所以能够成为一门经济学的独立分支学科，其重要的前提就是诺贝尔奖得主科斯教授提出了交易费用这个范畴。同样，生态经济学之所以能够成为一门独立的经济学分支学科，是因为它拥有了自己的重要范畴。

著名生态经济学家刘思华教授早在 1985 年就探究了生态经济学的基本范畴问题。他指出：“生态平衡和经济平衡以及两者的辩证统一即生态经济平衡，生态结构和经济结构以及两者的辩证统一即生态经济结构，生态目标和经济目标以及两者的辩证统一即生态经济目标等，这些都是生态经济学的基本范畴和基本概念。”①这些确实是生态经济学的重要范畴，但是，它们还没有能够构成生态经济学的完整的范畴体系。在 1989 年出版的《理论生态经济学若干问题研究》一书中，刘思华教授进一步揭示并深入分析了生态经济系统、生态经济关系、生态经济结构、生态经济平衡、生态经济效益、生态经济目标等生态经济学的基本概念和基本范畴。②由此，对生态经济学范畴的探索大大向前推进了一步。

腾有正认为，生态经济学的范畴包括关于生态经济系统的范畴，如生态经济关系、生态经济位、生态经济资源、生态经济结构等；关于生态经济运行机制的范畴，如生态经济序、生态经济演替、生态经济阈、生态经济价值、生态经济需求等；关于生态系统调控管理的范畴，如生态经济价值、生态经济战略、生态经济政策、生态经济区域、生态经济工程等；关于生态经济研究方法的范畴，如生态经济抽象、生态经济评价、生态经济指标、生态经济模型、生态经济同构、生态经济设计等。③这一分类有利于学者认识生态经济学

① 刘思华. 刘思华可持续经济文集[M]. 北京：中国财政经济出版社，2007.

② 刘思华. 理论生态经济学若干问题研究[M]. 南宁：广西大学出版社，1989.

③ 腾有正. 生态经济学的范畴体系[J]. 生态经济，1992（1）；腾有正. 生态经济学的范畴体系（续）[J]. 生态经济，1992（2）；腾有正. 生态经济学的范畴体系（续）[J]. 生态经济，1992（3）；腾有正. 生态经济学的范畴体系（续完）[J]. 生态经济，1992（4）.

的基本内容，但是，在这些范畴之中存在大量的交叉、从属等问题，而且，生态经济工程、生态经济抽象、生态经济设计等不属于生态经济学范畴。

综上所述，生态经济学的基本范畴有生态经济系统、生态经济产业、生态经济消费、生态经济效益（效率）、生态经济科技、生态经济制度等。①

1.3.1 生态经济系统

所谓生态经济系统是指由生态系统和经济系统相互交织、相互作用、相互制约而成的复合系统，通过技术中介以及人类劳动过程所构成的物质循环、能量转换、价值增值和信息传递的结构单元。该系统具有明显的依存性，每一个经济过程都建立在生态系统之上，都不能离开生态系统而单独存在。

认识生态经济系统首先必须了解生态系统。生态系统是指在一定时空范围内生物有机体（包括动物、植物、微生物等）及其生活的周围无生命环境（包括空气、水、土壤等）所组成的统一体，是生命系统与环境系统在特定空间的组合。

认识生态经济系统还必须了解经济系统。经济系统是指商品市场和要素市场在一定的地理环境和社会环境下的组合，是社会再生产过程的生产、交换、分配和消费等各个环节所构成的统一体。

学界关于生态经济系统是生态系统与经济系统的复合系统的观点存在以下3种不同的认识：① 生态系统是经济系统的子系统，生态系统从属于经济系统；② 生态经济系统是生态系统与经济系统的交叉与重合部分；③ 经济系统是生态系统的子系统，经济系统必须在生态系统允许的范围内开展活动。随着人们对生态经济系统的认识不断深化，越来越统一到第 3 种观点上来了。只有认识到经济系统是生态系统的子系统，才能够真正理解生态阈值，才能够自觉坚持人与自然和谐共生的方略，才能真正做到“生态优先，绿色发展”。

1.3.2 生态经济产业

生态经济产业，简称生态产业，就是把产业发展建立在生态环境可承受的基础之上，在保证自然再生产的前提下扩大经济的再生产，从而实现经济发展和生态保护的协调发展，以利于建立经济、社会、自然良性循环的复合型生态系统。

1.3.2.1 生态经济产业的分类

生态经济产业的内容十分丰富。按照三大产业的分类，生态经济产业可分为生态农业、生态工业和生态服务业。生态农业又可分为狭义的生态农业、生态林业、生态畜牧业、生态渔业等；生态工业又可分为生态制造业、生态化工业、生态加工业等；生态服务业又可分为生态旅游业、生态物流业、生态金融业、生态信息业等。

生态农业是指在保护、改善农业生态环境的前提下，遵循生态学、生态经济学规律，运用系统工程方法和现代科学技术，集约化经营的农业发展模式。②生态农业是一个农业

---

① 沈满洪. 生态经济学的定义、范畴与规律[J]. 生态经济，2009（1）.

② 王红菊，谢国辉，胡敏，等. 基于“3S”技术的生态农业发展初探——以阿克苏地区为例[J]. 新疆师范大学学报（自然科学版），2005，24（3）：4.

生态经济复合系统，将农业生态系统同农业经济系统综合统一起来，以取得最大的生态经济效益。它也是农、林、牧、副、渔各业综合起来的大农业，又是农业生产、加工、销售综合起来，适应市场经济发展的现代农业。

生态工业是模拟生态系统的功能，建立起相当于生态系统的生产者、消费者、还原者的工业生态链，以低投入、低消耗、低污染或无污染、工业发展与生态环境协调为目标的工业。工业结构生态化，就是通过法律、行政、经济等手段，把工业系统的结构规划成由“资源生产”“加工生产”“还原生产”三大工业部门构成的工业生态链。[①]其中，资源生产部门相当于生态系统的初级生产者，主要承担不可再生资源、可再生资源的生产和可再生资源的开发利用，并以可再生资源逐渐取代不可再生资源为目标，为工业生产提供初级原料和能源；加工生产部门相当于生态系统的消费者，以生产过程无浪费、无污染为目标，将资源生产部门提供的初级资源加工转换成满足人类生产生活需要的工业品；还原生产部门将各副产品再资源化，或无害化处理，或转化为新的工业品。[②]

生态服务业就是指在服务设施、服务手段、服务渠道等方面充分体现生态理念，在服务过程中无害于生态环境，使消费者在接受服务的过程中树立和强化生态意识。

1.3.2.2 狭义与广义的生态产品和生态服务

生态经济产业还可以从产业生态化与生态产业化的分类视角进行理解。产业生态化就是产业经济活动从有害于生态环境向无害于甚至有利于生态环境的转变过程，逐步形成资源节约型、环境友好型、气候舒适型的产业经济体系。生态产业化就是将自然资源、环境容量、气候容量作为经济资源加以开发、保护和使用。生态经济产业必然有与之对应的生态产品和生态服务。狭义的生态产品和生态服务是与生态产业化相对应的产品与服务供给；广义的生态产品和生态服务是同时包括生态产业化与产业生态化的产品和服务供给。在强调“建立生态产品的价值实现机制”时，主要是指狭义的生态产品和生态服务。

1.3.3 生态经济消费[③]

生态经济消费，简称生态消费，有时也称绿色消费。生态消费和绿色消费这两个概念有许多相同之处，但也有所不同。绿色消费是一种以“绿色、自然、和谐、健康”为宗旨的消费，但这种消费更多地考虑如何满足当代人的消费需求，使之“和谐、健康”。而生态消费在强调“绿色、自然、和谐、健康”消费的同时，更多考虑不危及满足后代人的消费需要。

因此，生态消费是一种生态化的消费，它是指既符合物质生产的发展水平，又符合生态生产的发展水平，既有利于人体健康和满足人的消费需求，又有利于生态环境保护的一种消费行为。一般来说，生态消费的外延更广一些，它包含绿色消费所包括的内容。绿色消费是生态消费外延的一部分，或者是其基本部分。

当人们的消费行为具有了生态保护的功能时，这种消费就是一种生态消费。生态消费具体表现在：消费品本身是生态型的，即通常所说的绿色环保型商品；消费品的来源是生

① 黄国勤. 江西省信江流域生态系统可持续发展研究[J]. 中国生态农业学报，2008（7）.
② 王红梅，单红娟. 从工业文明向生态文明过渡的思考[J]. 黑龙江环境通报，2007（4）.
③ 沈满洪. 生态经济学的定义、范畴与规律[J]. 生态经济，2009（1）.

态型的，包括生产用的原材料和生产工艺、生产过程与环境的关系；消费过程是生态型的，在消费品的使用过程中，不会对其他社会成员的工作、生活和周围环境造成伤害；消费结果是生态型的，完成对消费品的使用后，不会产生过量的垃圾、噪声、污水、废气等短期内难以处理的、对环境造成压力与破坏的消费残存物。

1.3.4 生态经济效益（效率）①

生态经济效益与生态经济效率是含义相近的范畴，前者反映的是绝对值，后者反映的是相对值。

长期以来，往往只考察经济效益和经济效率。经济效益就是经济收益与经济成本之差，经济效率就是经济收益与经济成本之比。这种效益（效率）评价方法的一个严重缺陷是忽视了生态价值和生态成本的存在。

因此，生态经济效益是生态经济学中一个十分重要的范畴。一方面它沿用了经济学中的成本-收益这一对核心范畴，另一方面又对传统经济学进行了重大的修正。

所谓生态经济效益就是生态经济收益与生态经济成本之差，即

生态经济效益=生态经济收益－生态经济成本

所谓生态经济效率就是生态经济收益与生态经济成本之比，即

生态经济效率=生态经济收益/生态经济成本

生态经济效益（效率）范畴的意义在于，经济社会和自然生态发展过程中不能仅仅考虑经济指标，还要考虑生态指标，通过考核指标的调整，实现经济生态化和生态经济化。也就是说，不能仅仅考虑内部成本和内部收益，还要考虑外部成本和外部收益，谋求外部性的内部化。

1.3.5 生态经济科技

生态经济科技也可简称生态科技、绿色科技，因为科技总是与经济关联的。从一定程度上讲，一部人类史就是一部人类科技史。科技创新是一把“双刃剑”：一方面推动人类进步，如电灯的发明、网络的开发；另一方面也可能将人类引向灾难，如 DDT 的使用和原子弹的爆炸。

生态危机、环境危机、资源危机、气候危机在很大程度上是科技危机，是科技的绿色化的缺失。科学技术可以分为绿色科技和非绿色科技。当今社会的使命，就是要从非绿色科技创新转向绿色科技创新或生态科技创新。

绿色科技是符合资源节约型社会、环境友好型社会、气候舒适型社会建设需要的科学技术。绿色科技创新就是绿色科技的基础研究、应用研究和推广应用的过程。

绿色科技创新具有典型的“双重外部性”。一方面，生态环境问题具有外部性特征，生态环境问题的解决也具有外部性特征；另一方面，科技创新具有创新成果外溢性的特征。两者有机结合的成果——生态科技创新成果便具有生态外部性和科技外部性的双重

① 沈满洪. 生态经济学的定义、范畴与规律[J]. 生态经济，2009（1）.

特征。

生态经济科技创新具有公共物品属性，往往需要政府驱动、企业行动、公众推动。对于具有典型公共物品属性的生态经济科技创新，应该由政府供给；对于具有部分公共物品属性的生态经济科技创新，应该是政府资助下的市场供给；对于具有私人物品属性的生态经济科技创新，应该由市场供给。

1.3.6 生态经济制度

制度是一个社会的游戏规则。作为规则的制度包括正式规则和非正式规则，也可称为正式制度和非正式制度。前者主要包括界定人们在社会分工中的责任的规则，界定每个人可以干什么、不可以干什么的规则，关于惩罚的规则和度量衡的规则等；后者主要包括价值信念、伦理规范、道德观念、风俗习惯和意识形态等。除了正式规则和非正式规则外，制度还包括信息披露机制、考核机制和奖惩机制等实施机制。①

就生态经济制度而言，正式制度包括生态经济法律、生态经济规章、生态经济标准、生态经济政策等；非正式制度包括生态意识、生态观念、生态风俗、生态习惯、生态伦理等。实施机制包括绿色信息披露机制、绿色生产激励机制等。因此，生态经济制度就是解决生态经济问题、促进生态经济协调发展的社会规则，由于这些规则有利于生态保护，因此也称作“绿色制度”。具体的生态经济制度包括生态经济政策，如生态保护政策、生态产业政策等。

总之，生态经济系统是生态经济学的基础性范畴，生态经济效益（效率）是目的性范畴，生态经济产业和生态经济消费是核心性范畴，生态经济科技和生态经济制度是手段性范畴，从基础性范畴（生态经济系统）到目的性范畴［生态经济效益（效率）］的桥梁是生态经济产业、生态经济消费、生态经济科技和生态经济制度。生态经济产业与生态经济消费构成了生态产品与生态服务的市场供求关系，这种市场供求关系受到市场机制力量的作用，也受到科技和制度的影响。利用生态经济系统，追求生态经济效益（效率），会受到市场机制的驱动，也会受到科技和制度的影响。生态经济制度可以直接作用于生态经济产业和生态经济消费，也可以通过作用于生态经济科技进而作用于生态经济产业和生态经济消费。可见，生态经济制度具有本源性的作用。在本书的框架构建中，六个范畴对应六篇内容。

1.4 生态经济学的主要规律

规律是指事物本身所固有的、深藏于现象背后并决定或支配现象的方面。生态经济学主要规律如下：②

1.4.1 生态经济协调发展规律

生态经济协调发展规律是指：经济系统是生态系统的子系统，经济系统是以生态系统

① 卢现祥. 西方新制度经济学（修订本）[M]. 北京：中国发展出版社，2003.

② 沈满洪. 生态经济学[M]. 2 版. 北京：中国环境出版社，2016.

为基础的，人类的经济活动要受到生态系统容量的限制。生态系统和经济系统所构成的生态经济系统是一对矛盾的统一体，如果两个系统彼此适应，那么就能达到生态经济平衡的结果；如果两个系统彼此冲突，那么就可能出现生态经济失衡的状态。人类社会有可能通过认识生态经济系统，使自身的经济活动水平保持生态阈值范围之内，以实现生态经济系统的协调发展。[①]这一规律是支配作为生态经济有机体的现代经济发展规律全局的基本规律。

这个规律具有以下3个特点：

（1）生态经济系统的联系性。生态经济系统的联系性特点既是指生态系统与经济系统之间存在广泛的联系，又是指生态系统内部、经济系统内部、生态经济系统内部各要素之间的广泛联系。人类社会不能简单地割裂这种联系，更不能将自己凌驾于生态系统之上。

（2）生态经济系统的矛盾性。生态经济系统中存在两大突出矛盾：① 经济系统对生态系统中自然资源需求的无限增长与生态系统中自然资源供给的有限性之间的矛盾；② 经济系统中日益增长的废弃物数量与生态系统中环境容量的有限性之间的矛盾。这两对矛盾具有普遍性。因此，人类必须正视它并采取必要的措施，如在开采和使用不可再生资源时要充分考虑其替代资源的开发，在开采和使用可再生资源时必须保持资源的开采速率和资源再生速率之间的平衡，经济系统排放的废弃物要尽可能做到无害化和资源化。

（3）人类经济社会的适应性。虽然人类不能创造规律，但由于有规律可循，人类可以顺应规律。其实，即使是生态系统也不是一成不变的。纯自然的生态系统几乎不存在，生态系统也在不断动态演替。因此，人类可以按照生态规律创新生态系统，可以按照生态经济规律增强人与自然的协调性。

1.4.2 生态产业链规律

生态系统的一个重要特征是存在生物链。生物链又称食物链或食物网，是指由植物、动物和微生物互相提供食物而形成的相互依存的链状或网状关系。生物链把生物与非生物、生产者与消费者、消费者与消费者联结成一个整体。能量和物质沿着生物链从一个生物体转移到另一个生物体。生物链建立了自然界物质的健康循环。

将生态系统中的生物链理论引入生态经济系统便产生了生态产业链规律。生态产业链是指某一区域范围内的企业模仿自然生态系统中发掘者、生产者、消费者和分解者的生物链关系，以资源（原料、副产品、信息、资金、人才）为纽带形成的具有产业衔接关系的企业联盟。生态产业链的形成可以减少废弃物排放甚至达到零排放，减轻环境压力和解决资源短缺问题。创造生态产业链的系统耗散结构，使整个生态产业链表现出系统整体性、有序性、多样性和结构功能可控性，从而达到优化产出、服务社会和经济的目标。

生态产业链的规划和运行必须利用成本-收益的分析工具，减少生态产业链中的交易费用，使整个生态产业链运行畅通和成本节约，从而使生态产业的发展具有市场吸引力和广

---

① 许涤新. 生态经济学[M]. 杭州：浙江人民出版社，1987.

阔发展前景。按照这一规律设计企业内部的分工，设计企业之间的分工和布局，设计产业之间的分工与协作，就有可能达到生态经济效益最大化的目的。

生态产业链有企业内、园区内（企业间）和产业间等多个层次。

企业内生态产业链是指同一企业不同车间之间所形成的生态产业链，即上游车间排放的废弃物成为中游车间的原料投入，中游车间排放的废弃物成为下游车间的原料投入，等等。

园区内（企业间）生态产业链是指在独立核算的企业之间所形成的生态产业链，即上游企业排放的废弃物成为中游企业的原料投入，中游企业排放的废弃物又成为下游企业的原料投入，等等。生态工业园就是按照这一原理进行设计的。在生态工业园内，通过营建企业之间互相协同和共生的关系，最大限度地利用资源和减少对环境的负面影响，创造将工业生产与环境保护有机结合的新模式，从而实现工业的可持续发展。园内企业具有互补关系，互补性企业聚集在同一园区内，共享水、电、气、路、网等基础设施，节约资源消耗和生产成本。与自然生态系统类似，生态工业园中存在很多企业，企业之间存在上下游关系，它们相互依存、相互作用，进行工业代谢。按照生物链的层级，它们也可以分为生产者企业、消费者企业和分解者企业。也就是说，工业生态经济系统也存在着类似于自然生态系统中“生物链”那样的“产业生态链”，它既是一条能量转换链，也是一条物质传递链，还是一条价值增值链。

产业间生态产业链是指在不同产业部门间形成的类似生物链的生态产业链，如工业部门生产塑料薄膜—农业部门使用塑料薄膜—塑料薄膜报废后由服务业部门回收—废旧塑料薄膜投入工业部门的塑料薄膜再生产。

1.4.3 生态需求递增规律

生态需求递增规律是指：优质的生态产品和生态服务是高档货，随着消费者收入水平的提高，消费者对优质的生态产品和生态服务的需求呈现递增的趋势。

（1）从主观愿望和客观能力看生态需求均呈现递增趋势。需求是消费者在一定时间内在每一价格下对一种商品或劳务愿意而且能够购买的数量。这就说明，需求是消费者的主观愿望与客观能力的统一。从客观能力来看，随着经济社会的迅速发展，人们的收入水平也相应地迅速增长，因此，其支付能力也迅速增长。从主观愿望来看，随着生活水平的提高，人们对生活质量、生命质量的要求日益提高。这两个因素的共同作用，使人们对生态产品和生态服务的需求呈现出递增的趋势。生态需求是生态产品需求和生态服务需求的总称。

（2）对高档货的需求随着收入水平的提高而递增。经济学认为，根据需求的收入弹性，可以将所有商品分成几种类型：如果弹性大于 1，表明随着收入的增加，购买量相对地有更多的增加，这类商品就是高档货或奢侈品；如果弹性大于零且小于 1，表明需求量随着收入的增加而增加，但是需求量的增加小于收入的增加，这类商品就是生活必需品；如果弹性为负值，表明收入增加时购买量却减少了，这类商品就是低档货。这种现象可以用图 1-3 加以表示。图 1-3 表明，低档货的需求量先是随着人均收入水平的上升而上升，然后趋于平缓乃至下降；高档货的需求量随着人均收入水平的上升先是缓慢地上升，然后是迅速上升。生态产品和生态服务属于高档货，其需求量呈现出随着收入水平的上升以递增的速度增加的趋势。

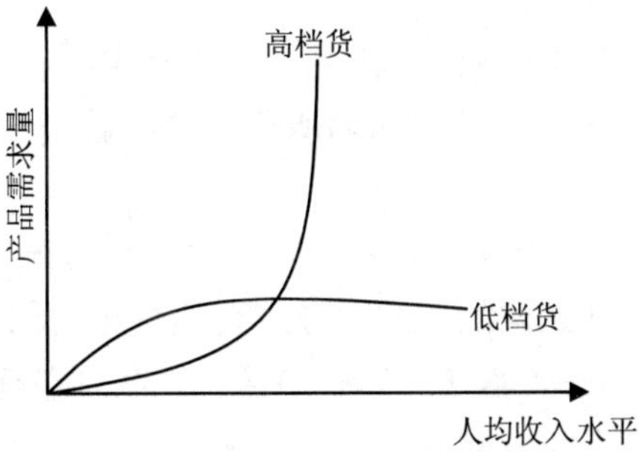

图 1-3 人均收入水平与产品需求量之间的关系

（3）作为高档货的生态产品和生态服务符合生态需求递增规律。生态需求是消费者对生态产品需求和生态服务需求的总称。生态供给是生产者对生态产品和生态服务供给的总称。高质量的生态产品和生态服务属于典型的高档货。在温饱问题尚未解决之前，人们的首选目标是生存，对高质量的生态产品和生态服务还提不上议事日程；在进入小康社会乃至进入富裕社会后，随着人均收入水平的提高，人们对高质量的生态产品和生态服务这种高档物品的需求以更快的速度提高。这种递增的趋势表现为生态产品和生态服务的需求曲线是以较快的速度向右上方移动的。这一规律可以用图 1-4 加以表示。

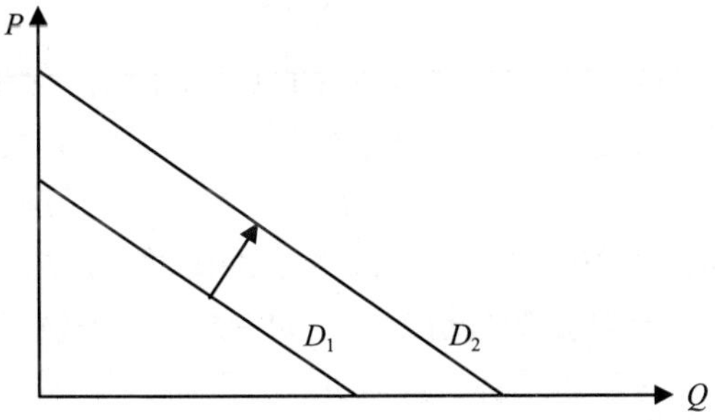

图 1-4 生态需求的递增趋势

图 1-4 表明，生态需求曲线的初始位置处于 D_1，随着收入水平的上升，生态需求增加，即生态需求曲线的位置移动到 D_2。根据供求原理可以知道：如果生产者对生态产品的供给保持不变，那么生态需求的递增会导致生态产品价格的上升；如果生产者对生态产品的供给出现递减，那么生态需求的递增会导致生态产品价格的大幅度上升；如果生产者对生态产品的供给增加，那么生态需求的递增会使生态产品价格的上升趋势得到缓解。

因此，针对生态需求的递增趋势，可以通过增加生态供给实现生态产品的供求平衡。

1.4.4 生态价值增值规律

生态价值增值规律是指：生态不是无价的自由物品，而是有价的经济资源；随着经济社会的发展，生态资源呈现出日益稀缺的趋势，因此，生态价值呈现增值趋势；既然生态价值呈现增值趋势，那么人类可以像进行经济投资一样进行生态投资，实现生态资本的增值；由于生态资本具有公共性和外部性特征，只有建立绿色财政制度和绿色产权制度等才能激励人们从事生态投资活动。

这个规律包括以下几个要点：

（1）生态资源是有价的稀缺资源，因此，要树立生态有价论，要进行生态经济化。诚如帕屈克·卡森和朱莉亚·莫顿的著作名所称的“绿就是金”①，也就是说，保护生态就是保护生产力。

（2）生态资源的稀缺性呈现递增趋势。人们对自然资源的需求的无限性和生态系统能够供给的自然资源的有限性之间的矛盾，导致自然资源的稀缺性程度不断提高。

（3）生态投资是实现生态资本增值的必要途径。在生态有价和生态经济化的前提下，从事生态投资与从事经济投资具有同等重要的意义。

（4）依靠制度创新激励生态投资。生态资源、生态产品的特殊属性，要求通过制度创新激励人们的生态投资积极性，以保证生态资源和生态产品的足额供给。

生态价值增值规律是绿水青山就是金山银山理念的具体体现。践行绿水青山就是金山银山理念就是要努力谋求生态产品的价值实现，做到经济生态化和生态经济化。为此，必须依靠绿色财政制度和绿色产权制度的改革和完善。

除了上述列举的四大生态经济规律外，还有很多其他生态经济规律。这些都需要生态经济学者不断去总结、提炼和概括，从而更好地指导生态经济实践。

研究展望

生态经济学的发展离不开对其学科体系自身的研究，但是，对生态经济学的学科体系的研究总体上呈现出相对不足的状况。下列问题亟须从理论上予以解决：① 生态经济学关于人的行为假设的研究，如何将经济人修正为生态经济人，生态经济人假设是否能够解释以及多大程度上能够解释人类的生态经济行为。② 生态经济学的方法论问题及具体研究方法研究，生态经济学是否具有自己特定的分析方法，如生态经济系统优化决策法。③ 生态经济学的核心范畴研究，必须回答生态经济学有多少核心范畴、它们彼此的关系如何、它们是如何支撑生态经济学学科体系的。④ 生态经济学的基本规律有哪些？什么是生态经济学的核心规律？⑤ 生态经济学的发展趋势如何？中国生态经济学的发展如何顺应学科发展的趋势？

思考题

1. 什么是生态经济问题？举例说明生态经济问题。
2. 请用系统分析法分析某个生态经济现象。
3. 选择某个角度对生态经济学的范畴进行分类，并说明哪些是最高层次的生态经济学范畴。
4. 什么叫生态产品？如何理解生态产品的属性？
5. 生态产品的价值实现主要有哪些途径？
6. 如何运用生态经济规律为生态经济建设服务？

---

① 帕屈克·卡森，朱莉亚·莫顿. 绿就是金[M]. 董真，黄志成，劳炯基，译. 广州：广东人民出版社，1998.

第一篇

生态系统篇

生态经济系统是生态经济学的研究对象和核心范畴之一。因此，要深入分析生态经济问题，必须首先弄清生态经济系统的运行规律，必须搞清楚生态经济系统的物质流、能量流、信息流和价值流。如果将生态经济学理论比喻为一座大厦，那么，引论部分就是地下室，第一篇到第六篇依次为第一层楼到第六层楼。

本篇将生态与经济看成一个系统，运用系统论分析方法，以系统观念和系统思维来看待整个生态经济大系统。通过介绍生态系统与经济系统的概念、结构及特性，来研究生态经济系统这一大系统的特性、结构、内在耦合及基本矛盾。在此基础上，运用系统论中的耗散结构理论和协同理论来剖析生态经济系统，分析生态经济系统内部诸要素之间或系统与外界之间的物质、能量、信息和价值的流动。

第2章　生态经济系统理论

习近平总书记在党的二十大报告中指出："我们要推进美丽中国建设，坚持山水林田湖草沙一体化保护和系统治理，统筹产业结构调整、污染治理、生态保护、应对气候变化，协同推进降碳、减污、扩绿、增长，推进生态优先、节约集约、绿色低碳发展。"[①]这是典型的以系统观念、系统思维、系统方法认识和处理生态经济系统的指南。生态经济系统是生态系统与经济系统相互融合的有机整体。本章先简要介绍系统论的一般理论，再从分析生态系统、经济系统入手，阐述生态系统与经济系统各自的概念、结构及特性，并比较它们的异同点。在此基础上，引出生态经济系统并分析其特性、类型、基本矛盾、结构及系统要素或亚系统的耦合。

2.1　系统论

2.1.1　系统的概念及系统方法

系统（system）一词来源于人类长期的社会实践，存在于自然界、人类社会以及人类思维描述的各个领域。对于系统的概念，不同的学者给出了不同的定义。系统论的创始人——贝塔朗菲认为，相互联系的诸要素的综合体就是系统。[②]我国杰出科学家钱学森对其给出了更完整的定义：由相互作用和相互依赖的若干组成部分相结合的具有特定功能的有机整体。[③]

系统是事物存在的普遍形式。系统可以是有生命的系统，也可以是机械系统；可以是实体系统，也可以是认识体系或虚拟系统。系统科学不仅有理论上的意义，而且有方法论上的意义。党的十九届五中全会首次提出"坚持系统观念"的原则，强调用系统思维和系统方法解决新时代所面临的建设和发展问题。

所谓系统论分析方法，是指用系统观念去认识和解决各种实际问题的方法论体系。它要求把研究对象当作一个系统，从系统整体出发，在考察事物时，要着眼于系统与要素、要素与要素、系统与环境之间相互联系、相互作用、相互制约的关系，力求综合地、精确地揭示和处理研究对象，以达到最佳处理问题的目的。所以它的显著特点是整体性、综合性和最佳化。

---

① 习近平. 高举中国特色社会主义伟大旗帜　为全面建设社会主义现代化国家而团结奋斗——在中国共产党第二十次全国代表大会上的报告[N]. 人民日报，2022-10-25.

② 贝塔朗菲. 一般系统论：基础、发展、应用[M]. 秋同，袁嘉新，译. 北京：社会科学文献出版社，1987.

③ 钱学森，许国志，王寿云. 论系统工程（增订本）[M]. 长沙：湖南科学技术出版社，1988.

2.1.2　系统的基本性质

系统具有组分（component）的整体性、结构的有序性、功能的整合性、结构和功能的可控性等基本性质。

系统组分的整体性表现在：① 系统无论大小都具有一定边界，它可以是自然形成的，也可以是人为划定的。② 系统具有水平分离特征，系统是由两个或两个以上的组分构成的，各个部分或部件必须按照一定的规格和严格的程序有序地结合起来。③ 系统具有垂直分离特征。系统组分又自成系统，称为子系统，子系统还可以分成更小的组分，而系统本身也可以是一个更大系统的子系统。这种大系统套小系统的系统层次结构特征称为系统的垂直分离特征。

系统结构的有序性表现在：① 系统各个组分之间都有一定的量比关系，量比关系不同，系统的特性及功能不同；② 系统内各组分通过各种联系相互作用、相互约束、相互牵制，以致系统内某一组分的变化会影响到系统的其他组分，最终使系统的整体产生相应的变化；③ 系统各组分、各层次分工合作，各居其位、各司其职共同完成系统整体功能。

系统功能的整合性表现在：系统的整体功能不等于其各组分功能的相加，而是一种集体效应，既有各组分的功能，又有各组分之间交互作用产生的新功能，整体功能大于部分功能之和。但并不是所有的系统都有系统功能整合作用，系统的功能完全取决于系统的结构，如 3 个可靠性为 0.9 的电子元件串联时的系统可靠性是 0.9^3，并联时系统的可靠性提高到 $1-(1-0.9)^3=0.999$。

系统结构和功能的可控性表现在：由于系统结构决定系统功能，通过改变系统的组分及结构就能影响系统功能。因此，一些人工系统为了达到系统目的，通常需要对系统的输入或状态进行控制，以便输出结构符合系统的目的要求，这个调控过程就是系统控制（system control）。这些系统中往往增加控制子系统，来接受反馈信息，并发出调节信息来改变系统的输入，达到控制系统输出的目的。一些开放系统常具有反馈机制，能够自动调节，如“机器人系统”“生态系统”等，这些系统称为自控系统或反馈系统。

2.1.3　系统的结构和功能

系统一般包括两个以上相互作用和相互联系的部分，这些部分之间有着自己特有的相互结合方式或构成形式，这种系统内诸部件的组织形式称为系统的结构。在系统内部各部分之间存在着错综复杂的相互影响，存在着信息流、能量流和物质流的交换，这种关系不仅是多元的而且是多层次的交叉和反馈。而所谓系统的功能就是结构系统在特定环境下所能发挥的作用和能力，具体表现为系统对输入、输出的响应能力。结构反映了系统内部各要素的分布关系，功能反映了系统内各要素之间的活动关系。系统的结构和功能的关系表现在：

（1）结构和功能相互依存。系统结构是功能的基础，系统的功能是结构的外在表现。一定的系统结构总是表现为一定的系统功能，一定的系统功能总是由一定的系统结构产生。两者任何一方的存在都以另一方为条件，彼此不可分割、相互依存。

（2）结构决定功能。由于系统结构是系统功能的基础，所以在它们的关系上必然表现为结构决定功能，如金刚石和石墨两者都由碳原子组成，但由于结构不同，两者的功能差异很大。

（3）功能反作用于结构。功能与结构相比，功能是相当活跃的因素，结构是相当稳定的因素。在环境发生一定变化的情况下，系统结构虽未变化，但是功能首先不断地发生变化，最终可引起系统结构的改变。

2.1.4 系统的演化和方法论

系统的结构和功能随时间的推移而发生的变化称为系统的演化。演化是系统的普遍属性，只要在足够大的时间尺度上看，任何系统都处于或快或慢的演化之中。社会形态和社会制度的变更、地球圈层的分化、生物进化、土壤和地貌的发育、岩石的形成与风化、动植物残体的分解、燃料的燃烧、污染物的扩散等都属于系统演化的范畴。事物的演化有进化和退化两个方向，通过自组织概念和方法的运用，可以认识和把握事物进化与退化的性质、规律和演化方向。①

自组织是自然界和社会长期演化过程中形成的非常优化的进化方式，它是在自然界各个子系统演化过程中形成的一套有效利用自然资源、物质和能量的循环方法。自组织理论群包括耗散结构理论、协同理论、突变理论、超循环理论、分形理论和混沌理论。这些理论都有自己的方法论，它们是一个序列、一个研究自组织各个方面和全过程的方法论的集合体。

2.1.4.1 耗散结构理论

耗散结构理论是比利时布鲁塞尔学派领导人普利高津于 1969 年提出的。他指出，一个远离平衡的开放系统与环境发生物质和能量交换，系统活动就处于一定涨落范围，当外界条件的变化达到一定程度或系统某个参数超出一定的界限时，就发生突变即非平衡相变，系统就由无序走向有序，形成耗散结构。耗散结构是开放系统的典型发展形式。耗散结构在与环境进行物质和能量交换中不断进行自我调节，以保持稳态而有序。②

耗散结构方法起着构建自组织需要条件的作用。它研究了体系如何开放、开放的尺度、如何创造条件走向自组织等诸多问题。运用这种方法可以了解到什么条件下能够发生自组织的演化过程并可以创造自组织的条件。在一定意义上，也可以把自组织的耗散结构方法称为自组织的创造条件方法论。

耗散结构方法的基本点有：① 创造条件使体系开放，使外部对体系的输入平权化，并且使这种输入达到一定阈值；② 对体系内部进行分析，看各个部分是否存在差异，即经过外部物质、能量和信息输入的培育，是否使内部出现越来越大的差异，培育这种差异，使体系走向非线性和非平衡或越来越远离平衡。③

2.1.4.2 协同理论

协同理论在整个自组织方法论中处于一种动力学方法论的地位。它是体系自身如何保持自组织活力的重要方法，它所研究的重要概念包括竞争、协同、支配及序参量等。它说

---

① 吴彤. 自组织方法论研究[M]. 北京：清华大学出版社，2001.

② 朱志刚. 耗散结构理论简介[J]. 系统工程，1989（3）.

③ 曾卫明. 高校科技创新团队自组织演化研究[D]. 哈尔滨：哈尔滨工程大学，2008.

明，制定一定的规则，以一定的参数进行调节，然后放手让子系统自己相互作用，产生序参量运动模式，从而推动整个系统演化，是系统非线性、自组织演化最好的管理方式。对自组织的机制有清晰了解，才能在真正意义上创造自组织，而自组织的动力学方法则帮助人们了解重要动力学机制的要素、相互关系和运动原理，从而认识事物的自组织动力学机理，激发自组织的动力学要素，形成自组织的动力学演化。

协同理论的基本点有：① 了解系统的数量和性质，以及它们之间的可能关系，构建子系统之间合作的桥梁；② 了解体系稳定性状况，发现体系不稳定性所在；③ 在体系不稳定区域，通过子系统的相互作用以及在子系统相互作用过程中掌握运动模式的寿命长短，寻找在子系统运动中逐渐形成的序参量；④ 寻找和发现序参量的运动规律，寻找支配规律。①

2.1.4.3 突变理论

突变理论研究了系统在其演化的可能路径方面所采取的方法论思想。临界、渐变和突变概念，问题处理时所采取的结构化方法，对冲突的关注，对行动与理解的相互矛盾的关系的揭示，都具有重要的方法论启示。突变理论突破了数学和纯粹自然科学的界限，吸收了社会科学的研究方法。学习突变理论，就是要汲取突变理论思想方法，懂得何时采取渐变方式推动系统演化，何时采取突变方式推动系统演化。因此，可以把突变理论方法称为自组织的演化途径方法论。

突变和渐变演化途径方法的基本点有：① 通过观察事物运动轨迹是否产生相互分离现象，是否产生突跳等现象，了解事物的演化途径；② 在事物发展演化的临界点或临界区通过诱导事物突变，或使得事物渐趋平稳变化，引导事物自组织演化。②

2.1.4.4 超循环理论

超循环理论提供了一种如何充分利用过程中的物质流、能量流和信息流的方法，提供了一种如何有效展开事物之间相互关系以及结合成为更紧密的事物的方法。结合是复杂性演化的核心，它提供了自组织发展之“核”，因此，可以把超循环理论称为自组织的结合发展方法论。

超循环理论的基本点有：① 在具体系统的联系中注意构建循环耦合环节，构建因果关系链，特别是注意在不同层次之间构建因果关系链条；② 注意寻找多种结合途径和结合点。特别注意远缘关系以及可能的远缘关联，注意差异性、多样性，使超循环结合得以发生和展开，又同时能够在需要之时打开这种循环锁链，以发展出更多的演化链条。③

2.1.4.5 分形理论

分形理论研究了系统走向自组织过程中的复杂性结构过程，也研究了从简单到复杂的自组织演化问题，表达了如何认识一个具有分形特征的物体或事物的方法论思想。掌握分形理论的方法，对于区别整形和分形，研究分形特征，把握复杂世界，以及如何生成一个复杂事物、复杂世界的演化过程和结构有了重要的理解。由于分形理论提供了一种事物由

---

① 吴彤. 自组织方法论论纲[J]. 系统辩证学学报，2001（4）.

② 吴彤. 自组织方法论论纲[J]. 系统辩证学学报，2001（4）.

③ 吴斌. 基于自组织原理的多维数据分析方法研究及其应用[D]. 杭州：浙江工业大学，2008.

简单走向复杂的空间状态以及演化的方法，因此可以把分形理论的方法称为事物自组织的表达复杂性空间结构及其生成的方法论，或简称分形结构方法论。

分形理论的基本点有：①通过系统不同层次的结构分析，寻找自相似方面，重复相似性构造，使某种特性得以贯穿系统各个层次，则可能构造出自组织的分形结构；②按照一定的边界条件、初始条件，分形结构原则或原理，则可能构造出各种复杂事物的空间几何构型。[①]

2.1.4.6 混沌理论

混沌理论研究了系统走向自组织过程中的时间复杂性问题，它在本体论上与分形理论表达的复杂性问题常常构成一个问题的两个侧面，即分形理论研究了事物走向复杂性的空间特性和结构，而混沌理论研究了事物走向复杂性的时间演化特性。

它通过体系对初始条件的敏感依赖性的判断和非周期性的研究，找到体系走向复杂性的根据和征兆。不妨把混沌理论称为表达时间复杂性的自组织的演化途径方法论，或简称混沌时间演化途径方法论。

混沌理论的基本点有：①通过外推方法，逼近走向混沌的临界点或临界域，从而构成非混沌和混沌之间的丰富多彩的世界；②注意走向混沌的临界点或临界域的边界，从而在具体问题上决定建设混沌或避免混沌。[①]

2.2 生态系统分析

2.2.1 生态系统的概念

2.2.1.1 生态系统概念的产生

生态就是生物与其赖以生存的环境在一定的空间的统一，反映了生物与环境之间的相互关系。人类对于生物与环境之间关系的认识，经历了一个由浅入深的过程。这一认识的不断深化过程与农业生产的发展过程相一致。在人类发展的漫长历史中，人们对这一问题的研究直到 1859 年达尔文的《物种起源》问世后，才逐步系统化、理论化。生态学一词由德国学者海克尔（E. H. Haeckel）于 1866 年提出，是由希腊文词根“oikos”（生活场所）和“logos”（学问）演化而来的。[②]因此，生态学在创立之初，是一门研究生物有机体与其生活场所之间相互关系的学科。然而，随着自然与社会的发展，结合近代生态学动向，生态学有了新的定义：研究生物生存条件、生物及其群体与环境相互关系的过程和规律的学科，其目的是指导人与生物圈（自然、资源与环境）的协调发展。

20 世纪 20 年代，贝塔朗菲开始研究一般系统论，系统论作为一门学科也发端于此。他于 1932 年和 1934 年分别发表了《理论生物学》和《现代发育理论》著作，其中心思想是把生物整体及环境作为一个大系统，用数学的方法和模型来进行研究，提出生命现象的自组织性、有序性等有意义的观点。[③]从此，人们对生物和环境关系的认识进入了一个新

① 吴彤. 自组织方法论论纲[J]. 系统辩证学学报，2001（4）.
② 李博. 生态学[M]. 北京：高等教育出版社，2000.
③ 贝塔朗菲. 一般系统论：基础、发展、应用[M]. 秋同，袁嘉新，译. 北京：社会科学文献出版社，1987.

的阶段，即系统论阶段。

2.2.1.2 生态系统概念的发展

20 世纪 40 年代以来，生态学者、生物学者先后提出了生物群落、食物链、金字塔营养级、生物多样性等与生态系统概念紧密相关的概念和理论，直至生态系统概念趋于定型。

所谓生态系统，就是地球生物圈内的一个具有物质循环、能量转化和信息传递功能的生物及其环境结构单元，是一个生态学功能单位和基本范畴。生态系统概念的诞生，标志着人类对自然界的认识进入了一个崭新的阶段。

20 世纪 60 年代以来，生态系统成为生态学研究的前沿。1989 年英国生态学会 75 周年纪念大会指出，向生态学界函调的结果表明生态系统是生态学中最重要的一个概念。至此，生态系统的概念和理论得到了深化和丰富。

2.2.2 生态系统的结构

2.2.2.1 生态系统的结构成分

生态系统的结构成分主要指系统中具有完整功能的自然组成部分，包括：

一是生物群落和非生物的物理环境，也就是生命系统和环境系统。所谓生命系统，就是动物、植物、微生物等各种生命有机体的集合，是构成生态系统精密有序的结构并使之充满活力的关键因素。所谓环境系统，就是光、热、水、气、土以及各种无机和有机元素的集合，是生态系统有序运行的载体和不可或缺的重要因素。

二是非生物环境、生产者、消费者和还原者等四项基本成分。

（1）非生物环境。指生态系统中生物赖以生存的物质和能量的源泉及活动的场所，包括太阳辐射能、温度、水分、空气等气候因子及其他物理因素；C、N、CO_2、O_2、H_2O 及矿质盐类等无机物质；蛋白质、碳水化合物、脂类及腐殖质等有机质。其中阳光、O_2、CO_2、H_2O、植物营养素（无机盐）是最主要的要素。它们为生物提供能量、养分及生命活动所需的媒质等环境因素。

（2）生产者。指能利用无机物制造有机物的自养生物，主要是绿色植物，也包括蓝绿藻、光合细菌及化能合成细菌，是生态系统中最基础的成分。它们在生态系统中的作用是通过光合作用或化能合成作用使环境中的无机物合成为有机物，把太阳能转化为化学能。太阳能只有通过生产者，才能源源不断地输入生态系统，成为一切生物（包括消费者和还原者）赖以生存的能量来源。

（3）消费者。指直接或间接利用绿色植物作为食物源的异养生物，主要是指动物和寄生生物，是生态系统生产力构成中的重要成分。根据食性的不同或取食的先后又将消费者分为：一是草食动物（一级消费者）：它们直接以绿色植物为食，即以吃植物性食品完成其本身的再生产过程，如马、牛、羊等。二是肉食动物：一级肉食动物（二级消费者）主要以草食动物为食，如某些鸟类、蛙、肉食昆虫、蝙蝠等；二级肉食动物（三级消费者）以一级肉食动物为食，如狐、狼、蛇等；三级肉食动物（四级消费者）以二级肉食动物为食，如狮、虎、豹、鹰等。三是寄生动物：它们寄生于其他动物、植物体内，靠吸取宿主营养为主。它们是特殊的消费者，根据食性可分为草食动物和肉食动物。四是腐食动物：

它们以腐烂的动物、植物残体为食，如蝇、秃鹰。五是杂食类消费者：它们既吃植物，又吃动物，如熊、鲤鱼等。人也属于杂食类消费者。

（4）还原者。它们又称分解者，主要是指细菌、真菌等微生物和某些营腐生生活的原生动物以及其他小型有机体。它们能将复杂有机体分子分解还原为简单化合物和元素，最终分解为无机物质，归还到环境中去，供生产者再利用。

2.2.2.2 生态系统的结构形态

生态系统是由生物组分与非生物组分相互作用而形成的结构有序的系统。生态系统的结构主要指各组分在时间、空间上的分布，以及各组分间能量流、物质流、信息流的途径与传递关系，主要包括形态结构（时空结构）和营养结构两个方面。

（1）生态系统的形态结构。就生命系统而言，生物种类及种群数量具有一定的空间配置（水平的和垂直的）和时间（发育的和季相[①]的）分布，在一定时期内处于相对稳定的状态，从而使生态系统能保持相对稳定的形态结构。

在空间配置上，各种动物、植物、微生物的种类和数量呈现出垂直结构和水平结构。在各类生态系统中，森林生态系统的垂直结构最为典型，具有明显的分层（stratification）现象。在地上部分，自上而下有乔木层、灌木层、草本植物层和苔藓地衣层。由于光照、土壤、水分、地形等生态因子的不均匀分布及生物间生物学特性的差异，各种生物在水平方向上呈镶嵌（inset）分布，如在森林生态系统中，森林边缘与森林内部分布着明显不同的动物、植物种类。

在时间分布上，生态系统的结构和外貌也会随之发生变化，这反映在时间上的动态性。一般可以从 3 个时间尺度上来考察：① 长时间尺度，以生态系统进化为主要内容；② 中等时间尺度，以群落演替为主要内容；③ 昼夜、季节和年份等短时间尺度，以生物周期性变化为主要内容。

（2）生态系统的营养结构。生态系统内的各种组成成分之间，以营养联系为纽带，建立起一种营养关系，把生物和生物以及生物与环境紧密地连接起来，构成以生产者、消费者、还原者为中心的三大功能类群，这就是生态系统的营养结构。图 2-1 为没有涉及具体生物成员、可代表生态系统营养结构的一般模型。

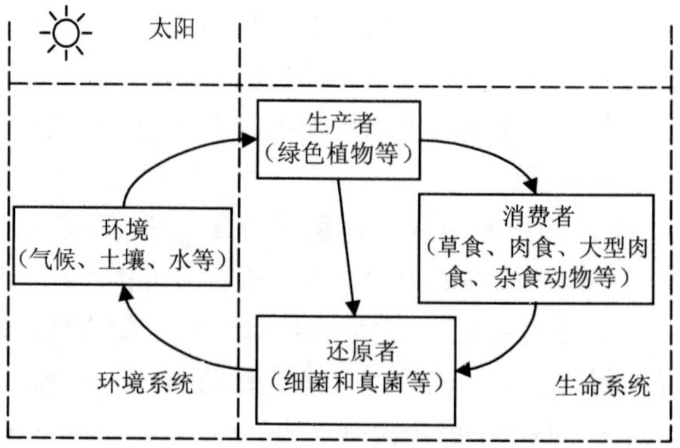

图 2-1 生态系统营养结构的一般模型

---

① 随着气候季节性交替，群落呈现不同的外貌，即季相。

不同生态系统的组成成分不同，其营养结构的具体表现形式也不尽相同，但其基本形式均表现为由不同营养级所构成的食物链和食物网。在生态系统中，生物之间通过吃与被吃关系连接起来的链锁结构叫作食物链。食物链上的每一环节叫营养级。在一个生态系统中有许多食物链，多条食物链相互交织，连接在一起形成复杂的食物网。食物网反映了生态系统内各种生物之间的营养位置和相互关系。在食物链和食物网中，各个生物功能类群都分属于不同的营养级。

营养结构还可以用简单的逻辑式来表达，即 T_1—T_2—T_3—…—T_n。T 代表营养级中的一个环节，生产者为 T_1，一级消费者（草食动物）为 T_2，二级消费者为 T_3，以此类推，通常为 4～5 级，一般不超过 7 级。当从食物对象的角度研究营养结构时，可将营养结构称为食物链结构。消费者等级越高（如肉食动物）其能级越低，消费者等级越低（如草食动物）其能级越高。由于能量沿食物链流动，食物链中低一级消费者（T_n 或 T_{n-1}）是高一级消费者（T_{n+1} 或 T_n）的营养及能量供应者，但低一级消费者的能量只有约 10%被高一级消费者利用，因此，在数量上低一级消费者必然大大超过高一级消费者，这样逐级递减，就形成了生物数目金字塔、生物量金字塔和生物能量金字塔。所以，营养结构又称作金字塔形营养结构。生物量金字塔如图 2-2 所示。

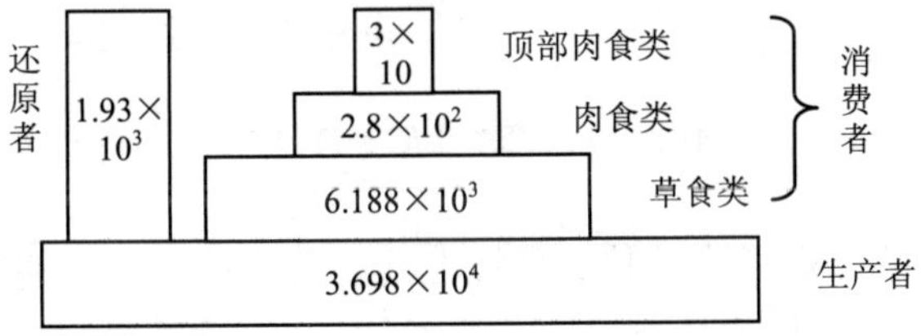

单位：kJ/（m² • a）

图 2-2 生物量金字塔

2.2.3 生态系统的类型

由于研究、开发的目的不同，生态系统在地球上是具有层次性的，并根据不同的标准分为不同的类型。地球上最大的生态系统是生物圈，往下又分为各种不同的类型。

生态系统按生态类型可分为淡水生态系统、海洋生态系统和陆地生态系统；按区域划分，则可分为农村生态系统、流域生态系统、城市生态系统等；按人类生产活动及其他经济、社会活动对生态系统的干预程度可分为自然生态系统、半自然生态系统和人工生态系统（图 2-3）。自从人类诞生以来，人类就一直依附于自然，并根据自己的需要逐步改造着自然，两者的关系十分紧密。

2.2.3.1 自然生态系统（natural ecosystem）

凡是未受人类干扰和扶持，在一定空间和时间范围内，依靠生物和环境本身的自我调节能力来维持相对稳定的生态系统，均属于自然生态系统。地球上的自然生态系统可划分为六种主要类型：森林生态系统、草原生态系统、苔原生态系统、荒漠生态系统、湿地生态系统和海洋生态系统。

- 生态系统
  - 自然生态系统
    - 森林生态系统
    - 草原生态系统
    - 苔原生态系统
    - 荒漠生态系统
    - 湿地生态系统
    - 海洋生态系统
  - 半自然生态系统
    - 农田生态系统
    - 人工林生态系统
    - 人工草地生态系统
    - 牧场生态系统
    - 鱼塘生态系统
    - 养殖生态系统
    - 微生物生态系统
  - 人工生态系统
    - 城镇生态系统
    - 工矿生态系统
    - 宇宙飞船生态系统
    - 实验微生物生态系统

图 2-3　生态系统的一种分类

（1）森林生态系统。森林群落与其环境在功能流作用下形成的具有一定的结构、功能和自调控能力的自然综合体就是森林生态系统。它以乔木为主，具有一定面积和密度的植物群落，是陆地生态系统中最大、最重要的自然生态系统。截至 2020 年，全球森林的覆盖面积约为 41 亿 hm^2，约占陆地面积的 27.5%。根据不同的气候特征和森林群落，全球森林生态系统又可分为热带雨林生态系统、常绿阔叶林生态系统、阔叶林生态系统和针叶林生态系统等类型。

（2）草原生态系统。该系统是以各种多年生草本占优势的生物群落与其环境构成的功能综合体，是最重要的陆地生态系统之一。全球草地面积约为 32 亿 hm^2，约占陆地面积的 21.5%，仅次于森林生态系统。草原主要有热带草原和温带草原。

（3）苔原生态系统。该系统是由极地平原和高山苔原的生物群落与其生存环境所组成的综合体。

（4）荒漠生态系统。它是由干旱、沙漠地区的生物群落与其生存环境所组成的综合体。全球荒漠化土地面积达到 36 亿 hm^2，约占陆地面积的 24.2%，主要分布在亚热带干旱区。

（5）湿地生态系统。湿地是指天然的或人工的、长期或暂时的沼泽地、泥炭地、带有静止或流动的淡水、半咸水或咸水的水域地带，包括低潮位不超过 6 m 的滨海海域。湿地生态系统是开放水域和陆地之间的过渡性生态系统，兼有水域和陆地生态系统的特点。全球湿地面积约为 5.14 亿 hm^2，约占陆地面积的 3.4%。

（6）海洋生态系统。全球海洋面积约为 361 亿 hm^2，覆盖了 71%的地球表面，是地球上最大的连续的生态系统。它是一个开放式的大水域，和陆地生态系统有很大的区别，主要表现在：① 生产者为小型的浮游植物；② 生物的分布范围很广；③ 生产者转化为初级消费者的物质循环率高。

2.2.3.2 半自然生态系统（seminatural ecosystem）

半自然生态系统又称半人工生态系统，介于自然生态系统和人工生态系统之间，是在自然生态系统的基础上，通过人工对生态系统进行调节管理，使其更好地为人类服务的生态系统，如用于天然捕捞的水域，放牧草原，供伐木、采集的原始森林等。其中，鱼类、牲畜和木材既是劳动对象，又是商品，而鱼苗、鱼饵、牧草和树木又完全靠自然过程维持生长和再生产过程。这一类生态系统具有生态和经济的双重功能，也正因为如此，其生态功能越来越退化，随之影响其经济功能。半自然生态系统在地球上的地盘越来越小。

2.2.3.3 人工生态系统（artificial ecosystem）

人工生态系统是指以人类活动为中心，按照人类意愿建立起来，并受人类活动强烈干预的生态系统，它是由自然环境（包括生物和非生物因素）、社会环境（包括政治、经济、法律等）和人类活动（包括生活和生产活动）三部分组成的网络结构，如城市、农田、水库、人工林、果园等。其中城市和农业生态系统最为常见。它受到人类社会的强烈干预和影响，并随人类活动而发生变化，自我调控能力较差。系统本身不能自给自足，依赖于外部系统，并受外部的调控，其运行目的不是维持自身平衡，而是满足人类的需要，即人工生态系统具有社会性、不稳定性、开放性和目的性四大特点。

由于人类对生态系统的干预程度以及生态系统的原动力不同，三类生态系统的组成、结构、功能、生态学过程都有很大差异（表 2-1）。

表 2-1 不同生态系统特点比较

比较内容	自然生态系统	半自然生态系统	人工生态系统
组成	组成成分复杂	生物成员简化，生产力提高，抗逆性下降，环境被改造，更有利于部分生物成员	生物成员被按特定目的筛选，环境要素为特定生物而设计
结构	自然结构	优化结构	组装结构
系统目的及功能	生态系统的稳定及繁荣	提供人类所需的产品	研究、产品、人类生活
主要能量来源	太阳能、自然辅助能	太阳能、自然辅助能、人工辅助能	工业能
稳定性	稳定	亚稳定	不稳定
稳定机制	非中心式调控，自然信息调控，生物间相生相克，生物与环境相互适应	非中心式调控与中心式调控结合，自然调控，人工直接调控，经济社会间接调控	中心式调控、人工调控
开放程度	相对封闭，开放程度小	开放程度较大	有的相对封闭，有的开放程度大

2.3 经济系统分析

2.3.1 经济系统的概念

经济系统是经济学的基本范畴。一般而言，可将经济系统定义为社会再生产有机体中的物质资料再生产、人口再生产和精神品再生产的地域分布、部门分布及其体制层次构成的国民经济结构和功能单元。经济系统是生态系统内部运行的一个生命系统。

物质和能量的流动过程是经济系统中价值的基本来源，也是财富得到创造的过程。但是，在传统的经济系统中失去价值的废物和废能的流动过程则是消耗财富的过程。从物质和能量流动的角度来看，人们更愿意将经济系统看作生态系统的一部分。实际上，经济系统并不能全部表达和描述在其中运行的物质和能量流动的状态和趋势，因此，有必要将其统一到更大范围的系统内，从而用不同于经济语言的指标来描绘和解释物质、能量流动，以及由其引发的社会、经济、环境等现象。①

作为生态系统的一部分，经济系统其实也是生命系统，表现在：经济系统始终依赖于并影响着局部的、区域的和全球的生态系统；输入经济系统中的物质最终来源于生态系统；作为能源主体的化石能源也来自生命体；大气（经济系统的基础资源）来自全球尺度上的生物循环；设计、管理、运行、监督、消费都是靠人来完成的，而人本身就是生物。②

在《超越增长——可持续发展的经济学》一书中，戴利将经济系统是生态系统的子系统的观点视作发展观的核心观念。他指出，传统发展观的根本错误在于，把经济系统看作不依赖外部环境的孤立系统，因而是可以无限增长的（图 2-4）。③

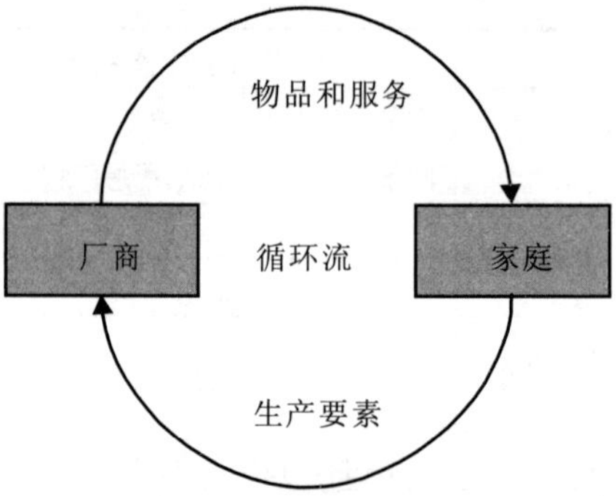

图 2-4 孤立系统中的经济

如图 2-4 所示，经济系统被视为一个孤立系统，即经济系统与周围环境没有物质或能量交换。交换价值在这个封闭系统的厂商与家庭之间进行循环。封闭系统中流动的物质根据生产或消费而各有所指，但它们都有物理维度。在这一循环中流动的仅仅是被抽象出来的交换价值——一种从交换物的物理维度和交换的基本要素中抽象出来的

① 韩凌，李书舒，王佳，等. 经济系统与生态系统的类比分析[J]. 中国人口·资源与环境，2006（7）.

② GRAEDEL T E，ALLENBY B R. Industrial ecology[M]. NJ：Prentice-Hall，1995.

③ 赫尔曼·E. 戴利. 超越增长——可持续发展的经济学[M]. 诸大建，胡圣，等译. 上海：上海世纪出版集团，2006.

交换价值。在这个只有抽象的交换价值流动的孤立系统中，没有任何东西是依靠周围环境的，当然也就不会出现自然资源耗费、环境污染等问题，也不会有依靠自然服务体系的经济系统。

可持续发展观则强调，经济只是一个外部的、更大的、有限的、非增长的生态系统的子系统，而不是抽象的交换价值的孤立循环的系统，不受物质平衡、熵和边界的限制。因此经济的数量性增长是有“最佳规模”的，而不是无限的。对此规模的必然要求是经济的“流量”——物质从原材料输入作为开端，然后转化为商品，最后形成废弃物输出的流程——限于生态系统再生与可吸收的容量范围内。

可持续发展观在人造资本和人力资本概念的基础上发明了“自然资本”的概念。皮尔斯首次尝试用精确的术语定义自然资本：自然资本就是将自然环境看作是服务于经济功能的自然资产。在工业经济社会的开始，当人造资本是稀缺的限制性因素时，追求经济子系统的数量性增长有其合理性。[①]但是，随着经济子系统的增长，当整个系统从一个“空的世界”转变为“满的世界”时（图 2-5），当自然资本替代人造资本成为稀缺的限制性因素时，经济子系统就需要从数量性增长转换为质量性发展。[②]

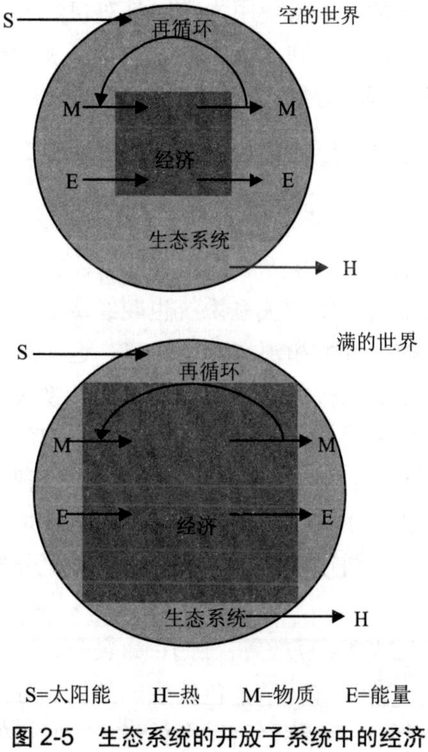

图 2-5 生态系统的开放子系统中的经济

注：深色区域代表人造资本，浅色区域代表自然资本。

① 戴维· 皮尔斯，杰瑞米· 沃福德. 世界无末日——经济学・环境与可持续发展[M]. 张世秋，译，北京：中国财政经济出版社，1996.

② 张海萌，赫尔曼・E. 戴利的生态思想研究[D]. 南京：南京林业大学，2010.

由于生态系统随着经济增长其规模保持不变，因此经济在一段时间后相对于被包含的生态系统就必然要变大，表现在图 2-5 中从“空的世界”到“满的世界”的转变，表明了人类经济的演化已经从“人造资本是经济发展限制因素”的时代进入到“自然资本是经济发展限制因素”的时代。

除了经济系统具有生态系统的相似特点之外，实质上生态系统也可以被看作是经济系统。因为在生态系统中存在着各种各样的分工，纷繁复杂的物质加工和分解的流水线，所有参与食物链或食物网的物种都可以看作是独立的生产经营者，而且是用最集约的方式在利用能源和资源。此外，在这些生产经营者之间形成了固定的、有操作规范性的关系。生态系统本身就是一个自然的经济体，而生态学则可以被视为经济学的一种。

2.3.2 经济系统的结构

经济系统一般由生产力系统和生产关系系统组成。

2.3.2.1 生产力系统

任何生产都是在相应的生产力水平下进行的，生产关系的形成也是以生产力水平为基础的。生产力是指人们通过科学技术或使用生产工具对自然界生态系统的利用和改造，以取得人类所需物质产品的能力，它反映了人类的生产水平和人类利用、改造自然的程度。主要包括劳动力、劳动资料、劳动对象、科学技术和经济管理。总之，生产力系统的发展需要一定的条件，这些条件也都是经济系统构成的重要因素。

2.3.2.2 生产关系系统

从静态上看，生产关系系统包括生产资料所有制、社会集团在生产中的地位及相互关系和产品分配形式。从动态上看，生产关系系统也叫经济运行系统，在商品生产条件下，经济运行系统包括生产、交换、分配和消费 4 个环节。这 4 个环节各具有不同的功能，相互之间存在着内在的必然联系和衔接关系，它们之间的转换关系组成了经济的循环运动。上述 4 个环节连在一起，表现为一种周而复始、连续不断的再生产循环运动。在这 4 个循环运动中，生产是基础，生产为消费创造条件，生产水平的高低和规模大小又决定着分配、交换和消费的水平；而消费和交换对生产又起反作用，消费是生产的动力和目的，只有消费才能使产品成为现实的物品；通过交换，生产得以畅通。分配、交换是沟通生产和消费的渠道和桥梁。

经济系统的结构可分为三大类：① 经济部门，如农业、工业、商业、贸易、交通运输、能源、矿产、教科文卫体等；② 经济环节，包括生产结构、分配结构、交换结构和消费结构；③ 经济体制，包括国有经济、集体经济、个体经济、股份经济、外资经济及混合经济等成分，体现了所有制关系。这样划分经济系统结构，既体现了生产关系成分，又体现了生产力成分，有利于从总体上把握各成分之间的相互关系。

与经济系统成分相适应的经济系统结构形式是经济要素形式、经济体制结构形式、经济制度形式。经济要素是横向结构系统，经济体制体现为纵向结构系统，经济制度形式体现为三维结构，其再生产要素和环节分布在立体结构中。所以，经济系统结构形式和生态系统结构形式具有同一性，即一维结构链、二维结构面和三维结构体。

2.3.3 经济系统与生态系统的比较

2.3.3.1 经济系统与生态系统的相似性

（1）基本原理和机制相同。埃尔文·施罗丁格（Erwin Schrodinger）曾将生命描述成一个稳态的热力学非平衡系统。他认为生态系统中的生命依靠环境中低熵值的物质和能量，通过生物体自身的新陈代谢，排放出高熵值的物质和能量，使生命远离死亡这一平衡状态。[①]同样，经济系统也是一个热力学非平衡系统，正如经济学家霍布森（Hobson）所归纳的“一切有用的基本活动都要消耗组织和能量，这是这些活动所付出的生物学成本”。[②]经济系统通过农业和采掘业不断从外界环境中吸收低熵值的物质和能量，再通过重工业和轻工业等经济活动生产人类所需要的物品和劳务，排放出高熵值的物质和能量（生产废弃物和消费废弃物），实现人类的繁衍和发展。因此，经济系统和生态系统的基本原理和机制是一致的，其核心是新陈代谢，两者完全相同（图 2-6）。[③]

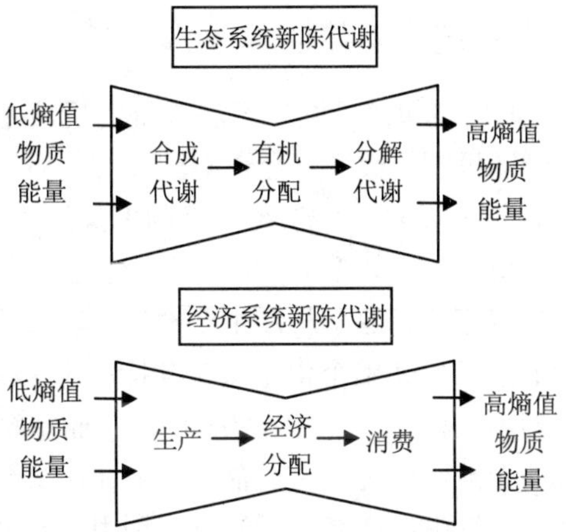

图 2-6 生态系统和经济系统的新陈代谢原理比较

在图 2-6 中，生态合成代谢就如经济生产，生态分解代谢则似经济消费，连接合成代谢和分解代谢的是生物的有机分配——食物链；而经济系统中则是通过流通渠道实现产品的分配。唯一不同之处在于：经济系统的交换通过交换价值（或价格）实现；而生态系统的交换则通过生物竞争、共生、互补等自然方式实现，这种自然的交换方式体现了物-物之间一定的生态关系，相比经济系统的交换价值更加直观和高效。因此，从某种意义上来看，经济系统是生态系统中的一个子系统，是生态系统中人这一物种内部的特殊社会关系系统。[④]

（2）系统的整体属性相似。从系统整体的角度来看，经济系统和生态系统都是热力学的非平衡系统，具有系统本身的整体协调性，它们远离平衡态，是开放的系统，都与外

① SCHRODINGER E. What is life? [M]. New York：Macmillan，1945：45.

② HOBSON J A. Economics and Ethics[M]. Boston：Health，1929：12.

③ 肖忠东，孙林岩，吕坚. 经济系统与生态系统的比较研究[J]. 管理工程学报，2003（4）.

④ 肖忠东，孙林岩，吕坚. 经济系统与生态系统的比较研究[J]. 管理工程学报，2003（4）.

界进行着物质和能量的交换，并且在系统内都以物质循环和能量流动为基本内容表现出一定的层次，即都具有整体性、开放性和层次性。

（3）系统的演化性相似。从系统的时间维度来看，经济系统和生态系统都是处于演化中的系统。经济系统与生物有机体一样，具有从幼年期到成熟期的发育过程，处于演替和进化中，它在不同阶段表现出不同的经济特征，经济就是在不断地演化和与生态系统进行交流的过程中得到发展的。同样，生态系统也处于不断的动态演化过程中，一般来说，生态系统发育进化的总趋势是复杂性和有序性的增加，对物理环境控制或内部稳定性的加大，以及对外界干扰达到最小的影响。

（4）系统的地域性相似。从系统的空间分布来看，经济系统和生态系统都具有空间差异性。经济系统的空间分布差异来源于自然环境条件和经济社会因素两方面，其中经济系统的单元——企业的选址基本遵循利润最大化原则来进行，产业的布局遵循因地制宜等原则。同样，生态系统的单元——物种的空间分布（包括垂直分布和水平分布）即选址也遵循适应性等原则，在空间上表现出差异性。

2.3.3.2 经济系统和生态系统的差异性

（1）反馈模式差异：正反馈和负反馈。经济系统的反馈是正反馈模式，是指在经济要素的投入物不受限制、经济机制的改变不会影响到经济的原有运行状态或经济机制不会改变等约束条件下，不断地投入要素，由于经济机制本身的“乘数效应”“加速效应”等影响，经济的投入产出不断增长，以实现经济的增长。这是一种动态的、显示单向的增长。

生态系统的反馈是负反馈模式，这一机制主要通过营养关系进行。通过这一模式，生态系统调节着种群生物量的增减，使整个生态系统维持动态平衡。[①]

（2）分解者的作用和地位差异。工业文明时代，产业系统中的分解者主要是从事资源回收再利用和最终处置的企业和个体，这类企业和个体在社会组织结构中长期处于无足轻重的地位。因此，在经济系统中，废弃资源的再生利用一直处于边缘地位，分解者很弱小，分解功能不完善，与合成功能完全不匹配，导致资源和环境问题日益严峻。

在生态系统中，发达的分解作用保障了物质循环和能量传递的实现。生产者的大部分产品都直接转到分解者那里，只有小部分通过消费者再转，而分解者将绝大多数的物质还给生产者再利用。因此，生态系统中分解者在物质循环中占主导地位。

（3）多样性差异。经济系统无论是企业还是工艺，在单位空间上的多样性是很缺乏的，这主要是对规模经济的追求所致，而这正是物质特别是生产工艺过程和生活消费中排放的废弃物不能得到充分循环的主要原因。

而生态系统往往具有较高的物种、系统、基因等多样性。多样性是生态系统最关键的特点。正是因为多样性，才保证了物质循环的发生和运行。

（4）系统目标的差异。经济系统的目标是追求利润最大化，该目标也可表述为生产者的利润最大化或消费者的效用最大化。在该目标的驱使下，人类对物质的消费需求往往超出了合理的范围，并对环境造成了威胁。

生态系统的目标是多重的，或者说从整个地球的尺度来看，还没有一项研究能确切地

---

① 肖忠东，孙林岩，吕坚．经济系统与生态系统的比较研究[J]．管理工程学报，2003（4）．

论证生态系统的发展是有明确目标的。不过可以明确的是，生态系统从来不以产量最大化为自己的追求目标。而比较保险的说法是，追求系统的稳定性是生态系统存在和演化的目标。

2.4　生态经济系统分析[①]

2.4.1　生态经济系统的概念、地位及其亚系统

2.4.1.1　生态经济系统的概念及地位

（1）生态经济系统的概念。生态经济系统是生态经济学的基本范畴。它是指由生态系统和经济系统通过技术中介以及人类劳动过程所构成的物质循环、能量转化、价值增值和信息传递的结构单元和复合系统，是生态系统和经济系统的有机结合与统一。

生态系统与经济系统不能自动耦合，必须在劳动过程（人类脑力劳动、体力劳动以及各种具体劳动过程）中通过技术中介（必须借助各种形态的技术手段）才能相互耦合为整体，以此形成价值并实现增值。因此，生态经济系统是一个具有独立的特征、结构和功能的生态经济复合体，并有其自身运动（物质运转、能量转换、信息传递和价值转移）的规律性。

生态经济系统作为一个复合系统，具有两个特点：① 双重结合性。它是由生态系统和经济系统复合而成的，因此，它的运行同时受经济规律和生态规律的制约。并且，它的建立体现了生态系统与经济系统两个子系统的结合，因此，也体现了经济规律与生态规律两种规律作用的结合。② 矛盾统一性。即在生态经济系统内部，生态系统和经济系统两个子系统的运行方向和要求既是矛盾的，又是统一的。其矛盾性体现在经济系统自身的要求是对生态系统“最大的利用”，而生态系统自身的要求是对自己“最大的保护”，因此两者会产生矛盾。其统一性体现在经济系统对生态系统不仅要短期地利用，更要长期地利用，这就需要对之进行保护，从而使经济和生态两方面的要求得到统一，也使两者的矛盾能够实现统一。

生态经济系统观要求人们在发展生产的同时，把社会再生产视为一个完整的生态、经济、社会的大系统，既要研究制约生产生活的各种经济社会因素，并遵循经济规律，又要研究各种自然生态因素，并遵循生态规律，从全局和长远利益出发，协调生态、经济、社会各方面的关系，采取综合性措施和对策。同时，要求人们充分认识生态系统是经济系统持续发展的稳定基础，只有生态平衡下的经济平衡才是经济效益最优的平衡。因此，在经济发展过程中，不能把生产生活等人类活动建立在贪婪地索取自然资源、大量地消耗资源的基础上，使自然资源长期处于高度开采和超负荷状态，而应同步谋划资源保护、环境保护与经济建设，以协调人与自然的关系，使人类生存与经济发展相统一。

（2）生态经济系统的地位。生态经济系统是生态经济学最基本的理论范畴，是一切经济活动的载体。

在人类经济社会的发展实践中，人们为了自身的发展和生活水平的提高，不断地进行

---

① 迟维韵. 对生态经济系统和生态经济效益的再认识[J]. 生态经济，1988（4）.

着各种各样的生产和生活活动，这些活动都是由人类本身的经济目的引起的，也都在经济系统的循环中周而复始地进行着。但是，这些经济活动并并不孤立，而是时时刻刻与自然生态系统的运行发生着密切的联系。如人们在经济系统中进行生产时，要从自然界获取各种自然资源，生产中随之形成的各种废弃物也要排放到自然界，要求自然界进行消纳。同时人们在经济系统中进行的经济活动是否能够继续进行下去，也要看自然界对人类的经济活动所造成的压力是否能够承担。

人类进行的各种经济活动，实际上不只是单纯的经济活动，而是一种生态经济活动；就其载体来看，人们进行的这些活动，也不只是在经济系统中进行的，而是在经济系统和生态系统相结合所形成的生态经济系统中进行的；人们在经济活动中形成的关系也存在于生态经济系统中。生态经济系统是人类进行一切经济活动的实际载体。它将引导人们正确处理经济活动中的各种生态经济问题，由此决定了生态经济系统在整个生态经济学范畴体系中作为最基本的范畴的地位。

2.4.1.2 生态经济系统的亚系统

生态经济系统由生态系统、经济系统和技术系统 3 个亚系统构成，它们有各自不同的地位和作用，并在生态经济系统内部相互联系。生态系统与经济系统相互作用、互为因果，才能耦合成一个良性循环的生态经济系统。

2.4.1.2.1 生态经济系统各亚系统的地位

（1）生态系统是生态经济系统的基础。生态系统是任何类型的生态经济系统结构的基础，这主要表现在生态经济系统进行生产和再生产所需要的物质和能量，无一不是直接或间接来源于生态系统。农业生态经济系统的生产离不开空气、土壤、水和无机盐，这些都直接取之于生态系统；工业生态经济系统进行生产所需要的矿物质直接来自生态系统，而其他原料及能源、设备等，也都是由生态系统中的物质转化而来的。作为一切生态经济系统的主体的人，其生产和再生产同样离不开生态系统。生态系统是生态经济系统赖以存在和发展的基础。①

（2）经济系统是生态经济系统的主体。经济系统在生态经济系统中具有主体结构的地位，这主要表现在经济系统的主导作用。人作为经济活动的主体，采取各种形式的调节控制，使得经济系统的再生产过程成为一种具有一定目的的社会活动，并通过技术系统的中介去影响和改造生态系统，强化或者改变生态系统的结构和功能，使之为自己的目的服务。当然，经济系统这种主体结构作用是有条件的、相对的，作为基础结构的生态系统并非完全被动地接受经济系统所施加的影响，它会在内部机制的作用下对这种影响做出反应，并通过一定的形式反馈给经济系统。经济系统必须根据生态系统反馈的信息，调整对生态系统施加影响的程度和方式，否则就有可能破坏生态系统的基础结构。基础结构一旦遭破坏，经济系统的主导作用也就随之丧失。

（3）技术系统是生态经济系统的中介。技术是人类利用、开发和改造自然的经济手段、思想手段和信息手段的总和。在生态经济系统中，技术是联系经济系统与生态系统并

---

① 特格西毕力格. 内蒙古草原经济发展研究[D]. 北京：中央民族大学，2009.

使两者融为一体的媒介。例如，生态系统中矿物质输入经济系统并转化为电能或其他经济产品，是通过勘探技术、采掘技术、冶炼技术等实现的；生态系统中的空气、水、无机元素等进入经济系统合成化肥，化肥又从经济系统输入生态系统（土壤）并进而转化为植物有机体，是通过化肥生产技术、施肥技术、耕作技术等来实现的。总之，凡是生态系统与经济系统相互交织和物质能量的循环转化过程，都有技术的中介作用。在一定程度上说，没有技术这个中介，也就没有生态经济系统。

2.4.1.2.2　生态经济系统的内在联系

（1）人类经济活动与自然生态系统的关系。人类经济活动与自然生态系统的关系是生态经济系统结构的最基本关系。社会生产力的发展促进了生态经济关系的产生和变化。一方面，人类为了满足自己的需要，就要不断地同自然界进行物质交换；另一方面，人类在同自然界进行物质交换时，又把人类社会的一些有用的物质或一些废弃物返还自然界。人类活动对自然界的影响正是通过这两种基本作用，在自然生态系统中打上自己活动和干预的印记，并改变生态系统的纯自然性质。从结果来看，人类活动对自然界的影响分为两种基本类型：① 适度利用改造型，即人类对自然界的影响一直保持在维持生态平衡的限度内，无论人类是生存利用、满足需求还是创新发展，都不损害生态平衡，如农业文明的延续不衰，就属于这种类型；② 破坏性改造型，主要是指人类对自然界的作用超出了生态系统的耐受度而发生系统失衡或瓦解的情况，如森林滥伐可引起整个生态系统失调。

（2）人类经济活动与技术手段的关系。人类活动主体与人类活动采用的技术手段的关系是生态经济系统总体结构关系中的重要组成部分。没有人与技术手段的关系，也就不可能产生生态经济系统。技术手段是人的创造物，是人类劳动的结晶。由木棒、石斧、骨针到简单的金属工具，再到蒸汽机、电子机械等都是人类主动创造的产物。同时，技术手段对人类活动也有限制作用。原始的技术手段不可能产生近代人类工业化生产活动，近代机器技术手段也不能满足现代人类生产生活活动。技术手段对人类活动的限制，推动了人类对工具的一次次改进，然而工具改进的程度又要受到人的能力的限制。人类活动与技术手段的辩证统一关系，正是在上述矛盾不断解决的过程中形成的。

（3）人类经济活动中的技术与生态的关系。一切技术要素——物质技术、非物质技术，要么依附在人的劳动过程中，要么存储在人的大脑（智力）和体力中，要么作为传导手段，被人掌握。所以，尽管技术有社会性的一面，但对于人类活动来说，是客体而非主体。然而，其社会性又体现出主体-客体关系。技术手段就其本质而言，是人们劳动的产物，它体现了人们的社会劳动，具有社会属性；就其物质内容而言，还具有自然属性。例如，铁制工具，既体现社会劳动，又包含铁的自然性质。因此，从某种程度上讲，任何一种技术手段本身，体现了一定的主体与客体的具体化关系。

一定生态系统的规模和特殊自然规律性，必然要求与之相适应的技术手段；同一个生态系统不同发展水平以及同一发展水平不同的发展时期，都要求不同性质的技术手段与之相适应；同一个生态系统在特定的时间内，由于系统内在的变化，同样也要求一定的技术手段与之相适应。技术手段对客体的作用主要表现在：技术手段在与自然生态系统客体的作用过程中，其自然性方面与生态系统生产力相互结合，从质和量两方面都大大加强了原来系统的自然力；其劳动社会性方面，则在作用过程中力图把自然力强化趋势引向人类采用技术手段达到一定目的的方面。同时，生态系统对技术手段也有限制作用，主要表现在其对技术手段的选择性，即技术手段对生态系统作用的自然性能，如应用于水田生态系统的技术不适用于旱田生态系统，应用于农田生态系统的技术手段不适用于水域生态系统等。

其实，生态经济系统除了生态系统、经济系统和技术系统等亚系统外，还有制度系统这一特殊的亚系统。制度系统可以直接作用于生态系统和经济系统。不同的制度选择可以产生截然不同的生态系统和经济系统的效果。制度系统又可以通过直接作用于技术系统进而间接作用于生态系统和经济系统。生态经济学就是要通过生态经济制度、生态经济科技促进生态经济产业、生态经济消费的发展，并保护好生态经济资源和生态经济环境。

2.4.1.2.3 生态系统与经济系统的耦合

（1）生态系统负反馈机制。生态系统内部存在着一个负反馈机制，调节着系统中种群生物量的增减，使之维持动态平衡。这个负反馈机制主要是通过营养关系（包括捕食、寄生、营养元素的转移等）进行的。当被消费者（或植物所需要的营养元素）数量增加（或减少）时，消费者的数量也增加（或减少）。被消费者的数量增加（或减少）恰恰是导致它下一步减少（或增加）的原因。这种负反馈作用过程，使生态系统内各生物种群个体数量大致维持在一定的水平上，确切地讲，是围绕某一阈值上下波动。

（2）经济系统正反馈机制。经济系统的正反馈机制，表现为经济要素和经济系统目标之间的反馈关系。经济系统的特点是受人口增长和生活质量提高的影响，经济需求只能不断地得到满足，促使经济目标向正反馈方向移升，因而其本质是一个正反馈过程。虽然还不能断定其标准和一般理论模型，但是其基本反馈过程可用图 2-7 表示。①

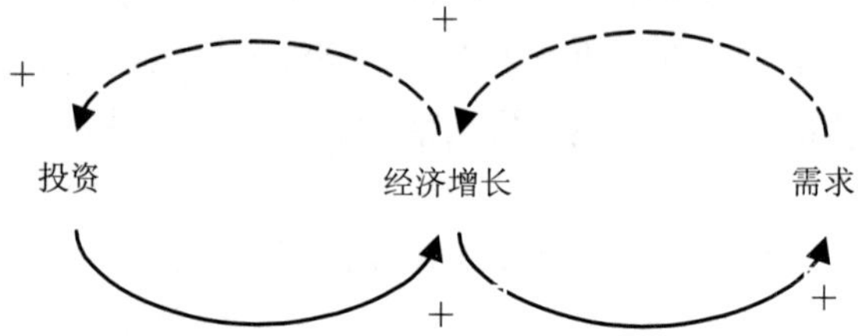

图 2-7 经济系统一般反馈过程

在图 2-7 中社会需求以信息态（虚线箭头）正反馈输入，控制经济过程运转，满足经济需求（实线箭头）。经济增长需要增加投资，以信息态正反馈控制投资，投资增长会促进经济增长（实线箭头）。这是以经济增长为核心的经济模式的无阻滞理想化反馈过程。在一个能源有限的世界里，始终保持一个匀速度是不可能的，只能是时快时慢的涨落交替。

（3）生态系统与经济系统的耦合。能否实现生态经济可持续发展目标的关键在于能否使生态系统反馈机制与经济系统反馈机制相互耦合为一个机制，这一过程实质上是经济

① 肖云. 山区生态经济建设的理论与实践[J]. 农村经济与技术，1994（10）.

系统对生态系统的反馈过程。[①]

一个良性循环的生态经济系统，其生态系统和经济系统必然互为因果关系，也就是实现生态、经济、技术耦合。

非良性的耦合有两种情况：一种情况是单纯追求暂时的经济利益而选择一种掠夺式的技术和经济手段。这样的耦合虽然符合经济运行机制，但是不符合生态运行机制，因为无益于生态生产力持续稳定增长，无益于生态资源的更新，必然导致生态危机。这样的耦合，实际上是暂时的耦合，因为两者的因果关系是暂时的、不稳定的。另一种情况是经济系统使用的技术、经济手段与生态系统反馈机制的要求根本无关，这不仅不能使生态生产力持续稳定增长，就连暂时性的增长都不可能。如一块农田缺少钾肥，而农民却施磷肥或氮肥，或干脆不施任何肥料而喷洒农药。这种技术调节并没有使两者耦合，而是使两个反馈机制发生偏离，最终破坏生态系统反馈机制，使其功能紊乱，导致生产能力下降。这种非因果关系的耦合，对生态系统破坏力很大。[②]

在现代社会再生产中，经济系统对生态系统反馈的直接手段是技术系统。在反馈过程中，往往要动员整个技术系统，但在不同的阶段要有先有后、有主有次地分别使用不同的技术手段。但无论使用何种技术，都必须符合生态系统反馈机制的客观要求。

经济系统对生态系统的间接反馈手段，是各种经济制度、方针、政策、计划、法令等，它们也构成一个相互耦合的体系。如提高价格可以刺激生产者的积极性，从而加强某种产品的生产，不断改进技术，扩大从生态系统获取某种资源的生产规模。如果这个规模是在生态反馈机制限度内，生产可持续得到某种资源的最大持续生产量；如果超过生态系统反馈机制的限度，就要调整价格，减少生产量。实际上，提高价格是某种资源生产量（经济系统）的正反馈，但对于生态系统来说是负反馈（使系统内某种资源减少）；降低价格对于经济系统来说是负反馈，对于生态系统来说是正反馈（给某种资源以再生更新的机会）。

总之，社会的技术、经济等手段在控制、调节生态系统生产力的反馈过程中，应当耦合为一个整体，以便发挥整体反馈效应。

2.4.2　生态经济系统的特性

人类经济社会都是由多种多样的、不同类型的生态经济系统所构成的。然而，诸多生态经济系统具有许多共同的特性，把握住这些根本特性，就能把非良性循环的生态经济系统，引向良性循环的轨道。

2.4.2.1　生态经济系统的整体性

生态经济系统具有严密的整体性特征，当系统中某一要素发生变化时，便可引起整个系统的变化。如生态系统与经济结构的相互关系，一旦生态系统遭到破坏，必然引起水土流失、气候变化、生物量减少，最终导致农业经济结构的失调。因此，分析生态经济系统，首先要把生态系统和经济系统中的各要素置于生态经济的大系统中，用系统观点和系统思维，从整体上加以分析，既要研究整体与要素、要素与要素之间的相互关系，又要研究整

① 刘贵清. 循环经济的多维理论研究[D]. 青岛：青岛大学，2010.

② 刘勇. 中国林业生态工程后评价理论与应用研究[D]. 北京：北京林业大学，2006.

体内由于某一要素的微小变化而引起的其他要素和整体的变化。

2.4.2.2 生态经济系统的层次性

生态经济系统是一个多层次的复合系统。从系统大小层次来看，生态经济系统可划分为：

第一层次，全球型。即研究地球生物圈和人类经济社会构成的庞大的生态经济系统，也是地球上最大的生态经济系统。它研究的是全球的经济与环境问题，如能源与资源问题、污染问题和人口问题等。

第二层次，国别型。即研究某一国家的国民经济和自然生态而构成的生态经济系统。它研究的是某一国家的经济再生产与自然再生产的关系、全社会的经济活动与生态平衡问题等。

第三层次，地域型。即研究某地域、区域的自然生态与经济发展的关系。地域的划分应从地理位置、气候特征等方面划分，如沿海地区、平原地区、高山地区，或热带地区、亚热带地区、温带地区等。

2.4.2.3 生态经济系统的地域性

生态系统与经济系统的最佳组合，是获得最佳生态经济效益的根本保证。任何社会再生产过程，都是以生态系统为基础的。但是，生态系统有地域性差异，不同地域内的生态系统随着光、热、水、土等环境因素的变化，在其内部结构、功能、数量、质量、分布和生产力等方面都会有或大或小的差异，而这些差异就成为制约各地区经济稳定发展的重要因素。生态经济系统这种明显的地域性特点要求人们以不同的生态系统的地域差异为依据，因地制宜地进行经济建设，合理安排农、林、牧、副、渔、工、商等各行业的生产，采用现代技术和管理方法，以充分发挥不同地域内生态经济系统的优势和潜力。

2.4.2.4 生态经济系统的融合性

生态经济系统的融合性包括内部融合性和外部融合性（开放性）两个方面。其内部融合性体现在生态经济系统的再生产是自然再生产、经济再生产和人类自身再生产的相互交织。在生态经济系统中，不仅有自然力的投入，而且有劳动力的投入，是在人的主导作用下，由自然力和劳动力相结合，共同创造使用价值的；其产品参与和影响经济、社会、自然再生产的总循环过程。生态系统是通过能量流、物质流的转化、循环、增值和积累过程与经济系统的价值、价格、利率、交换等软要素融合在一起的。其外部融合性体现在生态经济系统是开放系统，它与周围的自然与社会环境有着物质、能量、价值与信息的输入/输出关系，使生态经济系统保持稳定。

2.4.2.5 生态经济系统的协调有序性

生态经济系统的协调有序性是生态系统有序性与经济系统有序性的融合。[①]首先，生态系统有序性是生态经济系统有序性的基础，经济系统也遵循有序运动规律性，不断地同

---

① 张志军，王岩. 谈生态经济系统的特性及其演替[J]. 黑龙江科技信息，2012（7）.

生态系统进行物质、能量、信息等交换活动，以维持一定水平的经济社会系统的有序稳定性。其次，这两个基本层次有序性必须相互协调，并融合为统一的生态经济系统有序性。生态系统与经济系统之间物质、能量和信息的相互交换过程中各要素的协同作用，不仅使两大系统协调耦合起来，也使耦合后的复合系统具有生态经济新的有序特征。另外，生态经济系统的协调有序性，还表现在生态系统的自然生长与经济目标的人工导向之间必须协调，否则人工导向容易导致生态经济系统的逆向演替。

2.4.2.6　生态经济系统的动态演替性

生态经济系统演替是经济社会系统演替与自然生态系统演替的统一，它突出表现为经济社会主导下的急速多变的演替过程。[①]生态经济系统演替与一定的历史发展阶段、同一历史阶段经济发展的不同时期以及同一时期的不同经济活动相联系。从生态经济系统进展演替次序来看，大致经历了原始型生态经济系统、掠夺型生态经济系统和协调型生态经济系统 3 个阶段。它们分别代表不同的生产力和人们对自然界的认识水平，它们的发展是相互联系的，是一个由低到高的发展演变过程。

（1）原始型生态经济系统。原始型生态经济系统是在人类社会早期生产力发展水平极低条件下的产物。其特征是生态系统与经济系统结合而成的生态经济系统结构简单，并在此基础上形成自然经济和半自然经济的农业和以生物产品为原料的家庭手工业；生态经济循环主要是小范围农业上的封闭式循环；其演替主要依赖自然，中介的技术手段低，演替速度慢、规模小，并在生态阈值内进行。此时的经济发展对自然生态系统的压力不大，生态与经济的矛盾没有显现。但这是落后的生态经济系统，与低水平生态经济生产力相联系，所提供的经济产品很少，不能满足社会发展的需要，因此，它必然向更高的生态经济系统演替。

（2）掠夺型生态经济系统。掠夺型生态经济系统是指人类社会发展进入工业文明以后，经济系统通过技术手段，以掠夺的方式同生态系统进行结合的一种不协调的演替方式。其特征是科技和生产力有了飞速发展，已建立起现代大工业和大农业，但由于人们没有树立生态经济协调发展观念，生态系统与经济系统结合而成的生态经济系统结构呈现出畸形状态，经济发展演变成掠夺型模式。这种模式的增长以破坏资源和环境为代价，当资源和环境被损伤到一定程度时，便会成为制约经济增长的严重障碍。因此，必然向新的、更高的、合理的生态经济系统演替。

（3）协调型生态经济系统。协调型生态经济系统是指人类社会发展进入生态文明时代后，经济系统通过科技手段与生态系统结合，以低投入、低消耗、低排放、高效益为特征的协同进化发展方式。其特征是科技和生产力更快、更高发展，人们在生态经济协调发展思想的指导下，生态经济系统结构走向协调。这种生态经济系统的形成和发展，将引导人类社会进入生态与经济协调发展的状态。

2.4.3　生态经济系统的类型

生态经济系统的分类因分类原则和研究问题的侧重点不同而不同。生态经济系统的类型一般可按自然环境特征、经济结构状况、行政区划、经济特征等进行划分，其空间范围

① 张志军，王岩．谈生态经济系统的特性及其演替[J]．黑龙江科技信息，2012（7）．

可大可小。

2.4.3.1 按自然环境特征分类

由于生态要素的结合类型和利用方向不同，生态经济系统又有多种划分方法。按地形地貌划分，可划分为山区生态经济系统、平原生态经济系统、水域生态经济系统等。按气候特征划分，可划分为热带生态经济系统、亚热带生态经济系统、温带生态经济系统、寒带生态经济系统等。按地理位置划分，可划分为沿海生态经济系统、内地生态经济系统、边疆生态经济系统、城郊生态经济系统等。按地域范围划分，可划分为全球生态经济系统、国别生态经济系统、区域生态经济系统、流域生态经济系统、庭园生态经济系统等。

2.4.3.2 按经济结构状况分类

由于经济结构的分类不同，生态经济系统的类型也不同。按部门经济划分，可划分为农业生态经济系统、林业生态经济系统、畜牧业生态经济系统、渔业生态经济系统、工业生态经济系统等。按生产力水平划分，可划分为发达地区生态经济系统、中等发达地区生态经济系统、落后地区生态经济系统等。按市场需求划分，可划分为贸工农生态经济系统、种养生态经济系统、林牧渔生态经济系统等。

2.4.4 生态经济系统的结构及其优化理论

所谓生态经济系统的结构，是指系统内部各组成成分之间在空间或时间方面有机联系或相互作用的方式，即各生态经济要素之间按照特定的生态经济关系的相互组合、相互配置方式及其相互关系的总称。

2.4.4.1 生态经济系统的结构成分

生态经济系统的二级成分（亚系统）是生态系统、经济系统和技术系统。三级成分包括生物系统、生态环境系统、主体技术系统和客体技术系统，即附着在人的劳动上的软技术和已物化的物质技术系统、经济调控系统和经济运行系统。四级成分包括植物、动物、微生物、能源、矿物、水及其他物理要素（光、温度、纬度、海拔、地貌等）、劳动经验、知识、技巧、规划、方案、劳动手段、劳动力、资金、管理体制、管理方法、调控机制等。还可以再细分下去，如植物可细分为木本植物、草本植物、粮食作物、经济作物等。由结构概念可知，同样的成分由于结构方式的不同而具有不同的空间配置、时间上的组合，因而有不同的有序化，从而导致不同的功能。因此，结构成分是十分重要的，尤其要使结构优化，才能保证有效发挥其功能。

2.4.4.2 生态经济系统的结构方式

任何事物都是由一定的要素（元素、成分）并按照一定的配置方式（连接方式、结合方式等）组合而成的。不同的要素构成不同的事物，相同的要素因其配置方式的不同或相同要素的不同数量、比例等都会形成不同的结构，而不同的结构又反映出事情的不同性质。生态经济系统是一个多成分、多层次的网络结构。不同类型和不同复杂程度的生态经济系统，其结构网络状况各不相同，但都包括 3 个最基本的要素，即一维结构链、二维结构面、三维结构体。

2.4.4.2.1 **一维结构链**

链是生态经济系统结构的基本单元，它是因子之间的直接组合，体现着因子之间物质能量转化的关系，每一条链至少由两个以上的因子构成，每两个因子之间构成一个链节，物质、能量、价值流等通过链节逐级流动和传递。不同的链，其链节有多有少，链节较多的称为长链，链节较少的称为短链。

（1）食物链。食物链是指在生态系统中，生物之间通过吃与被吃关系连接起来的链锁结构，如在稻田生态系统中，常有稻飞虱吃水稻，青蛙吃稻飞虱，蛇吃青蛙，老鹰吃蛇，这就构成了“水稻→稻飞虱→青蛙→蛇→老鹰”的食物链。食物链的概念是 1942 年美国生态学家林德曼（R. L. Lindeman）首先提出的。他是在研究湖泊内生物种群能量流动规律时，由我国谚语“大鱼吃小鱼，小鱼吃虾米，虾米吃青泥（指浮游生物）”得到启发之后而提出这一概念的。

食物链有以下几个基本特点：在同一食物链中，常由多种生物组成；在同一生态系统中，常有多条食物链；在不同生态系统中，各类食物链占有比例不同；在任一生态系统中，各类食物链总是协同作用的。

营养级较多的称为长食物链，营养级较少的称为短食物链。长食物链转化环节多，能量消耗多，总效率低，但它可以增强系统的稳定性，当某一营养级缺损时，其余各营养级可以相互协调，重新组合，保持能量传递的顺畅。因此，人们在系统设计中常常利用“长路反馈原理”，增加食物链的环节，以维持和增强系统的稳定性。

食物链存在于生态系统中，但在经济系统中也存在类似食物链的消费关系，如农副产品加工中以农业植物、动物为加工对象，生产出的产品供生产或生活消费之用。可以将这种消费关系看作是食物链的延伸和扩展，叫作生态经济链。生态经济系统中的食物链已不是完全的自然的食物链，技术经济要素已渗透其中，对其进行了必要的调节、设计和重组。

生态学上把具有相同营养方式和食性的生物统归为同一营养层次，并把食物链中的每一个营养层次称为营养级（trophic level），或者说营养级是食物链上的一个个环节。如生产者称为第一营养级，它们是自养生物；草食动物为第二营养级，它们是异养生物并具有以植物为食的共同食性；肉食动物为第三营养级。

（2）生产链。生产链是指生态经济系统中，通过食物链、信息流和价值流相连而形成的一维或多维的结构。它不仅具有生态有序性，而且具有经济有序性。它是反映生态经济系统总功能结构的一条主链。这里所说的生产既包括经济系统的经济再生产，也包括生态系统的自然再生产，以及这两种再生产相互交织、统一的生态经济再生产。在农业中，生产链是由食物链和生产链构成，如“太阳能→植物→动物→加工”或“植物→加工”再进入流通和消费过程。在工业中生产链也包括自然生产和经济生产两部分。经济再生产和自然再生产往往是无法截然分开的。

从图 2-8 所示的这个简单的生产链（网）中可以看出，影响一个生产链结构的因素，不仅取决于食物链的可能性，而且主要取决于国家政策、市场需求、生产技术和经济可行性。只要缺少其中任何一环，生产链就会被打断，无法实现资源的循环利用。生产链分为主生产链和辅生产链。主生产链是指生产链的主体，它的每一个环节都是一道生产工艺程序。辅生产链连接于主生产环之间，并不直接生产成品，而是将前一生产环节的产品或副产品变换成为另一生产环节的原料。

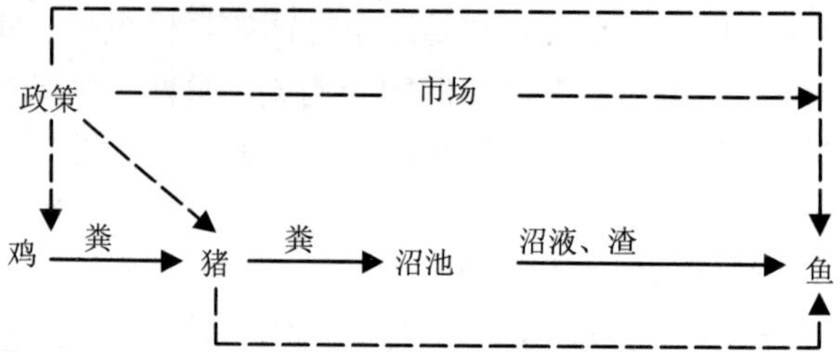

图 2-8　生产链（网）

（3）交换链。交换链是生态经济系统中价值链的一种运动形式，它是维持系统物质循环和能量流动必不可少的过程，如农业再生产过程中所需要的经济产品，有的是通过农业生态经济系统内部的交换获得的（如种子），有的是通过与其他系统的交换获得的（如机械、化肥、电力等），并通过许多交换链连接起来。这些交换过程都需要货币作为中介。因此，生态经济系统的交换链可以表示为：经济产品—资金（货币）—经济产品。

以城乡的劳动交换链为例，乡村生态经济系统农副产品有剩余，土地相对广阔；城市生态经济系统工业品，技术有剩余，土地相对稀少。乡村生态经济系统的一个生产过程的循环完成以后，生产出的农副产品不能直接参与下一个生产循环过程，必须借助外部的物质、能量、技术的输入。而在市场经济条件下，外部的输入必须通过资金这一中介，将它所需的种子、化肥、机械、电力、农药等外部投入从城市交换过来，并通过特定的技术手段输入乡村生态经济系统，以实现下一轮再生产循环。而对于城市生态经济系统来说，随着城市化进程加快，城市必然要向外扩张。城市生态经济系统所需要的土地，同样也必须借助资金这一中介从乡村转移过来。[①]因此，城乡之间就形成了交换链结构。

若将三条链进行综合考察，那么，就是一条生态经济生产链，即自然再生产（原料、矿物、能源）—加工—产品—交换—产品—消费—废弃物—生态系统。因而，经济过程只是地球生物圈物质循环的一段过程。

2.4.4.2.2　二维结构面

（1）二维结构面是生态经济系统中链状结构的平面组合。在同一平面上，无论是食物链、生产链还是交换链，都不可能只有一条，而是由若干条链相互平行或者交叉，组合成一个面式网状结构。以食物链为例，一种消费者同时取食多种食物，而同一食物又可被多种消费者取食，于是形成生态系统内的多条食物链之间纵横交错、相互连接，从而构成网状结构，就是所谓的“食物网”。例如，在同一草原上，存在着若干平行或交叉的食物链，如“牧草→蝗虫→蛙→蛇”与“牧草→野兔→狼”形成的食物网。生产链也如此，如在同一平面的土地上，环境提供的营养成分可以生产出小麦、玉米、棉花等多种作物，这些植物与环境组成的若干生产链，同处于一个平面上。

---

① 张安录. 城乡相互作用的动力学机制与城乡生态经济要素流转[J]. 生态经济，2000（4）.

（2）二维结构面在分布状况上可表现为 3 种配置格局：① 均匀分布；② 斑状分布；③ 随机分布。二维结构面的分布多数呈随机分布。

2.4.4.2.3　三维结构体

立体生态经济结构是指生态要素、技术要素和经济要素依据各自的特性，配置在不同的空间层次，占据各自的生态经济位所构成的多维结构网络。

（1）种群立体结构网络。种群立体结构网络主要分布在农业和农村生态经济系统，又分为微观（小区域）和区域立体结构网络。它可以使多种群充分利用一定空间中的生态、社会、经济和技术资源，其结构形式见图 2-9。

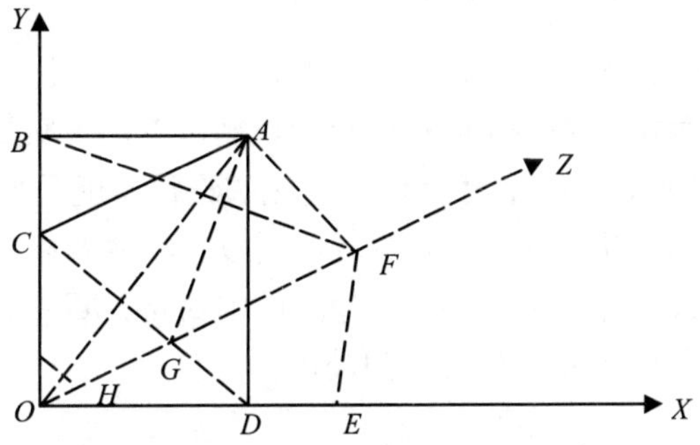

图 2-9　种群立体结构网络

在图 2-9 中，*X* 为经济要素维，*Y* 为技术要素维，*Z* 为生态要素维。种群 *A* 处在 *A* 生态经济位上，可以分别和种群 *H*、*G*、*F* 交换物质和能量，又受到技术和经济要素 *B*、*C* 及 *D*、*E* 的控制。*B*、*C* 可假设为施肥、灌溉，*D*、*E* 可假设为价格和利率，*O* 点可理解为分别向 *X*、*Y*、*Z* 输入政策、资金和能量的总的源泉。这样就形成了以种群 *A* 为主体的立体结构网络。

（2）人口聚落立体网络。人口聚落立体网络主要分布在城市生态经济系统。城市生态经济系统是典型的立体网络结构。高层建筑、低层建筑、地下建筑形成垂直的空间分布；输送各种物质的线路、管道、道路在空中、地面和地下纵横交错；加工链、生产链、交换链等在多维空间中相互交织；物质流、能量流、价值流、信息流在其间传递、流动，构成立体的循环体系。

（3）立体生态经济网络。生态系统与经济系统之间的能量、物质交流，实际上包括 4 个网络，即化学潜能、矿物潜能、势能和矿物生产网络。其中每条物质流、能量流都可构成若干网络层次。生态经济区域内的各个要素在地域空间上是相互关联的，因此，对所有的区域生态经济要素必须进行因地制宜、统筹兼顾、合理布局的安排，建立融洽的生态经济立体网络结构。

2.4.4.3　生态经济系统结构优化理论

2.4.4.3.1　生态经济系统结构的评价标准

生态经济系统结构是否合理，关系到生态平衡与否，以及经济发展的速度和方向。建立合理的生态经济结构，是从地区的生态条件和经济条件出发，通过对各行业的生产和管理，逐步建立在以生态学和经济学为指导的基础上，创造一个高效、稳产、优质、低耗、无污染的生态经济良性循环系统，以满足人们不断增长的物质和精神需求。评价生态经济结构的标准应掌握稳定性原则、高效性原则、持续性原则。①

稳定性、高效性和持续性是生态经济结构优化必须同时具备、缺一不可的3个特征。高效性以稳定性为基础，但稳定性又必须是高效性下的稳定性，持续性是生态经济系统的稳定性和高效性在动态发展上的综合特征。因此，生态经济系统结构的优劣必须以这3个特征为依据加以评判。

2.4.4.3.2 生态经济系统结构的优化原则

生态经济系统结构决定了其功能。只有保持稳定、高效、优化的结构，才能发挥生态经济系统的最大功能。生态经济系统结构优化应遵循以下几个原则：

（1）要素择优配置原则。生态经济结构优化的设计，就是把系统的各要素以最适合的方式配置在一起。要素择优配置，应根据社会需求、经济效益、生态特点等选择最优的配置目标；应选定那些最有益于增强功能、稳定结构的配置要素；应从可行的配置方式中选定最优的配置方式，使要素配置效果达到最优。

（2）限制性要素优先配置原则。在整个生态经济系统中，并非所有因素的作用都相同，其中必有一个或几个因素成为限制性因素，它们的变化制约着其他因素以及整个系统的变化。有两种限制性因素：① 主导性或支配性因子，它们在系统中居于主导地位，它们的变化会引起整个系统行为发生质的变化；②“最小子系统”因子，虽然它们在系统中不占主导地位，但因为是整个系统中最差、最薄弱的环节，所以制约着整个系统的发展。这一原则意味着，在设计生态经济结构时，要特别注意占支配地位的主导因子和相对薄弱的“最小子系统”因子等，给予必要的人工控制，以促进整个系统的优化。

（3）互利共生原则。生态经济要素之间存在互竞、互补及互助的关系，且要素之间具有同类相吸的特性，因此必须消除要素之间的负相互作用、互竞和异类组合，趋利避害，从而使要素之间在属性上相互协调、彼此相依，形成一种互利共生的组合格局。这一原则意味着，在对生态经济要素进行初建或重组过程中，既要考虑资源导向又要适应市场导向，选择比较利益最大的产业、行业，还要做到因地制宜，实现综合开发、综合利用和综合保护。只有形成互利共生的格局，才能使各要素相互协调，才能使生态经济系统稳定、高效和持续发展。

（4）立体布局原则。当生态经济系统内各因子之间在空间上呈现立体网络格局时，生态经济系统的结构稳定性最强，物质循环、能量转化及信息传递最优。因此，应利用生态经济系统的立体网络结构来进行立体配置。这在生态经济系统设计与建设中具有十分重要的意义。建设生态经济系统，必须把良性循环的多维立体结构作为优化目标，促进产业结构合理化。

---

① 李小平，何乃维．论区域生态经济要素的合理配置[J]．中国农村观察，1988（4）．

2.5 生态经济协调发展规律

2.5.1 生态经济系统的基本矛盾

在生态经济系统内部存在着一个基本矛盾，即经济无限发展过程同生态系统顶级稳态之间的矛盾。

2.5.1.1 生态经济系统基本矛盾的产生和发展

农业的产生缓和了原始采集业后期所出现的生态经济矛盾，但并不意味着这一矛盾从此消失。在一些年代和一些地区，干预生态系统的经济活动与生态系统的非平衡稳定机制之间存在激烈的对抗，而且导致了灾难性的后果。如非洲撒哈拉沙漠的形成和蔓延、中国黄土高原的退化等，都是生态经济矛盾激化的产物。研究表明，世界上最早的文明之一——中美洲的玛雅文明，就是在生态经济矛盾中突然消失的。这说明，在农业社会时期，同样存在着生态经济矛盾。

到了 18 世纪中叶，这种状况开始发生急剧的变化。到 19 世纪 40 年代，世界上主要资本主义国家先后完成了工业化的进程。20 世纪及 21 世纪初以来，生产力发展突飞猛进，不仅促进了社会生产方式和经济结构的深刻变化，而且对人与自然的关系的变化产生了重大影响，生态与经济的矛盾更加突出：一是生产力的高速发展和人口的高速增长，使人类对自然资源的需求急剧增加；二是科学技术的进步，使以往似乎无限的资源成为稀缺的资源；三是环境污染和生态破坏超出了生态系统负反馈机制所能承受的限度。3 个因素综合作用的结果，使人与自然的关系形成了互为因果的两极：一方面经济发展对生态系统的需求不断增加，包括人类对自然资源需求的上升和对良好的生态环境需求的上升；另一方面，负荷过重和遭到污染的生态系统的供给能力相对缩小，包括生态系统的资源供给的下降和环境容量供给的下降。这就是生态经济基本矛盾在现代经济社会条件下的发展趋势。

问题产生的同时，也产生了解决问题的办法。现代生产力的巨大发展，科学技术的飞跃进步，为人类干预自然生态系统提供了足够多的新手段。问题的关键在于，人类运用这种手段是否适当，如果运用不当，就会破坏生态环境系统的稳定，加剧人类需求与自然生态供给之间的矛盾；而如果运用得当，既可以满足人类的需求，又不致破坏生态系统的稳定，而且能使已经遭到破坏的生态系统逐步得到改善和恢复，从而缓和、协调经济发展与生态平衡的矛盾。

2.5.1.2 生态经济系统基本矛盾的含义及主要表现形式①

2.5.1.2.1 生态经济系统基本矛盾的含义

在生态系统内部存在着一个物质、能量积累更新的负反馈顶级稳定机制，在顶级稳定状态以下，生态系统物质、能量积累的净增长大于零。其中又分为 3 种状态：开始，物质、

① 刘贵清. 循环经济的多维理论研究[D]. 青岛：青岛大学，2010.

能量积累速率较慢；继而速率逐渐加快，当超过最高积累速率时，系统逐渐接近顶级状态；最后，积累速率越来越慢，直至达到顶级状态，此时积累速率为零。在经济系统内部存在着一个经济无限发展的正反馈机制，当经济发展在生态顶级以下水平的某一阈值内获取物质和能量时，既能满足经济发展水平，又使生态净增长率始终大于零而又不达到顶级状态。但是，随着现代社会人口猛增和人们生活质量的不断提高，对物质、能量的需求超过生态系统物质、能量自我更新的能力，在生态供给与经济需求之间产生结构性、功能性的不适应状态，这种不适应状态就叫作生态经济基本矛盾。[①]

2.5.1.2.2 生态经济系统基本矛盾的主要表现

（1）生态生产力更新的长周期与社会生产力更新的短周期之间的矛盾。由于受生态系统负反馈机制的制约，物质和能量的更新速度十分缓慢，周期很长。如自然界形成 1 cm 厚的表土需 100～200 年，而不恰当的耕作方式会在一夜之间损失成吨的表土；18 世纪后期到 19 世纪末期，全世界矿物资源消费增加了 311.5 倍，而同期新探明的可开采量大大低于这个数字；自然界物种的更替是地质年代的产物，而不恰当的经济开发使地球上每 6 h 就消失一个物种；18 世纪世界森林约 55 亿 hm^2，到了 21 世纪大约只有 41 亿 hm^2，而这些原始森林是自然界数千万年前的产物。生态生产力已越来越赶不上社会生产力的需求。

（2）单纯追求经济增长的技术与恢复生态平衡的技术滞后之间的矛盾。单纯追求经济增长的技术可能是以破坏环境为代价的。技术进步的目标，不仅仅是短期内获取高额利润，也不仅仅是在局部上实现经济增长，而是着眼于长远的、全局的经济发展，包括恢复生态平衡目标在内。长期以来人类面临的突出问题是废弃物资源化技术、消除污染技术、促进资源再生技术等的研究和推广大大落后于污染、生态结构和功能失调的速度，恢复生态平衡的技术赶不上单纯追求经济增长（而破坏环境）的技术发展。

（3）生态系统要素的自然有序与经济系统要素的社会有序之间的矛盾。在生态系统中，能量必然沿着植物→动物→微生物……的顺序转化，因此能量是节约的，系统是稳定的。而在经济系统中，能量可能越过植物生产而直接向高耗能的工业部门传递，而且能量转化的立体网络十分庞大，过多的转化环节导致能量的浪费，而某些产品未必是符合人类经济需求的。要想创立稳定发展的生态经济系统，必然是经济有序主动向生态有序耦合，而不是相反。

（4）生态系统负反馈机制与经济系统正反馈机制之间的矛盾。经济系统总体上是不断增长的正反馈机制控制着系统运行，而生态系统的物质、能量积累在达到一个顶级状态后便稳定在这一阈值上，其负反馈过程与经济系统的正反馈过程经常处于矛盾状态之中。这一矛盾，既是产生基本矛盾的主要原因，也是基本矛盾的主要表现之一。生态经济发展是总体的正反馈机制和局部的负反馈机制的有机组合。生态经济持续发展就是在不断克服这一矛盾的过程中实现的。

2.5.1.3 生态经济系统基本矛盾的主要原因

产生生态经济系统基本矛盾的主要原因是生态系统负反馈机制和经济系统正反馈机

① 谭鑫. 西部弱生态地区环境修复问题研究[D]. 昆明：云南大学，2010.

制之间的不协调性。生态系统负反馈机制导致其内部物质、能量更新量的稳定性，即有一个上限或阈值；而经济系统正反馈机制决定了其对物质、能量的需求是无限的。生态系统负反馈机制的一般过程如图 2-10 所示。

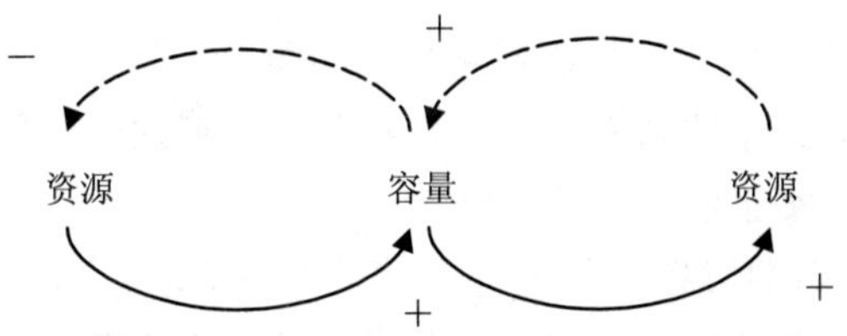

图 2-10　生态系统负反馈机制的一般过程

在一定的环境容量下，资源的更新率导致资源总量增加，这种正反馈趋势，在达到环境容量阈值后，迫使可更新的资源总量减少（图 2-10 中的左半部分）。当然，如果资源更新量在环境容量内，那么此正反馈过程就可以维持一段时间（图 2-10 中的右半部分）。但一旦达到环境容量后，又会自动下落。图 2-10 中左、右两部分的情况交替出现，呈现出围绕环境容量上下波动的状态。

经济增长之所以是正反馈机制，是由于存在一个永远为正的内在需求动力。这是因为，人口的增加，要求经济不断增长以满足其需求，即使人口是零增长，现有人口的生活质量也在不断提高，这也迫使经济增长不断加速。加速增长过程必定要求资源输入量增加，以满足经济加速度增长的需求［图 2-11（A）］。

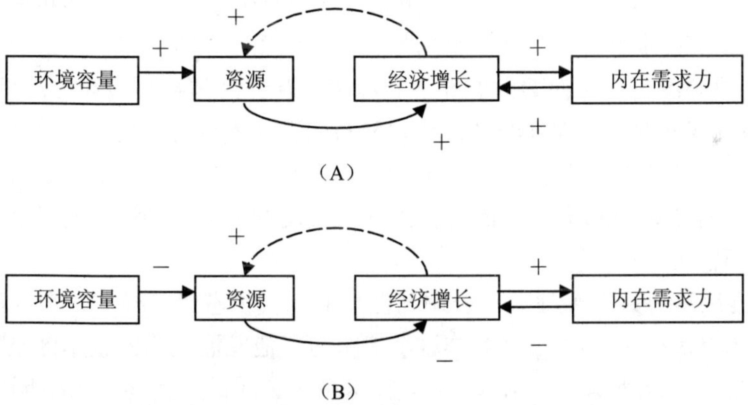

图 2-11　经济系统对资源需求的正反馈一般过程

在图 2-11（B）中，由于受到负反馈生态系统环境容量的阈值影响，在某个周期内没有足够的资源供经济增长消耗，于是出现一个负反馈过程，迫使经济系统调整发展速度，即降低经济增长目标。但是，当遇到永远为正的内在需求动力的阻滞时，矛盾便形成了。当然，矛盾的形成或加剧也可能由于经济系统本身调控不当而引起，但是就生态经济系统而言，当今世界最重大的问题是能源不足、资源枯竭、环境容量变小和生态系统失调。生态经济系统基本矛盾是这些问题的集中反映，而其焦点是生态系统物质能量的更新和储量限制了经济增长的加速进行。

2.5.2 生态经济协调发展论

2.5.2.1 生态经济协调发展论的特点

我国生态经济学者首先创立了生态经济协调发展论。[①]生态经济协调发展论对于经济社会发展与自然生态环境关系的基本看法，既不同于悲观的生态经济观，又不同于乐观的生态经济观，也区别于现实论的生态经济观。

（1）人类主观能动性的发挥。从人与自然的关系来看，人类无论是作为自然的人，还是作为社会的人，都不是消极适应自然，而是在适应中不断认识自然与能动利用自然，不断创造物质文明、政治文明、精神文明、社会文明和生态文明，推动人类社会向前发展。从一定意义上说，人类社会发展的历史，就是生产不断发展，技术不断进步，经济不断增长的历史。这是人类社会生产发展不可逆转的历史进程。发挥人类的主观能动性，就要求人们正确认识和科学运用自然规律和社会规律，使这种历史发展进程不仅与自然界相互协调，而且要与生物圈整体联系相互协调，实现人、社会与自然的和谐相处，实现经济社会发展与生态环境改善的同步协调发展。

（2）生态与经济的协调互促。生产的发展，技术的进步，经济的增长，对生态环境的影响在客观上存在着两种可能性：一种可能是，技术进步，经济增长，为消除污染和改善生态创造了经济技术条件，增强了解决生态环境问题的实力。另一种可能是，技术进步，经济增长，特别是现代生产力的高度发展，加剧了资源、能源的消耗与枯竭，从而导致了环境污染与生态破坏，会带来某些不利于人类社会的因素。这两种可能性变成现实，不完全取决于生产力和科学技术本身，在很大程度上取决于社会制度及与之相适应的经济体制和经济政策。要从根本上解决当代社会的生态经济问题，一方面要铲除造成违背客观规律的经济、社会根源；另一方面要发展经济和技术，使经济与社会现代化。[②]这就要求人们必须遵守生态经济规律，处理好经济社会发展与生态环境改善的关系，趋利避害，妥善解决矛盾，才能够在有力推动经济社会发展的同时，有效改善生态环境。只有这样，才能使经济社会发展，生态环境改善；而改善生态环境又反过来促进经济社会发展，建立起协调互促型的现代生态经济模式。

（3）生态经济协调发展战略。协调互促型的现代生态经济模式，在经济社会发展战略上，必然是生态经济协调发展战略。这个战略与其他发展战略的根本区别在于：经济社会必须不断发展，生态平衡必须永远保持，技术系统必须日益完善，使之既适应经济增长，又适应现代生活方式，还要生态健全，成为协调经济社会和自然生态同步演替的桥梁，使生态系统同经济系统、社会系统和科技系统之间相互依存，成为一个不可分割的有机整体。为此，必须彻底改变传统的社会观、生产观、需求观、财富观，树立生态经济学的社会观、生产观、需求观、财富观。这就是生态经济协调发展观。

---

① 刘思华. 当代中国的绿色道路[M]. 武汉：湖北人民出版社，1994.

② 刘思华. 关于生态经济协调发展论的几个问题[J]. 生态经济，1987（12）.

2.5.2.2　生态经济协调发展论的基本内容

（1）现代经济社会是一个生态经济的有机整体。人们曾认为社会越进步，经济越发展，技术越先进，人类就会越超脱于自然界之外，经济也就会凌驾于生态之上，因而人、社会和自然界的依存关系逐渐弱化。事实恰恰相反，无论社会怎样进步，其经济发展所必需的一切物质资源，归根到底都要来自自然界；无论技术怎样先进，人类生存与发展所进行的经济活动和繁衍，总是离不开一定的生态系统，还与一切和物质资料有关的周围环境存在着一个互相平衡和协同发展问题。何况，随着人类生活质量的提高，经济发展需要的物质资源的种类、数量和质量会不断增加，对资源质量和环境质量的需求也会不断提高。与此同时，人类必须通过自己的经济活动持续不断地为生态系统输入物质和能量，以激活与增强生态环境的自我更新和持续供给能力，使自然界在物质循环和能量流动中不断发展。因此，理论与实践都证明，社会越进步，经济越发展，技术越先进，生物圈、技术圈和智慧圈之间就越相互依存、相互融合、相互作用，成为不可分割的经济有机整体即生态经济系统，这是一个无法逃避的客观现实。

（2）现代经济社会的人类需求是一个生态经济体系。传统的经济学只是从经济社会系统内部的物质资料的生产、交换、分配、消费等现象和过程来研究人类的物质文化的需要，而把人类自身生命、生活、生产过程中对生态环境的需要排除在人类生存和经济社会发展的需求之外。其实，由自然生态系统直接供给人类生产和生活的物质条件，才是人类最根本的需要。现代经济社会作为一个生态经济有机体，把人类全面需求推向一个新的水平。这正是以现代人的生态需求为显著特征的。因此，现代人的需求不仅是物质产品需求、文化产品需求，而且也是生态产品需求。所以，在现代经济社会中人的需求是多要素综合体，即物质产品需求、精神产品需求和生态产品需求的综合体。人的全面需求是现代经济社会的变革与发展以及人类自身生存与发展的强大推动力，是现代生态经济系统进化与发展的内在动力。

（3）现代经济社会再生产是生态经济有机系统再生产。现代经济社会再生产，不仅包括物质资料再生产和人类自身再生产，还包括自然生态系统内部物资循环和能量转化的自然生态再生产和人类智力产品的精神再生产。自然经济再生产是人口再生产、物质再生产和精神再生产的物质基础。现代社会生产力越发达，4 种再生产越融合成为相互制约、相互作用的有机系统。现代经济社会再生产运动过程，实质上是经济社会系统和自然生态系统相互交织与统一运动的生态经济再生产运动过程。

（4）生态经济协调发展规律是现代经济社会的基本规律。人类的一切经济活动都是在最大的生态系统即生物圈的广阔天地中进行的。人类及其经济活动不仅是经济社会系统的主体，而且是自然生态系统的控制者和协调者，推动着生态经济系统按照它本身所固有的规律不断运动、变化，并向前发展。因而，经济社会系统和自然生态系统之间相互平衡和协调发展，是生态经济系统进化发展的总趋势，在任何经济社会形态中都具有内在必然性。因而，它是一切经济社会形态下人类活动所共有的生态经济规律。现代经济社会条件使这个规律获得了发生作用的广阔场所。

2.5.3 生态经济协调发展规律

2.5.3.1 生态经济协调发展规律的含义

在生态经济系统中，人类需求与自然供给之间、经济系统与生态系统之间既有对立的、矛盾的一面，又有统一的、协调的一面，两者的关系状况如何，主要取决于人及其经济活动的调控作用。人既是生态系统的一员，又是经济社会活动的主体。作为自然的人，必须服从于生态规律的制约，参与生态系统的自然再生产；作为社会的人，又并非纯粹被动地适应生态规律，而是通过自己的经济活动去干预、影响自然生态，合理组织发挥生态系统的生产能力，为实现人类经济社会的发展目标服务。①

生态经济的矛盾运动客观上要求人类经济活动的调控作用达到这样一种程度：既能使生态系统的物质、能量、资源得到最大限度的开发利用，发展生产力，以满足人类的全面需求，又不致破坏生态系统的稳定状态，以维持系统的正常功能。只要达到这个程度，就意味着实现了生态经济协调发展，达到了经济系统的经济社会再生产和自然生态系统的生态自然再生产之间相互平衡和协调发展。这就是生态经济基本矛盾的运动规律，也可以称作“生态经济协调发展规律”。

生态经济协调发展规律是指：经济系统是生态系统的子系统，经济系统是以生态系统为基础的，人类的经济活动要受到生态系统容量的限制。生态系统和经济系统所构成的生态经济系统是一对矛盾的统一体，如果两个系统彼此适应，那么就能达到生态经济平衡的结果；如果两个系统彼此冲突，那么就可能出现生态经济失衡的状态。人类社会有可能通过认识生态经济系统，使自身的经济活动水平保持一个适当的“度”，以实现生态经济系统的协调发展。②

2.5.3.2 生态经济协调发展规律的特点

生态经济协调发展规律和其他规律一样，具有自己的作用形式和特点：

（1）生态经济协调发展表现为综合性和共同性。即在维持生态系统的稳定的前提下保证对人类的全面需求的最大满足。这是由生态经济系统的联系性决定的。生态经济系统的联系性既指生态系统与经济系统之间存在广泛的联系，又指生态系统内部、经济系统内部、生态经济系统内部各要素之间的广泛联系。

（2）生态经济协调发展规律的作用表现为长期性和滞后性。这是因为，生态系统各生态要素之间的协调关系，不像经济系统各经济部门之间的协调关系有较为严格的经济技术关系，这就决定了生态系统和经济系统之间的协调关系具有伸缩性；同时生态系统再生产的周期很长，它的进化发展或停滞是一个长期的缓慢过程，这就决定了生态经济系统的变化和发展具有长期性。同时，生态经济协调发展规律具有“滞后”性特点，即当人们违背这一规律时，规律往往“后发制人”，通过惩罚来显示它的作用。

（3）人类经济社会对这一规律的适应性。虽然人们不能创造规律，但由于有规律可

---

① 荆立新. 东北国有林区林业生态经济发展模式研究[D]. 哈尔滨：东北林业大学，2009.

② 沈满洪. 生态经济学[M]. 2 版. 北京：中国环境出版社，2016.

循，人们可以顺应规律。其实，即使是生态系统也非一成不变，纯自然的生态系统几乎不存在，生态系统也在不断更新。因此，人们可以按照生态经济协调发展规律增强人与自然的协调性。

2.5.3.3　生态经济协调发展规律的实现

与此相对应，人类在揭示和把握生态经济协调发展规律的特点的基础上，应努力遵循和实现这一规律。

（1）人类追求的目标既不是单纯的经济最优，也不是单纯的生态最优，而是生态经济最优。这就要求人类的经济活动不能从纯经济活动或纯利润动机出发，而必须顾及生态后果。同时，只要不超出允许的限度，就不能一味反对人类干预、利用自然生态系统和开发自然资源。

（2）许多场合，生态系统的改善不能马上促进经济增长，而生态系统稳定的破坏也不一定立即影响经济增长，有时甚至会出现负相关的倾向。其长期性和滞后性要求人们在制定经济决策时要有长远的眼光，不可急功近利。要养成“宁要绿水青山，不要金山银山”的胸怀。

（3）人类社会应积极发挥主观能动性，努力顺应这一客观规律。可以通过疏导性的政策、计划和战略方针，强制性的法律、税收或行政命令来有效控制破坏生态平衡的行为；也可以通过启发教育式的宣传、价格等经济杠杆、补偿更新生态生产力的技术等途径来协调人与自然的关系，实现生态经济系统由失衡走向平衡，人与自然由对立走向和谐。

研究展望

生态经济系统的研究是生态经济学研究的基础。虽然生态经济学已经借鉴了大量的系统论分析方法和生态学分析方法，但是，生态经济学与系统论之间的关系的研究、生态经济学与生态学之间的关系的研究并未穷尽。如何运用系统论分析方法研究生态经济问题、如何运用生态学成果研究生态经济问题还值得进一步挖掘，反之也是，即如何通过对生态经济系统的研究丰富系统论思想、如何通过生态经济系统的研究丰富生态学思想。生态经济系统与生态系统、经济系统的关系到底如何，生态经济系统各要素之间的关系到底如何也值得深入研究。

思考题

1．戴利提出的从“空的世界”的经济学到“满的世界”的经济学的精神实质是什么？

2．经济系统与生态系统的相似性和差异性各表现在哪些方面？

3．生态系统与经济系统的耦合机制是怎样的？

4．生态经济系统的基本矛盾是什么？其主要表现形式是什么？产生这一矛盾的主要原因是什么？

5．生态经济系统的结构方式有哪些？结构的评价标准和优化原则是什么？

6．什么叫生态经济协调发展规律？如何认识这一规律？

第3章　生态经济功能理论

习近平总书记在党的二十大报告中指出："大自然是人类赖以生存发展的基本条件。尊重自然、顺应自然、保护自然，是全面建设社会主义现代化国家的内在要求。必须牢固树立和践行绿水青山就是金山银山的理念，站在人与自然和谐共生的高度谋划发展。"①这是在深刻认识生态经济系统功能基础上的至理名言。结构与功能是统一的，结构是功能的基础，功能是结构的表现。系统的运行过程即功能的实现过程。系统的功能是指系统与外部环境之间相互联系和相互作用过程的秩序和能力，它体现了一个系统与外部环境之间的物质、能量、信息和价值的流动与转化关系。生态经济系统是典型的耗散结构，是巨大的开放系统，因此，物质循环、能量流动、信息传递和价值增值，是生态经济系统的四大基本功能，即运行方式。生态经济系统不仅在其整体及其各亚系统之间，而且在各亚系统内部都具有物质循环、能量流动、信息传递及价值增值的功能。本章先介绍生态经济系统及亚系统的四大功能原理，在此基础上重点阐述四大运行方式之间的关系。

3.1　物质流分析

3.1.1　物质流概念及其特征

3.1.1.1　物质流的概念

持续不断的物质循环和能量流动是一个生态经济系统长期生存和发展的基础。物质在生态经济系统中起着双重作用，既是维持生命活动的物质基础，又是能量的载体。

物质的循环是生态经济系统最重要的功能之一。物质流即物质循环的过程，是指构成客观世界的物质处在不断运动和周而复始的循环之中。其运动形式包括分解、合成、组合、渗透、运转等。周而复始的循环可使物质被多次重复利用，它可以从一个系统中"消失"，又可以在另一个系统中以某种形式出现，从而使物质可在不同系统之间反复利用、循环利用。物质的这种不断运动和周而复始的循环，就称为物质流。

---

① 习近平. 高举中国特色社会主义伟大旗帜　为全面建设社会主义现代化国家而团结奋斗——在中国共产党第二十次全国代表大会上的报告[N]. 人民日报，2022-10-25.

3.1.1.2 物质流的特征

（1）物质不灭、循环往复、质量守恒。物质不灭是一个物理学基本定律。该定律说明：物质不会消灭，只能从一种形式转变为另外一种形式。各种具体物质流尽管其物质存在的形态千变万化，但只会改变形态而不会消灭。当物质循环时，物质不可能从地球上完全“消失”，总是会从一种物质形态变为另一种物质形态。

物质循环不同于能量流动，能量衰变为热能的过程是不可逆的，它会最终以热能离开生态系统，而物质是循环往复的。物质在系统内外的数量都是有限的，而且其分布是不均匀的，但是由于它能在生态系统中永恒地循环，因此，它就可以被反复多次地使用。

质量守恒也是一条基本定律。该定律说明：虽然物质有各种形态，但其元素种类及其在地球生物圈（包括水、岩石和大气圈）存在的数量是一定的，数量之和是守恒的。比如金制饰品越多，金矿数量就越少，但两者中的金元素之和是不变的。

（2）物质循环与能量流动不可分割，相辅相成。能量是生态经济系统中一切过程的驱动力，也是物质循环运转的驱动力。物质是组成生物、构造有序世界的原材料，是能量流的载体。能量的生物固定、转化和耗散过程，同时就是物质由简单形态变为复杂的有机结合形态，再回到简单形态的循环再生过程。可见，任何生态经济系统的存在，都是物质循环与能量流动同时作用的结果。

客观世界的物质流，包括生态系统的物质流和经济系统的物质流两大类。

3.1.2 生态系统的物质流

3.1.2.1 生态系统物质流的含义

生态系统的物质流（也称自然物质流或生态物质流）即生态系统的物质循环。它是指自然界的大气圈、水圈、岩石圈中的化学物质，如碳、氢、磷、硫、钾、钙等无机元素，被生物吸收后从环境进入有机体，通过合成过程，建造有机体的各个部分并保证生物的生存和正常生长发育，然后又通过微生物的分解，回到环境中，供生物吸收利用的过程。这一循环在一个具体的生态系统中，是通过生产者、消费者、分解者、环境的序列过程进行的。自然界的这种循环运动和可更新性，给生物资源的再生提供了物质基础，推动着生态系统持续地正常运转。

生物的物质循环是物质存在的最生动形式。生物不但是物质循环的动力，也调节着物质在生态系统内的分配。由于生物的生命活动，物质便由静止变为运动，从而使地球有了生机和活力。生物在物质循环中草地植物的周转率与放牧强度呈正相关。图 3-1 说明随着放牧强度的提高，营养物质的循环速率加快。如果没有大型草食动物，仅靠小型草食动物和分解者的分解，营养物质的循环速率非常慢。

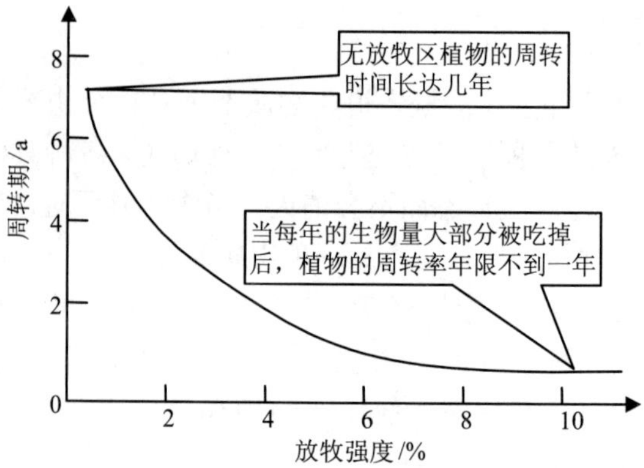

图 3-1 放牧程度对植物生物量周转期的影响

3.1.2.2 生态系统物质流的基本形式

根据自然界物质的循环范围、路线和周期不同，生态系统的物质循环分别在 3 个不同级别上进行，分为以下 3 种基本形式：①

一是生物个体水平上的生物循环（生物小循环）。即在一定地域内，生物与周围生态环境之间进行的物质循环。大自然的某些无机物质，被生物体吸收，进行一系列的生物代谢活动，如森林由根系从土壤中吸收营养元素，一部分元素留在植物体中，其他元素以枯枝落叶和动植物残体形式归还给土壤，并再次被植物吸收利用。

二是生态系统水平上进行的营养物质循环。这是在第一性生产者的代谢活动基础上，通过中间各级消费者的代谢，最后由分解者还给环境的循环过程。

三是生物圈各层间进行的生物地球化学循环（地质大循环）。按循环形态可分为水循环、大气态循环和沉积循环三大类。如地质方面的火山运动和造陆运动等沉积循环，是使地壳深层的矿物营养元素通过各种物理、化学过程从岩石中释放到地球表面和大气中，参与生态系统间的营养交换，最终又沉积在大海中，并转变为岩石。又如气态的水循环，使土壤中的营养元素和土层被风蚀和水蚀冲走、迁移。

3.1.3 经济系统的物质流

经济系统的物质流简称经济物质流，主要包括生产过程中的物质流、流通过程中的物质流和消费过程中的物质流。

3.1.3.1 生产过程中的物质流

生产过程中的物质流使生态物质流进入经济系统，在流动过程中经过人的生产劳动的多次利用，改变了生态物质流的形态，被加工成人们需要的经济物质产品（包括中间产品和最终产品）；同时又有废弃物返回自然界，参与生态系统的物质循环或被再次利用或造成环境污染。

① 曹凑贵．生态学概论[M]．北京：高等教育出版社，2006.

任何生产过程中，物料自始至终以连续的或断续的形式不停地流动着，包括原材料、备品配件的输入、产成品或次品的输出以及把输入转换为产出的中间在制品流转作业。生产过程就是以这些物料的流动为基准而展开的，就是说一个工厂是以物流为中心来组织生产过程的。从原材料、毛坯投入到成品产出的全过程中零部件（在制品）处于不停滞、不堆积、不超越，按一定节拍一个一个流动的状态，由此促进工序间在制品向零挑战，或实现低库存生产。

企业的生产活动都是由这些不间断流动着的物料所组成的整体，也即由众多个运转着的轮子组成一个运转着的大轮子——物质流，它与生产同步，不停地运动和发展，而且是运动则存，停止则亡。每个生产过程也都按照 P（计划）、D（做）、C（控制）和 A（措施）周期性地运动着，每一个循环都会有增值，有效益。这种流动概括起来可分为原材料流、在制品流和产成品流以及其他一些流动着的实体，如订货流、设备流、资金流和人流，它们都随时间的变化在生产过程中不停地运动，被称为生产过程中的物质流。

除此之外，在生产过程中还有一种特殊的流——信息流，它贯穿于生产过程的始终。依靠信息流将原材料流、设备流、在制品流、产品流以及资金流和人流有机地连接起来，使其融为一体，形成一个不间断的企业生产系统。这些流之间相互依赖，互为因果关系，彼此放大，并使这些流产生变化和波动过程，从而通过它们来预测未来的决策。企业物流系统活动都可用这些流来表示。

这些流的产生是由于人和设备活动作用于物的结果，包括生产制造设备、运输设备和仓储设备。如果没有这些主体设备的运转活动，没有人的主导行为的介入，就不会有原材料的流入，在制品的中间流转以及产成品的流出，也就不会有生产，从而没有物流。

3.1.3.2　流通过程中的物质流

流通过程中的物质流包括商品流和物流（经济物质产品在交换过程中，伴随着商品流会发生包装、发货、保管、库存管理、运输等物质流通过程），是用来交换劳动产品的。

现代企业的发展越来越离不开现代化的物流作支撑，现代企业与物流的关系也越来越密切。物流是企业的管理革命。现代企业的物流，首先对企业的业务流程进行优化、改造，然后企业的每一个流程都由物流来提供支持和保障。现代物流区别于传统物流的两个特点：一是信息化，二是网络化。众多企业均是以“一流三网”来体现这两个特点的。“一流”就是订单信息流。订单信息流体现了信息化。企业内部所有的信息，都必须围绕着订单流动。“三网”是全球供应网络、全球配送网络、计算机管理网络。这 3 个网是物流的基础和支持。网络化也是利用这 3 个网。如果没有这 3 个网，那么物流的改造是不可能的。有效的物流意味着速度。信息化时代，对企业来讲，制胜的武器就是速度。而这个速度，就是最快地满足消费者的个性化需求。

3.1.3.3　消费过程中的物质流

物质的流通最终要进入消费领域，改变自己的经济形态，以废弃物的形式返还于自然界。它主要指生活消费和最终产品的消费。一方面，它满足人类生存和社会发展的需要；另一方面，消费后的垃圾和生产中的废弃物直接进入自然界，参与生态系统的物质循环或被综合利用、重复利用。

经济系统的物质流动关系见图 3-2。

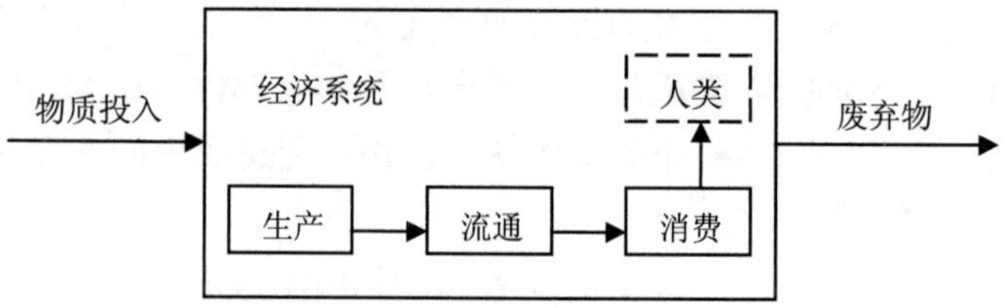

图 3-2　经济系统的物质流动关系

3.1.4　生态物质流与经济物质流之间的循环[①]

3.1.4.1　生态物质流向经济物质流转化

生态物质流作为经济物质流的基础和源泉向经济物质流转化一般有以下几种途径：

3.1.4.1.1　生态物质流由自然过程向经济物质流转化

生态物质流向经济物质流转化的自然过程最好的例证是水通过植物自动地转化为经济产品。自然降水作为水循环的一个环节，通过参与农作物生长代谢活动并作为农作物自身的重要组成部分，自发地由生态物质流的水转化为农作物的组成部分，并由此再进入经济物质流循环中，水的自然属性在这个转化中变化为经济属性，从而发生了质的变化。除水之外，大气中的 N、O、C 等元素和土壤中 N、P、K 等各种营养物质都有可能自发地向经济物质流发生变化。

3.1.4.1.2　生态物质流通过劳动向经济物质流转化

生态物质流向经济物质流转化的主要方式如下：

（1）在采集业和捕捞业中的转化。这是从自然界直接获取果实的转化方法，如从山上采摘野菜、野果；从原始森林中获得木材、野兽；江河湖海中捕捞鱼类等。从史前文明到现代文明，这种方法从未间断过，所不同的是生产劳动的方式和技术手段发生了根本性的变化。随着生产力的发展和对自然资源的掠夺式开发的强度与范围扩大，地球上的许多资源已经枯竭或濒临枯竭。因此，人类经济繁荣所面临的任务是在加速恢复和发展生态系统的基础上，寻求一条与生态系统相协调的转化途径。

（2）在农业中的转化。农业是将生态物质流转化为经济物质流的基础性产业。诸多自然要素光、热、水、气及各种营养物质，只要通过绿色植物、农作物这个“神奇的工厂”，它们就可以进行有序的组合和化学变化，从而将一些自然要素变为经济物质。在农业内部，生态物质流向经济物质流转化，体现在所有食物链和食物网上。农业生产的一级产品（植物）和二级产品（动物）被摄取到经济系统中来：大部分直接供给人们生活消费；一小部分供给轻工业制造其他消费品（由此产生了农产品加工业、某些轻工业）；还有少量提供

① 陈效逑，乔立佳．中国经济——环境系统的物质流分析[J]．自然资源学报，2000，15（1）．

给重工业。这些流动着的物质最后通过化学分解过程，又以比较简单的物质形态重新释放到生态系统中去，复归于环境。[①]所以，农业是生物间的一个物质流交换和融合过程。

（3）在能源工业中的转化。从一定意义上说，整个人类文明就建立在发现新能源和不断采用更有效方式利用新能源的基础之上。人类社会生产力的发展过程，大部分围绕着寻找、生产、利用能源进行的。随着社会生产力的发展，社会生产和生活对能源的需求量越来越大，世界能源消耗不断增长。人类既要大量开发、生产能源，又要合理利用并有效解决能源消耗造成环境污染和气候变暖的问题。可见，人类在生产能源的同时，必须投入经济物质流，实质上是用经济物质流置换自然物质流，因而能源生产也是生物圈里物质流的一个置换过程。

（4）在采掘业中的转化。一些进行沉淀循环的元素和生命有机体，在特定条件下富集并演变为矿藏。随着社会生产力水平及社会需求的提高，人类对地下矿藏资源开发的数量越来越大，速度也越来越快，以致某些资源开始出现枯竭现象。采矿生产同能源生产一样，也是生物圈中的自然物质流和经济物质流之间的置换过程，是生态系统和经济系统之间物质循环和能源流动的重要渠道。

3.1.4.2　经济物质流向生态物质流回归

（1）农业经济物质流向生态物质流回归。主要表现在 3 个方面：① 物理、化学环境的改善转化为自然物质力量。在农业投入与产出的转化关系中突出的是投入的经济要素生态化趋势，如经济物质的投入改良了土壤的生态特性，相对地转化为自然物质力量。② 经济、技术力量需通过自然规律发挥作用，如农作物所需营养元素不足时，需要进行人工施肥以补充植物营养，使其更利于生长。③ 经济技术的投入参与了自然物质循环，如灌溉水在地表蒸发和渗漏，即参与了自然物质循环。

（2）工业经济物质流向生态物质流回归。主要表现为工业“三废”向自然界的排放，如工业中能源燃烧产生废气和固体微粒释放到大气中，排入自然界。

（3）生产、生活消费物质流向生态物质流回归。固体废物的直接排放或经处理场处理，也是经济物质转化为自然物质的重要形式。

3.1.5　生态经济系统物质流的特征与实质

3.1.5.1　生态经济系统物质流的含义

任何社会生产过程，都是再生产过程，不是一次结束，而是不断反复、不断更新。社会生产和社会再生产过程，是社会和自然界的有机结合、相互渗透的过程。因此，生态经济系统中的物质流就是生态系统中的自然物质流和经济系统中的经济物质流两者有机结合、相互转化的不断循环运动过程。生态经济系统的物质流不仅表现在各亚系统内部的物质循环过程，而且表现在各亚系统之间的物质循环过程。

---

① 刘思华. 论生态经济系统的物质循环和能量流动[J]. 广西大学学报（哲学社会科学版），1987（3）.

3.1.5.2 生态经济系统物质流的特征

（1）生态物质流是经济物质流的基础。生态系统的物质流会参与一定的经济系统的物质流运动。例如，一片原始森林，其物质循环具有典型的生态系统物质流性质，如果森林中的一些幼树在经过市场交换活动后，被移植到新的人工森林，那么其物质循环运动就具有森林生态经济系统的物质流特征。

（2）经济物质流是生物圈物质流的一个过程。经济系统物质流由于人的主导作用，都要有目的地运动，以构成生态经济系统物质流。例如，种子、肥料等在市场上属经济商流活动，一旦把种子播在田里，进行耕作，就构成了生态经济系统的物质流运动。此处强调的不只是与商流有关的种子所有权变换及在时空上的转移，更重要的是强调与农田生态系统有关的种子物质流过程。

（3）生态物质流与经济物质流的融合。生态系统的物质与经济系统的物质相互融合是在社会生产过程中完成的。生态经济系统的物质流是由经济系统物质流与生态系统物质流结合而成的。这种融合必须经过直接的自然物质与经济物质相结合、交换和转化，才能形成生态经济物质运动过程。

3.1.5.3 生态经济系统物质流的实质①

生态经济系统中的自然物质流和经济物质流的相互转化，其根本意义在于，人类通过社会生产和再生产，充分发挥生态经济系统的物质循环和能量流动的基本功能，创造出丰富的物质财富和优美的生态环境，以满足人类生存和发展的需要，为人类及其子孙造福。正是从这个意义上说，生态经济系统的物质循环实质上是人类通过社会生产与自然界进行物质交换。在此过程中，改变自然物质的形态，加工成人们所需要的物质产品，为人类创造物质文明、精神文明和生态文明，满足人类生活和生产的需要，从而使人类自身的生产和再生产不断维持和发展。在这里，物质循环过程，其本质是自然的人化过程。人类是生态经济系统大循环体系中的重要成员，其作用在于协调人、社会和自然界之间的物质循环与转化关系，控制自然物质流，创造经济物质流，避免恶性循环，实现良性循环。②

由此可见，物质循环不仅是自然作用过程，而且是经济社会过程，是自然过程和经济过程相互作用的生态经济发展过程。因此，促进物质流畅通，实现物质良性循环的关键就是保证生态经济再生产的顺利进行和不断发展。

理论和实践都表明，生态经济再生产的顺利实现和不断发展，必然要求人类自身再生产不仅要与物质资料再生产相互适应、协调发展，而且还要与自然生态再生产相互适应。当人类自身再生产与物质资料和自然生态再生产相适应时，就能加速物质资料和自然生态再生产的发展，促进自然物质流和经济物质流的畅通，加快流速，加大流量，人、社会和自然界就会协调前进。反之，当不适应时，就会延缓物质资料和自然生态的发展，阻碍自然物质流和经济物质流的相互转化。人、社会和自然界的关系就会比较紧张。

---

① 刘静. 马克思主义循环发展观及其在经济中的应用[D]. 曲阜：曲阜师范大学，2008.

② 格蕾琴·C. 戴利，凯瑟琳·埃里森. 新生态经济：使环境保护有利可图的探索[M]. 郑晓光，刘晓生，译. 上海：上海科技教育出版社，2005.

3.2　能量流分析

3.2.1　能量流概念及其特征

3.2.1.1　能量、能量流的概念

能量的传递和转化是自然界物质运动的基本规律，也是最重要的生态经济功能之一。

经典力学对能量的定义是指物体做功能力的度量。物体对外界做了功，物体的能量要减少。物理学认为，能量是系统状态的函数，它的增量等于“外界对系统所做功的总和”。这是能量的普遍定义。能量的形式多种多样，主要的能量形式包括辐射能、化学能、机械能、电能和热能。

生态经济系统所需要的能量除核能、地热能等少数几种能量外，均直接或间接地源于太阳能。太阳能通过地球表面绿色植物的光合作用，成为储存在植物有机体中的潜能，并通过食物链或食物网进行传递，从而构成生态经济系统的能量流。

能量流是指各种形态的能量在生态经济系统内部及系统间的流动状况及其动态传递。它遵循热力学第一定律和第二定律。[①]

3.2.1.2　热力学定律与熵

热力学第一定律，即能量守恒和转化定律。它指出，自然界中的能量只能从一种形式转化为另一种形式，它既不能凭空创造，也不会自行消灭，在能量转化过程中，能量的总和是恒定的。在一个封闭系统中，其数学表达式为

$$U=Q+W \tag{3.1}$$

该式的含义是，能量只有 3 种存在形式，即系统内能（U）、热（Q）、功（W），能量以两种形式——功和热传递。U 表示系统内能的变化，Q 表示系统吸热或放热，W 表示系统对外做功。公式表明一个系统的任何状态变化，都伴随着吸热、放热或做功的能量转化，但系统的总能量并不增加或减少，是守恒的（图 3-3）。[②]

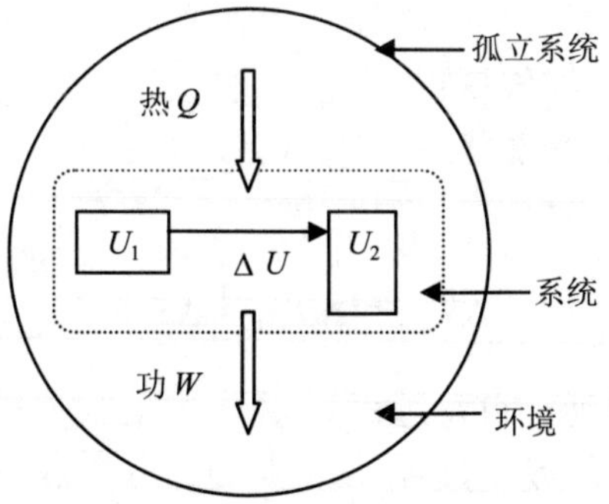

图 3-3　热力学第一定律图示

① 张克峰．热力学第一定律、第二定律的能量概念及延展[J]．贵州化工，2003（4）．

② 谷中明．热力学第一定律的图示讲解[J]．内蒙古石油化工，2006（9）．

热力学第二定律，又称为能量衰变定律或能量逸散定律。它指出，在封闭系统中，能量的传递是从高势能向低势能转变，由有序向无序分布；能量的传递方向是单向的、不可逆的，能量在传递和转化过程中，不仅需要消耗一部分自由能，而且总会有一部分废弃物逸散到环境之中。自由能和熵是热力学中的两个状态函数。自由能是具有做功本领的能量，熵（S）是指不能做功的能量。因此，一个封闭系统总是倾向于自由能减少而熵增加。而开放系统则倾向于保持高的自由能而使熵变小，只有不断输入物质和能量，不断排出熵，开放系统才能保持稳定的平衡状态。生态经济系统是一个远离平衡态的开放系统，在能量和物质不断输入的条件下，可以通过有组织地建立新结构，造成并保持一种内部高度有序的低熵状态，不断排除无序。[①]

热力学第二定律用公式表示，可写成：

$$\Delta G=\Delta H-T\Delta S \tag{3.2}$$

式中：G——自由能，即可对系统做功的有用能；

H——系统热焓，即系统含有的潜能；

S——系统的熵；

T——过程进行时的热力学温度。

克劳修斯首先将 Q/T 称为“熵”（S）[②]，即 $S=Q/T$。熵是系统无序程度或混乱程度的度量。一个系统熵值的变化就是热量的变化与热力学温度之比，在温度处于热力学零度时（约为 −273℃），任何一种物体的熵都等于零。任何过程从状态 1 到状态 2 时，都有熵变 $\Delta S=S_2-S_1$，$S=Q_n/T$（Q_n 为过程的可逆热，T 为系统的热力学温度）。热力学第二定律可表示为

$$\Delta S_{总}=\Delta S_{体系}+\Delta S_{环境} \tag{3.3}$$

当 $\Delta S_{总}>0$ 时，为不可逆，自发过程；

当 $\Delta S_{总}=0$ 时，为可逆过程。

对于孤立系统，公式为

$$\Delta S_{孤}=\Delta S_{体系}+\Delta S_{环境}$$

当 $\Delta S_{孤}>0$ 时，为不可逆，自发过程；

当 $\Delta S_{孤}<0$ 时，为不可能发生过程；

当 $\Delta S_{孤}=0$ 时，为可逆、平衡状态。

而对于非孤立系统，公式为

$$\Delta S_{非孤}=\Delta S_{体系}+\Delta S_{环境}$$

当 $\Delta S_{非孤}>0$ 时，为不可逆，自发过程；

当 $\Delta S_{非孤}<0$ 时，为不可能发生过程。

熵值变化的大小反映了一个不可逆变化的程度。一个系统总是自发地从有序状态向无

---

① 孟民. 吉林省生态经济城市体系研究[D]. 长春：吉林大学，2008..

② 1865 年，克劳修斯发表《力学热理论的主要方程之便于应用的形式》的论文，引入了一个新的热力学函数并定名为熵，同时提出克劳修斯不等式和“熵增原理”。

序状态发展，即向熵增加的方向进行。若体系的正熵值增加，则体系的无序程度增大，当熵值达到最大状态时，体系的有序结构或状态便不复存在，系统走向崩溃。热力学第二定律可表述为熵定律：一切自发过程总是沿着熵增加的方向进行。

3.2.1.3 能量流的特征

（1）能量流是恒定的、单向的，是不可逆的过程。能量既不能创造，也不能消灭，它只能从一种形式转化为另一种形式。输入系统的热能必定等于系统逸散和储存的总量，在能量转化中，做功的有效能量（自由能）减少，熵增加。

（2）能量在生态经济系统内及系统之间流动是逐级递减的。如果没有新能量投入，则原能量流直至以废热形式全部散失为止。因此，生态经济系统是不能停止能量输入的。生态经济系统运动发展的原动力，是太阳能或太阳能的转化形式。太阳能经层层反射和散射，只有 1%被地面植物吸收，其利用率是很低的；在生态系统中，能量转化效率基本上是按照美国生态学家林德曼“十分之一定律”即“能量金字塔定律”进行能量传递的：能量沿着绿色植物→草食动物→一级肉食动物→二级肉食动物逐级流动，而后者所获得的能量大体上等于前者所含能量的 1/10。[①]能量传递总是以耗散的状态进行；在经济系统中，能量流动也遵循热力学定律逐级递减，虽然不像生态系统的能量流动那样有一个大体的数量规律，但是经济系统的能量流动（简称经济能流）经过生产链网络过程，是不可能全部做功的，总会有所损耗，因而能量利用率总是一个小于 1 的量。

（3）能量传递金字塔规律与熵增原理是一致的。能量转换传递不可逆状态可以用熵来度量。熵表示系统的无序程度或不定度。当能量传递和转换时，没有做功而以热能形式损耗的能量，只会使熵或无序度增加。能量损耗多少，相应熵值或无序度也就增加多少。熵值达到最大状态时，即为系统能量转换、传递的限度，此时系统就达到了平衡状态。在孤立的系统中，熵值只会增加，不会减少。因此，生态经济系统要维持自身的平衡就必须不断地从外界输入能量，即增加它的负熵值。

作为整体的自然和社会这个统一的客观世界所有的能量流即生态经济系统中的能量流动，是生态系统的能量流和经济系统的能量流的有机结合、相互转化的不断传递、流动的过程。

3.2.2 生态能量

生态系统的能量流简称生态能流（也称自然能流），包括太阳能流、生物能流、矿物能流等。维持生态系统生命活动的能量主要来自太阳能，并遵循热力学第一定律和第二定律，即能量是恒定的，且能量的传递总是由高能位向低能位、由集中到分散进行，在传递中又总会有一部分成为无用能而散失。[②]

据研究，进入大气层的太阳能为 8.12 J/（$cm^2 \cdot min$），其中约 30%被反射回去，23%被大气吸收，只有 47%左右到达地面。而到达地面中的太阳能只有 10%左右辐射到绿色植物上，这 10%中又有大部分被反射到空气中，只有 1%左右被绿色植物利用。绿色植物通过

---

① LINDEMAN R L．食物链和金字塔营养级的研究报告[R]．1942．林德曼于1942 年因肝炎不幸去世，年仅 27 岁。

② 张艳红．基于能值的大湘西农业生态效率研究[D]．长沙：中南林业科技大学，2017.

光合作用将太阳能转变为潜能，每年可生产有机物质 1 500 亿～2 000 亿 t，其中一部分为消费者利用。因此，绿色植物是一切生物的食物基础，位于食物链的开端，是第一营养级。然后绿色植物又为草食动物所利用，草食动物为肉食动物所利用，依此类推，能量逐级流动，最后由细菌和真菌等分解者把动植物残体及排泄物分解为简单的无机物，在分解过程中把能量释放到环境中。

生态系统中有许多食物链，如捕食链（大鱼吃小鱼等）、寄生链（马蛔虫寄生在马体内等）、腐生链（细菌、真菌等），各食物链相互交错形成食物网，食物链和食物网是生态能流的主要渠道，也是生态平衡的维持者和稳定者。另外，还有食物链中各级营养者（生产者、消费者、分解者）的呼吸作用，也要消耗一部分能量，这部分能量也逸散到环境中（图 3-4）。

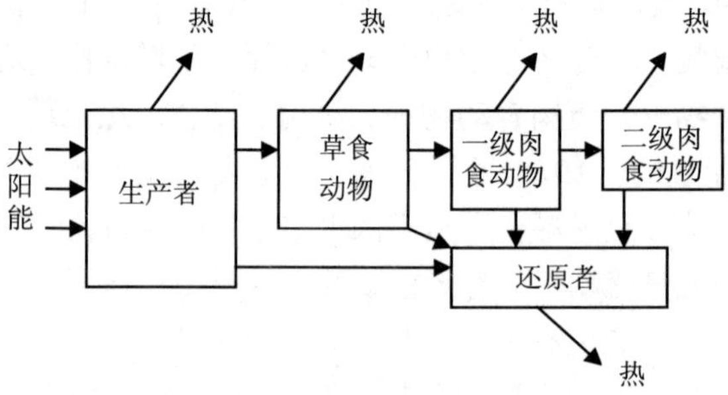

图 3-4 生态系统的能量流动模式

能量在食物链流动过程中，食物链上不同点上的能量转化比率关系，称为能量转化效率。在生态学上，一般将各类能量转化效率称为生态效率。

3.2.3 经济能流

经济能流是指生态能流被开发或投入到经济系统中，无论是消耗的或是储存的都属于经济能流。人类社会经济活动的维持与演变必须依靠外界能的输入。生态能流是人类社会经济系统的生命之流。①

3.2.3.1 经济能流的表现

（1）人类需要获取、储存和利用食物能量来满足人类自身机体的需要。人类需要衣、食、住、行以及其他经济社会活动，这些活动都需要能量。食物能量是人类生存和繁衍的基础，也是经济系统能量流的重要组成部分。吃是人体新陈代谢能量流动的第一需要。经济的发展、文化的繁荣、社会的进步，都是以充足的食物为前提的。为了使人类能有足够的、高质量的食物，就必须发展农牧业生产，以解决人类的食物问题。而且，人和动植物都是食物网的一部分，这就必须使动植物的生产保持一定的数量和面积。因此，人类在解

① 邱大雄．能源规划与系统分析[M]．北京：清华大学出版社，1995；孟民．吉林省生态经济城市体系研究[D]．长春：吉林大学，2008.

决食物问题而采取的竭泽而渔和杀鸡取卵的手段是不可取的。

（2）人类物质生产的动力和能源是社会经济发展和技术进步的主要标志之一。煤、石油和天然气是人类经济发展最重要的能源。石油是有机体在古地质年代沉积以后，经过漫长的物理和化学变化而生成的。20 世纪初，世界能源的 75%来自煤，16%靠石油，然而，随着石油的开发和利用，60 年代石油用量急剧增加，70 年代末，石油和天然气的消耗量接近全世界能源消耗总量的 70%。石油广泛用于汽车、飞机、轮船等交通运输部门，生产塑料、合成纤维、农药等生产部门。煤、石油和天然气在地球的储量是有限的，而人类社会经济系统对它们的依赖却日渐增大。为了应对气候变化，各国逐步考虑停止煤炭这一高碳能源的使用。

3.2.3.2 经济能流对经济物质流和生态物质流的不同作用

（1）经济能流同经济物质流之间存在着一种互为因果的正相关关系。从相对量看，在正常情况下，能量消费增长速度和国民经济发展速度呈正相关关系。随着能源大规模使用及其消费的增长，国民经济将以更快的速度发展。①

从绝对量看，在一般情况下，能量消耗同国内生产总值呈正相关关系。一个国家或地区，只要国内生产总值增长，能量消耗也相应增长；反之亦然。只有科技进步到相当的水平，经济增长才能与能源消耗脱钩。因此，在正常情况下，经济能流的流速加快，流量加大，就会创造更多的经济物质流，为社会创造更多的物质财富。②

然而，任何事情总有得有失。经济能流消耗过多、过快，就会给自然生态系统带来极其不良的影响。

（2）经济能流对生态物质流和生态能流的副作用。能源在开发与利用、经济能流在被消耗过程中，都会排出大量污染物，尤其是化石燃料燃烧后的废弃物等。能量随生产链逐级递减，有害物质则不断递增，从而导致环境污染、生态破坏的严重后果。从蒸汽机发明以来的 200 年里，人类使用矿物燃料煤、褐煤、石油、天然气和木柴作为燃料和能源的消耗量不断增长，由此产生的燃料生成物也是巨大的。据统计，世界上每年排入大气中的有害气体达 6.14 亿 t。经济能流的副产物——有害物质、废气和粉尘，其数量之多，危害之大，大大超过经济物质流的副产物对环境和人类健康的危害。

世界能源构成中煤只占了 1/3，主要是石油和天然气。而我国能源构成中 2010 年煤占 70%，2020 年煤仍占 56.8%。我国的煤炭资源中含硫量一般较高，并且大量的煤均用于直接燃烧，同时燃烧的有效利用率又大大低于世界先进水平，因此，我国的大气污染主要是煤炭燃烧时大量二氧化硫和烟尘排入大气造成的。这类有害元素，不仅直接严重地危害人民的健康，而且随着雨雪降落成为酸雨，严重危害整个生态系统的物质循环和能量流动。因此，我国能源供给与需求的矛盾、能源开发利用与生态环境保护的矛盾并存。

---

① 王顺彦. 甘肃省天保工程区可持续发展研究[D]. 北京：北京林业大学，2008.

② 刘思华. 论生态经济系统的物质循环和能量流动[J]. 广西大学学报（哲学社会科学版），1987（3）.

3.2.4 生态能流向经济能流转化

3.2.4.1 生态能流向经济能流的转化——负熵流

生态能流转化为经济能流，主要表现在经济能源的生产过程之中。人类为了自身的生存和发展，驱使经济系统的运动发展，必然要不断地把生态能流转化为经济能流。这种转化主要有以下几种方式：

（1）直接利用自然能源。在古代，原始人类以狩猎和采集为生，以直接利用自然界生物能。随着生产力的发展，人类对自然界生物能直接利用日益加剧，以致许多自然资源开始出现匮乏。随着直接利用太阳能技术迅速的发展，各种类型的太阳灶、太阳能热水器以及太阳能电池相继问世，并已广泛被人们使用。

（2）通过农牧业等的生产和化石能源等的开采间接转化为经济潜能。太阳辐射中的有效光能通过叶绿素吸收转化为新的有机物分子的化学潜能，在植物体中储存起来，其中一部分又通过食物链和食物网，使能量传递到动物体内，并在动物体内积聚。然后随着植物的果实、枝叶和纤维、动物肉体等进入经济系统，被储存的化学潜能就成为经济能流在经济系统中进行加工和转化。

由于地壳运动，一部分原始森林被埋在地下，经过漫长的地球化学作用，就演化成为煤炭；各种生物残体通过水的搬运汇集并沉积在海底、湖底，形成有机淤泥，在地壳运动中被埋在地下，并在高温、高压和缺氧的条件下，有机物经一系列化学反应就形成石油。煤和石油等自然能源经人们勘探和开采，便进入了经济系统而成为经济能源。

生态能流向经济能流的转化都是负熵流，经济系统从生态系统中获取能量，负熵值增加，熵值越来越小。中断这一过程，经济系统将是一个“死”的结构。

3.2.4.2 经济能流的损失——正熵流

由于能流转化的不可逆性，经济能流不能恢复到原来的生态能流状态。但是，经济能流（无论是生物能、化学能、物理能或机械能等）在其传递利用中，总会有一部分能量转化为热能而耗散在环境中。这种现象称作经济能流向生态能流的转化。因而，这种转化实际上是经济能流在利用中的一种损失——熵。

食物链（网）中，能量每流经一个营养级，就约有 90%的能量要以熵的形式流失掉，能量流经级别越多，损失越大，甚至全部变为熵。熵的规律说明农业食物链不可拉得过长。食物链过短，物质不能充分利用，食物链过长又会造成能量大量损失，如在农业不发达地区人们应多直接以粮食、蔬菜为食，不应盲目将粮食转化为肉、蛋、奶等产品。其他形式的经济能流都以熵的方式向自然界传递，如生活用的秸秆燃料热效率为 10%～20%，有 80%～90%进入周围环境。

经济能流转化为正熵流是在经济生产过程中不可避免的事情。随着科学技术的进步，能量利用效率会不断提高，但不可能使能量有效利用率达到 100%。现有能源用尽之时，也是熵值最大之时。这是由热力学第二定律决定的。

3.3 信息流分析

3.3.1 信息流概念及其基本特征

3.3.1.1 信息、信息流的概念

“信息”一词源于通信工程科学，通常是指包含在情报、信号、消息、指令、数据、图像等传播形式中新的知识内容。一般来说，信息（information）是指由信息源发出的各种信号被使用者接受和理解。信息并非事物本身，而是表征事物，并由事物发出的消息、情报、指令、数据、信号等组成。它是物质的一种特殊属性，是客观事物相互联系、相互作用的一种特殊表现形式，是沟通物质相互作用、相互联系并引起物质运动变化的物质基本属性之一。信息来源于物质，与能量也有密切关系。但信息既不是物质本身，也不是能量。信息是重要资源，可以采集、加工、更新、传输和共享。

信息是现实世界物质客体间相互联系的形式，而系统是普遍联系的事物存在的形式。所以，有系统必有信息，信息是系统控制的基础，是系统组织程度或有序程度的标志。

生态经济系统的信息流，是指在生态经济系统内部和系统之间所进行的物质流、能量流、价值流及其相互转换时的一种基本属性，是以物质流和能量流为载体实现信息的获取、储存、加工、传递和转化的过程，它不同于物质流、能量流和价值流，但又与它们不可分离，因而表现为物质、能量和价值运动的状态和方式，是物质流、能量流和价值流的外化形式。

3.3.1.2 信息流的基本特征

信息存在于自然界，存在于人类社会，横贯物质与精神“两个世界”。这正是信息普遍性之所在。信息流的基本特征如下：

（1）相对独立性。信息流来源于物质的变化和运动。它是与物质流和能量流密切相关的物质的基本属性。它与物质流、能量流既相互联系又相互区别。信息不是事物本身，可以离开该事物母体。因此，信息流可以相对独立而被传递和变换。

（2）不可逆性。生态经济系统，是一种人工调控的耗散结构系统。信息流在各个传输阶段的编译过程中又不可避免地受到一定的损失，丢失掉的信息在系统内是不可能再恢复的。信息流在数量上等于消除的不确定性数量，并且与熵存在着相互依存和转化关系，因而称为负熵。这是研究生态经济系统功能时必须运用信息范畴的重要原因。

（3）无限可共享性。虽然信息流是单程、不可逆的运动，但信息在 A 处传到 B 处时，A 处并不会因此减少所传输出去的信息，因此，信息可无限地供人们使用。

（4）双向传递性。它既有从输入到输出的信息传递，又有从输出到输入的信息反馈。人类按照这些反馈信息来改变输入的内容或数量，以便对被控制对象产生新的影响。

（5）调控性。一方面信息的传递需要载体，另一方面信息还控制这些载体。信息具有“开发和驾驭”能力。这对生态经济系统具有重大意义。系统内及系统间一切要素组合为一个整体，都离不开信息的驾驭和调控作用，任一系统功能的发挥也都必须以信息作为

指导。有效地利用信息可以节约时间、人力和财力。

（6）时效性。信息的利用可以提高人们的认识，可以给观察者提供关于事物运动状态的知识，但不一定能了解事物未来的状态。因此，不能因为有了某些信息而一劳永逸，而应不断捕捉新的信息。①

生态经济系统的信息流可分为生态信息流和经济社会信息流两大类。

3.3.2 生态系统的信息流

生态系统的物质流、能量流在其转化、循环时，发出各种信息，众多的信息形成信息流，把生态系统连接为一个有机整体。这些信息包括营养信息、化学信息、物理信息和行为信息，以传递营养（觅食）、求偶、认路、恐吓、挑战等，形成信息网，维持个体间、种群间以及与环境之间的生态平衡。

生态信息流（也称自然信息流），是指构成生态系统的各要素间和各要素内的信息运动过程。这种信息流主要表现在各环境系统之间、各生物系统之间以及各类生物与环境的相互运动之间。

（1）早在生物出现以前，自然界中的无机物之间、无机物和环境之间存在着相互作用、相互联系等运动变化过程，而伴随物质变化过程所产生的痕迹和印记（如地质构造的变动）就是信息运动过程的表现。不过，这种信息的传递、交换、存储过程采取简单的形态。各环境系统间的这种简单形态的信息流在生物和人类出现以后仍继续存在，如当代的火山爆发和地震仍留下大量痕迹和印记。②

（2）在各生物系统之间，各种生物在通过食物链发生物质变换和能量流动的过程中，也同样伴随着生态信息的流动，如蜜蜂以“跳舞”的形式传递觅食信息。由于蜜蜂是一种群体活动的昆虫，相互之间具有完善的信息联系，它们通过特有的信息交换来调节群体的活动。一只侦察蜂从外界获得植物蜜源的信息后，立即飞回蜂群，通过舞蹈动作，把这一信息传给工蜂，工蜂接收信息后，立即按照侦察蜂的舞蹈动作所表明的距离、方向去采取花蜜。所以在蜜蜂群中以及蜜蜂群和蜜源之间是按照特有的方式进行着自然信息的传递和交换的。③

（3）在生物和环境之间，由于生物和环境的相互作用、相互适应、相互影响，也形成一定的自然信息的传递和交换。④

生态系统中的信息流不仅是 4 个基本组成成分间及内部的流动，而且是个体、种群、群落等不同水平的信息流动，还包括生态系统所有层次、生物的各分类单元及其各部分都有特殊的信息联系。按照控制论的观点，正是这种信息流，才使生态系统产生了自动调节机制，赋予生态系统以新的特点。

生态系统信息流是一个复杂过程，包括信息的产生、获取、传递、处理、再生和失效。生态系统信息流模型如图 3-5 所示。

---

① 叶林. 农业技术扩散中的信息含量测度[D]. 泰安：山东农业大学，2006.

② 马传栋. 论资源生态经济系统的功能[J]. 济宁师专学报，1995（12）.

③ 马传栋. 论资源生态经济系统的功能[J]. 济宁师专学报，1995（12）.

④ 马传栋. 资源生态经济学[M]. 济南：山东人民出版社，1995.

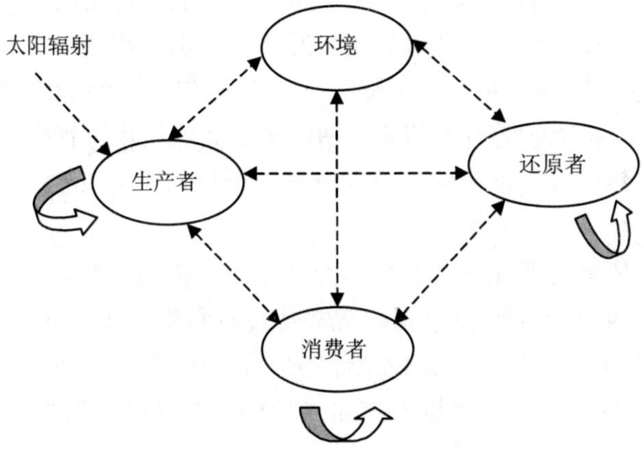

图 3-5　生态系统信息流模型

3.3.3　经济系统的信息流

经济系统的信息流是指人类从外界（包括自然生态系统和经济社会系统）获取、传递、加工、存储、使用信息的复杂的运动过程。主要表现在以下两个方面：

（1）人类对生态系统中的自然资源、能源及生物信息（如石油、煤炭、各种金属和非金属矿物的地质储量、分布信息及有用矿物含量信息，各种生物生产量及其分布信息等）的勘探、加工、储存、传递和使用的过程和人类对自然生态环境信息（如水文信息、地质信息、气候信息、环境污染信息等）的监测、收集、筛选加工、储存及其传递过程。人类将从生态系统中接收的各种信息，用于人类的生活及生产活动。人类既是经济体又是生物体。因此，这种表现形式既可以归结为经济社会系统内部的信息流，又可以归结为生态系统内部的信息流，还可以归结为生态系统与经济社会系统之间的信息流。

（2）人类对经济社会系统中的各种经济信息（如经济政策、经济规划、经济杠杆、物价信息、生产信息、产品信息、市场信息、金融信息、人才信息、科技动态水平等）和社会信息（如社会结构、社会心理、社会行动、文化风俗等）的收集、整理、筛选加工、储存和传递的全过程，如在经济系统的工业生产部门中随着物质流、能量流和价值流而产生的各种信息包括：生产计划、供应计划、产品设计、产品种类等，它们逐级传递，形成信息流，然后又通过信息反馈来改进和发展生产。

3.3.4　生态经济系统信息流的应用——信息控制

信息流是生态经济系统的一种运行方式，而信息控制是生态经济系统的一项重要功能，是生态经济系统信息流的应用方式。随着人类对自然界认识的深入和科学技术水平的不断提高，人类利用生态信息调控生态经济系统的能力也在增强，利用的方式也多种多样。

3.3.4.1　人类利用生态系统的信息流来调控生产和生活

（1）利用生物的营养信息，创造新的种群关系，如鸡、猪、蚯蚓共养，提高物质、能量的利用效率。

（2）利用生物的化学信息，来诱杀某些害虫，减少其种群密度，以谋求农业生态平衡。

（3）利用生物的趋光信息以及对其生长发育的影响（物理信息），用调整光的强度、时间等方法，提高农作物的产量，变更某些花卉的开花期，增加某些家畜的产蛋量。

（4）利用生物的生物钟等行为信息，适时地对某些动物进行交配，提高受胎率等。

（5）通过对自然资源、能源的储量和分布的勘探以及对其加工、储存等方式来调整人与自然的关系。

（6）根据自然环境的变化来调整生态经济系统中人与自然的关系，各种气象预报、地震、潮汐、环境污染等环境预测预报，常常是人们调整生态经济关系的依据，如关于大气污染使空气中的CO_2含量增加，会使全球年平均温度提高（3±1.5）℃，最终会引起全球气候变化的预断，这一信息将促进人类加强对CO_2的排放控制和环境保护。

3.3.4.2 人类利用经济社会系统的信息流来调控经济社会生活

（1）宏观调控。宏观调控主要是指宏观经济与社会信息对生态经济系统的影响和作用，即国家经济政策、发展战略与规划对生态经济系统的宏观布局、结构所产生的调度功能，进行资源合理配置和经济利用的调整作用，如核电站布点、铁路线路安排、水电、水利工程项目等。在宏观级生态经济系统发生结构性变动的同时，引起物流、能流、资金、劳动力和技术等经济要素的定向、定点积聚等。

（2）反馈调节。反馈调节主要是指生态经济系统的各类信息传递出去，又经不同方式从外部输入到系统，使该系统产生的调整行为。这是生态经济系统对一些有损于系统稳定和持续发展的不利因素的预测信息和现成信息所做的反应，如市场预测信息使经营者适时调整自己的生产规模、方向和产品，以保持商品的市场占有率。这一调节要求人们对生态经济系统要素的组合和配置进行超前决策，且不断更新信息输入来调整行为，以保持系统稳定健康发展。灵敏的信息反馈是生态经济系统合理利用人力、物力和货币资源的及时有效的调节器。

（3）复制调节。复制调节是同类生态经济系统根据外部系统的有关信息，来进行仿真活动，以求得该信息在外部系统所取得的同等效果。例如，首先采用新技术、新方法、新设备或某一发展模式的部门和单位，可获得较好的生态效益或经济效益，这一信息使其他单位和部门也仿照实行。这是同类高效信息产生扩散效果和示范效应的主要途径。

经济社会信息对生态经济的控制程度和信息量呈正相关，信息量越大，信息的可信度、准确性和作用力也越大。经济社会信息对生态经济系统的调控，具有明显的指示性控制的特点，同时人的能动性对信息控制的效果起决定作用。

3.4 价值流分析

3.4.1 价值流的含义及其特征

人类在促进生态系统生态物质流、能量流向经济物质流、能量流转化的同时，使人类的劳动凝结其中，形成价值流，并在经济系统循环中不断增值。

3.4.1.1 价值与价值流的含义

人类的劳动过程将生态系统和经济系统结合起来。在此过程中，人类通过有目的的劳动把自然物质转化成经济产品的同时，价值就沿着产品的生产不断地形成、增值和转移，并通过商品交换实现其价值。这种以商品生产的价值形成、增值、转移和实现为主的过程，就是生态经济系统的价值流动过程，这个过程称为价值流。

在商品经济条件下，不管社会形态如何，社会生产和再生产不仅是经济物质流不断形成和增加的过程，而且是价值流不断形成和增值的过程。然而，生态经济系统中的价值流，在本质上是物化在生态经济系统中的社会必要劳动的表现。因此，价值必须按照社会必要劳动时间进行转移，但是，又不能仅仅把价值理解为“社会必要劳动时间流”，因为价值流之间相互交换，在价值规律的作用下，还有一个劳动时间量的问题。正是存在着这个量上的差异，商品在交换活动中，从一个环节流到另一个环节，从一个部门流到另一个部门，导致价值流的增大或减少。

在经济系统中，存在着无数条价值流。各条价值流之间通过交换关系构成纵横交错的复杂联系。这就使经济系统的无数条价值流相互交织、相互连接，形成网状结构，称为价值流网络。无数条价值流相互交换的场合是价值流网络结构的网结。这种网结在现实经济生活中常常就是经济系统中的流通网中的集中商业点。因此，流通网点是否发达，是价值流是否畅通的重要条件。发达的运输网络，是价值流网络结构中的“网丝”，银行、信贷点是价值流网络运转的“影子”网结，它与商业点、运输网共同制约着价值流的运转。

3.4.1.2 价值流的特征

价值流最主要的特征就是价值是逐级递增的，其流动方向与能量流是反向的。

社会生产和再生产过程使流动着的价值量沿着生产链的各部门和各环节转移，其价值量逐级增加，就像滚雪球一样越滚越大、不断增大。这是因为，劳动者在劳动过程中消费着物化劳动和活劳动，不仅转移了旧价值，而且创造了新价值，价值量就不断积累而增加。与此同时，劳动者通过劳动改变自然物、消费物化劳动的生产过程要耗费能量，活劳动的消费过程也要耗费能量。生态系统和经济系统的能量都是逐级递减的。价值逐级增值和能量逐级递减是同一生产过程中发生的并融为一体的生态经济现象。它从本质上反映了社会生产和再生产是物质流、能量流、价值流的相互融合过程，这就是生态经济再生产过程。

3.4.2 价值流的形成过程

3.4.2.1 价值流的投入阶段

生态经济系统是人类有目的地运用技术手段和劳动技能，通过投入物化劳动和活劳动来开发和利用各种资源的系统。按照生态规律和经济规律，就要投入一定的资金或资本来购买生产资料、原材料、劳动力，就要了解和熟悉有关经营生产的各方面信息等。这就构成了价值流的投入阶段，即物化劳动、活劳动和信息的准备阶段。它包括生产资料和原材料的购买和储备，劳动力和劳动报酬以及后备劳动力的培训准备，国家政策和市场预测以及指定企业生产计划等信息的准备等。它属于流通阶段。

3.4.2.2 价值流的形成与增值阶段

劳动者和劳动资料相结合便进入生产阶段。这是新价值形成和价值增值的决定性阶段。劳动者在创造新的使用价值的同时，不仅把所消耗的生产资料的价值转化到新产品的价值中形成价值，而且劳动者在劳动过程中消耗了一定量的抽象劳动，又创造了一定量的新价值，使价值流增值。因此，此阶段是生态经济系统价值流的形成和增值阶段。当然，在这一阶段生态经济系统的价值增值中，不但包括一定时间系统总体经济产品价值的数量，也包括人类经济活动带来物品的社会价值和改变自然资源状况与生态环境质量状况所形成的生态环境价值（正值或负值）的数量。①

3.4.2.3 价值流的实现阶段

价值流的实现阶段是价值流的终点，又是价值再生产的起点。生产的产品经过包装、储存、运输进入流通领域，并通过商品交换过程实现其价值。然后把产品的商品形态再转化为价值的货币形态，重新进入新的循环运动。如果生产出的产品质量低、价格高，不符合社会需要，则商品滞销，价值不能实现，价值流就会被阻断。此时，社会再生产将无法继续运行，厂商或减产，或停产，或破产。

这个阶段的价值是伴随着人类在生产产品中形成的各种使用价值在商品流通中实现交换而得以实现的，即价值流是伴随着使用价值流而同时进行的。而使用价值流实质上就是具有对人类的某种特殊用途的物质和能量的融合体的流通，是各种特殊物质流和能量流的总称。只有实现物质流、能量流的合理运行，才能使系统的价值得以合理的增值和流动。②

价值流的形成过程，依次经过流通—生产—流通 3 个阶段。在这 3 个阶段中，第一阶段和第三阶段属于流通阶段，第二阶段属于生产阶段。3 个阶段相应采取货币、生产和商品 3 种不同的形态。

3.4.3 **价值增值**

价值增值是生态经济系统功能运行理论（功能原理）的主导性内容。价值增值和物质循环与能量传递是融为一体的，后两者是前者得到物质的承担者，表现为具体的使用价值。

3.4.3.1 劳动使价值增值

要满足人类发展的需要，仅靠生态系统的生态物质流和能量流是不够的，必须对其施加劳动，使生态系统转变成为效率高的生态经济系统。劳动是财富增值的关键。劳动在创造高效率的能量传递和物质循环系统的同时，也提高了人类自身的生存力，劳动和生态能量一起为经济系统输入了负熵。

---

① 马传栋. 论资源生态经济系统的功能[J]. 济宁师专学报，1995（12）.

② 马传栋. 论资源生态经济系统的功能[J]. 济宁师专学报，1995（12）.

人类的劳动，就其实质而言，是体力劳动、脑力劳动（两者即为活劳动、抽象劳动）和物化劳动（具体劳动）与生态系统的能量、物质转化相结合的过程。在这一过程中，活劳动创造新价值，物化劳动转移旧价值。因此，人类自身的劳动创造了价值并使价值增值。

3.4.3.2　价值的形态

生态经济的价值形态是广义价值，它有多种内涵，包括经济价值、社会价值和生态价值等。只有用多种价值形式才能全面反映生态经济系统的生态经济价值及其内在联系，也只有用多种形式的价值含义才能表明劳动在生态经济利用中所产生的广泛的作用和多种效益。

（1）经济价值。经济价值是用货币计量的市场价值，是生态经济系统经济产品商品化的结晶，经济价值一般是生态经济系统所追求的主要目标。经济价值的高低取决于生产单位产品的个别劳动时间低于社会必要劳动时间的差额，也取决于市场供求状况。产品具有使用价值和价值统一的特性。生态经济的加（减）环增值同一般经济系统的劳动创造价值的过程并无差异，因此，有形产品的货币形态是经济价值形式的根本标志。

（2）社会价值。社会价值是同生态价值相联系而又可以用货币单位计量的价值，即对社会有用性的货币表现。但这种价值，有的可纳入国民经济总产值、社会总产值进行计量，有的只是为了比较两类生态系统或同一生态系统改造前后对社会效用性的大小，并不能计入总产值中，或无法用货币计量。

把社会价值以货币形态量化是十分重要的。这样可以促进社会、经济和生态环境一体化的持续发展，可以更新整个社会的发展观。

（3）生态价值。生态价值包括生态文化价值和生态景观价值。生态文化价值是生态经济系统的改善和建设所显示的不可计量的价值。例如，用人工方法繁殖稀有珍贵动物，增加它们的数量，避免该物种的毁灭；用建造自然保护区或其他生物保护措施，保护濒临灭绝的物种、品种，如大熊猫和金丝猴等。它表明人类对自然界应尽的一种责任和义务，意味着人与自然的某种关系和人类生态意识的深化程度。这是很难用被保护的本体本身来说明的，也是不以该物对人类有无使用价值，或能否在市场上出售换得货币为转移的。[①]在一定程度上，用于该类保护性的人力、物力、财力的比重越大，表明一个民族文化、文明程度也就越高。因此，象征价值也是民族生态文化的尺度。生态景观价值是指自然生态景观、人造景观及历史名胜古迹，用以满足人们精神产品需求时产生的环境欣赏价值，是可度量的，严格地讲应归结于经济价值，但由于其中相当一部分并不需要生产过程，也没有参与流通过程的“产品”形态，更不能运输和储藏。因而，这是一类特殊的经济价值。

3.4.3.3　价值增值方式

（1）加环增值。加环增值即长链增值。在生态经济利用链中，增加某一或几个转化效率高的环节，提高生态资源的利用率，使它比原来生产的产品数量更多，品种更优，使用价值也更高，从而使利用链发生整体增值。以价值尺度来衡量，就是使以货币所表现的价值发生增量，使经营者取得更多的收入或比原来减少相应的支出。这是以劳动控制为主

---

① 陈祖海. 水资源价格问题研究[D]. 武汉：华中农业大学，2000.

的生态经济利用中采取的增值方法。

（2）减环增值。减环增值即短链增值。以自然力和太阳能为主的食物链的生产性利用，其能量转化和经济产出水平是较低的。人们为了取得高产出，采用高技术方法，减少原来的食物链环节，取得高价值的产品。根据生物量金字塔定律和能量传递的“十分之一定律”，简化一个环节，其产量可提高10倍以上。这是科学技术较为发达的条件下采用的人工增值方法。

（3）差异度增值。差异度增值是纯粹的流通领域现象，并不伴随物质财富的增加，但是其获取高额利润的目标可推进生产过程。例如，利用地域间商品流动的不均质性、质量性状、季节变更、特殊需求习惯等所产生的差异，使价格与价值背离，从而实现资金积累，如期货市场。

3.5 物质流、能量流、信息流、价值流的关系①

3.5.1 物质流、能量流与价值流的循环转化

物质流、能量流、信息流和价值流，是既有联系又有区别的4个生态经济概念。

社会生产和再生产过程，是物质变换的生态过程和价值形成与增值过程的统一，也就是物质循环、能量流动和价值增值的统一。同时，在物质流、能量流和价值流的循环转化过程中，信息流始终存在并贯穿其中，形成复杂的信息网，在各物质、能量和劳动者之间不断储存、传递、转化，对生态经济系统起着调控和指导作用。信息流在物质流、能量流和价值流的融合和分离中是必不可少的，是物质流、能量流和价值流的外化形式和客观反映。这就说明，社会生产和再生产过程是物质流、能量流、价值流、信息流的汇合过程。

物质流、能量流和价值流的循环转化表现为物质流、能量流和价值流的融合与分离。

3.5.1.1 物质流、能量流和价值流的融合

这一融合过程包括两个阶段：

（1）价值流转化为经济物质、能量流阶段。这是物质流、能量流、价值流融合的准备阶段，也是经济物质、能量流与生态物质、能量流的融合阶段的准备阶段。任何一个生态经济系统生产前，都必须首先用货币购买生产资料，即经济物质或能源，然后才可以进行生产。价值流转化为经济物质流、能量流，不仅对市场、计划、生产规模有着重要的影响，更重要的是对生产过程与生产效果在某种程度上起着决定性的作用。在市场经济条件下，企业在生产中对物、能的投入，很重要的是要依据企业所掌握的货币数量及货币周转状况来决定。而经济物质、能量的投入对企业生产规模、生产过程及生产效果又有着直接的影响。比如，一个工厂，一方面必须用货币购买土地、建筑材料，并修盖厂房；另一方面还需要用货币购买机器、生产设备、原材料，并招聘工人、技术员，才能开始生产。生产一经开始，货币的直接作用就会隐退，代之而起的就是在科技手段作用下的货币

① 龙妍，黄素逸，张洪伟．物质流、能量流与信息流协同的初探[J]．化工学报，2006（9）；汪淑奇，黄素逸．物质流、能量流与信息流协同的探讨及应用[J]．华中科技大学学报，2002（11）．

转化形态——经济物质、能量的运动。生产过程中的经济能流和物质流实际上就是价值流的物质承担者。①

（2）经济物质、能量流与生态物质、能量流的融合阶段。经济物质、能量流与生态物质、能量流的融合是在生产过程中完成的。在所有生产过程中，无论农业还是工业生产，物质流、能量流的融合，更一般、更普遍发生的还是经济物质流、能量流与生态物质流、能量流的交互融合。在农业生产中虽然情况十分复杂，但总可将这些要素划分为生态物质流、能量流与经济物质流、能量流两大基本类型。光能、气温等属于生态能流，土地以及土壤中所含各种自然无机物质和水分等属于生态物质流；农用电力、各种能源动力属于经济能流，而农用化肥、种子、拖拉机等都属于经济物质流。如果没有经济能流同经济物质流的结合，拖拉机将不能耕地、播种，农用化肥也不会被施进田里；如果没有生态能流同生态物质流的结合，CO_2和水则不能转化为有机的碳水化合物。然而，农业生产最本质的意义还在于经济物质流、能量流同生态物质流、能量流的交互融合。没有这两大基本类别的融合，就谈不上农业生产过程的发生。②

在这一融合过程中，人作为一种特殊的能源动力对生产过程的调控起着特殊作用。从物质和能量的转换角度看，人们能够将生态物质流、能量流与经济物质流、能量流交互融合起来，又可将人体内能转化为生物能量释放出来，从而驱动人体进行脑力或体力劳动。人的劳动是使经济物质流、能量流与生态物质流、能量流交互融合的纽带和桥梁。从价值形成和增值的角度看，经济物质流、能量流与生态物质流、能量流融合生成新的产品，只是价值流的转移，而劳动者在融合过程中的劳动，才是新价值的产生和增值的源泉。

总之，生产过程是物质流、能量流和价值流融合的过程。此处的价值流在这个融合过程中，只是一种潜在形态，它寄存于物质承担者——物质流、能量流和劳动者内部，只有最终产品进入交换时，才会以货币形态表现出来。

3.5.1.2　物质流、能量流和价值流的分离

这一分离过程包括两个阶段：

（1）物质（能量）流与价值流的分离阶段。这是流通过程中的分离。商品交换是以货币为媒介的市场经济活动。它一般可分为两个阶段：首先是商品所有权的让渡。这主要是指商业交易。通过商业交易，买主向卖主以货币作为媒介支付商品的价值，以使商品的所有权从卖主转入买主手中。这个过程属于价值交换过程，可称作“价值流”运动；其次是商品物（能）的转交过程。以货币为媒介的商品所有权让渡，必将伴随着商品实物转交活动，也即商品物（能）流交换过程。只有当商品所有权和商品物（能）都从卖者转入买者手中，该商品流通过程才算完成。这就是商品物质（能量）流同价值流的分离，也就是价值同使用价值的分离，而使用价值本质上是物质和能量。通过这种分离，生产者使产品的价值得到实现，消费者得到了商品的使用价值——物质和能量。物质（能量）流与价值流分离的结果，又为继续生产提供了条件。

（2）两部分经济物质、能量的相互分离阶段。这是消费过程中的分离，实际上是经

① 吴迪. 马克思生态经济思想视阈下的循环经济研究[D]. 北京：首都师范大学，2013.

② 常春勤. 工矿废弃地旅游景观重建动态过程及其效应研究[D]. 焦作：河南理工大学，2015.

济不可逆的过程。一部分是有机经济物质，如各种农副产品，其能量最终转化为废热与物质相分离，经过生物和人类的生理过程，转化为水和 CO_2 及无机盐回归自然界。另一部分是无机物质再形成有机物质是太阳能转化为化学潜能的另一个单向过程，并不是具体的原有物质的简单循环。所谓有机物的重复利用是指在消费过程中，尚未分解为无机废弃物，即使这一部分最终要成为水、CO_2 和无机盐，再成为有机经济物质，也必然要从农业植物生产开始。而且，在现代经济条件下，已不可能把原有有机废弃物的自然分解物重新纳入农业植物再生产。因此，这两部分的经济物质（能量）流是相互分离的。消费领域中的分离过程是不可逆的，新的经济物质、能量只能直接、间接依靠太阳而重新开始。

3.5.2 物质流、能量流与信息流的协同

生态经济系统中的任何成分或子系统，都是物质、能量、信息流的统一体。在生态系统中客观上存在着生态物质流、生态能流和生态信息流的运动发展过程。在经济系统中客观上存在着经济物质流、经济能流和经济信息流的运动发展过程。而前者转换为后者，就形成生态经济系统的物质流、能量流、信息流。这些集中到一点，就是价值流的运动发展过程。价值流的物质承担者是使用价值流，使用价值流又是各种经济物质流和能量流的总称。

协同（synergy）一词原意是指人体各器官和部位的协同作用，或治疗时的各种药物之间的配合作用。协同原理认为，系统由于其各子系统的协同作用可达到熵（热力学熵）产生为最小的有序结构。①

任何一个系统在其内部或与外部环境之间都存在物质、能量和信息的交换，在时间和空间上形成物质流、能量流和信息流（价值流只存在于经济系统中，因此不包括在内），它们之间又是相互影响和相互依存的。因此，可将物质流、能量流和信息流看成是一个大系统（生态经济系统）中的 3 个子系统。通过这 3 个子系统的协同作用而达到熵（热力学熵）产生最小的有序结构，从而使其组成的大系统达到最优的结果。

物质流、能量流和信息流都具有一定的熵。一般认为能量流和物质流的熵随流动而增加，信息流的熵随流动而减少。因此，可通过信息流熵的减少来弥补一部分能量流和物质流熵的增加，使熵值达到最小，以达到物质流、能量流和信息流的协同，并使它们的作用得到最佳的发挥。

协同理论认为，系统内部各子系统之间相互关联的“协同作用”，可以使得整个系统从无序走向有序，这就出现了序参量。序参量之间的合作和竞争，最后导致只有少数序参量支配系统进一步走向协同和有序。协同作用左右着系统相变的特征和规律，实现系统的自组织。协同理论采用动力学和统计学相结合的方法研究与外界环境有物质、能量交换的开放系统。系统中各个子系统的运动状态由子系统的独立运动和系统直接关联引起的协同运动共同决定。当前者居于主导地位时，系统便处于无序状态。而当作用于系统的外界“控制变量”达到一定的界限时，子系统之间关联能量大于子系统独立运动能量，于是子系统独立运动受阻，必须服从于由关联形成的协同运动。②

---

① 龙妍，黄素逸，张洪伟. 物质流、能量流与信息流协同的初探[J]. 化工学报，2006（9）.

② 韦晓宏. 可持续经济发展视野中的生态承载力研究[D]. 兰州：兰州大学，2010.

生态经济系统中的这“四个流”中，物质流、能量流是其物质基础。其中，物质流是系统的骨架，没有它系统就陷入瘫痪，无法形成和运动；而能量流是系统的动力功能，没有它系统就无法牵动和运转；价值流是系统的“造血”功能，没有它系统就无法变化和发展；信息流是系统的“神经”功能，没有它系统就无法控制和调节。所以说，物质循环、能量流动、信息传递、价值增值，是生态经济系统的四大基本功能，它们之间相互联系、相互作用，推动着生态经济系统不断运动、变化，并向前发展。①

3.5.3　物质流、能量流、信息流与价值流从背离到协同

物质流、能量流、信息流与价值流不仅可能分离，还有可能背离。分离是指相对独立运行，背离是指背道而驰。以物质流与价值流的背离为例进行说明。传统经济增长模式往往是“黑色经济”“线性经济”“高碳经济”——以环境污染、资源枯竭、气候变暖为代价实现经济增长，从企业价值流角度看能够使价值增值，实现经济目的，但是从社会物质流角度看是有污染的，需要利用社会代价治理污染、资源化利用、应对气候变化。因此，需要管制性手段（“大棒”）、选择性手段（“胡萝卜”）、引导性手段（“牧师”）等各种手段实现外部性的内部化。而在推进绿色发展、循环发展、低碳发展的进程中，由于技术创新和制度激励，往往存在“绿色不经济”“循环不经济”“低碳不经济”等问题。从环保角度看是绿色的，但是，从企业价值流角度看绿色发展是成本大于收益的；从资源角度看废弃物是可以循环利用的，但是从企业价值流角度看循环发展是成本大于收益的；从气候角度看碳是可以减排的，但是从企业价值流角度看低碳发展是成本大于收益的。从“绿色不经济”到“既绿色又经济”，从“循环不经济”到“既循环又经济”，从“低碳不经济”到“既低碳又经济”，就是从价值流与物质流的背离转向协同。这需要生态科技创新和生态制度创新。

研究展望

生态经济系统的运行是通过物质流、能量流、信息流和价值流等形式进行的。热力学第一定律和第二定律为物质流与能量流的分析奠定了坚实的基础。信息流的分析需要自然科学家和社会科学家的共同努力，价值流的分析任务主要落在经济学家身上。学科的分化与综合是科学研究进行到一定阶段的产物。如今，又进入一个由分化到综合的重要时期。生态经济学既要研究物质流、能量流与信息流是否遵循一定的经济规律的问题，又要研究价值流是否要遵循一定的自然规律的问题，更要研究“四个流”之间的相互关系及协同方式。

思考题

1．什么叫生态物质流？什么叫经济物质流？生态物质流与经济物质流之间是如何循环的？

① 李怀甫．论小流域综合治理的理论与方法[J]．海河水利，1989（6）．

2. 什么叫熵？热力学第二定律的表达式是什么？热力学第二定律如何用熵来表示？
3. 信息流的基本特征有哪些？生态系统的信息流模型是怎样的？
4. 价值流是如何形成的？价值形成后通过什么方式使价值增值？
5. 什么是系统的协同理论？物质流、能量流、信息流和价值流的协同关系表现在哪里？
6. 举例说明价值流与物质流的背离。

第二篇

生态产业篇

生态产业发展中人们不仅考虑经济收益与成本，而且考核生态收益与成本，因此，经济人假设便扩展为生态经济人假设。产业发展初期，自然资源丰富、生态环境容量大，自由排放几乎无成本而收益巨大，成本收益的对比，自由排放的产业模式理所当然成为此时期的风尚；随着产业的进一步发展，自然资源丰富而生态环境的自净能力变小，末端治理的产业模式成为该时期的必然；随着技术进步、产业高度发展，自然资源日益匮乏并且生态环境的恶化程度已经威胁到人类的生存，生态产业就成为现时期的主导模式。

席卷全球的新的生态工业园建设、原有工业园的生态化改造、生态农业园的规划以及生态服务业的构思，都是生态产业的具体实践，均涉及绿色生产、循环生产、低碳生产等重要问题。

本篇包括第 4 章到第 6 章，分别对生态产业理论、生态生产理论和生态产品理论予以介绍。现有的理论知识是初步的，理论的创新留待后继者。

第4章　生态产业理论

习近平总书记在党的二十大报告中特别强调了“加快发展方式绿色转型”，并指出：“推动经济社会发展绿色化、低碳化是实现高质量发展的关键环节。加快推动产业结构、能源结构、交通运输结构等调整优化。实施全面节约战略，推进各类资源节约集约利用，加快构建废弃物循环利用体系。”[①]这为生态产业理论和实践指明了方向。由于生态产业是一个自然-经济-社会复合生态系统，因此，生态产业的理论除了来自生态学及其分支学科外，还有很多理论来源于新制度经济学、产业经济学、投入-产出经济学、地理学、环境学、社会学等领域。这些理论从不同的侧面阐释生态产业，从而推动生态产业的进一步发展和高级化演进。本章从生态学、系统经济学和交易费用经济学等方面剖析生态产业[②]。

4.1　生态产业概述

4.1.1　生态产业的定义

生态产业的范围非常广泛，既包括生态农业、生态林业、生态渔业，又包括生态工业，还包括生态物流、生态旅游等生态服务业[③]。正是因为生态产业的范围广泛、边界模糊，所以对生态产业进行定义就相对比较困难。

一般认为，生态产业是按生态经济原理和知识经济规律组织起来的基于生态系统承载能力、具有高效的经济过程及和谐的生态功能的网络型、进化型产业。它通过两个或两个以上的生产体系或环节之间的系统耦合，使物质、能量多级利用、高效产出，资源、环境系统开发、持续利用。企业发展的多样性与优势度、开放度与自主度、力度与柔度、速度

① 习近平. 高举中国特色社会主义伟大旗帜　为全面建设社会主义现代化国家而团结奋斗——在中国共产党第二十次全国代表大会上的报告[N]. 人民日报，2022-10-25.

② 沈满洪. 资源与环境经济学[M]. 3版. 北京：中国环境出版集团，2020；周文宗，刘金娥，左平，等. 生态产业与产业生态学[M]. 北京：化学工业出版社，2005；邓根伟，王贵明. 产业生态学导论[M]. 北京：中国社会科学出版社，2006；章家恩. 旅游生态学[M]. 北京：化学工业出版社，2005；卞有生. 生态农业中废弃物的处理与再生利用[M]. 北京：化学工业出版社，2005；严力蛟. 中国生态农业[M]. 北京：气象出版社，2003；蔡晓明. 生态系统生态学[M]. 北京：科学出版社，2000；孙儒泳，李庆芬，牛翠娟，等. 基础生态学[M]. 北京：高等教育出版社，2002；朱明峰. 循环经济与资源型城市发展研究[M]. 北京：中国大地出版社，2005；丁鸿富，虞富洋，陈平. 社会生态学[M]. 杭州：浙江教育出版社，1987；昝廷全. 产业经济系统研究[M]. 北京：科学出版社，2002；朴昌根. 系统学基础[M]. 上海：上海辞书出版社，2005；昝廷全. 系统经济学进展[M]. 郑州：郑州大学出版社，2003；李先喜. 科学系统论[M]. 北京：科学出版社，2005；高洪深. 社会经济系统工程——理论·方法·案例[M]. 北京：社会科学文献出版社，1990；高隆昌. 系统学原理[M]. 北京：科学出版社，2005；芮明杰. 产业经济学[M]. 上海：上海财经大学出版社，2005.

③ 鲁伟. 生态产业：理论、实践及展望[J]. 经济问题，2014（11）.

与稳定达到有机结合，使污染负效应变为经济正效益①。

根据该定义，生态产业运作的基本单元是生态产业系统，以对社会的服务功能而不是以产品为经营目标，将生产、流通、消费、回收、环境保护及能力建设纵向结合，将不同行业的生产工艺横向耦合，将厂内生产区与厂外相关的自然及人工环境集合成产业生态系统或复合生态体系，逐步实现废弃物在系统内的全回收和向系统外的零排放。该生态产业系统，应该以生态控制论为基础，建立柔性的、面向功能的结构与体制，可随时根据资源、市场和外部环境的随机波动调整产品、产业结构及工艺流程。该生态产业系统的产出不仅包括产品、服务，还包括文化；在产品产出中，不仅包括物质产品、信息产品，还包括人才产品；在服务产出中，不仅包括售前服务、售后服务，还包括生态还原服务；在文化产出中，不仅包括企业文化、消费文化，还包括生态认知文化②。

生态产业不仅包括农业生态化后的生态第一产业（生态农业）、工业生态化后的生态第二产业（生态工业）和服务业生态化后的生态第三产业（生态服务业），还包括作为第四产业的生态产品产业。狭义的生态产品是指维系生态安全、保障生态调节功能、提供良好人居环境的自然要素，与“生态系统服务”的含义基本相近。广义的生态产品除了狭义的生态产品所包括的内容，还包括提供清洁生产、循环利用、降耗减排等途径生产的生态农产品、生态工业品、生态旅游品等生态标签产品③。不包括狭义生态产品的生态产业发展主要解决经济生态化，将在第 5 章分析；仅包括狭义的生态产品的生态产业发展主要解决生态经济化，将在第 6 章分析。

4.1.2 生态产业的基本类型

为了对产业进行合理有效的管理，首先对产业进行分类，实行分类管理。产业分类可以形成多层次、多类型的产业概念。因为产业分类是人们为了满足不同需要而根据产业的某些相同或者相似特征将企业的各种不同经济活动分成不同的集合，所以产业研究和分析的目的不同，产业的分类方法也有所不同。

不同的产业分类标准会形成不同的产业分类方法，具体见表 4-1。

表 4-1 产业分类标准与产业分类方法

序号	产业分类标准	产业分类方法与内容
1	产品的最终用途不同	马克思两大部类分类法（生产资料的第Ⅰ部类和生产消费资料的第Ⅱ部类）
2	物质生产特点不同	农、轻、重分类法（农业、轻工业和重工业）
3	产业发展层次顺序及其与自然界的关系不同	三次产业分类法（第一产业、第二产业和第三产业）
4	工业生产的特点不同	霍夫曼分类法（消费资料产业、资本资料产业和其他产业）
5	生产要素集约程度不同	生产要素集约分类法（劳动密集型、资本密集型、技术密集型和知识密集型产业）

① 袁望冬. 对科技创新促进产业创新的哲学探析[J]. 自然辩证法研究，2007（5）.

② 元炯亮，郝存江，刘景洋. 生态技术系统构建的原则和方法[J]. 中国人口·资源与环境，2003（6）.

③ 张林波，虞慧怡，郝超志，等. 生态产品概念再定义及其内涵辨析[J]. 环境科学研究，2021，34（3）；王金南，王志凯，刘桂环，等. 生态产品第四产业理论与发展框架研究[J]. 中国环境管理，2021，13（4）；廖茂林，潘家华，孙博文. 生态产品的内涵辨析及价值实现路径[J]. 经济体制改革，2021（1）.

序号	产业分类标准	产业分类方法与内容
6	统计标准	标准产业分类法（大项、中项、小项和细项）
7	产业发展阶段	产业发展阶段分类法（幼小产业、新兴产业、朝阳产业、衰退产业、夕阳产业和淘汰产业）

生态产业的分类是在产业分类的基础上进行的，鉴于产业分类标准各种各样，因而对生态产业的分类也没有统一的标准。但是，为了揭示生态经济中产业之间的物质闭环流动和能量的梯级使用原理，使生态产业模拟自然生态系统中的结构和功能，宜采用“产业发展层次顺序及其与自然界的关系不同”的分类标准，采用三次产业分类法，将生态产业划分为生态农业（广义的）、生态工业（广义的）和生态服务业，并在此基础上延伸出非常富有中国特色的生态产品第四产业。生态产业的基本类型见表 4-2。

表 4-2 生态产业的基本类型

序号	基本类型	产业次别	主要内容
1	生态农业	第一产业	生态种植业、生态畜牧业、生态林业、生态渔业等
2	生态工业	第二产业	矿产资源开采业、生态制造业、绿色化工、生态建筑、生态工程、能源替代等
3	生态服务业	第三产业	生态旅游、生态物流、生态教育、生态贸易、生态文化建设、生态设计、生态管理等
4	生态产品	第四产业	清新空气、清洁水源、舒适环境、宜人气候、无污染土壤、茂盛森林、蓝色海洋；湿地公园、国家公园、自然保护区等

4.1.3 生态产业的发展趋势

4.1.3.1 生态农业的发展趋势

根据农业生产的现状、农业生产技术的状况及其发展方向，生态农业具有以下四大发展趋势[①]：

（1）从“平面式”向“立体式”发展。利用各种农作物在生长过程中的“时间差”和“空间差”进行各种综合技术的组装配套，充分利用土地、光照和动植物资源，形成多功能、多层次、多途径的高产高效优质生产模式。

（2）从纯农业向综合农业产业发展。以集约化、农业产业园化生产为基础，以建设人与自然相协调的生态环境为可持续目标，集农业种植、养殖、环境绿化、商业贸易、观光旅游为一体的综合性农业产业，以“都市生态农业”的兴起为标志。

（3）从手工操作、简单机械化向计算机自控化、数字化方向发展。农业机械化的发展，在减轻体力劳动、提高生产效率方面起到了重大作用。电子计算机的应用使农业机械装备及其监控系统迅速趋向自动化和智能化。计算机智能化管理系统在农业上的应用，将

---

① 傅丕毅，慎海雄. 现代农业的发展趋势[J]. 农村实用技术与信息，2002（9）；林嵬. 植物工厂带来的启示[N]. 浙江日报，2002-08-22；慎海雄，傅丕毅. 明天，我们用鼠标“种地”[N]. 新华每日电讯，2002-05-17（6）.

使农业生产过程更科学、更精确。带有计算机、全球定位系统（GPS）、地理信息系统（GIS）、北斗卫星导航系统（BDS）及各种检测仪器和计量仪器的农业机械的使用，将指导人们根据各种变异情况实时实地采取相应的农事操作，这些都赋予农业数字化的含义。

（4）从土地向工厂、海洋、沙漠、太空发展。生物技术、新材料、新能源技术、信息技术使农业脱离土地正在成为现实，实现了工厂化，出现了白色农业和蓝色农业，甚至在未来将出现太空农业。

4.1.3.2　生态工业的发展趋势

现代工业发展呈现出高科技化、规模化、集群化、生态化的特点。可见，生态工业本身就是现代工业的发展趋势。现代工业在生态化过程中具有以下两大发展趋势：

（1）企业层面实行清洁生产。不断采取改进设计，使用清洁的能源和原料，采用先进的工艺技术与设备，改善管理，综合利用等措施，从源头削减污染，提高资源利用效率，减少或者避免生产、服务和产品使用过程中污染物的产生和排放，以减轻或者消除对人类健康和环境的危害[①]。

（2）区域层面上实行生态工业园区建设。按照生态系统的“食物链”原则组织生产，实现物料的闭合循环和能量的梯级使用。针对当地资源条件，联合类型不一、性质各异的企业组成生态工业园区，上游企业的“三废”可以直接作为下游企业的原料，这样能大大减少污染物的产生，提高整个系统对原料和能量的利用效率。

无论是企业层面还是园区层面，生态工业均要求生产的绿色化、清洁化、循环化、低碳化。

4.1.3.3　生态服务业的发展趋势

服务业占国民经济的比重越来越大、就业人数也越来越多，呈现出高科技化、数字化、生态化的特点。现代服务业在生态化过程中具有以下两大发展趋势：

（1）生态服务业的就业结构呈现出高端人力资本化。服务业内部结构升级趋势体现为服务业从劳动密集型转向知识密集型，知识、技术含量高的现代服务业逐渐占据服务业的主导地位。从产业的投入要素看，农业主要受自然资源要素约束，制造业主要受物质资本要素约束，传统服务业主要受劳动力要素约束，而现代服务业从业人员整体上具有高学历、高职称、高薪水的特征，说明现代服务业主要受人力资本要素约束[②]。而生态服务业不仅要求从业者懂得经济规律，而且要求了解生态规律，因而对人才提出了比现代服务业更高的要求，使生态服务业的就业结构呈现出高端人力资本的特征。

（2）生态服务业与制造业逐步走向融合。现代服务业中，生产性服务业发展迅速，并且服务投入增长速度快于实物投入增长速度。制造业的增长无论采取何种方式，都会遇到能源、原材料以及环境资源供给的限制，而制造业发展所遇到的能源和原材料“瓶颈”可能被包含金融、物流在内的服务业所打破。因此，现代经济已经出现了现代服务业与制造业走向融合的趋势，制造业服务化趋势与服务业生产性趋势都非常明显。遵循经济规律

---

① 我国《清洁生产促进法》出台[J]. 材料保护，2003（1）.

② 吴明理. 现代服务业发展趋势与金融支持[J]. 济南金融，2007（10）.

和生态规律，按照系统的观点在共同生态化的过程中逐步走向融合，是生态服务业和生态工业的共同要求。

4.2 生态产业的生态学分析

4.2.1 生物与产业组织的相似性

产业生态学有意识地引入了起源于生物系统的生态学（ecology）概念。虽然早在100多年前人们就开始从生物的角度来解释人类社会系统（包括产业系统），但是早期的想法与发展中的产业生态学方法之间有很大的区别：前者主要关注个人行为和社会结构，而后者则特别强调物质流和能量流等物理和化学特性。由于产业生态学提倡物质循环利用等概念，所以产业生态学和生态学的类比受到越来越多的关注。

生态学研究的基本单位是生物体，生物体被定义为“能够维持生命活动的具有内部结构的实体”。生物体具有的特征可以概括为以下6个方面：① 生物体能够独立活动。尽管不同的生物体的独立性相差较大，但是都能够独立活动。② 生物体消耗能量将物质转换成可利用的形式，同时，将废热和废弃物以排泄和呼吸等方式排放到环境中。③ 生物体能够繁殖。尽管生物体的繁殖能力有显著的差别，但是所有的生物体都能够繁殖自身的后代。④ 生物体具有应激性。生物体都可以对温度、湿度、资源可获得性以及可能的繁殖伙伴等外界因素做出相应的反应。⑤ 所有多细胞生物都起源于单个细胞并经历生长的各个阶段。⑥ 生物体具有有限的生命。有些自然系统和物体系统几乎具有无限的生命，如高山、海洋和火山岩等，但是生物体通常只具有有限的寿命，并且不同的生物体寿命长短不同①。上述特征可以用图4-1加以表示。

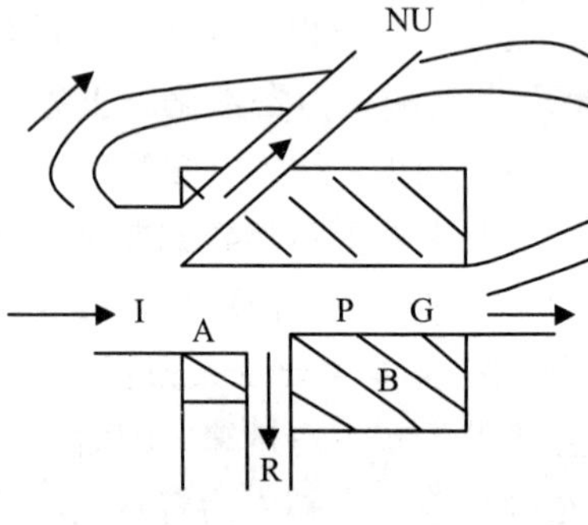

I—摄入量；A—吸收量；P—生产量；R—呼吸量；G—生长量；S—储藏量；

B—生物体中的生物质，只有当输入和输出完全平衡时生物质才保持稳定；NU—未利用的量

图 4-1 生态学中单个生物体的能量流动模型

资料来源：RICKLEFS R E. The economy of nature[J]. 3rd ed. New York：W. H. Freeman，1993.

---

① 黄欣荣. 从自然生态到产业生态——论产业生态理论的科学基础[J]. 江淮论坛，2010（3）.

组织（organization）不仅用来指有生命的东西，同时还代表任何与生物体具有相似结构和功能的东西，它显然也适合产业活动。可以从生物体的特征来考察一个产业组织的代表——工厂：① 产业组织能够独立活动。很明显，工厂和它的员工能够开展很多独立的活动，包括获取和转化资源等。② 产业组织消耗物质和能量，并且排放废热和废弃物。工厂使用能量将各种物质转化为适合的新形式，并且将剩余的能量和残留物（“三废”）排放到周围的环境中去。③ 产业组织能够繁殖。设计和建设一个产业组织的目的不是自我复制，而是生产无生命的产品（如汽车）。一般来说，新的工厂是在原有类似工厂的基础上按照新的要求来建设的，不是简单地复制已有的工厂，而是对已有工厂的改进和创新。从宽泛意义来讲，可以认为产业组织能够繁殖。④ 产业组织具有应激性。工厂能够对外部因素（如原材料的可获得性、顾客的偏好、价格等）做出相关的反应。⑤ 产业组织也会经历不同的生长阶段。工厂在其整个生命周期内不是一成不变的，一般要经历幼稚期、成长期、成熟期和衰退期等阶段。⑥ 产业组织具有有限的生命。从现实情况来看，老的工厂倒闭，新的工厂诞生，工厂具有有限的生命。

综上所述，产业组织的概念确实相似于生物体的概念，运用生态学中分析生物体的理论和方法来分析产业组织具有方法论上的重大意义。存在于生物体中的食物链精致完美，各种层次的生物构成闭路循环，没有真正的废弃物产生，一切物质都是“原料”，因而生物界在没有人为的强烈干扰时会永恒循环。因此，有必要将产业组织与生物体进行类比，根据食物链理论再思考和再设计产业链，使产业系统也能够像生态系统一样和谐与可持续。

4.2.2　生物食物链理论

所有生物都要消耗资源才能够生存和繁衍。资源（营养物资及其所包含的能量）从低级生物营养级开始逐渐向高级生物营养级转移就形成了一条食物链。食物链的主要环节称为营养级，即具有相同营养方式和食性的生物。生态学中第一营养级是初级生产者（如植物），指那些利用能量和基本营养物质来生产可供更高营养级生物加以利用的生物。生态学的其他营养级包括草食动物、肉食动物和分解者。因此，食物链通常有 4 个营养级：发掘者、生产者、消费者和分解者。但是，若按照发掘者、生产者、消费者和分解者来研究食物链，则组成的单元偏大。为此，在同一营养级别中，有必要区分具有相同的生存方法、栖息地和捕食行为的物种群体，即同资源种团。图 4-2 描绘了一个简化的海洋生物食物链。

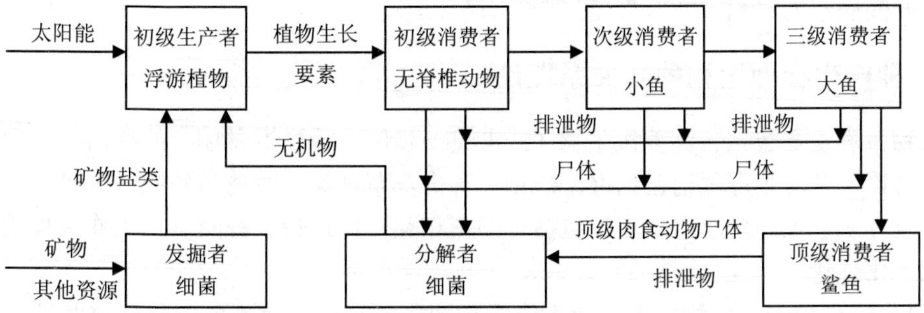

图 4-2　海洋生物食物链

除主要营养级外，发掘者也可被包含在内，因为通过发掘者从无机储库中获取矿物质，是所有生命活动必不可少的。需要注意的是，食物链并不全是线形的，如分解者可以从多个营养级接受排泄物。细菌既是发掘者又是分解者，可以在一个活动中吸收碳，而在另一个活动中摄取矿物质。蕴藏在食物链中的生态系统的物质循环具有以下特点：

（1）物质不灭、循环往复。物质和能量在转化过程中都只会改变形态而不会消灭，但物质循环不同于能量流动，能量衰变为热能的过程是不可逆的，它会最终以热能离开生态系统，而物质是循环往复的。物质在生态系统内外的数量都是有限的，而且是分布不均匀的，但是由于它能在生态系统中永恒地循环，因此它就可以被反复、无数次地利用。

（2）物质循环与能量流动不可分割、相辅相成。能量是生态系统中一切过程的驱动力，也是物质循环运转的驱动力。物质是组成生物、构造有序世界的原材料，是生态系统能量流的载体。能量的生物固定、转化与耗散过程，也是物质由简单无机形态变为复杂的有机结合形态，再回到简单无机形态的循环再生过程。可见，任何生态系统的存在和发展，都是物质循环与能量流动同时作用的结果。

（3）物质循环的生物富集。按耗散结构理论和“十分之一定律”，能量在食物链流动中随营养级上升而减小。但物质在食物链流动中则与能量流动相反，一些物质化学性质比较稳定，被生物吸收固定后可沿食物链积累，如 DDT 等，它们在食物链流动中随营养级上升浓度不断增加。

（4）生态系统对物质循环有一定的调节能力。生态系统的物质循环受稳态机制的控制，有一定的自我调节能力。这表现在多个方面，如物质循环与能量流动的相互调节与限制，非生物库对外来干扰的缓冲作用，各元素之间的相互制约，各种生物成分对物流变化的反馈调节等。循环中每一个库和流，因外来干扰引起的变化，都会引起有关生物的相应变化，产生负反馈调节使变化趋向减缓而恢复稳态。

（5）生物在物质循环中的重要作用。在物质循环中，生物是物质存在的最生动形式。没有生物的光合固定和吸收同化作用，物质便不能从大气库、水体库及土壤岩石库中转移出来；没有生物的呼吸、分解作用，物质也不能再回到原来的库中。生物的生命活动使物质由静止变为运动，从而地球有了生气和活力。生物不仅是物质循环的动力，而且调节着物质在生态系统内的分配。

（6）各物质循环过程相互联系、不可分割。水循环对其他物质的循环运动非常重要。没有水循环，其他物质便不能溶解运动，更不能被生物利用而实现其在各物质库间的运动。反过来其他物质的循环状况对水循环也会产生影响。如碳循环局部失衡导致大气中二氧化碳浓度升高引起的“温室效应”，影响了水循环运动。

4.2.3 种内生存理论和种间关系理论

食物链理论还包括各营养级生物（或者进一步细分为资源种团）的种内生存理论和种间关系理论。种内生存理论包括群聚理论，种内竞争理论，隔离与领域性理论，种群的社会等级及分工理论。种间关系理论包括种间正相互作用理论、种间负相互作用理论以及种间协同进化理论。

（1）群聚理论。生物营养级或者资源种团内部形成大小不同的群，这是群内部的一个特征。对于一个特定的种群而言，群聚的程度取决于种的生理特点、种的分工合作、天气及其他环境条件等。温度、降水等物理环境的影响常常使种群呈现非随机分布。地下茎繁殖的植物多高度成群；种子无散布能力的植物，总是成群地分布在母树附近。群聚能使种群的存活率提高，如鱼群忍耐水中有毒物质的能力要比单个个体强；一箱蜂能产生并保持相当多的热量，使群体在低温下能够存活。动物界中的社会性集聚通过分工、合作，甚至社会等级，如白蚁、蚂蚁和蜂的高度发展的社会群聚，提高种群寻找食物、栖息和防御其他生物进攻的能力增强。但群聚也会使群内个体间的竞争加剧，即一个物种种群的聚集程度和密度一样，随种类和条件而变化，过疏（或缺乏群聚）或过密，都可能有限制性影响。图 4-3 说明，种群总是避免过于分散或拥挤，以使种群内个体能获得最佳的生活和生存条件。

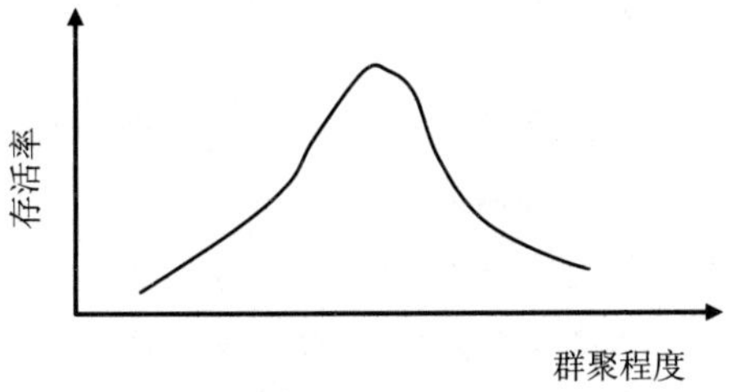

图 4-3　种群群聚程度与存活关系

（2）种内竞争理论。物种内个体之间的竞争普遍存在于自然界之中，种内竞争明显受密度制约。在有限的环境中，种群的数量越多，对资源的竞争就越激烈，对每个个体的影响也越严重，死亡率可能会升高而出生率下降。但是，在某些情况下，特别是在种群密度很低时出生率可能会随密度而增长，而死亡率会下降。由于物种内竞争和密度是紧密相关的，即无论何时产生竞争，它都既来源于密度又作用于密度。因此，种内竞争具有调节种群数量的作用。

种内竞争通常可分为分摊竞争和争夺竞争两种类型。竞争胜利者为了它们的生存和繁殖需要，尽量多地得到必需品，而竞争失败者则把必需品让给竞争胜利者，这就是争夺竞争。在争夺竞争中，当种群数量小于环境所能容纳的最大量（M）时，物种个体都能够获得足够多的物质，物种内竞争不会导致个体的死亡。但是，当种群数量超过 M 时，种内竞争胜利者将获得足够多的物质，竞争失败者则因不能得到充分的食物而死亡。在分摊竞争中，种群所有个体都有相等的机会去接近有限的资源，都可以参加竞争，由于竞争没有产生完全的胜利者，竞争个体较优胜者也不足以维持生存所需的能量，从而种群难以维持。当种群数量未超过 M 值时，如同争夺竞争一样，竞争导致的死亡率为零；但当种群数量超过 M 值时，种群将全部死亡。

（3）隔离与领域性理论。种群中个体间或者小群体产生隔离或者保持间隔可以减少对生存需求的竞争，这对种群调节有重要的作用。产生隔离的原因有：一是个体之间竞争缺乏资源；二是个体间直接对抗。某些生物种群的个体或者家族群常将它们的活动局限在一定的区域内并加以保护，这块地方称为领域。领域性是保持个体或群体之间间隔的积极机制。这种隔离减少了竞争，可防止种群过度消耗食物资源、水和其他营养物质。

（4）种群的社会等级及分工理论。社会是群聚的一种，也是群聚的最紧密形式。在群体社会中，种群个体已有明显的分工，种群已经不再是完全意义上的同结构系统，而是有一定结构差异的系统，是种群系统进化的最高阶段。

社会等级是指动物种群中各个动物的地位具有一定顺序的等级现象。等级的数量和配置情况构成了种群的社会结构。社会等级形成的基础是支配行为，或称支配-从属关系。社会等级的表现是个体地位的不平等。例如，家鸡饲养者很熟悉鸡群中的彼此啄击现象，经过啄击形成等级，稳定下来后，低级的一般表示妥协和顺从，但有时也通过再次格斗而改变顺序等级。稳定的鸡群往往生长快，产蛋也多，其原因是不稳定的鸡群中个体间经常的相互格斗要消耗许多能量。这是社会等级制在进化中保留下来的合理性解释。社会等级优越性还包括个体在食物、栖所、配偶选择中均有优先权。这样保证了种内强者首先获得交配和生产后代的机会，所以就物种种群整体而言，有利于种群的保存和延续。

社会等级形成后必然会产生社会分工，分工不仅表现在行为上，而且表现在生理形态上。分工使社会成员分为职责、行为和形态各异的等级。社会性昆虫的社会组织得到了高度发展，其最重要的特点就是分工合作。例如，有专司繁殖的蚁后、有专司保卫的兵蚁，还有专司采集食物、养育后代和修建巢穴的工蚁。伴随社会性昆虫分工的发展，必然同时进一步发展社会内个体间的联系与合作，只有通过整合作用，才能形成社会整体性。这种整合，包括行为上、生理上和遗传上的。社会性昆虫高度发展的分工合作，使其在生物界的生存斗争中获得高度的适应。同时，每个个体也失去其独特性。

（5）种间正相互作用理论。生物种间的正相互作用包括原始合作、偏利共生和互利共生。原始合作是指两个生物种群生活在一起，彼此都有所得，但二者之间不存在依赖关系①。例如，蟹与腔肠动物的结合，腔肠动物覆盖于蟹背上，蟹利用腔肠动物的刺细胞作为自己的武器和掩蔽的伪装，腔肠动物利用蟹为运载工具，借以到处活动得到更多的食物。在农业生产中，人们利用不同生活型植物的间作和套种，有时可以相互作用为对方创造有利的环境条件。例如，玉米与大豆的间作、冬小麦与豌豆的间作、棉花与甘薯的间作、茶树与药材的间作、果树与农作物的间作、稻田养鱼等，利用它们之间的种间互补作用改善环境条件。

偏利共生是指共生的两种植物，一方得利，而对另一方无害。偏利共生可以分长期性的和暂时性的。例如，某些植物以大树作为附着物，借以得到适宜的阳光和其他生活条件，但并不从附着的树上吸取营养。在一般情况下，对被附着的植物不会造成伤害，它们之间构成了长期性的偏利共生关系。暂时性偏利共生是一种生物暂时附着在另一种生物体上以获得好处，但并不使对方受害。例如，林间的一些动物和鸟类，在植物上筑巢或以植物为掩蔽所等。

互利共生是指两个生物种群生活在一起，相互依赖、互相得益。共生的结果使两个种群都发展得更好，互利共生常出现在生活需要极不相同的生物之间。生物界中的互利共生现象很普遍，表现形式也各种各样。例如，豆科植物与根瘤菌共生，豆科植物通过光合作用给根瘤菌提供生活物质和能量，而根瘤菌可以固定空气中游离的氮素，从而改善豆科植物的氮营养；有花植物和传粉动物的互利共生；动物消化道中有益菌与动物的互利共生；

---

① 彭小光，王敏，罗登辉. 基于生态位理论的生态工业园竞争力研究[J]. 北方经济，2011（6）.

高等植物与真菌的互利共生等。

（6）种间负相互作用理论。竞争、捕食、寄生以及偏害等都属于负相互作用。负相互作用使受影响的种群的增长率降低，但并不意味着有害。从长期存活和进化论的观点来看，负相互作用能增强自然选择率，产生新的适应。捕食与寄生作用对于缺乏自我调节能力的种群常常是有利的，它能防止种群过密，使种群免遭自我毁灭。

（7）种间协同进化理论。一个物种的进化必然会改变作用于其他生物的选择压力，引起其他生物也发生变化。这些变化反过来又会引起相关物种的进一步变化。这种相互适应、相互作用的共同进化的关系即为协同进化。下面以捕食者和猎物之间的相互作用来说明协同进化理论。捕食对于捕食者和猎物来说都是一种强有力的选择力，捕食者为了生存必须获得狩猎的成功，而猎物的生存则必须具有逃避捕食的能力。在捕食者的压力下，猎物必须靠增加隐蔽性、提高感官的敏锐性和疾跑的速度来减少被捕食的风险[①]。因此，羚羊为了不成为猎豹的美食就会跑得越来越快，但羚羊提高奔跑速度反过来又成了猎豹的一种选择压力，促使猎豹也提高奔跑速度。捕食者或猎物的每一点进步都会作为一种选择压力促使对方发生变化，即协同进化。

4.2.4　生态产业链的生物食物链理论解释[②]

按照生物界的食物链原理可以构建生态产业链，图 4-4 描绘了一个简化的生态产业链。比较图 4-2 和图 4-4 可以发现，生物食物链和生态产业链营养级基本上可以采用相同的术语——发掘者、生产者、消费者和分解者来描述，只是赋予其不同的范围和内涵。按照生物食物链理论建立生态产业链可以减少污染、减轻环境压力和解决资源短缺问题，使社会走上可持续发展的道路。

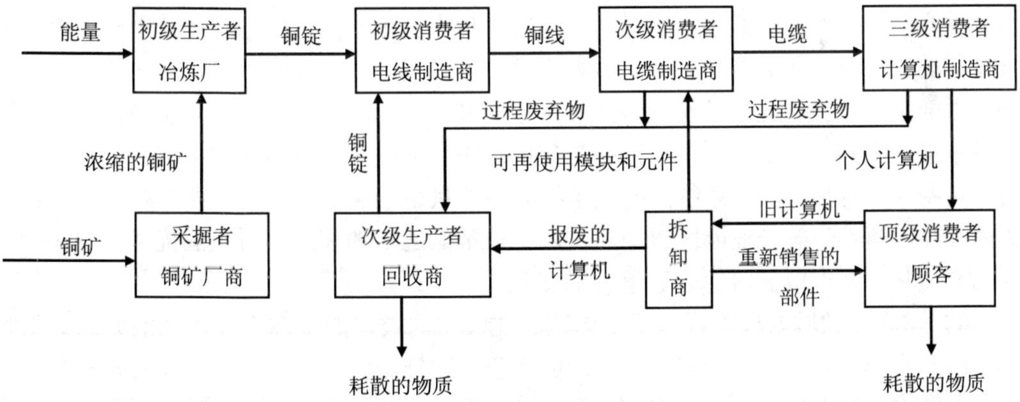

图 4-4　生态产业链

① 宗强. 生物生存对策与企业经营方略[J]. 理论界，2008（6）.

② 彭小光，王敏，罗登辉. 基于生态位理论的生态工业园竞争力研究[J]. 北方经济，2011（6）.

（1）生物食物链物质循环理论是建立生态产业链的主要依据。在生物食物链中，物质不灭、循环反复，从整个食物链来看，物质基本上没有损失，从而使生态系统和谐、永续发展。在建立生态产业链时，可以充分发挥产业共生的优势，最大比例地使产业间互相交换废弃物和副产品，最大限度地做到物质不灭、循环反复。当然，产业系统物质循环不可能做到没有损失，只能是逐步减少资源损失的比例。在生物食物链中，各物质循环过程相互联系、不可分割。但是，在产业系统中，各物质循环可以不依赖其他物质循环而单独进行，这又极大地方便了生态产业链中的物质循环。

（2）群聚理论从生态学的角度解释了生态产业园和生态产业集群。生物食物链中同一营养级生物或者资源种团群居生活在一起，要避免过于分散或拥挤，以使种群内个体能获得最佳的生活和生存条件。同样的道理，建立生态产业园和生态产业集群可以使园区内或集群区域内的企业享受到诸多好处。例如，充分利用良好的基础设施、信息服务和物流便利，可以充分享受集中的供应渠道和客户优势。俗话说，“轻霜冻死单根草，狂风难毁万亩林”，讲的也是群聚优势的道理。不过，与生物集聚不同，同类型的生态产业集聚并没有拥挤效应。相反，集聚在一个区域内的同类型企业越多，集聚优势越明显。它们对供应商有广阔的选择空间，可以把自己的产品展示给更广大的顾客群体，企业之间的竞争也使其自身的竞争能力不断提高。例如，市场营销中的研究表明，一个路段单个餐馆的生意并没有一个路段多个餐馆聚集的生意火红。

（3）种内竞争理论与生态产业链中生态产业竞争优势分析。生物物种内竞争和密度是紧密相关的，竞争既来源于密度又作用于密度。种内竞争具有调节种群数量的作用。同理，生态产业链中同类型企业之间的竞争也是既来源于企业数量又作用于企业数量。当某产品生产企业很少时，需求旺盛，供给不足，这时每个企业都能在有利的环境中较快增长；当某产品生产企业具有一定数量时，供需基本上保持平衡，这时企业之间为了争夺资源和顾客就产生了竞争，从而淘汰成本高的企业，保留成本低、技术好、管理强的企业，进而调节该种产品生产企业的数量。但是，与生物界种内竞争不同，生态产业链中同种类型的企业之间的竞争只有争夺竞争而没有分摊竞争，并且竞争的结果不只是优胜劣汰，优胜企业还必须面临许多技术先进的潜在进入者的威胁和竞争，这使生态产业系统的竞争比生物界的竞争更加多样化、更加激烈。生态产业系统内同类型企业之间的竞争与生物种内竞争还有一点明显的区别，产业系统内的竞争结果并不只是企业数量的减少和留存企业平均竞争力的提高，而是生态产业园区该产品生产企业数量的增加和产品质量的提高、相关企业数量的增加和生态产业园区综合竞争力的加强。

（4）隔离与领域性理论说明了不同区域建立不同类型的生态产业园区的原因。生物种群之间产生隔离，可以减少对生存需求的竞争，而领域性是保持种群之间间隔的积极机制。综观世界各地五花八门的生态产业园，都具有因地制宜的特点，这种地域性是生物界的隔离与领域性理论在产业系统中的反映。在构建生态产业园区和产业链时，应结合当地的资源优势和地理条件，因地制宜，充分发挥地域特点，这样才能做到成本优势、提高园区内生态产业的竞争力。

（5）种群的社会等级及分工理论从生态学的角度解释了生态产业系统分工细化与生产专业化的趋势。生物种群内的分工合作使其从生物界的生存斗争中获得高度的适应，提高了其生存能力和与其他物种的竞争能力。现在产业经济的发展表明，规模经济和专业化是企业竞争优势的源泉，产业系统分工细化与生产专业化是规划和建立产业时的主要考虑因素。因此，在建立生态产业园区和规划生态产业链时，也必须遵循产业系统的分工细化与生产专业化的原则。

（6）种间正相互作用理论是指引建立生态产业链的灯塔。种间正相互作用理论包括原始合作、偏利共生和互利共生。总的来讲，它们彼此之间的影响至少对一方有利，而对任何一方都没有副作用。在建立生态产业园和规划生态产业链时，要充分利用种间正相互作用理论，使生态产业链条上的产业单位之间尽量有正面的相互影响，避免负面影响。用经济学的语言来讲，就是构建的生态产业链条，是对原有产业系统的帕累托改进。

4.2.5 生物冗余及多样性原理与生态产业的稳定性

（1）生物冗余及多样性原理。自然界有一种非常普遍的现象，生物体所具有的各种功能组分通常会超过它正常生命活动的需要，这种现象称为冗余。比如，一株植物有许多叶子，但并不是每一片叶子都能充分发挥它的作用。又如植物的种子和动物的排卵数经常会大大超过环境所能容纳的下一代的数目。这种功能组分的冗余使生态系统在遇到外界干扰时，仍能维持正常的能量和物质转换功能。生态系统中的物种多样性也是功能冗余的一种表现。例如，在热带雨林中，植物、动物、微生物的种类极其丰富，彼此在功能上有若干重叠或近似，因而具有一定的互补性。在这样的生态系统中，不会因为一个或几个物种的消失而使其功能发生明显的变化。

生物的多样性有着丰富的内容，包括遗传多样性、物种多样性和生态系统多样性。

遗传多样性是指广泛存在于生物体内、物种内以及物种间的基因多样性。任何一个特定个体的物种都保持着大量的遗传基因，是个基因库。遗传多样性主要包括分子、细胞和个体 3 个方面的遗传变异的多样性[①]。一个物种遗传变异越丰富，它对环境的适应能力就越强，它的进化能力也就越大。

物种多样性是指物种水平的生物多样性，是从分类学、系统学和生物地理学的角度研究一定地区的物种状况。在阐述一个国家或地区生物多样性丰富程度时，最常用的指标是区域物种多样性。区域物种多样性的测量有以下 3 个指标：① 物种总数，即特定区域内所拥有的特定类群的物种数目；② 物种密度，指单位面积内的特定类群的物种数目；③ 特有种比例，指在一定区域内某个特定类群特有种占该地区物种总数的比例。

生态系统多样性是指生物圈内生境、生物群落和生态过程的多样性以及生态系统内生境差异、生态过程变化的多样性。生境多样性主要指无机环境，如地形、地貌、气候、水质等，生境多样性是生物群落多样性的基础。生物群落多样性主要是群落的组成、结构和功能的多样性[②]。

（2）生物多样性原理与群落的稳定性。群落的稳定性是指在一定的时间内维持物种互相结合及各物种数量关系的能力，以及在受到扰动的情况下恢复到原来平衡状态的能力。它包括 4 个含义，即现状的稳定、时间过程的稳定、抗变能力的稳定和变动后恢复原状的能力。

---

① 张志明. 衡水市生物多样性保护与建设规划探讨[J]. 河北林业科技，2013（1）.

② 高东，何霞红. 生物多样性与生态系统稳定性研究进展[J]. 生态学杂志，2010，29（12）.

群落多样性是群落稳定性的一个重要尺度。当一个群落有很多物种，而且每个物种的个体比较均匀地分布时，物种之间就形成了比较复杂的相互关系。这样的群落对环境的变化或来自群落内部种群的波动，由于有一个较强大的反馈系统，能得到较大的缓冲。另外，多样性高的群落，食物链和食物网更加趋于复杂，群落内部能量流动的途径更多一些，如果某一条途径受到干扰、堵塞不通时，可能有其他途径予以补偿。因此，多样性高的群落相对比较稳定；反之，若物种数目少，则群落多样性就较低，其稳定性也相对较差。

对于一个人类经营的生物群落，无论是农田、果园、森林或是渔场，人们总希望不但高产，而且还要稳产。多样性太高或太低都不能得到最优生产力。一个原来多样性高的自然群落，经过人们的开发和扰动，一般会降低多样性和影响稳定性。杀虫剂的使用，清除和削弱了天敌的作用，降低了作物群落的生物多样性，从而容易引发害虫暴发成灾。

（3）生物冗余及多样性原理与生态产业的稳定性分析。按照生物多样性和群落稳定性原理，生态产业系统适当的冗余与多样性也有益于生态产业，因为其极大地提高了产业系统的稳定性。这是因为如果生态产业链具有适当的冗余与多样性，当一个企业或者组织从生态产业链中脱离时，生态产业链上的其他参与者便会扮演退出者的角色，从而使生态产业链恢复到脱离前的状态。

剔普里特（P. H. Templet）把经济中产业系统的多样性定义为各部门质能流数量及其均匀性。数量的多少可以决定质能流向是循环的还是线性的。[①]多样性可以提高生态产业链系统的关联性和废弃物与副产品循环利用的合作性。剔普里特发现，质能使用效率与经济系统的多样性明显存在着一定的关联性。但是，正如生态学家对生物群落的稳定性与其多样性的争论一样，产业生态学界对多样性与产业系统的稳定性也有不同观点，儒姆（N. Roome）认为，多样性的高度化会使社会日渐分隔，维系主体间的信任与合作日渐困难。[②]参与者的多样化意味着价值观、利益、偏好的多样化，这些可能导致矛盾的发生。在一个生态产业链中，有许多或大或小的企业或组织、不同行业的企业、不同的服务与家庭，这导致废弃物的再利用可能性大大提高，但也带来了个体间利益、偏好的矛盾。

多样性既可表示生态产业链中参与者的多样性，也可表示生态产业链中投入与产出的多样性。因为消费结构与投入品供应的多样性也是生态产业链多样性的具体体现，所以通过一定的努力，生态产业投入与产出的多样性是可以提高的。以火力发电厂为例，它所使用的燃料可以是传统的煤炭，也可以是碎木、废纸、工业再循环燃料等。在产出方面，电厂的产出可以不单是电力，也可以是热能等其他产品。当电厂使用新技术——热电联产技术，就可以为发电厂的产品带来多样性，产品包括电力、热能、工业用蒸汽。热电联产技术可以将电力生产过程中产生的热能、工业蒸汽输送到居民区、工业区，为居民生活、企业生产提供热能。同理，信息流同样具有多样性[③]。在建立生态产业园区和规划生态产业链时，应该把多样性考虑进去。如果生态产业链中的众多参与者在原料、技术等软

① TEMPLET P H. Energy，diversity and development in economic systems：an empirical analysis[J]. Ecological Economics，1999，30：223-233.

② ROOME N. Conceptualising and studying the contribution of networks in environmental management and sustainable development[J]. Business Strategy and the Environment，2001，10（2）.

③ 王贵明. 基于资源承载力的产业结构生态化调整[J]. 产经评论，2010（1）.

硬件设施进行有条件的共享的话，生态产业链的多样性就会本能地推动生态产业链的进一步发展。

但是，生态产业链中的多样性同样具有不确定性。一个小公司可能会在资金、人力资本、技术等方面都受到制约。因此，连生存都有困难的小公司很难有动力通过改进生产方式参与环境保护。小公司会认为，它自己不是一个大的污染制造者，污染问题的责任在于那些面临巨额罚单和公众压力的大企业。这是一个多样性导致参与者利益、偏好冲突的例子。而多样性的进一步高度化，就肯定会使企业间的质能循环更加困难，也就是说，它阻碍了生态产业园的进一步发展。而生态产业链多样性原理的应用又迫使链条中的企业去涉猎一些不熟悉的行业，并改变它们的生产方式与产品结构。这些转变的绩效是不确定的，多样性的应用具有一定的不确定性。因此，在建立生态产业园区和规划生态产业链时，必须因地制宜地考虑各方面的因素。

4.3　生态产业的系统经济学分析

4.3.1　生态产业链的系统性质分析

在设计生态产业链，建立生态产业园区时，整个生态产业园区可以看成一个产业系统。生态产业园区具有系统的一些突出特性。

4.3.1.1　生态产业园区的系统整体性

（1）生态产业园区的系统整体性表现在生态产业园具有一定的边界。系统作为研究对象应有明确的定界或者范围，边界可以是自然形成的，也可以是人为划分的，但是生态产业园区的边界必定是人为设定的。这从世界各地的生态产业园区的实践中就可以看出端倪。一般来讲，生态产业园区的边界是从地域范围上来说的，但是也可以根据研究目的的需要，按照功能扩展生态产业园区的范围。例如，按照产品生命的全周期来分析生态产业园，可以把系统的范围扩展到与生态产业园有产品关联的原材料供应和客户使用两个末端。

（2）生态产业园区的系统整体性还表现在其系统功能的整合特性。系统的整体功能不等于它各组分功能的相加，而是一种集体效应，既有各组分的功能，又有各组分之间交互作用产生的新功能。用系统论的专业术语来讲，就是系统具有结构能，它不是蕴涵在系统各组分元素上，而是存在于组分之间。因此，系统功能等于各组分功能之和加上结构能，即系统功能=各组分功能+结构能。在生态产业园区这个系统中，其功能不仅包括生态产业链上各产业功能的加总，还包括蕴涵在各产业之间的结构功能。这种产业之间的结构功能表现在多方面，如较少的环境污染、较低的污染治理投入、较低廉的原材料和燃料供应、便利的基础设施以及快捷的信息服务等。

（3）生态产业园区整体功能的发挥受“三桶原理”的制约。①木桶原理，即一个木桶的容水量取决于它的最短板。在生态产业链或者生态产业园中，不管哪个产业发生质量或者效率问题，都最终会影响到整个产业链的整体结构功能，如处于原材料和燃料供应位置的上游产业供应不足，整个生态产业链都会为之沉浮起伏。木桶原理在非瓦尔拉斯均衡市场上也称为“短边原则”。②罅桶原理，当一个木桶由于过分干燥或桶箍松脱而引起盛水渗漏时，此木桶叫作罅桶。显然，罅桶里的水只会越来越少，罅桶是不可能持久的。假设木桶为一个一般开放系统，若该系统在与其外部环境进行物质交换时，入不敷出，则该系统为罅桶。例如，在生态产业链中，由于链条上的产业规划不合理，不能有效合作，内耗过大致使内部成本过高，将导致入不敷出，该生态产业链便成为一个罅桶。根据罅桶原理，它是不可能兴旺的，除非加强管理、减少内耗、革新系统。③箍桶原理，对于一个木桶，需要上若干道箍，上箍的方法是先将桶倒扣着，放上新箍，然后将箍上位置较高处往下敲适当幅度，再将别的位置较高处往下敲，如此往复，即可逐步将整个箍扎到锥形桶的适当位置，使之在适当潮湿度下盛水不漏。但是对于箍的任一部位的敲打是有限度的，否则在任一部位过分敲打都容易将箍或桶损坏，它正好对应于一般系统在作系统功能调整时所应遵循的原则，即箍桶原理。设计生态产业链或者管理生态产业园区亦如扎一个桶箍到一定的目标位置，箍上各点犹如生态产业链上 y 的组成元素即各生态产业，记为 x_1，…，x_n。这时生态产业系统可表示为 $y=F$（x_1，…，x_n）。那么，从函数意义讲，对于生态产业系统 F（·）来讲 $\forall x_i \in \{x_1, x_2, \cdots, x_n\}$ 皆有一个适当变化范围，记为 $[a_i, b_i]$，$i=1, 2, \cdots, n$。当 x_i 在 $[a_i, b_i]$ 内变动时，生态产业系统 F（·）保持不变，一旦超出 $[a_i, b_i]$，F（·）即不存在了，意味着生态产业链或园区受到破坏。因此，在对生态产业园区进行调节时必须注意保持系统全局功能正常，对单个元素的调整不要指望一步到位。

4.3.1.2 生态产业链的有序性

（1）生态产业链具有系统有序性的特征，这种有序性首先表现在生态产业链条上的各产业之间都有一定的量的比例，生态产业链条上各产业通过各种联系相互作用、相互约束、相互牵制，以致生态产业链中某一产业的变化会影响生态产业链上的其他产业，最终使整个生态产业链系统发生相应的变化，即产业 x_2 可能是 x_1 的函数，有 $x_2=f$（x_1），而生态产业链的整体功能是各产业的函数。$y=f$（x_1，x_2，…，x_n）。因此，生态产业链上的各产业分工合作，各居其位、各司其职，共同完成生态产业链的整体功能。

（2）生态产业链的有序性表现在整个生态产业链的组织功能。生态产业链上的各产业可以看作组织，各组织有序形成一定的结构，这种有序结构产生一种新的功能，即生态产业链中的组织功能。它蕴涵在各组分之中，但脱离生态产业链上单个生态产业所具有的功能，也不同于生态产业链整体表现出来的结构功能。

（3）生态产业链的有序性表现在生态产业链是一种耗散结构。自组织条件方法论——耗散结构理论主要研究的是非平衡的、非线性的复杂开放系统。显然，生态产业链符合耗散结构的条件特征，即具有“活”的有序结构，吸收外界的物质和能量维持自身的稳定，但也进行一些有序的变化，是一种动态稳定的有序结构，具有生机勃勃的生命力，是一种稳定的有序的“活”结构；生态产业链中各产业的联系是非线性的，各产业对外界的物质和能量的反应表现出各向异性的对称性突破，存在着有规律的联系波动和无规律的随机扰动。因此，生态产业链是一种耗散结构，它的出现最终是自组织形成的，对生态产业链和生态产业园区的管理应该是法律和制度方面的支持，创造出使其出现自组织耗散结构的条件。一旦其具备了出现耗散结构的条件，它将最终自动演化为耗散结构的自组织，呈现出稳定、有序和具有内在激励机制的系统结构。

4.3.1.3　生态产业链结构及功能的可控性

由于系统结构决定系统功能，通过改变系统的组分及结构就能影响系统功能。因此，为了达到系统的目的要求，人们常常对系统的输入或状态进行控制，这个调控过程就是系统控制。这些系统中往往增加控制子系统来接收反馈信息，并发出调节信息来改变系统的输出，以达到控制系统输出的目的。生态产业链系统是一个开放系统，具有反馈机制。正是由于生态产业链系统的整合性和可控性，才为设计生态产业链、规划生态产业园区、优化产业结构提供了可能，对生态产业链和生态产业园区的分析才有实际意义。

4.3.2　生态产业链的结构设计原理

（1）结构多样性原理。多样性不仅是对生态产业园区竞争能力的反映，也是对生态产业园区共生能力的反映。在具有适宜结构多样性的生态产业链和生态产业园区中，各组分彼此协调的共生关系，达到对资源的多层次、多途径利用，实现资源的循环再生，此时该生态产业园区对外界的竞争能力将大大增强。结构多样性是指组成系统的结构元、结构链和结构网络关系的多样性。

结构多样性为生态产业链和生态产业园区适应纷繁复杂、变幻多端的内外环境提供了多种选择的可能。同时，多样化的环境也要求不同结构形式的生态产业园区密切配合，才能实现生态产业园区的协调发展。生态产业链和生态产业园区是产业系统向生态化发展过程的一个必然产物，其结构很大程度上受人类主观意识的影响和制约。因此，生态产业链和生态产业园区的不同结构特征又反映了该系统中的人与其他组分的共生能力，对外部环境的认识水平和在复杂环境中竞争生存的能力。

结构元的多样性具体体现在：决策多样性、资金多样性和资源多样性。① 决策多样性。决策者是任何生态产业链系统的灵魂，决策者的意识和素质可以直接由生态产业链的结构组成反映出来。一个平庸、不能把握事物发展主流、不能把握自身优势资源的决策者，就无法创造出一个以主导资源为中心，多种资源共同开发的生态产业链系统结构，生态产业链系统的发展只能是漫无目的、随波逐流。体现在结构上，或者是单一资源的过度开发，或者多种结构成分的散乱并存，生态产业链或者生态产业园区的系统整体功能都不可能提高。反之，一个有智慧的决策者，可以审时度势，准确预测市场发展趋势，合理安排资源开发顺序，形成一个以一定资源为主导的结构完整的生态产业系统。根据生态产业园区的实际情况，其组分可多可少，规模可大可小，随着市场的逐步变化，还会不断调整其结构，以达到最充分利用资源、获得最佳效益的目的。因此，决策者的多样性是影响生态产业系统发展的重要因素。② 资金多样性。经济状况决定生态产业园区的发展规模和园区运转的好坏。要使园区尽快发展，要将有价值的项目尽快上马，而又不至于因资金匮乏影响进一步发展，就必须选准主导方向，将有限的资金投入到最有价值的项目上。显然，生态产业系统的最大资金支配量是限制结构多样性的重要因素。资金比较充足的生态产业园区往往就有能力发展多种结构组分，并通过主导组分和相关组分的开发，进一步促进生态产业园的更大发展。③ 资源多样性。资源多样性是结构元多样性的前提。生态产业链和生态产业园区受地域性限制，任何系统都具有一个明显的边界，边界以内的资源为可支配资源，边界以外的资源为不可支配资源。既然存在边界，就有资源种类、数量、质量的限制。生态产业园边界越宽，其所占有的资源就可能越丰富。

耦合关系的多样性是组分不同搭配方式和组分相互作用、相互联系的一种体现，也是结构链和结构网多样性的基础。一个生态产业系统无论组分是多是少，是同质还是异质，若没有良好的耦合关系，该生态产业系统就不能算作一个好的系统。生态产业链中的耦合关系包括时间关系、空间关系和营养关系。所有生态产业链都是上述关系中一种或者几种组分耦合的。耦合关系不同，生态产业系统获得的效益也不相同。耦合关系的多样性反映了生态产业系统组织管理水平的高低，也反映了人类对产业系统生态位的认识程度和开发水平。时间关系的多样性是生态产业系统中各组分在时间搭配关系上的差异，是由特定地区的季节特征或者产业的季节需求特征决定的。空间关系的多样性是生态产业链中各组分在空间搭配上的差异，在一定的区域内把不同的优势组分以一定的水平面或垂直面交错布局，使组分间达到相互防护、相互补充和多层利用。营养关系的多样性本来是描述食物链各环节营养结构多样性的。生态产业链营养关系是人类利用不同产业组分的营养特性，设计构造的组分间资源循环利用的一种方式。设计生态产业链时，既要使各组分接受和利用外界的物质和能量，又要充分利用组分之间的废热和废弃物，并且，这种组分之间的物质和能量交换不能只是简单的直线结构，还有网状结构，从而提高营养关系的多样化和降低生产波动的风险。

（2）结构主导性原理。在生态产业系统中有一种或一种以上的成分，从其在生态产业系统中的地位、功能和其对生态产业系统影响等方面来看，它带动或制约着生态产业系统的发展主导方向。生态产业系统的这种结构特性就称为结构主导性。结构主导性决定了发展的主导方向和发展实力。生态产业系统的结构主导性表现在 3 个方面：① 主导组分，即对生态产业园区的发展起决定作用的资源环境因子或经济社会组分，包括主导性资源、主导性人才和主导性产业。如丹麦卡伦堡生态产业工业园中，发电厂就是该园区产业链的核心，是主导性企业。② 主导链，即决定生态产业园区发展的主导过程和方向的关键性组分之间的连接关系。③ 主导网络，即决定生态产业园主要功能优劣程度、同主导链相耦合的系统关系，包括物质代谢、信息反馈、资金周转等关系。一般来说，生态产业园区的主导网络是一个由社会、经济和自然等多方面因素组成的系统关系，包括政策、法规、管理体制、市场、自然环境及文化氛围等，它们决定了主导链功能的优劣。

（3）结构开放性原理。生态产业链或者生态产业园区的系统开放性是指生态产业园区在物质、能量、资金、信息和人才等方面同外部环境进行交流的能力，是生态产业系统接受外部环境投入和向外输出产品或废弃物的能力。从表现形式上看，生态产业系统的开放性有两种内涵：一种是生态产业园区的开拓能力，即生态产业园区在大环境中的竞争能力，或者说其与外部的联结程度；另一种是生态产业园区的适应能力，即其适应环境条件的变化，改变自身生存和发展策略的能力。生态产业链和生态产业园区的系统开放性包括开放的资源与市场、开放的结构组成、开放的物质能量流通渠道、开放的人才与信息交流渠道以及开放的政策等。

4.3.3 生态产业系统的调控与稳态机制

（1）生态产业系统的稳态调控机制。生态产业链和生态产业园区的稳态调控机制可以从以下 3 个方面来描述：生态产业系统的组织层次与稳态，生态产业系统结构上的功能冗余与稳态，生态产业系统的反馈关系与稳态。

- ❖ 生态产业系统的组织层次与稳态：生态产业系统总是由有垂直分离特性的层次构成，大系统套小系统，小系统套更小的系统。在同一个层次内，系统又由相互联系但彼此相对独立的组分构成，形成系统的水平分离特征。垂直分离和水平分离的层次结构有利于生态产业园区这个大系统的生存、进化与稳定。一般来说，含 K 个组分的复杂大系统若能组成 S 个稳定的亚系统，则通过自然选择形成一定结构所需要的时间与 $\log_S K$ 成正比。因此，组分数目 K 一定时，随着稳定亚系统数目 S 的增加，所需时间缩短。同时，由于层次的存在，当低层次受干扰时，高层次仍能正常发挥作用；当某一组分受到干扰时，另一组分仍可运行。这些都有利于系统稳态的维持。
- ❖ 生态产业系统结构上的功能冗余与稳态：因为生态产业链中具有适当的冗余与多样性，当一个企业或者组织从生态产业链中脱离时，生态产业链上的其他参与者扮演退出者的角色，从而使生态产业链恢复到脱离前的状态。因此，生态产业系统适当的冗余与多样性有益于生态产业，它极大地提高了产业系统的稳定性。
- ❖ 生态产业系统的反馈关系与稳态：无论是生态产业系统的输出成分被回送，重新成为同一系统的输入成分，还是系统的输出信息被回送，成为同一系统输入的控制信息，这些过程中都存在反馈。反馈包括正反馈和负反馈。正反馈是指使生态产业系统输出的变动在原变动方向上被加速的反馈。如果用 N 表示输出，r 表示内禀增长率（指当环境是无限制的，在该理想条件下，稳定年龄结构的种群所能达到恒定的、最大的增长率），则正反馈可以表示为：$\mathrm{d}N/\mathrm{d}t=rN$。在内禀增长率 r 一定的条件下，输出的增加结果反过来又成为输出数量增加的原因。正反馈使输出迅速增加，远离原来的水平，如图 4-5 所示。负反馈是指系统输出的变动在原变化方向上减速或逆转的反馈，可以表示为：$\mathrm{d}N/\mathrm{d}t=r(1-N/K)$。在内禀增长率 r 一定的条件下，输出的增加结果使得输出增加（$\mathrm{d}N/\mathrm{d}t$）减速，如图 4-6 所示。在输出数量 N 低的情况下正反馈起主要作用；随着输出的增长，负反馈起的作用越来越大，这样使得生态产业链迅速而又稳定地接近环境和市场容量。一般来讲，在成熟的市场中，负反馈起主导作用，生态产业园区中的负反馈和自我调节使生态产业园区保持相对稳定。

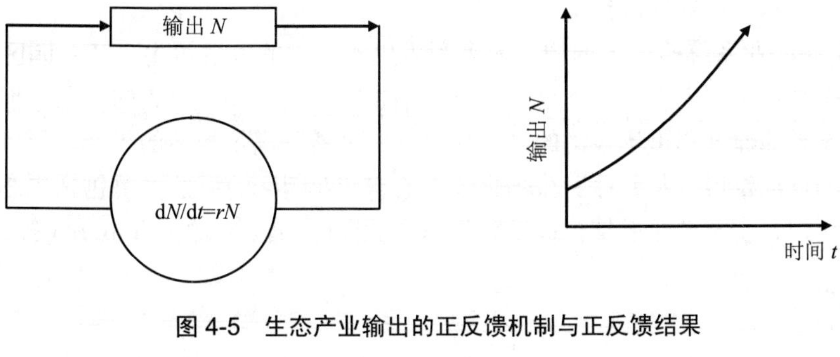

图 4-5　生态产业输出的正反馈机制与正反馈结果

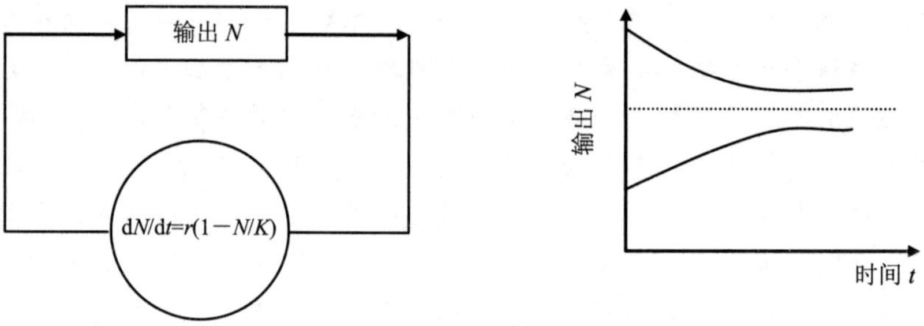

图 4-6 生态产业输出的负反馈机制与负反馈结果

（2）生态产业系统不同层次的稳态机制。生态产业园区作为系统具有不同的层次结构和亚系统，相应地也就具有不同层次的稳态机制，可以从企业水平的系统适应机制、同类产业的反馈调节机制、不同产业间的关系机制和系统水平的自组织机制来论述。企业是生态产业园区的基本组分，它会根据末端市场的需要和物质能量的输入状况迅速做出反应，适当储存原材料和产成品，保持生产和销售的稳定。企业管理者还可以通过“干中学”的方式不断提高企业对外界变化的判断能力和自身的管理水平，使企业能够稳定发展。生态产业园中同类产业的数量变动是由矛盾中的两组过程（出生和死亡，迁入和迁出）相互作用决定的。因此，所有影响出生率、死亡率和迁移的环境因子和市场因子都对同类产业的数量起着调节作用。同类产业的数量变动实际上是其适应这种多因素综合作用而发展成的自我调节能力的整体表现。这种调节是同类产业通过竞争资源与市场而实现的。生态产业链上不同产业间通过相互作用，调节彼此间的数量和对比关系，同时又受到共同的环境和市场最大容量的制约。生态产业链上的不同产业，必然会出现以废弃物、废热等物质和能量资源为核心的“种间”关系。长期调节的结果，又使各种各样的“种间”关系得以发展和固定，形成有利的共生关系网络。多种不同产业位于生态产业链上互利共生，保持整个生态产业链的系统稳定。一般系统论认为，系统存在的空间总是有限的，开放系统必然存在外部环境。系统与环境之间的作用是相互的，环境对系统的干扰是随机的。开放系统要保持其功能的稳定性，必须具备对环境的适应能力和自我调节能力。构建生态产业链和生态产业园区后，应该尽量少干预生态产业园区的具体运行，而是着力于完善基础设施、信息服务和制度建设等支撑条件，以使生态产业园区按照市场规律和生态规律自我运行和调节，逐步形成自组织的耗散结构。

（3）生态产业系统的人工调控。人类利用生态工程的方法对生态产业园区进行人工调控，这对提高系统的生产力，满足人类日益增长的需要，起着巨大的作用。但人工调控必须按照生态学的原理和市场经济的规律来进行，才能既满足当前的需要，又可以促进生态产业系统的良性发展。人类对生态产业链和生态产业园区的调控主要包括生态企业准入调控、环境调控、生态产业链结构调控和生态产业园区的输入/输出等市场调控。

4.4　生态产业的交易费用经济学分析

4.4.1　交易费用理论

交易费用理论是 20 世纪 30 年代由英国经济学家科斯在其经典论文《企业的性质》中首次提出的。[①]但他并没有对交易费用进行深入的研究和定义。威廉姆森进一步研究了交易费用的决定因素，即资产的专用性、不确定性和交易频率。[②]资产的专用性是指一项资产可调配用于其他用途的程度，或由其他人使用而不损失生产价值的程度。不确定性是指广泛意义上的不确定性，既包括不可预料到的突发事件的不确定性，也包括能够预料到的偶然事件的不确定性，但预测它们或在合同中签订解决它们的条款代价很高。交易频率因素并不影响交易费用的绝对值，而只影响进行交易的各种方式的相对成本。当双方间的交易经常发生时，它们可为交易构造一个专门的治理结构，因为后者的成本可以分摊给许多交易；但是，当交易不是经常发生时，为这种特殊交易建立专门治理机构的成本就非常高[③]。

虽然交易费用理论主要用于解决企业问题，但该理论的相关概念和方法同样适用于分析生态产业链中企业的共生行为问题。因为产业共生的实质就是企业之间的合作，而交易费用的大小是企业在合作过程中所考虑的主要因素之一。所以，从交易费用的角度来分析生态产业链中的企业共生行为是具有实际意义的。

4.4.2　生态产业链中企业面临的交易费用

有效降低交易费用是提高专业化分工水平、提高生产效率以及促进企业建立共生关系的市场决定因素。生态工业园区中的企业出于节约生产成本和提高生态环境绩效的目的，相互之间会在资源使用、信息交流和副产品利用方面建立密切的联系，从而形成共生关系。从交易费用的角度讲，生态产业链中的企业集聚在一起建立共生关系，也存在交易费用，这主要包括以下内容[④]。

（1）搜寻成本。要使合作企业完全了解未来的合作伙伴的生产能力及产品特点等企业信息，需要花费大量的时间、人力和财力。同时，被寻找的合作伙伴若要与之建立共生关系，也需要搜寻这种信息。因此，作为一种特殊的经济活动，产业共生网络的各方参与者因相互之间的产业类型和产品特点等的不同，往往给各方的合作带来一定的搜寻成本。

（2）谈判成本。谈判本身是一个耗时、费力的过程，特别是当双方对某一关键问题互不妥协、斤斤计较时，谈判将是一个非常漫长的过程，而由此产生的成本也是非常巨大的。因此，在企业寻找合作伙伴建立产业共生关系的过程中，谈判成本是一个不可忽视的重要因素。

（3）履约成本。对于参与共生的企业，能否按照合同标的履行合约存在一定的风险。

---

① COASE R. The nature of the firm[J]. Economics，1937，4（16）.

② WILLIAMSON O. The economics institutions of capitalism[M]. New York：The Free Press，1985.

③ 王兆华. 生态工业园工业共生网络研究[D]. 大连：大连理工大学，2002.

④ 王兆华，武春友. 基于交易费用理论的生态工业园中企业共生机理研究[J]. 科学学与科学技术管理，2002（8）.

为了避免因对方不按照合同的要求而使自己蒙受重大损失，企业必须采取相应的措施来督促对方执行合同，在这一过程中会发生各种信息费用、交通费用、时间费用和人力成本等，因此会增加企业的交易费用。

（4）风险成本。对于生态产业链中的企业来说，产业共生网络的稳定性和安全性是他们最为关心的。但在实际运行过程中潜伏着很大的风险，有市场方面的也有社会方面的。在该网络中，当发生共生关系的企业一方在生产方面做很大调整时，势必会影响另一方的生产，这种改变会相应增加交易费用。更有甚者，若某一关键供应环节发生中断，该网络将会处于瘫痪状态，这给交易带来的损失是不可估量的。因此，这些潜在的风险都可能会给参与共生的企业带来非常大的交易费用。此外，还有一些不可预测的因素造成的风险，如自然灾害、政治动荡、技术变革等，也会增加企业的交易费用。

总之，搜寻成本、谈判成本、履约成本以及风险成本等是任何类型的企业进行合作时都可能发生的交易费用。由于参与企业的规模、类型和产品特点不同，这些交易费用的大小也不尽相同。从一般意义上来说，这些成本都是不利于生态产业链中的企业建立共生关系的，是摩擦阻力。但在实际运行过程中，生态产业链中的大部分企业还是积极寻找合作伙伴，以求建立产业共生关系。关于这个问题，可以运用交易费用理论中的资产专用性和交易次数来进行解释。

4.4.3 生态产业链中企业共生机理的交易费用解释[①]

根据威廉姆森的定义，资产专用性是已经投入生产的资产进行再配置的难易程度。如果企业的原材料、供应商、资金不是专用性的或者专用性很低，这就意味着买者或者卖者能够在市场上方便地找到可替代的交易伙伴。但假如交易的产品数量很大，而且要求某种交易的连续性，在这种情况下，供应或销售的连续性和稳定性就有了突出意义。如果供应或者销售的产品流量能够获得有效的安排和协调，将会使相关费用明显降低；反之，如果产品供应的数量、质量和渠道不稳定，相关厂商就可能增加这方面的费用支出，从而影响企业的收益和市场竞争力。随着生态产业链中企业资产专用性程度的提高，资产挪作他用的难度加大。即使挪作他用，也将引起或大或小的损失。这使生态产业链中的企业双方的交易关系具有高度依赖性。生态产业链中企业共生机制的交易费用解释可以从以下几个方面来说明：

（1）有形资产的专用性促使生态产业链中的企业建立产业共生关系。对于那些有意向进行废弃物交换的企业来说，若能够发生交换，必须寻找一家符合自己生产要求的上游企业向自己提供原材料或寻找一家适当的下游企业来接受自己生产的废弃物。因此，企业对副产品供应的数量、质量、稳定性和连续性方面有比较高的要求。对于这些企业来说，要在市场上从无数的企业中寻找到完全满足要求的大批量、连续性和质量稳定性强的交易伙伴并不容易。但是，一旦寻找到合适的交易对象，就需要巨大的固定资产投资来支持这种副产品交易，并且这种设备的投资基本上是面向固定企业的。如果设备安装完成难以适用于企业，要改变这种设备的成本是非常高的，这就形成了有形资产的专用性。正是由于这个原因，建立副产品交易的企业都希望他们的合作保持稳定的长期关系[②]。

---

① 王兆华. 生态工业园工业共生网络研究[D]. 大连：大连理工大学，2002；王兆华，武春友. 基于交易费用理论的生态工业园中企业共生机理研究[J]. 科学学与科学技术管理，2002（8）.

② 高群. 循环型绿色食品产业集群生成的成本推动机理[J]. 中共福建省委党校学报，2006（10）.

（2）地理位置上的专用性使交易费用降低。建立副产品交易关系的企业聚集在一起，建立生态产业园区，彼此就在一定的地理范围内成了不可替代的交易对象。在这种情况下，若要与处在其他地理位置上的企业进行交易，会大幅提高搜寻成本，这就带来了地理上的专用性。有形的地理位置上的集中，使得园区内的企业之间的信息成本、搜寻成本、合约谈判和执行成本等都得到降低。

（3）享受优惠政策上的专用性来激励产业共生的发生。为了改善当地的生态环境，当地政府和园区管理者一般都采取对策来鼓励企业增大环保投资。当这些企业分布比较分散，或者他们之间的业务毫无关联时，可能造成政府很难对它们进行管理，会无形之中增加管理成本。同时，也会影响许多优惠政策的实施效果，降低政策对企业的刺激力度。因此，这些企业集聚在一起，结成产业共生网络，一方面会节省当地政府和园区管理者的管理成本；另一方面会充分发挥优惠政策的实施效果，激励这些企业改善生态环境绩效和经济表现，从而形成了享受优惠政策上的专用性。

（4）人力资本的专有性构建产业共生发生的智力平台。人力资源在企业发展过程中表现出越来越重要的作用，但企业能否吸引人才不仅与企业内部环境有关，还与其所处地区的外部环境有关。生态产业链中各种相关企业集聚在一起，为各种人才之间的信息交流和业务沟通提供了非常便利的条件。因为他们熟悉上下游企业的生产流程和产品特点①。同时，生态产业链中企业的集聚也降低了人才的搜寻成本，可以享有人员流动所带来的便利。这样，通过企业的区位集聚为人才在生态产业链区中流动提供了一个良好的客观环境，从而也促进了人才在本地区的集聚。同时，专有人才的集聚又为进一步推动生态产业链中企业的经营业绩的提高和规模的扩大提供了良好的智力支持。因此，人力资本的专用性为生态产业链中产业共生的发生构建了智力平台。

（5）交易的频繁性能巩固产业共生关系②。对于企业的巨额投资，若交易的次数很少，无形之中增大了投资成本，频繁的交易活动则能够分摊初始投资成本，并使投资活动更有意义。对于建立副产品交易关系的企业，其交易规模和交易次数很大，只要其生产经营活动不停止，其交易就不能中断，这就产生了交易规模及交易频率上的专用性。一旦已有的交易渠道不稳定或中断，企业将会蒙受巨大损失，而寻找新交易伙伴又要付出新的成本，从而使这样的损失放大。因此，进行频繁的交易从而形成产业共生关系是他们减少投资成本的最佳选择。

总之，有形资产的专用性、地理位置上的专用性、享受优惠政策上的专用性、人力资本的专有性和交易的频繁性，使那些客观上具备副产品交易条件的企业形成经济活动中心，从而产生建立更为密切交易关系的动力和愿望，企业在空间上的集聚和建立产业共生网络就具备了必要性。另外，生态产业链中企业面对面的接触、战略信息的相互交流、长短期的转包合同、原材料或副产品的交易活动，使得企业容易建立信誉机制，增强企业间信息交流的便利和根据市场变化及时调整企业生产和经营战略的灵活性，从而使企业经营的机会主义倾向大大减少。可见，具有副产品交易意向的企业集聚在一起形成生态产业园

---

① 边均兴. 面向可持续发展的生态工业园建设理论与方法研究[D]. 天津：天津大学，2005.

② 王兆华. 生态工业园工业共生网络研究[D]. 大连：大连理工大学，2002；边均兴. 面向可持续发展的生态工业园建设理论与方法研究[D]. 天津：天津大学，2005.

区，建立生态产业共生网络就成为可能①。

4.5 生态产业链规律

4.5.1 生态产业链规律的内涵

生态产业链规律的内涵是：生态产业链遵循生物界食物链原理，使不同性质和种类的产业组成生态产业链，该链条上的不同产业有类似于发掘者、生产者、消费者和分解者的功能，从而达到减少甚至是无废弃物排放，减轻环境压力和解决资源短缺问题。创造生态产业链的系统耗散结构，使整个生态产业链表现出系统整体性、有序性、多样性和结构功能可控性，从而达到优化产出、服务于社会和经济的目标。生态产业链的规划和运行必须利用成本-收益分析工具，减少生态产业链中的交易费用，使整个生态产业链运行畅通和成本节约，从而使生态产业的发展具有市场吸引力和广阔发展前景②。

4.5.2 生态产业链规律的特点

从上述生态产业链原理的内涵可以看出，生态产业链原理具有以下 3 个显著特点：

（1）生态产业链规律与生物界的食物链原理具有比拟性。生物食物链中一般包括发掘者、生产者、消费者和分解者，生态产业链中的不同产业也具有对应于发掘者、生产者、消费者和分解者的功能。生态产业链有企业内、园区内和产业间等多个层次。

（2）生态产业链规律要求生态产业链具有耗散的自组织结构。生态产业链作为系统而存在，它具有系统的一些突出特性，如系统整体性、有序性、多样性和结构功能的可控性。作为系统的生态产业链逐步要发展成为耗散的自组织结构，使其成为远离平衡态的开放体系，不断自我发展和优化。

（3）生态产业链的规划和运行有利于节约交易费用。生态产业链条中的企业共享有形资产的专用性、地理位置上的专用性、优惠政策上的专用性、人力资本的专有性和交易的频繁性，使生态产业链条中的企业有利于节约交易费用。另外，生态产业链中企业面对面的接触、战略信息的相互交流、长短期的转包合同、原材料或副产品的交易活动，使得企业容易建立信誉机制，增强企业间信息交流的便利和根据市场变化及时调整企业生产和经营战略的灵活性，从而使企业经营的机会主义倾向大大减少。这些都有利于生态产业链中交易费用的减少，使生态产业的发展具有市场吸引力和广阔发展前景。

研究展望

生态产业的发展十分迅猛，但是生态产业理论的发展相对滞后。如何从生动的生态产业实践中提炼问题、分析问题并解决问题，是生态经济学者的使命。从理论深化的角度看，仿生学在生态经济学中具有广阔前景，受自然生态系统中的食物链理论的启发，经济社会

① 王兆华. 生态工业园工业共生网络研究[D]. 大连：大连理工大学，2002；边均兴. 面向可持续发展的生态工业园建设理论与方法研究[D]. 天津：天津大学，2005.

② 沈满洪. 生态经济学的定义、范畴与规律[J]. 生态经济，2009（1）.

系统的产业生态链理论需要不断创新。从计量统计的角度看，如何将仅仅考虑经济收益与成本的经济计量统计模型上升到全面考虑经济收益与成本、生态收益与成本的生态经济计量统计模型，将成为一件具有挑战意义的工作。生态产品价值实现的产业发展机制是另一前沿课题。随着生态产品第四产业的提出，生态产品第四产业与生态农业、生态工业、生态服务业的相互关系及其影响机理的分析成为一个新的时代课题。

思考题

1. 比较生物食物链与生态产业链的异同，请就物质流、能量流、多样性进行具体分析。
2. 请运用系统理论分析生态产业园区的物质流和价值流。
3. 生态产业园区中的产业面临哪些交易费用？建立生态产业园区是怎样节约交易费用的？
4. 请运用交易费用经济理论分析生态产业园区建设。
5. 如何大力培育生态产品第四产业？

第5章 生态生产理论

习近平总书记在党的十九大报告中指出："加快建立绿色生产和消费的法律制度和政策导向，建立健全绿色低碳循环发展的经济体系。构建市场导向的绿色技术创新体系，发展绿色金融，壮大节能环保产业、清洁生产产业、清洁能源产业。推进能源生产和消费革命，构建清洁低碳、安全高效的能源体系。推进资源全面节约和循环利用，实施国家节水行动，降低能耗、物耗，实现生产系统和生活系统循环链接。"①这为生态生产的理论与实践指明了方向。生态生产具有绿色性、循环性和低碳性等特征，可以分为单纯的生态系统生态生产和社会系统的生态生产两类。生态生产以生态效率、生态公平、生态正义与生态安全为理论基础，可以通过产业生态化、区域生态化、流域生态化等路径实现。最后，技术、资金和政策是推进生态生产的重要保障体系。

5.1 生态生产概述

5.1.1 生态生产的定义

生态生产是一种新型的社会生产方式，与传统意义上生产的概念不同，它将生态系统的承载能力考虑在内，并依照生态经济学原理将投入的生产要素转换成有效用的产品和服务②。生态生产的核心是从生态化的角度出发，将人类的生产过程纳入生态系统良性循环的过程中。完备的生态生产需要满足两个条件：一要保证有足够数量的构成要素；二要在生态生产的各要素之间存在一种和谐的关系。生态生产的范围非常广泛，包括绿色生产、循环生产、低碳生产等。

绿色生产是一种科技含量较高的生产方式，它能使得对资源的消耗量降低，减少对环境的污染。在生产过程中，要求改变传统的末端污染控制，从而向全过程污染控制转变。对可再生资源进行综合高效利用，减少产品生产过程中产生的废弃物，从而实现加速经济发展与保护环境的双重目标。

循环生产属于绿色生产的范畴，它遵循的原则是资源利用的减量化（reduce）、产品的再利用（reuse）与废弃物的再循环（recycle），即"3R"原则。减量化是指从源头减少对资源的消耗，减少污染物的排放，节约资源；再利用是指提高产品的利用效率，延长使用寿命，它要求在最初进行产品设计时，能够对生产产品的相关材料有着充分的认识，从而

---

① 习近平. 决胜全面建成小康社会 夺取新时代中国特色社会主义伟大胜利——在中国共产党第十九次全国代表大会上的报告[N]. 人民日报，2017-10-29.

② 邱耕田. 生态生产：一种重要的生产形式[J]. 环境导报，1995（1）.

使得产品的包装材料等可以多次循环使用，减少浪费；再循环则要求产品在使用过后可以重新成为可以利用的资源，并且在生产过程中所产生的一些物料也能经过相关处理返回生产过程加以重复利用。

低碳生产主要以节约能源消耗、减少二氧化碳等温室气体的排放为主要目标。在我国加速实现碳达峰、碳中和目标的背景下，践行低碳的生产生活方式显得尤为重要。低碳生产要求推广低碳、减碳、无碳与去碳技术。低碳技术涉及交通、电力、化工等行业领域在新能源与可再生能源、油气资源的开发利用等方面研发的新技术，有效制约温室气体的排放；减碳技术涉及高能耗、高排放行业领域的节能减排技术；无碳技术指可再生能源技术，包括太阳能、风能、核能、生物质能等，去碳技术主要指二氧化碳的捕获与封存。低碳生产的进展主要取决于低碳技术的研发与推进，只有技术得到了推广与广泛应用，才能有效实现低碳生产的目标。

5.1.2 生态生产的特征

生态生产是向着绿色、循环、低碳发展的新型生产方式，它通过生态与经济的良性循环，对投入要素进行合理配置，使资源得到充分利用，最大限度地减少资源消耗，最大限度地防止生态环境污染。与传统的生产方式相比，生态生产主要有以下几个特点：

（1）绿色性。生态生产以生态环境建设为基础，以绿色发展为理念，能够对生态环境进行有效保护与改善，维护生态平衡，防治环境污染。在实际生产过程中，生态生产针对各地区的自然条件与资源禀赋，与现代的科学与管理技术结合起来，以多种生态模式、生态工程和丰富多彩的技术类型进行生产，充分发挥各地区的优势，扬长避短，从而使得各行各业可以根据社会需求与当地实际协调发展。

（2）循环性。生态生产所遵循的原则是资源的循环与高效利用，注重清洁生产与废弃物的综合利用，最终实现污染物的低排放甚至零排放，达到自然生态系统与经济系统的和谐循环，实现经济社会的可持续发展。例如，在农业生态生产过程中，通过合理运用自然界的转化循环原理，建立无废弃物、无污染的生产体系，建立物质能量多层次分级利用模式。该模式主要利用了物质循环再生原理、物质多层次利用技术，模拟不同种类生物群落的共生功能，包含分级利用和各取所需的生物结构。此类系统可进行多种类型和多种途径的模拟，并可在短期内取得显著的经济效益①。

（3）低碳性。生态生产遵循低碳发展、可持续发展的理念，着重发展清洁能源，包括太阳能、风能、地热能和生物质能等，以此来减少使用化石能源所排放的二氧化碳。低碳技术也贯穿整个生态生产过程，包括清洁煤技术和二氧化碳捕获与封存技术等。通过清洁能源的开发与低碳技术的使用，达到环境保护与经济社会可持续发展的双赢。

5.1.3 生态生产的分类

生态生产的概念包含着双重属性即自然性与社会性。因此，可以把生态生产划分为两种类型，一种是单纯的自然系统生态生产，另一种是社会系统的生态生产。

（1）自然系统生态生产。此处的生态生产是指狭义的生态生产，它不以人口、物质

① 卞有生．中国农业生态工程的主要技术类型[J]．中国工程科学，1999（2）．

资料的生产为目的，而是研究生态内部的物质循环和能量流动这一动态过程[①]。自然界中存在着生物物种与环境间的物质循环与能量流动，消费者、生产者、分解者和非生命物质等构成了生态系统的基本要素，它们之间相互依存、相互制约并相互转化。生态系统依靠内部的生态自净能力与生态生产能力进行自我调节，以维持自身的稳定运转。一个健全的自然系统生态生产要具备三个条件：一是构成生态生产的基本要素的数量充足，否则会影响生态生产的顺利进行；二是构成要素必须达到一定的质量要求，能够承担基本的任务以保证生态系统的生产运行；三是各构成要素之间存在着相互优化协调的关系，也可以将这种关系看作生态关系或生产关系。要想保证生态系统的稳定运行，其在一定时期内，各种物质输入与输出的数量大致是相等的，系统各元素之间的比例也应保持协调。由于系统自身拥有一定水平的自净能力，来自外界的污染物不应超出系统的自净能力，生态系统内部各个环节物质循环的移动速度要大致均衡，不能过快或者过慢。只有各部分保持协调比例，相互促进，生态生产才能发挥出最高的效率。生态生产的产品质量才能得到有效保证。

（2）社会系统生态生产。根据生态生产所具有的社会属性，社会系统的生态生产又可分为物质资料生态生产与人口生态生产。所谓物质资料生态生产是指提倡适度发展，建立在科学的生态忧患意识（生态意识）基础上的，既讲求经济效益，又讲求社会效益，注重生态环境保护的物质资料生产过程，换言之，是物质生产的生态化[②]。与一般的物质资料生产相比，物质资料的生态生产有以下三个特点：一是有着自觉的生态意识，不会为了满足人类需要而进行无穷无尽的自发性生产活动，不盲目进行生产，遵循物质生产的一般规律，即生产的发展要与生态环境系统的生产发展状况相适应；二是具有生态意识的劳动者的主导作用，在物质资料生态生产中，生态意识是指人类对包括自己在内的自然界中的一切生物与环境的关系的认识成果为基础而形成的特定的思维方式和行为取向[③]。因此，劳动者应将生态意识融入生产过程中，促进生态生产的发展；三是在生态生产过程中要注重整体的协调性。物质生产的大系统是一个有机联系的整体，物质资料的生态生产正是在这个系统中进行的，除了要满足生态物质生产的局部自我调节，也要考虑整个物质生产的协调性。

人口的生态生产是人类社会存在和发展的前提。世界人口的迅猛增长带来了许多问题，不仅会影响国家的经济发展还会对生态环境产生不利影响。人口的生态生产具有以下几个特点：一是可控性，各个国家可以根据本国的实际情况，制定相关法律政策，对人口的数量与质量进行适度干预和控制，使人口生产符合现有的生存条件；二是合理性，一味地控制人口数量增长并不是合理的，还要考虑人口结构的合理性；三是高素质，在有限的生态资源环境系统中，除了要使得人口数量与之相适应之外，还要利用现有条件通过发展教育事业提高人口素质。

5.2 生态生产的理论基础

生态生产的理论基础主要包括生态效率、生态公平、生态正义以及生态安全等。

---

① 孙丽，孙大为. 论生态生产与可持续发展[J]. 内蒙古大学学报（人文社会科学版），2000（6）.

② 孙丽，孙大为. 论生态生产与可持续发展[J]. 内蒙古大学学报（人文社会科学版），2000（6）.

③ 刘湘溶. 论生态意识[J]. 求索，1994（2）.

5.2.1　生态效率理论

5.2.1.1　生态效率定义

早在 1990 年，德国学者沙尔特格尔（Schaltegger S.）和斯特姆（Sturm A.）便在学术界提出了“生态效率”这一概念，并将其定义为价值的增加与环境变化的比值①。到 1992 年，世界可持续发展工商业理事会（WBCSD）首次以商业界的概念对生态效率进行了规范阐述：生态效率的提高可以为人类提供满足他们需要的商品与服务，并提高人类的生活质量，还能使整个生命周期的生态影响和资源强度降低到与地球的承载能力一致的水平，达到环境保护与经济发展的目的。经济合作与发展组织（OECD）也对生态效率进行了解释。生态效率可以看作产出除以投入的比值，其中“产出”指单个企业、部门或所有经济单位所生产的产品和创造的服务价值，而“投入”指的是企业、部门或所有经济单位在生产过程中所消耗的资源以及给环境带来的压力。这就把生态效率的概念进一步扩大到企业、政府以及其他组织层面②。欧洲环境署（EEA）对生态效率的定义是以最少的自然界投入创造更多的福利。国际金融组织环境投资部（EFG-IFC）认为生态效率的提高即为通过更高效的生产方式来提高资源的可持续性。总体来说，生态效率是一个相对灵活的概念，它的价值衡量并没有特定的限制，衡量方法也因分析的目的和所能获取的信息而有所不同。

5.2.1.2　生态效率核算

（1）单一比值核算。单一比值核算大体上可以概括为经济价值/环境负荷。经济方面的度量可能会因为研究对象和研究目的的不同而有所差异。有的会选择一些经济指标作为一种方法，表征经济维度。例如，WBCSD 将产品或服务的生产总量、销售总量或净销售额用作衡量经济价值的指标，备选指标一般为附加值，当考虑因素增多，情况更为复杂时可以选择成本收益分析法，成本收益分析是一种将项目的成本和收益进行比较，为政策制定者选择最优方案提供决策信息的经济评价方法③。在环境方面，主要的度量指标包括资源能源的消耗、二氧化碳的排放等，被广泛接受的评价方法为生命周期评价法，生命周期评价是一种对产品、工艺或活动的全过程，包括原料开采、产品生产、运输、使用、废弃物处置，所消耗的资源以及污染物排放造成的潜在环境影响等进行量化的系统分析方法④。物质流分析方法在区域内的生态效率测算中也得到了应用。物质流分析主要是针对系统尺度，通过定量辨析进出该系统的物质流，对它们之间的相互关系进行探究⑤。

（2）指标体系核算。指标体系评价法可以比较综合地反映经济、自然环境与社会各个系统的发展状况，并判断它们之间的协调程度。在我国，指标体系法通常用于行业、工业园区以及区域等尺度生态效率的测算。指标构成主要包括以下几大类：能耗、物耗、水

---

① SCHALTEGGER S，STURM A. Environmental rationality[J]. Die Unternehmung，1990（4）.

② 周韫力. 生态效率评价理论及方法的回顾与发展[J]. 老区建设，2013（14）.

③ 许光建，魏义方. 成本收益分析方法的国际应用及对我国的启示[J]. 价格理论与实践，2014（4）.

④ International Organization for Standardization（ISO）. ISO 14040 Environmental management life cycle assessment general principles and framework[S]. Geneva：ISO，2006.

⑤ LAUWERS L. Justifying the incorporation of the materials balance principle into frontier-based eco-efficiency models [J]. Ecological Economics，2009，68（6）.

耗、环境因素以及劳动力等。我国学者在对农业生态效率进行研究后，给出了其计算公式：农业生产效率=农产品经济效益/（农产品资源消耗+对环境的负面影响–对环境的正面影响），涉及经济、环境以及物质资源三个方面①；工业行业的生态效率分析可以采用工业产值与能源消耗、工业产值与工业污染物排放量之间的比率来表示生态效率，其中污染物包括工业烟尘、粉尘、二氧化物、固体废物和废水等②。当然，指标体系核算也存在着不足，即必须依据权重来表达经济与环境的关系，而且经济与环境的最佳方案及其综合往往附加人为的主观因素③。

（3）数据包络分析模型核算。单一比值核算和指标体系核算本质上只是起到比率指示的作用，实际研究不仅仅想使经济价值最大化，还希望在创造经济价值的时候对环境的影响最小。研究多投入与多产出对象时，不仅需要合适的方法和假设，还需要人为主观地给定一个权重将分子与分母变成一个单一的数值，存在一定的缺陷，生产效率的模型方法能有效弥补该方面的不足④。数据包络分析（DEA）是以相对效率概念为基础，根据多指标投入和多指标产出，对于相同类型的决策单位进行相对有效性或效益评级的一种系统性分析方法⑤。

具体如图 5-1 所示，假定规模报酬不变，在此前提下向企业投入两种生产要素（x_1，x_2）并生产单位产品（q）⑥。SS^1 表示的是完全效率企业的单位等产量曲线。如果企业以图中 P 点给定的投入用于生产单位产出量，那么该企业的技术无效率可以用距离 QP 表示，它表示在产出不减少时所有投入按比例可能减少的量，也可以用 QP/OP 的百分比表示，其含义是为达到技术上有效的生产所需要减少所有投入量的百分比。那么它的技术效率可以表示为 TE=OQ/OP，在数值上等于 1 减去 QP/OP 的比值，所以它的取值在 0～1。厂商的技术效率指标在取值为 1 时，是完全技术有效的，如图 5-1 中 Q 点是技术有效的，因为它位于有效的等产量线上。

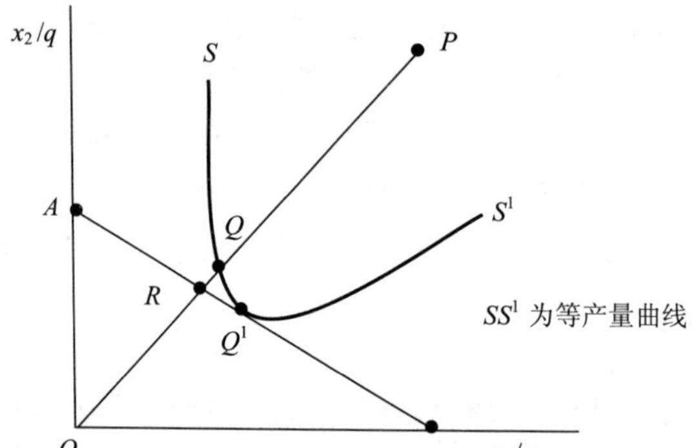

图 5-1　技术效率与配置效率

① 吴小庆，徐阳春，陆根法. 农业生态效率评价——以盆栽水稻实验为例[J]. 生态学报，2009，29（5）.

② 毛建素，曾润，杜艳春，等. 中国工业行业的生态效率[J]. 环境科学，2010，31（11）.

③ QUARIGUASI F N J，WALTHER G，BLOEMHOF J，et al. A methodology for assessing eco-efficiency in logistics networks[J]. European Journal of Operational Research，2009，193（3）：670-682.

④ LAUWERS L. Justifying the incorporation of the materials balance principle into frontier-based eco-efficiency models[J]. Ecological Economics，2009，68（6）.

⑤ 尹科. 生态效率理念、方法及其在区域尺度的应用[M]. 北京：经济科学出版社，2015.

⑥ 梁大战. 黑龙江省国有林区人才资源开发：效率、流动与对策[D]. 哈尔滨：东北林业大学，2010.

在给定投入价格信息时，用 w 表示投入价格向量，并用 y 表示所使用的与 P 点有关的投入向量观测值。令 y_1 和 y_2 分别表示有效点 Q 的投入向量与 Q^1 的成本最小化投入向量。于是，这个厂商与 P 和 Q^1 相关的成本效率（CE）可以定义为和投入向量 y_1 和 y_2 有关的投入成本的比率。因而：

$$\mathrm{CE} = \frac{w'y_2}{w'y} = OR / OP \tag{5.1}$$

如果由等成本线 AA_1 斜率所表示的投入价格比率也是已知的，那么用等成本线就可以计算配置效率（AE）和技术效率（TE）的测量值。

$$\mathrm{AE} = \frac{w'y_2}{w'y_1} = OR / OQ \tag{5.2}$$

$$\mathrm{TE} = \frac{w'y_1}{w'y} = OQ / OP \tag{5.3}$$

总成本效率可以表示为技术效率与配置效率的乘积：

$$\mathrm{CE} = \mathrm{TE} \times \mathrm{AE} = \frac{OQ}{OP} \times \frac{OR}{OQ} = \frac{OR}{OP} \tag{5.4}$$

不难发现，所有三个测量值限定在 0～1①。

5.2.1.3 提高生态效率

提高生态效率的关键在于如何减少投入和扩大产出。换言之，生态效率的提高需要企业减少对资源的消耗和对环境的破坏并生产更多有价值的产品与服务，并且也需要政府提供政策与法律方面的支持。因此具体措施包括企业和政府两个层面。

（1）企业层面。企业首先需要从源头进行治理，减少投资成本。在生产过程中，有些企业只有受到了污染惩罚才会采取措施保护环境，如在生产中途投入大量资金引进配套设施，但却很难形成合理工艺流程。因此，企业生态生产首先需要先将环境问题考虑在内，从源头做起，做到产品生产与环保配套设施的同步运用。使用清洁工艺、循环工艺减少对资源的消耗，并对产生的废弃物进行综合利用，加速淘汰落后产能，努力提高创新能力，加大对新工艺与环保技术的研发力度，对企业内部员工采取相关激励措施，提高企业的劳动生产率，扩大企业产出，最终提高生产效率。

（2）政府层面。仅仅依靠企业自觉采取行动，减少污染，不足以确保生态效率的提高，因此还需要政府给予政策制度与资金的保障。首先政府可以提高环境保护支出的占比，提高环保资金的使用效率，并建立完善的监督机制对企业环保资金的使用进行合理监督。其次强化环境管理政策。为规范企业与公众的行为，切实保障环境保护工作的顺利进行，需要完善环境保护法规与标准体系，对违法行为进行处罚，并在各级政府实行环境保护责任追究制度，在面临环境损害事故时，对政府相关人员进行责任追究，给予相应处罚，让政府从源头上重视生态环境的保护。

---

① 蒂莫西·J. 科埃利，D. S. 普拉萨德·拉奥（D. S. Prasada Rao），克里斯托德·J. 奥唐奈（Christopher J. O. Donnell），等. 效率与生产率分析引论[M]. 2 版. 王忠玉，译. 北京：中国人民大学出版社，2008.

5.2.2 生态公平理论

5.2.2.1 生态公平内涵

2004 年由美国明尼苏达大学教授坎宁安（William P. Cunningham P.）等编著、戴树桂主译的《环境科学（全球关注）》一书中首次对“生态公平”的概念进行了阐述。该书提出的“一种生态公平的观点”认为，除了考虑人类的公平原则以外，还应考虑其他物种①。国内学者认为，生态公平是指不同主体在对生态资源的配置、生态环境的保护、生态损失的补偿中所依据的合理性规范或原则。在此规范和原则约束下，不同主体之间应该平等地拥有生态资源，并且可以共同享有美好的生态环境，也应自觉地履行应有的生态义务，平等合理地分配应承担的生态责任，最终实现人与环境、自然的和谐永续发展②。在生态生产过程中，人类需要投入成本对自然资源进行合理开发与利用，并获得一定的产出与回报，此时便存在着不同利益主体之间生态责任的公平分担问题。生态生产中的生态公平本质是要实现各利益主体之间的权责对等，并做到对生态利益的公平分配，收益的高低要与自身承担的义务相对应。生态公平引导人类充分考虑后代生存与发展的权利，推进生产方式向绿色发展模式转变。

5.2.2.2 生态公平困境

生态不公平产生的原因有以下几种：一是由于资本强势造成了生态污染转移，如一些资本主义国家为缓解本国的环境污染问题将高能耗、高污染的产业转移到发展中国家，由此造成了更大范围内的生态污染问题；二是由于现实中知与行的矛盾，人类可能拥有维护生态公平的意识，但在现实生活中，又往往因为追求利益而不付诸行动；三是由于历史基础等问题，发达国家发展工业的时间较早，那时人类还没有系统地形成对生态环境进行保护的意识，因此他们发展经济付出的成本要小得多，而发展中国家进行工业化时则面临着更多的约束。生态公平困境主要涉及人与自然之间的公平以及人与人之间的公平。

首先，人与自然之间的公平问题存在于人类与自然界中的自然资源和其他生物物种之间。人类对自然资源毫无节制地索取使自然环境遭受了严重的破坏，并且没有及时对生态资源进行补偿，也疏忽了对自然环境的修复，掠夺与破坏了其他物种的生存空间，造成了生态不公平问题。随着工业化进程的加快与经济的迅速发展，人类不断开拓自己的领地，过度开发森林、土地等自然资源，侵占了其他物种的生存家园。除此之外，人类也不断剥夺自然界中其他物种的生存权利。例如自工业革命以来，全球已进入大规模的物种灭绝时期，也是历史上第六次物种大灭绝，前五次主要是自然灾害所造成的，而这一次，人类活动对自然界的干扰使得其他物种的自然灭绝速度大大增加，有关资料显示鸟类与哺乳动物灭绝的速度提高了 100 倍甚至 1 000 倍。

其次，人与人之间生态公平问题包括两方面：一是同一代人对于自然资源的利用所享有的平等权利，即代内公平；二是指存在于当代人与后代人之间生态权利的享有与生态责

---

① CONNINGHAM William P，SAIGO B W. Environmental science：a global concern[M]. 北京：科学出版社，2004：246.

② 李诗凡，陈海飞，陈柯楠. 生态公平问题初探[J]. 江苏科技大学学报（社会科学版），2014，14（1）.

任的承担，即代际公平。因此，人与人之间也涉及许多生态不公平的问题。同一代人的生态不公平常见于发达国家与发展中国家以及发展程度不同的各地区之间。例如，一些发达国家为了自身的利益并依靠其先进的技术与强势的资本在欠发达国家或地区肆意开垦，对当地的生态资源进行掠夺，导致了土地荒漠化、水土流失等一系列严重的环境问题，既逃避了本该履行的生态义务又严重损害了其他国家的利益；当代与后代人之间的生态不公平问题主要体现在对自然资源的有效利用上。如石油、天然气等自然资源是有限的，当代人的过度利用便会剥夺后代人的使用机会。除此之外，当代人对于生态环境的污染还可能产生遗留问题，一些水体、大气、土壤的污染都具有隐蔽性、滞后性和积累性，甚至会表现出不可逆转的特征，这些都会对后代人的生活造成不利影响，甚至会威胁子孙后代的生存与发展[①]。

5.2.2.3 保障生态公平

（1）确保种际生态公平。之所以出现人类与自然界其他物种之间的生态不公平问题，是因为人类始终以自我为中心，认为自己的地位高于自然界中的一切物种。要想建立起人与自然之间的平等关系，首先，就需要人类树立生态公平的意识，明确自然界中一切物种生来平等，尊重自然、保护自然。其次，要对自己的权利与义务有深刻的认识。人类既有利用自然资源的权利，又要履行保护环境的义务，做到权利义务相统一。

（2）确保代内生态公平。一是各个国家与地区都应树立利益共同体意识，促进整个区域的共同发展，而不应为了自身利益去破坏其他地区的环境，掠夺其他地区的自然资源，从长远的角度看，这对整个人类的生存与发展是不利的。二是完善各项生态责任制度，如生态问责制等。生态问责制指相关利益主体以实现生态环境改进为目标，依据一定的规则、标准和程序对各级政府部门及其所属人员，在生态环境保护和治理中所承担的责任和义务履行情况进行监督、质询和评价，并依据责任主体的绩效表现来实施奖惩的一套责任制度和行为激励机制[②]。通过制度完善，明确各国的生态权利和责任义务，遏制发达国家对其他贫困地区进行生态资源的掠夺与生态污染的转移。

（3）确保代际生态公平。要求当代人不能滥用自然资源，要充分考虑到下一代人使用资源的权利。首先要转变发展观念，不能以消耗资源与破坏环境为代价来发展经济，这种发展方式不仅损害了当代人的利益，也剥夺了后代人拥有美好生活环境的权利，要走可持续发展的道路。其次要控制人口数量，践行生态生产方式。过度的人口增长面临着大量的资源消耗，增加各类污染物的排放量，给生态环境带来沉重负担，当总人口超过自然环境所能承载的数量时，我们的生活质量便会降低，也会影响下一代人的生产与生活。最后要加大清洁能源的使用力度并发展循环经济，为后代留下清洁美好的生存环境。

5.2.3 生态正义理论

5.2.3.1 生态正义内涵

生态正义是关于自然生态的正义理论，是处理人与自然关系的正义期待，意指在对待

---

① 李诗凡，陈海飞，陈柯楠. 生态公平问题初探[J]. 江苏科技大学学报（社会科学版），2014，14（1）.

② 司林波，徐芳芳. 德国生态问责制述评及借鉴[J]. 长白学刊，2016（5）；刘金科，张璇. 生态问责制度的国际比较与借鉴[J]. 环境保护，2018，46（9）.

自然、生态和环境问题上，不同国家、地区或群体之间拥有平等的权利，承担相同的义务[①]。自然界中的一切物种都享有平等的生态地位，拥有利用自然资源的权利，同时也要承担尊重自然与保护自然的义务，并通过生态补偿机制协调各经济主体之间的利益关系。生态生产中的生态正义不仅要求各利益主体之间权利与义务的均衡，还要做到人类生产生活中的各项活动符合正义原则与要求，不能违背自然规律，不能为了追求利益而破坏自然环境。生态生产不仅会带来有效用的产品与服务，还可能会生成污染物等非期望产出。人类要以合理的方式获取生产要素，对自然资源进行有效开发与利用，并与经济发展水平相适应，不能超出自然生态系统的恢复能力。

5.2.3.2 追求生态正义

实现生态正义需要全方面完善生态治理体系与治理能力，并且治理需要多权威、多主体的共同参与。追求生态正义的具体路径主要包括以下三个方面。

（1）政府与企业对生态正义的维护。对于政府来说，其自身存在许多公共职能，而面临生态环境公共产品的属性，就更需要政府发挥其主导性的职能，维护生态正义。政府要在培育共同体意识上加大人力与财力的投入，努力向全民普及这种处理人与自然、人与人之间关系的理念，增强政府与社会的互动，积极调动其他社会主体的参与，提高其参与能力。企业的经营活动一定会涉及生态环境等问题，因此它自然也是实现生态正义的重要主体，作为企业的经营者，需要将环境保护与资源开发的费用纳入“成本-收益”核算体系，并加强对企业的管理，使绿色、节能低碳等理念贯穿企业的生产过程之中，让企业明白自身的经济利益与社会责任之间的关系，并积极主动承担相应的生态责任。

（2）保障生态资源公平有效的分配。所谓资源面前人人平等是指资源保护与使用过程中的平等，但是在现实情况中，资源分配实质上是不均衡的，从而导致了在使用、收益与补偿等方面产生了不公平的问题。作为公共物品的生态资源很容易因为权利义务边界的模糊而导致“公地悲剧”现象的发生。保障生态资源公平有效地进行分配，首先要求政府对生态资源进行确权，即明确权力主体与责任主体。还需要承认每个个体在资源使用与收益上的平等，并在此基础上形成资源的使用权、收益权与补偿权的合法性交易。保证生态正义的前提是对生态资源这一有限的资源总量进行合理的分配。

（3）构建系统完备的生态正义制度体系。实现生态正义需要多方面、全方位地推进。切实保障生态权利并确保生态义务的履行关键在于生态正义制度体系是否完善。系统完备的生态正义制度体系包括环境执法监督制度、生态责任追究制度、生态安全预警制度等。环境执法监督制度要求强化对各类环境违法违规行为的监督力度，并对违法行为进行严厉处罚。生态责任追究制度目的是对损害生态环境的行为进行责任追究，并对行为后果给予相应的惩罚。生态安全预警制度主要包括两个部分：预警分析、预警对策。预警分析是对生态系统的逆化演替、退化、恶化等现象进行识别、分析和诊断，并由此作出警告。预警对策是根据预警分析的活动结果，对系统演变过程中的不协调现象或可能发生的生态危机表现出的征兆进行总期控制与矫正[②]。各项制度的存在为实现生态正义提供了充分的依据

---

① 李永华. 论生态正义的理论维度[J]. 中央财经大学学报，2012（8）.

② 王瑾，张广磊. 建立健全生态安全预警机制，维护生态安全——从法律与政策层面完善生态安全预警机制[J]. 商品与质量，2011（S8）.

与保障，使其有规可循，有法可依。

5.2.4　生态安全理论

5.2.4.1　生态安全的定义

生态安全的概念有狭义与广义之分。狭义的生态安全是指自然和半自然生态系统的安全，即生态系统的完整性与健康状态。也可以理解为在生态环境遭到破坏与污染的前提下，人类在生产、生活健康等方面不受污染等影响保障程度，包括饮用水与食物的安全，空气质量等要素。广义的生态安全是指在人的生活、健康、安乐、基本权利、生活保障来源、必要资源、社会秩序以及人类适应环境变化的能力等方面不受威胁的状态，包括自然生态安全、经济生态安全和社会生态安全，组成一个复合人工生态安全系统①。总体来看，狭义的概念是从自然环境层面提出的，更倾向于生态系统的安全，而广义的概念则将生态安全扩展到了包含人类、经济社会与自然环境的大范围内，要求在考虑生态安全问题时，要注重经济社会发展与环境保护的统筹兼顾。

5.2.4.2　生态安全的特点

（1）相对性。生态安全会受许多因素影响，并且安全程度是评价自然环境的一种状态，各地区因为气候条件、资源禀赋以及经济发展状况不同，这种状态也会有所不同，因此，不存在绝对的安全，只有相对安全。

（2）成本性。自然环境之所以会面临生态安全问题，通常是由于一些人类活动打破了生态系统的平衡，导致生态系统也会给人类自身的生存与发展带来威胁，人类要想继续生存下去就必须付出相应的代价，投入人力、物力、财力对生态环境进行修复，这些就是为维护生态安全所投入的成本。

（3）动态性。一个区域或国家的生态安全不是永久性的，它会随着时间与环境的变化而变化，在人类活动影响下，一个地区的生态安全程度可能会由安全变为不安全；之后人类若积极地采取措施保护环境，也会由不安全转变为安全的状态。

（4）可调控性。在生态不安全的区域，人类可以通过采取措施对生态环境进行治理修复，减慢生态退化的进程，或直接将不安全因素转变为安全因素。

5.2.4.3　生态安全管理

（1）生态安全政策管理。生态安全管理可以是政策管理，也可以是工程管理。自 20 世纪 90 年代以来，我国开始着重关注生态安全问题，随后相继发布了一系列保障国家生态安全的政策。2000 年 12 月发布了《全国生态环境保护纲要》，将维护国家生态环境安全明确列为全国生态环境保护的目标。②2004 年 12 月通过的《中华人民共和国固体废物污染环境防治法》，首次将维护生态安全作为立法宗旨写进国家法律，确立了其法律概念。2008 年 7 月发布的《全国生态功能区划》，目的是明确不同区域的生态问题，并划定对国家和

① 肖笃宁，陈文波，郭福良. 论生态安全的基本概念和研究内容[J]. 应用生态学报，2002（3）.

② 崔胜辉，洪华生，黄云凤，等. 生态安全研究进展[J]. 生态学报，2005（4）.

区域生态安全起关键作用的重要生态功能区域。同年 9 月《全国生态脆弱区保护规划纲要》明确了我国 8 个主要生态脆弱区的空间分布，以及各地区进行生态保护的任务。2011 年发布的《全国主体功能区规划》，系统阐述了我国以“两屏三带”（包括青藏高原生态屏障、黄土高原—川滇生态屏障和东北森林带、北方防沙带、南方丘陵山地带）为主体的生态安全战略格局。2014 年，生态安全被纳入总体国家安全观体系，由此上升到事关国家安全大局的重要地位。2016 年公布的《“十三五”生态环境保护规划》与 2017 年公布的《全国国土规划纲要（2016—2030 年）》均强调了国家生态安全屏障建设，体现出生态安全保障政策的一致性与延续性①。

（2）生态安全工程管理。为落实生态安全的保障工作，我国也启动了一系列生态保护工程措施，对受到破坏的生态系统进行恢复，改善生态系统的结构与功能。中国的生态安全工程管理包括“三北”防护林工程、天然林资源保护工程、退耕还林工程等。这些生态恢复工程属于国家层面，部分地区也根据自身生态环境特点实施了一系列生态修复工程，如黄土高原淤地坝工程、长江流域防护林体系工程等。

退耕还林工程是指对面临严重环境问题的土地有步骤地停止耕种，包括严重的水土流失、沙化、盐碱化、石漠化以及粮食产量低等一系列问题，从而达到恢复植被的目的。该工程于 1999 年启动实施，涉及辽宁、甘肃、陕西等 25 个省（区、市），共 1 897 个（市、区、旗）。至 2012 年，退耕还林工程实现造林约 2 940 万 hm^2，其中退耕造林 926 万 hm^2 ②。有效改善了工程区内土地退化等问题，增加了土壤的蓄水能力，提高了粮食的生产能力，从而增加了农民的收入，实现了生态效益、经济效益与社会效益的协同提升。

天然林资源保护工程于 2000 年启动，工程实施的区域范围主要包括长江中上游、黄河中上游等地，工程建设的任务主要是加大对森林的保护力度，控制天然林资源的消耗。依据黄河水文监测数据，在该工程实施前，我国每年向黄河输入的泥沙量超过 16 亿 t，每年向长江输入的泥沙量超过 5 亿 t，而在天然林资源保护工程实施后，我国每年向黄河输入的泥沙量减少 6 亿 t，远期估计可减少 8 亿 t③。森林生态效益得到了恢复，工程建设取得显著成效。

5.3 生态生产的实现路径

生态生产的实现路径主要有产业生态化路径、区域生态化路径和流域生态化路径。

5.3.1 产业生态化路径

产业生态化是指产业自然生态有机循环机理，在自然系统承载能力内，对特定地域空间内产业系统、自然系统与社会系统之间进行耦合优化，达到充分利用资源，消除环境破坏，协调自然、社会与经济的持续发展④。产业生态化的实质是依据经济学原理，将生态和经济规律融入传统产业的经营管理，提高资源利用效率、减少环境污染、增加经济效益。

---

① 张琨，林乃峰，徐德琳，等. 中国生态安全研究进展：评估模型与管理措施[J]. 生态与农村环境学报，2018，34（12）.
② 张琨，林乃峰，徐德琳，等. 中国生态安全研究进展：评估模型与管理措施[J]. 生态与农村环境学报，2018，34（12）.
③ 韩登媛. 我国天然林保护工程实施现状、存在的问题及解决对策[J]. 乡村科技，2021，12（9）.
④ 陈柳钦. 产业发展的集群化、融合化、生态化[J]. 重庆邮电学院学报（社会科学版），2006（6）.

在实施产业生态化过程中，要大力推广资源节约型生产技术，建立资源节约型产业结构体系，减少对环境资源的破坏，倡导绿色环保消费。

5.3.1.1　产业生态化内涵

产业生态化的核心问题是产业系统内的企业之间能够进行物质传递和循环。然而，生态产业系统的物质循环不是封闭循环，而是内部循环，对外具有投入产出功能的开放系统。

图 5-2 表明，在企业产品生产过程中，首先投入原材料等生产要素，并且在生产过程中也可能投入其他自然资源，之后开始了整个企业内部的物质循环过程。生产者在生产过程中会产生废弃物，这些废弃物共有三个去向，一部分返回生产过程中的某个阶段进行废弃物的再利用；一部分进入废弃物再生过程，再生之后的资源可以重新返回生产过程，不能再利用的可以直接作为垃圾处理；不能利用与再生的废弃物经过回收之后也作为垃圾排出系统，最后输出产品供给消费者使用。这便构成了整个生态产业系统的物质循环过程。

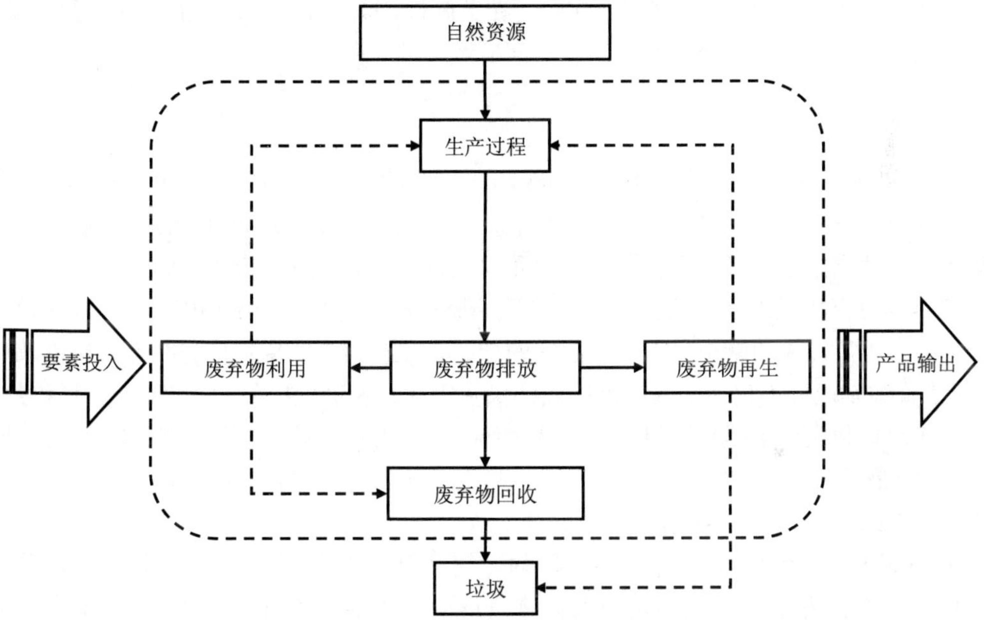

图 5-2　生态产业系统的物质循环

5.3.1.2　产业生态化与循环经济

产业生态化的实践路径具体可从发展循环经济开始，倡导新型的经济循环模式，协调生态系统与经济系统，达到可持续发展的目的。企业的生产过程经历着原料的开采、产品的生产、包装以及废物的综合利用。因此，产业生态化要求将循环经济的概念融入整个生产过程，并且这一理念的运用不应仅仅局限于微观的企业层面，更应融入大范围的宏观层面，例如一个国家或地区的产业系统，在更大区域范围内形成产业循环系统，并通过区域间产业的互动，最终在全球范围内实现产业生态化以及经济的可持续发展。

从本质目标上来说，产业生态化需要以可再生的自然生态环境为基础，达到人与社会和自然之间的协调发展。具体而言，产业生态化要求在农业、工业生产过程中，加大对清洁技术的使用力度，既可以节约资源，保护环境又可以提高经济效益，一些陈旧的机器设备、造成严重污染的产业部门和一些给环境带来负面影响的产品等都应进行淘汰，加快调整产业结构，建立资源节约型的生态生产体系；在加速发展第三产业的同时，积极推广绿色、适度消费的理念，完善具有“环境标志”的绿色产品制度。总体来说，实现产业生态化需要将绿色低碳的观念融入各个产业的发展过程中，最终建立起绿色产业。

产业生态化的发展在20世纪90年代的发达国家开始兴起。宏观层面上，国家颁布了一系列管理立法，并制定了产业发展战略；中观层面上，对区域内部的产业园区进行了规划建设；微观层面上，企业进行了生产技术的改造与生态化实践，生态化的理念一直贯穿其中。这一发展趋势已经融入农业、工业以及第三产业之中，例如生态农业、生态工业、生态旅游业等。从理论层面上，产业系统除了自身要形成物质循环机制外，更要努力融入整个生态系统的物质循环，从而产业生态化也是循环经济的体现。循环经济的发展有助于区域内产业结构的高度化与合理化，从而实现资源的高效利用，推动产业集聚的形成，有利于循环型产业的发展，增强产业之间的内在关联性，推进各产业之间的协作与健康发展，最终带动整个区域的循环经济发展，提升区域经济的竞争力。

5.3.1.3 产业生态化实践

20世纪70年代，丹麦的卡伦堡工业园区成为国外产业生态化的起源。其生态工业园区的运行成为世界范围内的典范。园区按照工业生态学的原理，通过企业间的物质集成、能量集成和信息集成，形成产业间的代谢和共生耦合关系，使一家工厂的废气、废水、废渣、废热等废弃物或副产品成为另一家工厂的原料和能源[①]。在园区内部，有丹麦最大的燃煤火力发电厂，作为整个生态工业园区的核心，还有最大的炼油厂、制药公司以及石膏板生产厂等。发电厂不仅能解决附近居民的供热需求，还可以为炼油厂与制药厂提供热能，热电联产比单独生产可提高燃料利用率达30%，并且减少了烟尘等污染物的排放；供应中低温的热水循环用于大棚生产绿色蔬菜，余热引入渔场提高水温促进“电厂鲑鱼”的生产，最终实现热能的高效循环利用。

20世纪90年代之后，生态工业园区的建设已初具规模，绿色工业、清洁生产逐步受到人们的重视，各个国家也开始加大力度发展生态工业。在北美洲，1992年加拿大的Burnside工业园区开始了生态化的探索，对园区内的企业进行生态化改造，建立清洁生产中心，最终实现了1 200多个企业的绿色化生产。1995年，美国可持续发展委员会指定了4个生态工业园示范区，分别是布朗斯维尔、查塔努加、巴尔的摩以及开普查尔斯；欧洲的许多国家也开始了生态工业园的建设，其中，荷兰的鹿特丹港工业园囊括85家大中型企业，形成了以石油及其化工业为主导产业链的生态工业园[②]；在亚洲，日本生态工业园的建设工作一直处于领先地位，如北九州生态工业园区，进入21世纪，日本开始注重零碳排放的战略，在日本通商产业省和环境厅的财政支持下，川崎零排放工业园于2001年开始运行。

---

① 佚名. 环球一瞥：丹麦卡伦堡工业园[J]. 资源再生，2014（5）.

② 王维. 国内外生态工业园发展趋势研究[J]. 环境与发展，2018，30（8）.

我国于20世纪90年代开始建设生态工业园区的探索与实践，其中发展较好的如贵港国家生态工业园区、鲁北国家生态工业示范园区等。

贵港国家生态工业（制糖）示范园区是我国规模最大的生态工业园区，并形成了世界一流水平的制糖、造纸和酒精生产基地。该示范园区的6个系统分别有产品产出，各系统之间通过中间产品和废弃物的相互交换而互相衔接，从而形成一个比较完整和闭合的生态工业网络，使园区内资源得到最佳配置，废弃物得到有效利用，环境污染减少到最低水平①。

该生态工业园区具有4个特点：一是横向耦合。甘蔗—制糖—蔗渣造纸生态链、制糖—糖蜜制酒精—酒精废液制复肥生态链、制糖（有机糖）—低聚果糖生态链这3条园区内的主要生态产业链，相互间构成了横向耦合的关系，并在一定程度上形成了网状结构。物流中没有废弃物概念，只有资源概念，各环节实现了充分的资源共享，变污染负效益为资源正效益。二是纵向闭合性。作为“源”和“汇”的甘蔗园和以上各条工业链的有效运行，体现出园区“从源到汇再到源”的纵向闭合。甘蔗园是整个工业生态系统的起点，生产出工业生产运行所需要的主要原料即甘蔗，由甘蔗发展出糖、纸、酒精等主要产品的生产，最后，酒精厂复合肥车间生产出的甘蔗专用复合肥和热电厂锅炉的部分煤灰又作为肥料回到甘蔗田，从而使整个园区形成纵向闭合。三是区域整合性。园区内水资源消耗的主要环节即制糖生产中的冷凝水、凝结水回用及造纸系统脉冲白水的回用，蔗髓作为锅炉燃料，热电厂锅炉的含硫烟气（酸性）与造纸中段废水（碱性）进行的中和反应以及园区内固体废物如滤泥、白泥、废渣的综合利用等都使园区内产生的废弃物得到最大限度的再利用，使排入外界环境的污染物降至最低。更重要的是，园区内的造纸和能源酒精的生产集中了贵港市周边糖厂16万t蔗渣和广西全区近98%的废糖蜜，从而实现了园区内、贵港市乃至广西的区域整合性，在很大程度上解决了广西制糖业的结构性污染问题。四是柔性结构。园区内诸多的生态工业链实际上形成一网状结构，这种结构使得园区产品的种类、生产规模等对资源供应、市场需求以及外界环境的随机波动具有较大的弹性，整体上抵御市场风险的能力大大加强，园区表现出较强的柔韧性②。

2003年批准建设的鲁北生态工业园位于山东省滨州市，是世界上最大的磷铵、硫酸、水泥联合生产企业，全国最大的磷复肥生产基地和石膏制硫酸基地。以绿色化学PSC厂和溴素厂为核心生产车间，形成了磷铵硫酸水泥联产、海水一水多用、盐碱电联产三条相关度高的生态工业链。已基本形成磷铵—硫酸—水泥链产、海水“一水多用”、清洁发电与盐碱联产等三条高度相关的绿色化学产业链③。

其中磷铵硫酸水泥联产是指将磷铵生产过程所产生的磷石膏废渣制硫酸联产水泥，硫酸又返回用于生产磷铵，整个生产过程资源得到了高效循环利用，没有废物排出，形成一个较为完善的产业链（PSC）；在海水“一水多用”产业链中，初级卤水鱼、蟹、贝类的养殖，随后海水经蒸发形成中级卤水，通过提溴装置生产高附加值的溴化钠、溴化钾等系列产品，其中部分饱和卤水用于制盐、生产烧碱等，最后对苦卤资源进行加工，提取制

① 张秋根，王桃云，李明俊. 生态工业园区及其建设[J]. 环境污染治理技术与设备，2003（3）.

② 罗宏，孟伟，冉圣宏. 生态工业园区——理论与实证[M]. 北京：化学工业出版社，2004.

③ 郭莉，高莹. 我国生态工业园的实践与管理经验综述[C]//中国环境科学学会. 中国环境科学学会学术年会论文集（第一卷）. 北京：中国环境科学出版社，2011.

作硫酸钾与氯化镁，并消除海水污染。最终实现“初级卤水养殖、中级卤水提溴、饱和卤水制盐制碱、高级卤水提取钾镁、盐田废渣制水泥”的良性循环；盐碱电联厂以劣质煤和煤矸石为原料，采用循环流化床锅炉和海水直流式冷却技术制热发电，部分蒸汽用于烧碱厂、磷铵厂、合成氨厂的工艺用气和采暖用气，电力分别送往产业链各厂，升温、浓缩后的海水送回盐厂提溴、制盐，饱和卤水输送到氯碱装置生产烧碱，排放的炉渣用作水泥混合材①。

5.3.2 区域生态化路径

区域在狭义上的概念是指一定的地理空间，但是经济学中区域的内涵更加丰富，不仅包含着人类生活所必需的基础设施如建筑、交通道路等要素，还包含着可以带动经济发展的农业、工业等产业。区域生态化探索要求不同区域根据自身的经济发展状况、基础设施建设、生态环境现状等制定相应的措施，最终实现区域经济效益与环境效益的双赢。

5.3.2.1 区域生态化内涵

具体的区域范围因研究目的、经济发展任务的不同而有所差异。大体上的区域范围主要有以下五类。第一类是国际组织区域，如欧洲经济同盟、北美自由贸易区、亚太经济协作区等，这些区域以经济协同发展为目的；第二类区域根据地理位置进行划分，如我国的东北、华北、华中等地；第三类是跨越省市县的流域区域，如长江流域、黄河流域、海河流域等；第四类是根据国家发展战略提出的跨省份的协作区域，如京津冀、长三角、粤港澳大湾区等；第五类区域包含单独的省、市、县等地。区域生态化就是通过将区域内部各地区有效协同起来，进行生态文明的规划建设，通过优化配置区域资源，不断加强区域间的交流合作，推动区域内部不同地区的协同发展。区域生态化建设需要以现代生态学理论作为支撑，将整个区域看作一个大的生态系统，通过具体分析系统内的各成分进行合理配置与调整，整个系统的各项功能得到有效发挥，最终为人类的生产生活提供一个健康的生命支持系统，获得较高的社会效益与经济效益。

5.3.2.2 区域生态化机制

（1）循环机制。在人类生产生活中，循环机制运用独特的经济技术将使用过的废旧产品进行回收，通过处理将可以重复利用的废弃物进行循环使用。这一做法可以最大限度地减少资源消耗量，并高效利用不可再生资源，减少废弃物的产生，形成对生态环境的保护。与此同时，循环机制可以在经济发展过程中延长与拓宽生产技术链，将生产过程中产生的污染尽可能在企业内部进行消化处理，减少污染物的排放。此外，循环机制还可以对企业无法处理或利用的废弃物进行回收，扩大资源再生产业与环保产业的规模，从而增加就业。循环机制倡导经济与生态的和谐发展，以“清洁生产”为主要的生产技术，强调资源的循环利用，实现最优的生产方式，提高社会经济效益与环境效益。在循环机制的作用下，区域生态化发展就是在区域内部实现“资源—产品—再生资源”的闭合循环。在常规的产品生产过程中，原材料经生产者加工制造到达消费者手中，这是一个简单的单向过程；

① 冯久田. 鲁北生态工业园区案例研究[J]. 中国人口·资源与环境，2003（4）.

而在循环机制作用的区域生态化发展过程中，由于生产者与消费者自身都可能产生废弃物，在生产者进行了自身的废弃物循环利用之后，一些无法处理的废弃物经过相关机构的处理后可以重新进入流入产品的生产环节，这属于一个逆向过程，两种方式结合便形成了一个闭合的系统，提高了资源的利用效率，推动区域生态化发展。

（2）减排机制。区域经济发展与人类活动造成了大量的能源消耗，从而使得污染物的排放量增加，因此节能减排也成为区域生态化建设中所面临的关键问题。如今，发展低碳经济已成为世界各地的主要目标，促使各地纷纷步入低碳减排之路。各地区需要不断完善减排机制，才能顺利步入低碳经济发展之路。完善的减排机制首先需要保证节能减排法律法规体系的健全，使得区域内的企业、个人的经济活动具有法律的保障；其次，需要政府依据法律制定相关的节能减排政策，通过相关政府部门的政策制定，实施具体的减排措施，之后将这些政策输入到整个社会经济的运转系统中，使政策作用到每个客体，最终实现节能减排的政策目标；最后减排机制还会促进区域内企业的技术创新，在生态化建设过程中，政府会对积极主动实施低碳减排措施的企业给予一定的奖励，如资金补助等，相反，对肆意排放污染物的企业给予惩罚，如征收罚款等，在这种情况下，便会激励企业积极主动地进行技术创新，从而带动整个区域减排工作的进行。

（3）发展机制。每个区域在进行生态化建设的过程中，都追求着经济效益与生态效益的综合提升，因此各个区域要根据自己的实际情况，深入理解生态文明建设的指导思想，转变传统的经济发展观念，树立区域经济与生态文明协同发展的新观念，调整经济结构，转变经济的发展方式，从生产生活方式、能源产业结构等方面扭转生态环境趋势，走绿色发展之路。要通过发挥当地的特色生态产业来带动生态文明的建设。对传统资源型的企业进行转型升级，压缩产能，在发展优势产业的基础上培育新兴产业。加速发展生态服务业、信息产业等，提升区域的综合竞争力。要进一步完善当地的基础设施建设，包括交通、网络通信等基础设施。在现如今的信息时代，良好的通信基础设施建设可以为区域经济发展提供更丰富快捷的信息资源，从而通过快速调整发展方案，实现区域经济与生态的协调发展。通过扩大区域的开放程度，发挥区域的辐射带动作用，吸收外界先进的成果与发展经验，为区域经济转型升级提供支持。

5.3.2.3 区域生态化模式

不同区域有着不同的经济发展状况与资源环境状况，因此在各区域生态化发展进程中，要因地制宜，根据自身的特点选择合适的区域生态化路径。具体可以从经济发展状况与自然资源分布两个方面探讨不同区域的生态化模式。

从经济发展状况看，可从经济发达区域与经济欠发达区域两个方面来探讨生态化模式。

在经济发达地区，传统的工业基础发展较好，带来了较高的经济效益，推动了地区各项经济指标的增长，因此这些地区的生态化可以从产业与社会两个层面进行：一是产业层面，促进产业结构的升级与优化。对传统行业进行改造，大力发展战略性新兴产业。对钢铁、纺织和装备制造业等高能耗的行业进行绿色化改造，加大新技术的研发力度，增强产品的附加值与竞争力。战略性新兴产业是指对物质资源消耗较少、知识技术密集型产业包括新能源产业、节能环保产业、信息技术产业等。该产业的发展可以带动区域经济效益与生态效益的双赢。二是社会层面包括对交通与建筑的生态化改造。大力发展公共交通，鼓励居民践行绿色低碳的出行方式，如共享单车的出现既能缓解交通压力又能减少对环境的污染。对区域城市建筑进行合理的规划与布局，将绿化应用到建筑建造过程中，不仅能起到美化城市环境的作用，还能降低噪声，防治环境污染，并推广节能环保等建筑材料的使用。

在经济欠发达区域，不能以牺牲资源环境为代价发展经济，要追求经济效益与生态效益的双赢。在区域生态化过程中，农业发展需采用先进的农业生产技术，提高对土地等自然资源的利用率；工业发展过程中，不能被动接受发达地区的产业转移，而应站在低碳发展的战略高度上主动选择，拒绝高碳产业的输入[①]。并且可以引导区域内的产业进行集聚，形成专业化的生产区域，有助于减少生产成本，提高生产效率，并激励创新技术的研发与运用，减少污染物的排放，提升整个区域的经济发展水平。

从自然资源的分布角度看，区域又可以分为资源丰富型区域与资源枯竭型区域。对于资源丰富型区域来说，此类地区拥有较多的矿产、土地、森林、水资源等自然资源，在生态化过程中要注重运用循环经济技术发展与本地资源相适应的产业，形成产业集群，带动整个区域的生态化进程。例如，山西属于煤炭资源丰富型地区，煤炭产业作为山西的主导产业，对经济发展有着巨大贡献，可以对煤炭产业进行生态化改造，对资源勘测技术、资源开发技术等进行创新，提高生产效率，还可以对煤炭进行能源转化，如煤转电、煤转气等，提高资源的利用效率。资源枯竭型区域可能是先天的资源不足，也有可能是后天对资源的过度消耗导致了自然资源的减少甚至枯竭。对于这类地区来说，要注重对可再生能源的开发与利用。可再生能源包括太阳能、风能、水能、地热能、海洋能、生物质能等。例如，新疆的风力资源十分丰富，因此可以充分利用风能进行风力发电，既可以做到节约资源，又可以建立起一个符合生态环保要求的区域生态化发展模式。

5.3.3 流域生态化路径

流域是以水为核心，由水、土地、生物等自然要素与社会、经济等人文要素组成的环境经济复合系统[②]。它不仅是人类进行各种经济活动的主要场所，也是生态系统进行物质和能量循环、维持生态与环境系统平衡的稳定器[③]。

5.3.3.1 流域生态化思路

（1）流域总体结构与功能的生态化。由于流域是指一个水系的干流和支流所流过的整个区域，因此流域内的生态系统是包括自然生态与人工生态的复合系统，在流域生态化过程中，就要从人类的生产生活出发，并将流域内部复合生态系统的结构与功能考虑在内。具体可以从以下三个方面进行考虑：首先在确保流域生态系统结构与功能完善的条件下对保护区域进行区分，如重点保护区域和其他区域；其次考虑流域保护区内部河流、城市等要素的空间分布，可以在城市、乡村与流域保护区之间建立过渡区域，并合理规划森林、道路、绿化带等生态要素，实现流域内部各系统之间的和谐共生；最后要进行流域内部城市与乡村的生态化，在满足人类生产生活需要的同时，减少对环境的破坏与污染。

---

① 吕鸿翔. 生态文明建设中的西部欠发达地区低碳生态经济发展探讨[J]. 知识经济，2015（19）.

② 罗宏，王业耀，冯慧娟，等. 论流域环境经济学[J]. 环境科学研究，2010，23（2）.

③ 曹宝，罗宏，吕连宏. 生态流域建设理念与发展模式探讨[J]. 水资源与水工程学报，2011，22（1）.

（2）流域水环境生态化。流域因水而成，人类的生产生活都离不开水，因此流域生态化思路的关键是要做到对水资源的合理利用与保护，以生态化的水资源利用方式带动整个流域的可持续发展。在水资源利用生态化过程中，首先要确定流域内部水资源的特点与利用现状，不同流域内，水资源有着不同的特点，并且基于不同地区经济发展状况的差异，对水资源的利用也各不相同，在水环境生态化过程中做到因地制宜，有效制定不同区域的生态化路径；其次对流域内部水资源存在的问题进行识别与确认，各流域内部工业化与城市化的发展均会对水资源产生影响，在流域经济持续发展过程中，人类生活污水、工业废水的排放都会对原有的水资源造成潜在威胁，使得流域水体的水质受损。因此，流域水环境的生态化要求做好水资源保护与利用规划，开展水环境综合治理，提高水资源利用效率。

（3）流域城市生态化。从整个流域范围来看，城市是一个与周围自然环境紧密联系的开放系统，并且城市不仅涉及水体、资源等自然生态系统，也涉及经济、社会等人工系统。因此，流域内部生态城市的建设也有助于整个流域实现生态化发展。流域城市生态化的具体要求主要包括以下三点：首先，生态城市要能保证经济的持续增长，城市内部具有合理的产业结构、能源结构等；其次，生态城市要满足居民生活的基本需求。包括粮食的充足、住房、生活用水等便利的生活环境；最后，城市规模要与自身的资源环境条件相适应，城市建设不能过度消耗自然资源，同时要注重绿色能源与清洁能源的使用，完善生产与生活设施，做到城市经济社会与生态环境的和谐统一。

5.3.3.2 生态流域规划

生态流域规划指的是在一定的时间内，通过宏观调控整个流域区域中的社会、自然和经济的发展，将整体利益与局部利益综合考虑起来，并着眼于长远利益，从而制定出保障整个流域持续健康发展的指导依据。它具有一定的法律效力，也具有一定的动态性，需要随着流域的动态变化而更新[①]。

（1）流域综合规划。流域的发展涵盖自然环境、经济社会生活等多个方面，在进行生态流域规划时，也要综合考虑各方面的发展。首先，在流域的自然环境方面，由于流域内不同地区的资源禀赋存在差异，对环境的破坏程度也不尽相同，因此，可以对流域内部不同区域进行划分，对生态破坏严重的区域进行重点保护，因地制宜地实施生态保护与生态建设工程。其次，流域内不同区域的经济发展状况不同，受地理位置的影响，一般交通便利并且沿干支流的地区会率先发展起来，成为整个区域发展的增长极，各增长极也会通过交通线相互连接从而带动整个流域经济活动的发展。因此，也可以根据不同地区的经济发展状况进行分区规划，提高流域生态规划效率。

（2）流域水环境规划。流域水环境规划主要包括以下三个方面。第一，要以水环境综合治理为基础修复流域生态系统。流域的水环境可能会因为人类社会经济活动而受到不同程度的污染，水环境的质量下降，因此要加强对河湖水环境的治理。一方面要不断完善流域水污染治理的法规体系，明确水污染治理的职责权限与管理体制，确保水环境监管工作的顺利进行；另一方面加大对水污染的治理力度，建立健全的水污染监测与管理信息系

① 曹宝，罗宏，吕连宏. 生态流域建设理念与发展模式探讨[J]. 水资源与水工程学报，2011，22（1）.

统，优化污水处理设施并对工业废水的排放进行有效监管。第二，要以水为核心统筹流域内的资源配置，实现流域内水量的合理分配与科学调度。明确流域内水资源总量，加强对用水总量管理与控制，并对水量进行合理分配。第三，加强水生生物多样性的保护。人类的渔业捕捞、围湖造田、水利工程建设等活动会对流域内水生生物的多样性产生不利影响，因此，要制定水生生物保护的法律法规，对水电开发与管理进行合理规划。

（3）流域生态城市规划。流域内生态城市规划的最终目标是实现经济社会与自然环境的和谐统一，其规划的基本思路是在整个流域的上、中、下游建立不同的生态城市中心，通过这些城市的发展并与周边地区进行相互关联，逐步带动整个流域的生态文明建设。在这个过程中，具有经济优势与地理区位优势的城市起了十分关键的作用。随着城市化的加速发展，流域内部的一些中大型城市由于经济的迅速发展以及城镇化进程的加快加剧了水资源的短缺程度，造成了生态系统的严重退化，率先对这些城市进行生态规划，可以加快流域生态化的进程，在此基础上，将生态规划扩展到城镇及农村层面，实现对这些地区的生态化改造，促进整个流域城市的可持续发展。

5.3.3.3 流域生态化实践

美国的科罗拉多河流域是较早通过立法形式开发与管理水资源的流域。科罗拉多河流经美国西南部的干旱地区，20 世纪 20 年代，为了刺激当地的经济发展，美国启动了各种水利建设工程，自此流域沿线的 7 个州便开始了对水资源的争夺。1922 年 7 个州通过第一个分配协议《科罗拉多河契约》完成了对水资源使用权的分配。该协议依据各州对水资源的需求量以及用水量对水资源的使用权进行分配，且主要确定了上、下游各州之间的水权分割，之后下游各州在 1928 年达成博尔德峡谷项目法案，通过建设胡佛大坝完善了下游加利福尼亚、亚利桑那和内华达三州之间的水量分配，各项水利工程的建设也使得乡镇变城市，荒漠变良田，促进了经济的发展。

1963 年，西欧的莱茵河沿岸国家成立莱茵河国际委员会（ICPR），签订《莱茵河保护公约》，目的是遏制工业化进程对环境产生的不利影响，共同治理水环境问题。ICPR 分别于 1987 年、2001 年、2020 年制订了三次行动规划，针对生态修复、水质管理等提出了各项措施，如建设生态蓄洪区、投资建设污水处理厂和城市排水管网等，并且治理效果显著。由于采取了堰坝改造，安装过鱼设施，拆除影响鱼类洄游的生物阻隔等措施，莱茵河流域地区的典型水生植物实现了自我繁殖，鱼类物种谱系也基本恢复完整。“2040 莱茵河规划”对新型微生物污染等加大了治理力度，并将气候变化对未来水温与流量的影响考虑在内，综合提升流域生态系统。此外，莱茵河流域也注重对城市群的协同治理，流域联系两岸的中心城市鹿特丹、法兰克福等进行生态修复，最终形成莱茵-鲁尔城市群、莱茵-美茵城市群等城市群协调发展、共同繁荣的局面。

在我国，长江流域一直以来面临一系列生态环境问题。水污染问题严峻，随着城市化的扩张，农业、工业生产的发展，大量生产、生活污水排放到江湖水系中，导致部分支流水质严重恶化，局部地区的水资源也面临短缺的现象，此外洪涝灾害频发、水土流失等问题依然严峻。长江流域水生态保护工作最早开始于 20 世纪 50—60 年代，起初对水生动物和鱼类资源进行保护，并于 1963 年开始在流域范围内建立自然保护区，对自然遗产、生态环境进行保护。在 2006 年，启动了新一轮长江流域综合规划修编，从物种保护与生物资源保护、自然保护区建设等方面提出了相关规划意见。2020 年 12 月 26 日，第十三届全国人大常委会第二十四次会议通过了《中华人民共和国长江保护法》，这是我国首次以国家法律的形式为特定的河流流域立法，为全面保护长江流域生态环境提供了强有力的保障，具有一定的开创性。该法律对长江流域规划体系的建立，对流域生态环境的保护起着引领作用。

5.4 生态生产的保障体系

5.4.1 技术保障体系

生态生产离不开技术的支持，生态生产技术既需要满足人类需要，又要节约资源和保护环境。生态生产技术主要是以生态学原理和生态经济规律为理论依据，以生物技术、信息技术等高新技术为中心，以再生能源为主要能源基础，并且以各种低耗型或再生型的常规技术作为补充，形成具有合理结构的整体性复合型技术网络体系①。生态生产技术已融入人类生活的方方面面，包括农业、工业、能源、交通运输、建筑等，具体的生态生产技术清单如表 5-1 所示。

表 5-1 生态生产主要领域技术清单

领域	技术应用	主要技术	技术优势
农业	农作物种植、节水灌溉、农业节膜、肥料管理等	立体种养技术、农艺节水技术、光解膜和生物降解膜等地膜技术等	利用不同农作物对资源利用的互补性，使农作物之间互利共生，提高资源的利用率；结合种植区的环境因素综合利用节水工艺提高水资源利用率；通过使用可降解地膜，有效减少"白色污染"
工业	钢铁行业、石化行业等	锅炉、窑炉能效提升技术、工业余热回收利用技术等	以高效节能锅炉替代低效锅炉；利用工业余热回收利用的多种方式，对余热进行分品位、阶梯式利用，帮助企业有效节能减排
建筑	房屋建造、建筑装修等	建筑节能技术、绿色照明技术等	通过建筑材料的节能保温设计，隔绝夏季室外热量，保存冬季室内热量，以减少通过制冷、采暖设备来达到舒适室温的能源负荷；提高照明效率，节约电力电量，减少光污染
交通运输	公路、铁路、航空等	排水沥青路面技术、智能交通技术等	排水沥青路面采用大空隙沥青混合料作表层，具有抗滑性能高、噪声低、防止水漂等优势，更安全、更环保；通过智能交通技术有效利用现有的交通设施，保障交通安全性，提高运输效率
能源	可再生能源、新能源、煤的清洁高效利用	太阳能光伏发电、生物质能技术、清洁煤技术等	根据光生伏特效应原理，利用太阳能电池将太阳光能直接转化为电能，具有更高的发电效率与环保性能；通过生物质气化、生物制氢等实现能源的永续利用；在煤炭开发与利用过程中进行净化加工处理，减少污染物的排放

① 秦书生. 发展生态技术 建设资源节约型环境友好型社会[J]. 科技与经济，2007（2）.

在推进生态生产过程中，要不断进行生产技术的创新，建立完备的生态技术研发中心与服务中心，进行关键技术的研发，并对污染严重的工艺进行改造，引领企业采取生态公益，生产绿色产品，倡导绿色消费，减少对资源的浪费，实现可持续发展。

5.4.2 资金保障体系

完善的资金保障体系对于促进生态生产具有重要的作用。创新技术的研发和绿色项目的投资等均需要资金的支持。生态生产需要依靠源源不断的资金投入用于工艺流程的改进、节能技术的改造以及生产设备的升级。具体可以从以下几个方面完善生态生产过程中的资金保障体系。

（1）提高生态创新技术研发的投入比例。企业的技术研发投入比例是指企业本年的科技研发投入与本年销售收入的比例，其中科技研发投入包括企业进行绿色生产技术的研发、机器设备的更新与改造等方面的支出，该指标可以在一定程度上反映企业的创新能力与发展潜力。在认定高新技术企业时，根据《高新技术企业认定管理办法》第十一条规定：企业近三个会计年度（实际经营期不满三年的按实际经营时间计算）的研究开发费用总额占同期销售收入总额的比例符合如下要求：①最近一年销售收入小于 5 000 万元（含）的企业，比例不低于 5%；②最近一年销售收入在 5 000 万元至 2 亿元（含）的企业，比例不低于 4%；③最近一年销售收入在 2 亿元以上的企业，比例不低于 3%，其中，企业在中国境内发生的研究开发费用总额占全部研究开发费用总额的比例不低于 60%。满足以上条件，可以认定该企业具有较高的技术创新能力。

为保证企业创新技术的投入比例，政府需要打造良好的创新环境，加大对创新企业的培育力度，对企业加以引导并给予一定的资金支持。积极设立各类专项资金，激励企业进行自主创新，并完善与落实各项创新政策，增强对企业科技人才的培养力度；企业自身为确保高研发技术的投入比例，首先需要提高自身的自主创新能力，企业需建立科学的激励机制，激发员工的创新动力，努力营造勇于创新的企业环境，加强知识产权意识，创造属于自己的自主知识产权。

（2）拓宽绿色资金的支持渠道。政府支持企业绿色技术创新的形式主要有财政补贴、发放绿色债券、减免税款等形式，金融机构主要采取发放贷款的形式。此外，政府和金融机构会通过成立基金会，进行绿色技术的资金支持。企业则通过上市融资、抵押、购买绿色保险等渠道获得资金①。从金融机构给予的资金支持渠道来看，我国已初步形成了支持绿色创新技术的金融机构体系，成立了绿色技术银行。围绕绿色技术创新和企业绿色技术升级改造的需求，建立绿色技术金融服务平台，设立绿色产业基金，综合运用绿色信贷、绿色债券、绿色基金投资、绿色保险、风险补偿等方式支持绿色技术转移转化②。2006 年，兴业银行与国际金融公司（IFC）进行合作，率先推出节能减排贷款产品，为企业的节能减排项目提供贷款支持，包括工业锅炉改造、工业能源利用优化项目等；2016 年，上海开始建立绿色技术银行试点，2017 年正式落户。政府也在不断扩展绿色资金渠道。2009 年，广东省设立了绿色产业投资资金，推动绿色产业的发展，之后全国各地不断涌现出提供绿

---

① 覃宇冰，梁绍莹. 浅析绿色金融支持绿色技术创新对策[J]. 内蒙古科技与经济，2021（9）.

② 郭滕达，赵淑芳. 绿色技术银行：来自中国的探索[J]. 中国人口 • 资源与环境，2019，29（12）.

色资金的平台，为企业开展绿色项目提供多渠道的资金支持。

（3）完善国家生态环保专项资金。生态环保专项资金指由各地环保部门同财政等有关部门安排的用于环境保护的专用资金。主要构成有排污费、中央财政环境保护专项资金、省级其他环保专项资金等。排污费是排污者包括污染性企业依据一系列环保规定向环保部门缴纳的费用。缴纳的排污费须列入环境保护专项资金进行管理，主要用于一些项目的拨款补助与贷款贴息。例如，污染源的防治，污染防治技术的开发与应用等。中央财政环境保护专项资金是中央政府环境保护投入的主要渠道，对引导地方财政、企业、社会的环保投资起到了积极作用。我国也先后设立了专项资金，节能技术改造财政奖励资金，对企业的节能技术改造项目给予资金奖励与支持；“三河三湖”及松花江流域水污染防治财政专项、重金属污染防治专项资金等用于工业污染的防治补助。省级其他环保专项资金是省财政部门根据环境保护的需要和省级财力情况，设立的其他环保专项资金。环保专项资金是治理环境污染、建设良好生态环境的基本内容，要加大环保专项资金的投入力度，完善环保专项资金的管理制度，保证专款专用，并加强对专项资金使用的监督，为建设良好的生态环境打下坚实的基础。

5.4.3　政策保障体系

（1）完善政府生态管理体制。政府生态管理是指政府通过行政职能、管理行为和政策调控，依法对生态与环境进行保护、修复和改善[①]。在我国，各级政府部门分别承担着不同的生态管理职能，例如生态环境部主要负责生态环境相关制度的建立，对生态环境问题进行监督管理，自然资源部负责土地、矿产、海洋等自然资源的管理与保护工作，但是多管理主体之间存在缺乏协调性等问题，因此还需要进一步对管理体制进行完善。

（2）完善“绿色 GDP”考核标准。绿色 GDP 即将经济活动中所付出的资源消耗成本和环境降级成本从 GDP 中予以扣除[②]。2018 年 11 月，北京出台了《推动生态涵养区生态保护和绿色发展实施意见》，确定了平谷区、延庆区等地为“生态涵养区”的范围，提出对生态涵养区进行环境保护、生态建设、城市服务、减量发展、创新开放、就业增收等六大方面共 21 个考核指标，其目的就是完善绿色 GDP 的考核指标，促进绿色 GDP 的发展。

（3）拓宽政府与民众的交流平台。在环境保护工作中，民众可能会不理解政府采取的某些环保措施，从而双方产生矛盾与分歧，为避免出现这种情况，两者之间应加强沟通与交流，建立多样的交流平台。在网络媒体十分发达，大部门民众都会使用微博、微信等渠道获取各类信息的时代背景下，政府部门可以开通官方微博账号，或在微信公众号等平台及时发布各项环保政策的举措与新闻链接，民众有任何疑问或建议都可以在评论区进行留言。交流平台的建立意味着在环境治理过程中，作为参与主体的政府与民众之间地位的平等，两者能在和谐的氛围下合理表达自己的意见，有利于生态环保工作的进行。

---

① 高小平. 政府生态管理[M]. 北京：中国社会科学出版社，2007.

② 聂晶，魏延军，贾利. 浅谈绿色 GDP 核算[J]. 国土与自然资源研究，2016（6）.

研究展望

生态生产涉及成本与收益、内部与外部、短期与长期等基本问题。如果生态生产能够做到收益大于成本就比较容易推动，反之则需要外力。如何推进生态生产从“收益小于成本”转向“收益大于成本”是需要理论探讨的。生态生产设计内部成本与内部收益、外部成本与外部收益，当内部与外部不一致时就存在外部性，如何实现外部性内部化是又一重要课题。生态生产可能在短期内是成本大于收益的，在长期则可能收益大于成本，如何实现从短期到长期的过渡，需要科技创新和制度创新。如何解决生态生产的动力机制是另一重大课题。

思考题

1. 何谓绿色生产、循环生产和低碳生产？
2. 如何测算生态效率？如何提高生态效率？
3. 简述生态生产的基本路径。
4. 产业生态化的主要障碍有哪些？如何解决？

第6章　生态产品理论

习近平总书记说：“我们既要绿水青山，也要金山银山。宁要绿水青山，不要金山银山，而且绿水青山就是金山银山。”①这段话系统阐述了在条件许可的情况下，要做到“绿水青山”和“金山银山”的兼顾；在条件不许可的情况下要做到“绿水青山”比“金山银山”优先；面向未来要做到“绿水青山”和“金山银山”的相互转化，实现生态价值和经济价值的和谐统一。党的十八大以来，我国积极探索“绿水青山”转化为“金山银山”的现实路径，陆续选择具备条件的地区开展生态产品价值实现机制试点，试点实践取得了显著成效，但理论层面的回应并不系统。生态产品及其价值实现机制研究是我国生态文明建设和绿色发展的理论基础。本章将从生态产品的内涵外延、供求均衡、价值实现以及保障体系阐释生态产品理论，试点经验、实践总结和理论探讨，为丰富和发展生态产品理论提供了鲜活素材。

6.1　生态产品概述

6.1.1　生态产品的定义

生态产品作为独具特色的中国学术话语，其理论体系仍在不断发展完善。通过追溯生态产品的理论起源，分析生态产品的阶段成果，具有广泛影响力的生态产品定义有如下3类。

（1）第一类定义：生态产品起源于生态设计理念，即在人类付出劳动参与的产品设计过程中充分考虑生态因素，通过改进设计使产品对生态的负面影响降低到最小，突出产品的“生态环境友好”特征。围绕生态设计所衍生的生态产品定义可进一步细分：①生态产品是指由生态工艺生产的安全可靠无公害的高档产品。这一定义是从生产工艺角度出发，将生态产品解读为通过生态化和绿色化的行动来提供相应的产品，并明确指出生态产品是一种高档产品②。该定义并不普适，是阶段性的或过渡性的，最终的生态产品必须成为对普通产品具有强替代性的产品。②生态产品是指在其生命周期中通过采用先进技术生产的，既能经济地满足需求功用和交货期等生产要求，又能满足生态环境和人类社会发展需求的产品。这是从生命周期角度对生态产品进行定义，在产品生命周期的每一个环节都充分考虑其可能产生的生态负荷。该定义符合生命周期评价标准，对生态产品的生产者有比较大的参考意义③。③生态产品是指在不增加产品成本和不牺牲产品质量的前提下，在

① 习近平. 论坚持人与自然和谐共生[M]. 北京：中央文献出版社，2022：40.

② 任耀武，袁国宝. 初论“生态产品”[J]. 生态学杂志，1992（6）.

③ 刘刚田，蒋鑫. 绿色产品开发模式——并行工程[J]. 郑州轻工业学院学报（社会科学版），2005（3）.

产品生命周期的全过程中采用先进技术生产的对生态环境无害或危害极小、资源利用率高、能源消耗较低的产品[①]。该定义从普通产品与生态产品的区别角度对生态产品进行了阐释，突出了生态产品较之于普通产品所具备的优点，但是按照这种标准生产的生态产品在价格方面是否具有竞争力需要进一步探究。总之，所谓生态产品，是指在设计中充分融入生态因素，充分考虑生产和使用过程中可能产生的生态负荷，通过优化产品的生产技术达到降低环境影响目标的产品。这是生态产品的最初定义，也是基于微观层次的狭义概念。

（2）第二类定义：生态产品在一定程度上与生态系统服务是相似的。21 世纪初期，联合国启动“千年生态系统评估”国际合作项目，关注生态系统与人类福祉之间的关系以及生态系统服务的变化是如何影响人类福祉等问题。生态产品是人类休戚与共的生命共同体，每一个生态产品都是自然资源的精华。围绕生态系统服务衍生的生态产品定义可细分为两类：①生态产品是指直接或间接增加人类福祉的生态系统服务的生态特征、生态功能或生态过程，即人类能够从生态系统获得的效益，包括生态系统在提供食物、水、木材以及纤维等方面的供给服务；在调节气候、洪水、疾病、废弃物以及水质等方面的调节服务；在提供消遣娱乐、美学享受以及精神文明等方面的文化服务；在土壤形成、光合作用以及养分循环等方面的支持服务[②]。这一观点认为生态产品与生态系统服务在广义上基本是相同的，极大地拓展了关于生态产品的认识范畴。该定义中的生态产品涵盖生态系统能为人类社会提供的一切间接和直接的服务与产品，既包括能为人类社会直接消费的产品，也包括不能为人类社会直接使用的中间服务。②2010 年 12 月我国发布了《全国主体功能区规划》（国发〔2010〕46 号），明确生态产品是指维系生态安全、保障生态调节功能、提供良好人居环境的自然要素，包括清新的空气、清洁的水源和宜人的气候等。2012 年党的十八大报告设立“大力推进生态文明建设”专章，提出“增强生态产品的生产能力”，生态产品可理解为从自然系统中生产出的具有生态功能的产品，主要指清新空气、清洁水源、舒适环境、宜人气候等，是人类的基本需要[③]。这与《全国主体功能区规划》基本一致。对比《千年生态系统评估报告》中的“生态系统服务”定义，可以发现这里的生态产品是生态系统服务的一个子集，生态产品仅仅为生态系统所提供的维持生命支持系统、保障调节生态功能、提供环境舒适性的自然要素，包括干净的空气、清洁水源、宜人气候等。这是一种偏广义的生态产品定义，更多地将生态产品视为投入要素，容易导致生态产品的利用停留在初级原材料开发阶段，忽略能够为人类直接消费使用的生态产品，从而难以形成完整的生态产品产业链条。综上，从生态系统服务视角看，生态产品是指维持生命支持系统、保障生态调节功能、提供环境舒适性的自然要素，是能够提供满足人类生存、发展和享受所需要的物质性产品和舒适性服务，是满足人们物质生活和精神文明双重需求不可或缺的重要载体。

（3）第三类定义：在生态系统和经济系统的双重作用下，生态产品是自然力和劳动力结合的产品，同时具备“自然属性”和“经济属性”[④]。生态系统具有天然的资源要素，能够为人类社会提供生态系统服务；经济系统能够生产生态友好型产品，满足人类社会的

---

① 姜曙光. 关于绿色产品及其定价若干问题的理性思考[J]. 商业研究，2003（7）.

② Millennium Ecosystem Assessment Board. Global Assessment Reports [R/OL]. www.maweb.org，2005.

③ 曾贤刚，虞慧怡，谢芳. 生态产品的概念、分类及其市场化供给机制[J]. 中国人口・资源与环境，2014，24（7）.

④ 李宏伟，薄凡，崔莉. 生态产品价值实现机制的理论创新与实践探索[J]. 治理研究，2020，36（4）.

物质生活需求。将生态产品定义为具备生态系统服务功能的自然要素，或者定义为是融入了生态设计的产品都不能明确诠释生态产品的含义。兼顾“生态属性”和“经济属性”来厘清生态产品的边界并给出生态产品的明确概念是正确方向。因此，生态产品是指以生态系统功能为基础，由自然力和人类劳动共同作用形成的提供给人类社会使用和消费的终端产品或服务，包括经过人工修复、保护和提升的可供人类使用的生态系统服务，以及通过生态化和绿色化生产技术生产的经营性产品。生态产品是与农产品和工业品并列的、满足人类美好生活需求的生活必需品。在该定义中，生态产品同其他产品一样，也是被生产出来的物品，包含人类劳动。生态产品生产的目的是满足人民日益增长的美好生活需要，被人类使用和消费①。该生态产品的定义突破了“唯经济论”和“唯生态论”，强调在保护生态的基础上更好地获得经济收益，旨在通过生态产品价值实现来破解保护与发展的矛盾。

6.1.2　生态产品的特征

生态产品是满足人类物质和精神层面需求的重要产品，生态产品的生产和消费过程离不开自然界的参与，人类和整个生态系统的再生产也离不开生态产品。因此，生态产品具有区别于其他农业品、工业品和服务品的本质特征。

（1）来源复合性。一般农产品、工业品和服务品的生产者和消费者皆为人类，而生态产品的生产者则同时包括生态系统和人类社会②。一方面，生态产品的生产过程具备自然属性，生态产品生产所需的自然资源要素来源于生态系统且依赖于生态系统的循环和再生。生态产品的生物生产来源是将生态产品与纯粹的经济产品区分的重要标准，不包含生物生产而只由人类劳动生产的产品只能是纯粹的经济产品。另一方面，包含了生物生产的生态产品必然包含人类劳动，任何生态系统都离不开人类的保护、恢复、经营和管理，即使是最原始的生态系统也离不开人类禁止、限制或放弃经济社会发展的生态投入。因此，生态产品的生产过程是生态系统和社会系统复合作用的过程，生态产品以满足人们多层次需求为导向，通过劳动力与自然力相结合而形成③。

（2）价值多样性。生态产品不仅具有市场价值，还具有非市场价值；不仅具有经济价值，还具有生态价值。由生态产品的来源复合性可知，生态产品的价值同时来源于人类劳动和自然生产。该特性丰富了人类劳动的内涵和范围，不仅将人类劳动从原料获取、生产加工、交换流通等生产过程扩展到环境保护和污染治理等方面，也将人类对生态系统的保护恢复、经营管理看作是生产劳动。与此同时，将自然生产也纳入劳动范畴，将自然生产看作是除人类劳动外可以产生价值的另外一种劳动形式④。生态产品的稀缺性是其价值产生的前提。大部分生态产品的公共物品属性是导致其价值被严重忽略和低估的重要原因。

（3）直接收益性。生态系统服务包含了生态系统为人类提供的所有环境条件和效用，既包括为人类福祉提供的各种终端产品和服务，也包括生态系统自身的维持功能和必须依赖其他功能和过程才会对人类福祉有益的中间服务。生态产品关注生态系统服务中直接对

① 张林波，虞慧怡，郝超志，等. 生态产品概念再定义及其内涵辨析[J]. 环境科学研究，2021，34（3）.
② 张林波，虞慧怡，郝超志，等. 生态产品概念再定义及其内涵辨析[J]. 环境科学研究，2021，34（3）.
③ 李宏伟，薄凡，崔莉. 生态产品价值实现机制的理论创新与实践探索[J]. 治理研究，2020，36（4）.
④ 张林波，虞慧怡，郝超志，等. 生态产品概念再定义及其内涵辨析[J]. 环境科学研究，2021，34（3）.

人类社会有益、直接被人类社会消费的服务和产品，不包含生态系统服务中的支持服务、间接过程和资源存量。这是因为有些生态功能和过程对于生态系统自身的维持非常重要，但对人类福祉却不直接产生收益，而有些生态系统服务虽然对人类有益，但这些服务只有通过其他功能和过程才会产生对人类有益的物质产品和服务①。

（4）时空差异性。生态产品在空间和时间上的分布不均，主要体现为空间上的分布不均衡和时间上的代际分配矛盾。空间上，不同地区生态产品的数量、质量、类别和流动性存在程度不一的差异，造成了生态产品在地理空间上的分布不均。时间上，生态产品是生态系统长期运行以及人类社会劳动改进的产物，在不同的时代受制于生态系统的再生能力和人类社会的技术水平。大部分生态产品随着人类保护或恢复措施而增加，随着人类过度利用或破坏而减少，能够充分反映出区域生态系统保护或恢复的成效。一旦有某一区域的生态遭受破坏，不仅会导致该区域的生态产品供给能力下降，甚至会导致该地区的生态产品在一段较长时间内的供给能力下降，从而导致代际分配不公的问题。

6.1.3 生态产品的分类

（1）公共性生态产品。公共性生态产品与生态系统服务中的调节服务含义相近，是指生态系统通过生物生产过程为人类提供的自然产品，包括清新空气、洁净水源、安全土壤和清洁海洋等人居环境产品，以及物种保育、气候变化调节和生态系统减灾等维系生态安全的产品，是具有非排他性和非竞争性的纯公共产品。公共性生态产品往往还具有协同生产性，即很难将其生产过程界定到某一个地点或某一个要素，这决定其产权是区域性或共同性的，而不能确定为某个人或团体组织。生态产品的消费也不具备排他性和竞争性，容易产生“搭便车”问题，进而导致产品供给不足。

（2）经营性生态产品。经营性生态产品与生态系统服务中的供给服务和文化服务相近，是人类劳动参与度最高的生态产品，包括农林产品、生物质能等与第一产业紧密相关的物质原料产品，以及旅游休憩、健康休养、文化产品等依托生态资源开展的精神文化服务。具有此特征的生态产品的消费有较高的排他性和竞争性，可以通过生产流通与交换过程在市场交易中实现其价值，已经被列入国民经济分类目录。该类生态产品主要由企业和社会资本供给，强调通过激励性政策充分发挥生态产品的正外部性，实现生态产品价值增值。对于产权归属明确的生态产品，其生产和消费对象、供给主体、收益分配主体明晰。

（3）准公共生态产品。准公共生态产品是在一定政策条件下满足产权明晰、市场稀缺、可精确定量三个条件，具备了一定程度竞争性或排他性且可通过市场机制实现交易的生态产品。介于公共性生态产品和经营性生态产品之间，公共林地、水域等随着享有人数增多，拥挤程度增加，呈现出竞争性和非排他性特征。当公园、社区花园为特定范围内的居民提供服务，一经收费便成为一种具有排他性和非竞争性的俱乐部产品。该类生态产品的供给和消费问题一直是经济、政治、公共政策等学科研究关注的焦点问题，也是难点问题，譬如污染排放和资源开发是破坏占用生态产品的行为，但是通过清洁生产、循环利用、降耗减排等途径所形成的污染排放权益和资源开发权益减少了对生态产品的占用和

① 张林波，虞慧怡，李岱青，等. 生态产品内涵与其价值实现途径[J]. 农业机械学报，2019，50（6）.

损耗，从反方向看是扩大了生态产品的供给。由于这些生态权益存在明确的生产与消费的利益关系，在政府管制产生稀缺性的条件下，交易主体之间会形成交易需求，生态权益就转变为生态商品。准公共生态产品可以看作是公共性生态产品在市场中实现交换价值的生态商品①。

6.2　生态产品供求均衡分析

6.2.1　生态产品的需求分析

6.2.1.1　生态产品需求的基本形式

经济学中需求是指消费者在特定时间内在每一价格下对一种商品或劳务愿意而且能够购买的数量，消费者的购买欲望和购买能力是构成有效需求的基本因素。生态产品是与农产品、工业品、服务品并列，并最终为人类所消费的产品。生态产品需求是指消费者在特定时间内在每一价格下对一种生态产品愿意而且能够购买的数量。同时，消费者对于生态产品的需求会随着社会的进步和经济的发展呈现出显著的变化，充分体现经济社会与生态系统的矛盾转变，以及人类社会总体福利的改善。

生态产品需求首先是数量需求，即人类社会在特定的发展阶段将一定数量的一种基础生态产品作为维持基本生存的条件，消耗必需的生态产品以维持人类基本运行。维持人类社会生存必需的生态产品数量需求受人口规模和生产力水平的共同影响。生态产品的数量需求承载着既定人口的最低生态消耗量，当人类社会经济活动强度达到了生态系统能够提供的生态生产资料的承载极限，人类社会和生态系统之间的平衡将被打破，从而导致生态系统内部失衡和生态福利损失，最后导致社会总福利水平呈现下降趋势。

其次是质量需求，即人类社会在特定的社会发展阶段将一定数量的一种优质生态产品作为提升生存环境的条件，消耗更优质的生态产品以提升社会总福利。提升人类社会总体福利的生态产品质量需求受生态危机压力和经济社会进步的共同影响。生态产品的质量需求承载着人类对优质生态产品的消耗量，人类社会力求将社会经济活动调节到生态系统承载能力以内的同时，提升生态产品的质量。人类社会和生态系统之间的平衡将得到有效维持，从而保护生态系统内部平衡和生态福利增加，最后促使社会总福利水平呈现上升趋势。

6.2.1.2　生态产品需求的经济学分析

人类社会是生态产品的最终需求者，生态产品需求符合边际效用递减规律，根据基数效用理论，生态产品需求曲线是一条向右下方倾斜的曲线。其需求函数可以记作：

$$Q_d=\alpha-\beta P \tag{6.1}$$

式中，Q_d表示生产产品的需求量；P表示生态产品的价格；α和β为系数。

需求弹性是指在一定时期内产品需求量Q_d的相对变动对于该商品价格（P）的相对变

---

① 张林波，虞慧怡，郝超志，等. 生态产品概念再定义及其内涵辨析[J]. 环境科学研究，2021，34（3）.

动的反应程度。由于生态产品数量需求和质量需求有所差异，生态产品的需求弹性也是不同的。基于不同类型产品的需求弹性差异，生态产品的数量和质量需求曲线如图 6-1 所示。生态产品的数量需求曲线如图 6-1（a）所示。人类社会对生态产品的数量需求主要集中于维持社会基本运转、保障人类基本生存的基础生态产品，生态产品的数量需求在市场中缺乏弹性，即 $E_d<1$。无论经济发展水平处于何种程度，人类社会对生态产品的数量需求基本稳定，主要受人口规模变动的影响，不受价格变动的影响或受价格变动影响较小。生态产品的质量需求曲线如图 6-1（b）所示。人类社会对生态产品的质量需求主要集中于提高人类生存环境、提升社会整体福利的优质生态产品，生态产品的质量需求在市场中富有弹性，即 $E_d>1$。当社会经济发展水平提升时，居民收入提高，居民对生活质量的需求大幅提升，一旦优质生态产品的价格有所下降，那么对该类优质生态产品的需求量会显著增加。

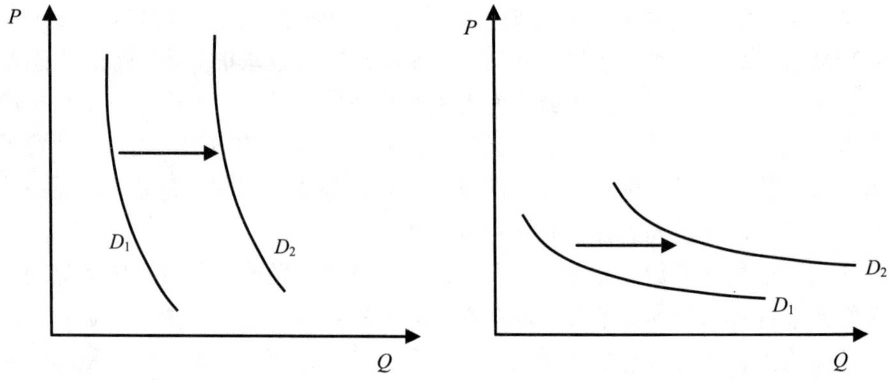

（a）生态产品的数量需求曲线　　（b）生态产品的质量需求曲线

图 6-1　生态产品需求曲线

随着经济社会的迅速发展和生活水平的快速提高，人类对生态产品需求的主观愿望与客观能力遵循生态产品需求递增规律。从主观愿望来看，随着经济社会的迅速发展，人们对生活质量、生命质量的要求日益提高，尤其是在物质需要和精神需要得到极大满足的情况下，生态产品的意愿支付价格越来越高。而且，同一个消费者选择购买的生态产品的比重越来越大，同一个选择购买生态产品的消费者选择购买生态程度更高的生态产品的比重也越来越大。在消费者对生态产品的消费偏好普遍增强的情况下，整个社会对生态产品的偏好也是增强的。根据微观经济学原理，偏好增强会导致需求曲线向右上方移动。从客观能力来看，需求是建立在消费者的预算集上的，决定需求的因素中包括价格和消费者财富。随着经济的发展，消费者的收入水平和市场上产品的价格水平都有所提高，但是消费者的收入水平提高得更快，在同一价格水平上，消费者会选择消费更多的生态产品，如果生态产品消费数量不变时，消费者可以接受更高的价格。因此，对单个消费者来说，生态产品的需求曲线会随收入水平的提高向右上方移动。将市场上所有消费者的需求曲线加总，整个社会对生态产品的需求增加，社会的生态需求曲线向右上方移动。

由此可得生态需求递增规律：消费者对生态产品偏好的增强和对生态产品购买能力的

增强，共同导致消费者对生态产品的需求呈现出递增的趋势[①]。

图 6-1 表明，生态需求曲线的初始位置处于 D_1，随着收入水平的上升，生态需求增加，即生态需求曲线的位置移动到 D_2。根据供求原理可知：如果生产者对生态产品的供给保持不变，那么生态需求的递增会导致生态产品价格的上升；如果生产者对生态产品的供给出现递减，那么生态需求的递增会导致生态产品价格的大幅上升；如果生产者对生态产品的供给增加，那么生态需求的递增会导致生态产品价格的上升趋势得到缓解。因此，针对生态需求的递增趋势，可以通过增加生态供给实现生态产品的供求平衡。

6.2.2　生态产品的供给分析

6.2.2.1　生态产品供给的基本形式

经济学中供给是指生产者在特定时间内在每一价格水平上对一种商品或劳务愿意而且能够售出的数量。由生态产品的基本概念可知，生态产品的生产者包括生态系统的“自然力”和人类社会的“劳动力”，生态产品的供给要同时归结于人类社会与生态系统的协调水平。因此，生态产品供给是指生态自然力和人类劳动力在特定时间内在每一价格水平下对一种生态产品愿意而且能够提供的数量。同时，生态自然力和人类劳动力皆会随着经济社会发展的阶段不同而改变，并能充分体现经济社会与生态系统的矛盾转变。

生态产品供给首先是数量供给，即生产者在特定时间内以生态自然力为主导生产一定数量的基础生态产品以维持自然生态系统基础发展演替和社会基本生态需求。维持自然生态系统基础发展演替和社会基本生态需求的生态产品供给数量受生态系统承载能力和修复能力的限制。生态系统对来自外部的冲击有一定的应对能力，倘若人类社会对生态生产资料的消耗不超过生态系统的最大承载能力，生态产品的供给具有可再生性和可修复性，可以维持人类社会可持续发展的基础供给。

其次是质量供给，即生产者在特定时间内以人类劳动力为主导生产一定数量的优质生态产品以保障自然生态系统高级发展演替和社会优质生态需求。保障生态系统高级发展演替与社会优质生态需求的生态产品供给数量受人类生态利用意识和生态利用技术水平的限制。不当的生态系统利用不仅会削弱生态系统的供给力，更会直接导致生态产品的质量下降。只有通过提高对生态的重视程度，合理利用生态，改进和创新利用生态系统的技术措施以及与之配套的激励政策和机制，才能够在修复生态系统供给能力的同时提高生态产品的供给质量。

6.2.2.2　生态产品供给的经济学分析

生态产品是生态系统的“自然生态力”和人类社会的“人类劳动力”共同结合的产物。生态产品供给曲线是一条向右上方倾斜的曲线，在其他条件相同的情况下，价格越高意味着供给量越多。其供给函数可以记作：

$$Q_s=-\alpha+\beta P \tag{6.2}$$

① 沈满洪. 生态经济学的定义、范畴与规律[J]. 生态经济，2009（1）.

式中，Q_s表示生产产品的供给量；P表示生态产品的价格；α和β为系数。

经济学中供给弹性是指在一定时期内产品供给量的相对变动对该商品价格的相对变动的反应程度。根据生态产品数量供给和质量供给的区别，生态产品的供给弹性也是不同的，并且受到生态自然力和人类劳动力的双重影响，生态产品数量供给曲线和生态产品质量供给曲线呈现出阶段性变化。

生态产品供给曲线如图 6-2 所示。生态产品的主要生产供给来源为丰富的生态资源存量，生态产品在市场中的供给十分富有弹性。$E_s>1$ 意味着在其他条件相同的情况下，价格的提升能够刺激市场提供更多的生态产品。在这个阶段，生态产品的供给曲线表现为一条上升幅度较平稳的曲线。此时，生态产品供给量还远远未超过生态系统能够承受的极限，市场中的生态产品相当富余，见图 6-2（a）。随着生态资源存量逐渐被消耗，生态产品的生产资源逐渐稀缺。生态产品在市场中的供给弹性逐渐下降。$E_s<1$ 意味着在其他条件相同的情况下，价格的提升对市场中生态产品供给量的刺激逐渐减弱，供给曲线为一条较陡峭的曲线。此时，生态产品供给量接近甚至超过潜在市场生态产品供给，市场中的生态产品开始走向耗竭，见图 6-2（b）。

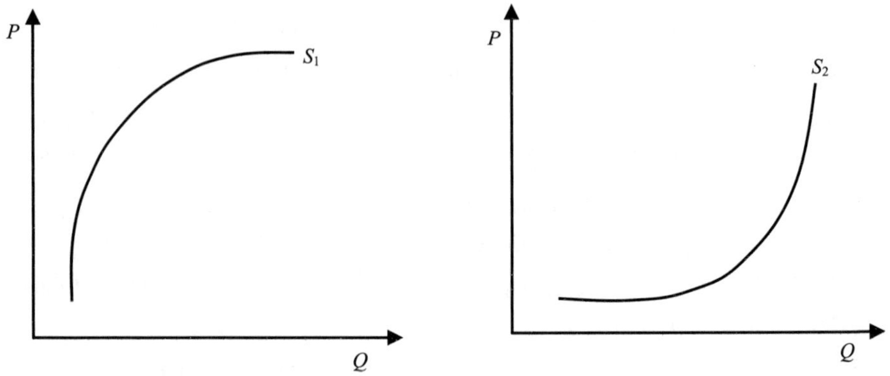

（a）生态产品的数量供给曲线　　（b）生态产品的质量供给曲线

图 6-2　生态产品供给曲线

当生产力水平较低时，受限于资金、技术等生产要素，高质量生态产品供给较少。初级阶段的粗放型发展模式使得生态资源遭受到一定程度的损害，生态产品质量不高。因此，生态产品在这一阶段上的供给缺乏弹性，即 $E_s<1$。随着生产力水平的提高，市场能够提供具有一定质量甚至高质量的生态产品。同时，随着粗放型经济增长模式逐渐转变为集约型经济发展模式，生态资源逐渐得到保护和修复，生态产品质量得到有效提升。此时，生态产品在市场中的供给逐渐恢复弹性，生态产品的供给曲线表现为一条上升幅度较平稳的曲线。相对于数量型生态产品，质量型生态产品更偏向于技术偏向性分析。

6.2.3　生态产品的市场均衡

6.2.3.1　生态产品市场均衡分析

经济学中市场均衡是供给与需求平衡的状态。在影响需求和供给的其他因素都给定不变的条件下，市场均衡由需求曲线与供给曲线的交点所决定。此时商品价格达到这样一种水平：消费者愿意购买的数量等于生产者愿意供给的数量。简言之，生态产品的市场均衡是指在生态产品的需求等于生态产品的供给，结合生态产品数量以及质量的供求曲线可进一步探究生态产品数量均衡和质量均衡。

生态产品数量均衡是指维持人类社会基本生存所需的基础生态产品数量等于以生态自然力为主导力生产的生态产品数量。经济社会发展相对于生态产品禀赋的制约，是引起生态产品数量供求变动的根本原因，如图 6-3（a）所示。Q 为生态产品数量需求量，P 为生态产品价格，D 为生态产品的数量需求曲线，是经济社会发展等因素的函数，S 为生态产品质量供给曲线。随着经济社会发展水平的提高，生态产品数量需求增加，假设经济社会发展水平 $N_0<N_1<N_2$。当经济社会发展水平为 N_0 时，均衡价格维持为 P_0，均衡数量为 Q_0，远远没有达到供给极限。这一阶段，人类社会对生态产品的需求较小，生态资源储藏丰富，生态产品价格较低。随着经济社会发展至 N_1，均衡价格逐渐上升到 P_1，均衡数量则大幅增加到 Q_1，但离供给极限还有一定距离。这一阶段，人类社会对生态产品的需求有所增加，生态资源被深入开发，生态产品价格逐渐上涨。当经济社会发展提升到 N_2 时，均衡价格迅速上升到 P_2，均衡数量小幅增加到 Q_2，已经接近潜在生态产品供给极限。这一阶段，人类社会对生态产品需求极大，引起生态资源的过度开发，生态产品价格上涨并走向耗竭。

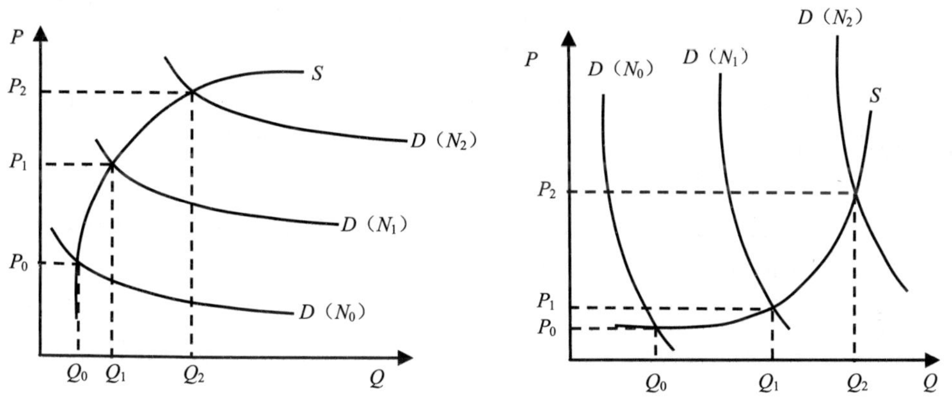

（a）生态产品数量供求均衡　　　　（b）生态产品质量供求平衡

图 6-3　生态产品供求均衡

生态产品质量均衡是指提升人类生存环境以及社会福利的优质生态产品数量等于以人类劳动力为主导力生产的生态产品数量。经济社会发展引起人民生活水平的普遍提高，是导致生态产品质量供求变动的根本原因，如图 6-3（b）所示。Q 为市场生态产品质量需求量，P 为生态产品价格，N 为人民生活水平，D 为生态产品的质量需求曲线，是质量需求影响因素的函数，S 为生态产品质量供给曲线。在经济发展水平提升、人民生活水平普遍提高的前提下，人类社会对于生态产品的需求不再停留于数量，而是逐渐对质量提出更高的要求，其中 $N_0<N_1<N_2$。当经济发展水平为 N_0 时，生态产品均衡价格为 P_0，均衡数量为 Q_0。这一阶段，受限于资金、技术、人才等生产要素的投入水平，生态产品的市场供给较为困难，均衡价格的上升速度要高于均衡数量的增加速度。随着经济发展水平提升至

N_1，均衡价格大幅上升到 P_1，均衡数量略有增加至 Q_1。这一阶段，随着资金、技术、人才等生产要素投入的增加，生态产品的生产效率提高，其均衡价格上升速度有所下降，均衡数量的增加速度有所上升。当经济发展水平提升到 N_2 时，均衡价格缓和上升至 P_2，均衡数量大幅增加到 Q_2。这一阶段，生态产品的生产技术逐渐成熟，生产效率达到较高点，均衡价格增长变缓，均衡数量快速增加。在生活水平达到 N_2 阶段，人们对生态产品的质量要求极高，社会生产力高度发达，人类社会对生态系统的开发利用趋于合理，人类社会和生态系统的协调发展程度更高。

生态供给小于生态需求即为生态赤字，生态供给大于生态需求即为生态盈余。一般而言，生态供求失衡主要是指生态供给小于生态需求而造成的生态供求差，即生态系统内资源的供给量与经济系统对资源的需求量之间的差额。人口增长、经济发展是导致生态供求差扩大的主要原因。随着人口数量的迅猛增长及生产力的发展，人们对自然资源的利用量也逐渐扩大，生态供给力逐渐衰竭，从而扩大生态产品供求矛盾。生态产品供求失衡的扩大不但影响经济发展，而且还会导致滥采滥用资源和生态环境恶化等一系列恶劣问题。值得指出的是，生态产品的供求模型尚未考虑生态阈值。事实上，生态产品数量供求受到“生态阈值”的约束，生态产品质量供求也受到“生态阈值”的约束。当存在“生态阈值”刚性约束时，一些均衡在市场中无法达到，即它们是一个理论解。完全竞争条件下的生态产品供求模型揭示的是生态产品有价且价格不菲，继续低价或零价格开发或使用不利于生态效率的提升，也不符合生态文明建设的要求。从价格或价值维度去考察生态产品时，经济生态总值（Gross Economic-Ecological Product）核算是前沿话题。

我国的生态产品供求不匹配现象较为突出。与一般物质产品的极大丰富相比，随着收入水平和消费水平的提高，人们对生态产品的需求急剧增加，但生态产品的供给却还停留在一个较低的水平。由于区域性的环境污染呈现出不断加重的趋势，生态环境不断遭受严重破坏，大范围、高强度的生态危机时有发生，生态产品的总量供给严重不足。加之，中国生态产品供给长期以政府为主导，供给主体单一化程度较高，企业、公众、社会组织等其他社会主体参与程度较低。生态产品供给和生态系统服务无论是在数量还是质量上都有所欠缺，难以满足物质条件快速提高背景下人民对生态产品全方位、高品质、多层次的需求。

6.2.3.2 生态产品市场失灵分析

鉴于生态产品的非竞争性，市场需求曲线为单个消费者需求曲线（分别为 D_1、D_2……）的垂直相加，即为需求曲线 D，供给曲线为 S。所以，最终消费量为 Q_0，市场价格为 P_0，第一个消费者消费量也为 Q_0，但愿意支付的价格为 P_1，低于总市场价格 P_0，其他消费者类似。其中，$P_0=P_1+P_2+\cdots\cdots$。由于非排他性，消费者都愿意不支付成本就能享用公共生态产品，所以，图 6-4 中需求曲线是不存在的，市场价格无法显现出来。

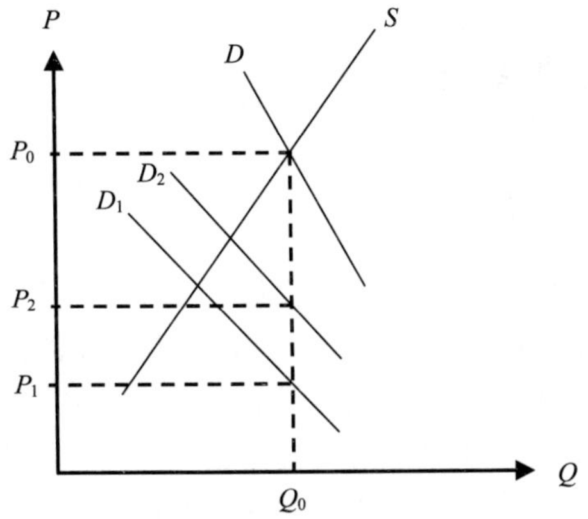

图 6-4　生态产品的理论供求

公共性生态产品和准公共性生态产品，容易产生“搭便车”和“公地悲剧”，完善的生态产品市场交易机制是实现生态产品价值的重中之重，但生态产品的市场交易体系构建存在以下不足：

一是生态产品权属界定不清晰。由于部分生态产品产权界定尚不明确，其市场化交易缺乏依据。虽然我国自然资源资产产权制度逐步建立，形成了所有权和使用权分离的产权制度，但这些自然资源一直分属于不同部门管理，各类自然资源产权制度服务于行政管理需要，山、水、林、田、湖、草等自然资源要素产权相互独立，尚未建立产权归属清晰、开发保护权责明确、监督管理有效的自然资源资产产权制度。由于各类资源的定义和界定标准不同，自然资源管理存在边界模糊、权属不清、权力交叉重叠、缺位遗漏等问题。

二是生态产品价值核算体系不健全。对生态资产进行科学核算和准确评估是推进生态产品价值实现的基础和前提条件。我国尚未出台规范统一的生态产品价值核算方法，生态保护补偿、生态环境损害赔偿、经营开发融资、生态资源权益交易等促进生态产品价值实现的制度机制建立缺乏科学依据。虽然实践中已开展对流域水生态系统、森林生态系统、湿地生态系统等服务价值进行测算研究，但相关核算模型、指标体系、评估方法、数据来源尚不统一，难以形成一套科学的核算标准，部分基础数据缺失或无法获得，也会影响核算结果的准确性、完整性和可比性。

三是生态产品市场交易机制不成熟。部分地区围绕生态产品价值核算、交易市场、资本化运作、政策制度供给等进行了有益探索，取得了一些经验，但我国生态产品价值实现机制的市场准入、交易技术流程、各利益主体分配方式、相关管理办法等市场规制不够规范，还有待逐步制定完备合理的政策保障体系。另外，反映市场供求和资源稀缺程度，体现自然价值、代际补偿的资源有偿使用和生态补偿制度还不完善，导致自然资源及其产品价格普遍偏低、生产开发成本低于社会成本，保护生态环境常常得不到合理收益回报，大量生态产品被免费、无约束地过度使用和浪费。

6.3 生态产品的价值实现

6.3.1 生态产品价值的分类评价

生态产品的价值是多元的，分别由经济价值、生态价值和社会价值构成。生态产品的经济价值指生产的物质性产品和服务的价值，可通过直接市场法进行评估的商品性资源产品价值。生态价值是生态产品在生态文明时代的重要价值形态，主要是指难以通过市场法直接进行评估的服务价值，包括调节服务、支持服务、文化服务价值等。社会价值是生态产品体现公共属性的价值形态，虽然对人类生存至关重要，价值巨大但无法准确估量，譬如精神享受、科学研究、文化艺术等，属于人类主观领域和精神层面，难以客观评估其价值。生态产品的经济价值、生态价值和社会价值是统一的、不可分割的整体，三者相互牵制，互为存在前提，任何一种价值的缺损必然造成其他价值的流失和毁灭。

生态产品具有经济价值，生态资源可以作为生产要素进入人类的生产活动，生态产品也可以直接作为商品在市场上进行交换，体现的是直接使用价值。生态资源首先是在对人类社会有益的前提条件下，由人类付出劳动将其开发出来，但生态资源由于地理区位因素的不同以及所在地生态开发、保护程度的不同，其资源数量和质量存在着很大的差异，因此在利用生态资源进行生产时所需投入的劳动和资金、产出后的生态产品数量和质量也存在较大的差异，而这些因素是在研究生态产品价值构成与实现时所必须要考虑的。生态资源通过人类的劳动付出生产为对人类有用的生态产品，并进入经济社会通过市场交换能够实现其经济价值。绝大多数生态产品都凝结着人类劳动，人类为认识、勘探、开发和保护生态资源而投入的劳动构成生态资源的价值实体。这一部分价值被称为“市场价值”。

生态产品具有生态价值，作为兼具人类劳动力和生态自然力的产品，充分体现了人与自然的交换关系，而不是人与人的交换关系。人类在与自然界的长期往来中只注重攫取，对自然界造成的巨大压力和伤害难以避免地导致了自然界的报复，沙尘暴、泥石流、耕地沙化等给人类带来了无穷的灾难，生态价值的提出正是体现了人类对此问题的正确认识。生态价值是生态产品的潜在价值，体现的是其间接使用价值，这种潜在价值是由生态产品的效用性及稀缺性决定的。生态资源的效用性是指生态资源的使用价值。生态资源的稀缺性包括如下三方面内容：一是人类活动使某些生态资源数量减少、枯竭和耗尽；二是生态资源和自然条件的贫化、退化和质变；三是生态资源的生态结构、生态平衡被摧毁和破坏。资源的稀缺性决定了资源不能无限地提供给人类加以利用。为了实现人类可持续发展，必须在认识其稀缺性的基础上明确其相应的价值。资源的有用性和稀缺性使其自身蕴涵着潜在价值，这部分价值起着人与自然的联结作用，可称之为生态价值。

生态产品具有社会价值，即能满足人类精神文化和道德需求的资源价值，体现的是存在价值和科学文化价值[①]。生态产品的社会价值主要体现在它能满足人类的精神需求，与人类高度的精神文明相适应。随着人类社会的发展和人类文明的进步，人们在生活中的需求层次不断提高，生态产品的文化价值日益凸显，大自然的珍禽异兽、奇峰异石、绿水青

---

① 苏广实. 自然资源价值及其评估方法研究[J]. 学术论坛，2007（4）.

山、广袤平原等是文人墨客们吟诵描绘的永恒主题，游历山水、欣赏自然已成为人们文化生活不可或缺的组成部分。同时，大自然的神秘莫测、生态资源的丰富多彩还是科学研究与探索的不竭源泉。因此，生态产品具有不可替代的科学价值。这一部分价值也是由生态资源的稀缺性和效用性决定的。通常，生态价值和社会价值合称为生态资源的“非市场价值”。

6.3.2　生态产品价值的实现机制

6.3.2.1　政府引导的生态产品价值实现机制

在生态产品产权与受益者不清晰、管理成本较高时，出于高效与公平的考虑，通过政府投资来扩大其供给并实现其价值是最有效的途径，尤其是为人类提供生存环境和物质支持、维护生态平衡与生物多样性等生命支持类生态产品的提供①。政府应当率先满足公众对于公共利益的需求，在明确公众对生态产品需求的基础上应将部分难以市场化的生态产品作为公共服务提供给社会公众。更好发挥政府作用是社会主义市场经济的应有之义，市场决定性作用并不是要否定政府作用。政府作为公共权力的代表可以通过法律、政策等干预手段促进生态产品有效供给，弥补市场失灵。同时，通过公共财政，主要是环境财政资金为促进生态产品平等消费、实现社会财富再分配等目标提供强有力的支持（图 6-5）。

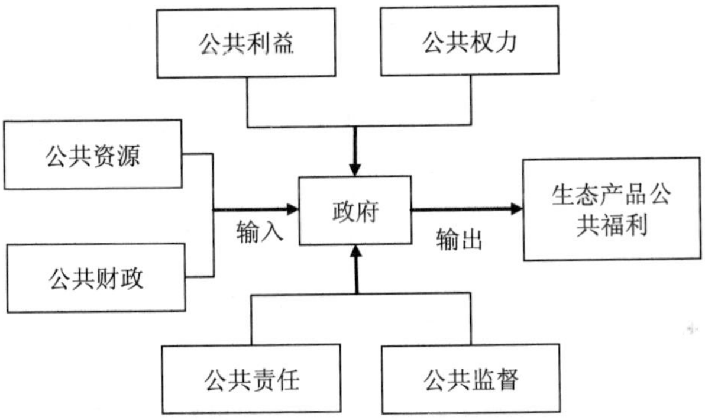

图 6-5　政府引导的生态产品价值实现机制

实现生态产品价值的政府方式主要有以下 3 种：第一，政府直接生产生态产品；第二，政府通过建立有效的可以鼓励生态产品供给的政策和制度来提高生态产品的供给水平；第三，通过增加自然保护区面积等方式来间接地提供生态产品。为了确保政府履行生态产品供给的责任，首先应加强顶层设计，中央政府要发挥规划引领作用，将生态产品价值全面体现到国民经济和社会发展、自然资源利用、生态环境保护、产业发展布局、国土空间格局等相关规划中，发挥规划的统筹引领作用；地方政府要准确分析判断当地生态产品比较优势，因地制宜地编制区域生态环境规划，并将其纳入区域性社会经济发展规划中。其次，强化制度供给，加快完善生态产权制度，建立健全生态产权市场交易体系；完善财政税收制度，确保地方政府生态环境保护财力与环境事权相匹配；制定生态产品开发指南，探索

① 刘子刚，刘喆，卫文斐. 我国环境保护基本公共服务均等化问题和实现途径[J]. 环境保护，2015，43（20）.

差别化供给机制和价值实现路径；强化环境硬约束和正向激励政策，激发企业绿色发展的内生动力。

6.3.2.2 市场主导的生态产品价值实现机制

政府在提供生态产品、加强生态底线管理、完善法律制度、消除污染负外部性等方面发挥着无可替代的作用，但政府角色应该是承担“有限责任”而非“无限责任”。发挥市场对资源配置的决定性作用是完善社会主义市场经济体制的方向，也是促进生态产品价值实现的关键。要通过要素市场化改革、发挥企业主体作用、推动产业绿色转型，从政府为主配置生态资源转向由市场为主配置生态资源。政府供给的低效率、市场经济的逐步建立与完善、生态环境资源的产权界定和价值化、以自愿追求私人利益的企业经济人动机以及消费者对于生态产品的迫切需求，多种因素促使生态产品的市场化供给成为可能。无论是直接的市场交易还是产业化经营或是生态购买，其运行所需要的投入应当主要来源于企业，但生态产品的生态和经济效益具有潜在和长期滞后性。因此，为了提高企业供给生态产品的积极性，政府可以通过相关政策优惠对企业进行引导，激励企业对生态产品进行投资①。值得指出的是，在生态产品的市场化供给中，营利性企业或组织必须承担公共责任，接受政府的规制和公众的监督（图 6-6）。

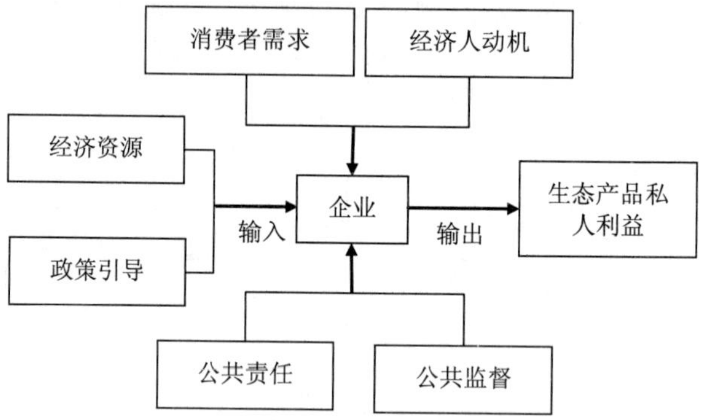

图 6-6 市场主导的生态产品价值实现机制

实现生态产品价值的市场方式主要有以下 3 种：一是加快要素市场培育。要紧紧抓住要素配置市场化改革这根关键指挥棒，以自然资源、地方金融、科技创新、生态资源等要素的优化配置为改革重点，从“定价格”转变为“定规则”，引导各类要素协同向生态生产力集聚，为全面迈向高质量生态发展提供更为完善和有利的要素保障。二是发挥企业主体作用。一方面要落实企业主体责任，建立覆盖所有污染源的企业排放许可制度，通过提高环境违法成本和经济政策激励生产等制度倒逼企业转型。另一方面通过培育生态要素市场、生态消费市场，完善生态产业链、生态供应链等市场手段使企业在产品生产、消费、使用和处置的全过程提升生态产品的供给能力，逐步形成思维惯性和行为惯性。三是加快发展生态经济。要牢牢抓住发展生态经济这个“牛鼻子”，探索生态产品价值实现机制，加快产业绿色转型升级，持续推进经济结构调整，

① 曾贤刚，虞慧怡，谢芳. 生态产品的概念、分类及其市场化供给机制[J]. 中国人口·资源与环境，2014，24（7）.

大力推进生态农业、生态工业、生态旅游业、生态文化产业发展，走出一条附加值高、资源消耗低、环境污染少的生态发展新路子。不同产业之间可以在横向和纵向产生整合交互作用，产生良性循环。

6.3.2.3　公众参与的生态产品价值实现机制

人类已经进入了高度复杂和高度不确定性的时代，由多元参与转向有机协作是大势所趋。由于生态问题的复杂性、生态行为的外部性，生态产品价值实现领域实行有机协作模式具有很强的合理性和适用性。全社会环保意识的觉醒和大众传媒的创新发展直接加速了公众表达生态诉求和参与生态生产的进程，公众参与的生态产品价值实现机制能够有效弥补市场失灵和政府失灵。具有社会责任感的自愿组织或者个人出于利他动机，在充分了解当地社区需求的情况下，可通过聚集社会资本供给生态产品，为所在社区带来利益。自愿供给的决策方式常常是自愿和分散的，供给生态产品的种类、数量和质量均由私人部门自己决定。自愿供给的资金来源通常是社会捐款，或者向受益群众收取会费。由私人部门根据受益群众的需要自行安排生产活动，机动性较强。非营利组织应当是不以营利为目标，但当外部监督缺失时，依然有可能产生机会主义行为，需要政府和群众对资金使用状况、生态产品的供给状况进行监督（图 6-7）。

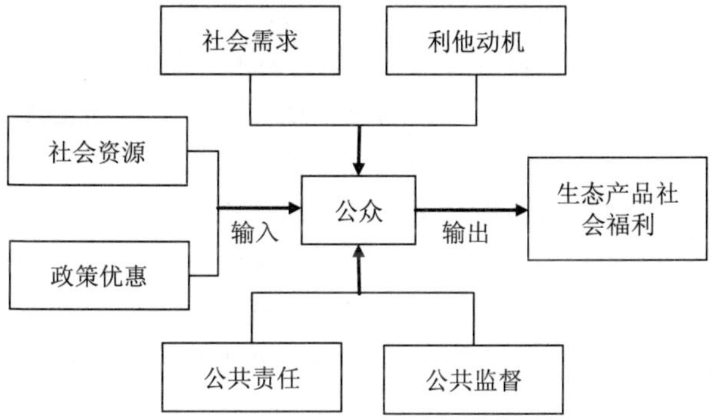

图 6-7　公众参与的生态产品价值实现机制

在社会机制中，如何促使社区居民积极、准确地表达对生态产品的需求是实现生态产品价值的基础。一是推动有机协作。生态环境领域的有机协作是政府与公众等治理主体在平等基础上通过协商、谈判等过程，共同进行决策、共同承担责任的一种治理方式。公众和其他社会主体参与合作治理的前提是不断强化环境知情权，提高决策透明度，积极拓宽公众参与的途径和渠道，包括生态政策制定过程引入公众听证，建立污染源举报奖励制度，建立公众参与奖励基金，引导公众、媒体积极参与环境污染监督等，不断增强公众参与的内在动力。二是共建共治共享。共建共治共享是环境合作治理的主要特征，共建是基础，解决的是意识问题。共治是关键，解决的是行动问题。共享是目标，解决的是利益分配问题。公民对生态环境的了解和需求最为直接和快速，能够对生态环保公共价值的实现提供关键信息、做出直接贡献。要不断提高公民环保素养，引导公民自觉履行环境保护责任，践行绿色生活方式，倡导绿色出行、绿色消费，在共同目标导向下提升参与行动的主动性和积极性。

6.3.3 生态产品价值的路径选择

6.3.3.1 生态产品价值实现路径一：生态产业

基于生态优先、绿色发展理念，遵循自然规律和市场规律，探索生态产业发展是实现生态产品价值的主要路径。生态产业就是把产业发展建立在生态环境可承受的基础之上，在保证生态再生产的前提下扩大经济的再生产，在给消费者带来福利、给生产者带来收入的同时，完成生态产品价值实现的过程。

生态产业发展路径主要呈现为三个转化过程：首先，生态资源转化为生态资产。生态资源是以其自然属性为人类提供生态产品和生态服务的各类自然资源，以及各种生态要素之间相互作用组成的生态系统。生态资源的初始状态属于共有资源，但当人类的生存环境发生变化时，稀缺性会使生态资源权益所有者分配改变，具有公权力的国家开始对生态资源进行权力划分，产权明确的生态资源能够给投资者带来利益，投资者享有法律赋予的权利，生态资源转化为生态资产意味着生态资源将作为一种资产按照市场规律进行管理，完成实物形态向价值形态的转化。其次，生态资产转化为生态资本。生态资本是能够产生未来现金流的生态资产，且具有资本的增值性，生态资本再通过不断循环运营，最终带来自身的增值。生态资产具有资产的一般属性，即具有潜在市场价值或交换价值，是所有者财富或财产的构成部分。通过不断的市场交易、金融创新，生态资产的价值不断增值。最后，生态资产转化为生态产品。生态资产的使用价值通过运营阶段转化为生态产品或服务的交换价值，在生态市场上实现其价值。要实现生态资产保值就是在生态资产总体价值不降低的前提下，使其分配更良性、结构更合理；要实现生态资产增值，必须经过市场交易、金融创新等手段，获得远高于自身价值的价值，进而提高经济发展水平①。生态产业化就是充分利用生态资产资本化生产出生态产品或服务，通过不断深挖优势区域新的生产要素，并与原有生产要素相结合，生产出满足人们需要的新型生态产品或服务，在生态市场运营中实现其保值增值。

我国生态资产种类繁多，各地区可以充分利用生态优势将传统产业与培育特色产业相结合，如“生态+”农业、“生态+”旅游、“生态+”产业园区、“生态+”特色文化、“生态+”空间布局，开发出新的生态产品或服务，提升生态产品或服务质量，创造增值空间，从而形成区域发展的内生力量。生态产业主要可分为生态农业、生态工业和生态服务业②。

生态农业是指在保护改善农业生态环境的前提下，遵循生态学、生态经济学规律，运用系统工程方法和现代科学技术集约化经营农业发展模式。生态农业是一个农业生态经济复合系统，将农业生态系统同农业经济系统综合统一起来以取得最大的生态经济效益。它也是农、林、牧、副、渔各业综合起来的大农业，又是农业生产、加工、销售综合起来适应市场经济发展的现代农业。

生态工业模拟生态系统功能，旨在建立起相当于生态系统的生产者、消费者、还原者的工业生态链，以低投入、低消耗、低污染或无污染为目标，强调工业发展与生态环境的

---

① 刘小双，罗胤晨，文传浩. 生态产业化理论意蕴及发展模式研究综述[J]. 经济论坛，2020（3）.

② 沈满洪. 生态经济学的定义、范畴与规律[J]. 生态经济，2009（1）.

协调。工业结构生态化是重点，它是指把工业系统的结构规划成“资源生产”“加工生产”“还原生产”三大部分。其中，资源生产部门相当于生态系统的初级生产者，主要承担不可再生资源、可再生资源的生产和可再生资源的开发利用，并以可再生资源逐渐取代不可再生资源为目标，为工业生产提供初级原料和能源；加工生产部门相当于生态系统的消费者，以生产过程无浪费、无污染为目标，将资源生产部门提供的初级资源加工转换成满足人类生产生活需要的工业品；还原生产部门将各副产品再资源化，或无害化处理，或转化为新的工业品。

生态服务业就是指在服务设施、服务手段、服务渠道等方面充分体现生态理念，在服务过程中无害于生态环境，使消费者在接受服务的过程中树立和强化生态意识。在生态保护中融入市场机制，实现生态保育、野生动植物保护与休闲旅游、经济发展一体化。一些地区利用其良好的生态环境和明显的区位优势，创新和发展具有特色的生态旅游、生态康养、生态休闲、生态文娱等项目或产业，并借助地理标志保护等手段，形成品牌效应，最终通过游客支付门票、餐饮、住宿和交通等费用形式，实现生态产品价值。

除了以上三种模式之外，三次产业融合发展模式也已经成为很多地区实现生态农业、生态工业以及生态文旅产业融合发展的现实选择。

6.3.3.2　生态产品价值实现路径二：生态补偿

生态补偿是重要的生态产品经济价值实现路径。绿色发展在本质上就是要解决经济发展和环境保护之间的矛盾，要使经济发展与生态环境间的关系由对抗性向促进性转化，使经济活动不超过生态环境的承载力。经济发展与生态发展和谐共赢，就必须建立生态补偿机制（payment for ecosystem service，PES）。环境质量改善的需求不应免费获得，否则需求就会无限大；环境质量改善的供给不应没有补偿，否则供给就会极为有限，进而环境质量改善的供求就不可能达到均衡。生态补偿机制是以保护生态环境、促进人与自然和谐为目的，根据生态系统服务价值、生态保护成本、发展机会成本，综合运用行政和市场手段，调整生态环境保护和建设相关各方之间利益关系的环境经济政策。从国情及环境保护实际形势出发，我国建立生态补偿机制的重点领域应包括自然保护区的生态补偿、重要生态功能区的生态补偿、矿产资源开发的生态补偿和流域水环境保护的生态补偿。要探索建立生态补偿标准体系，以及生态补偿的资金来源、补偿渠道、补偿方式和保障体系，健全生态补偿的法律制度，完善生态补偿税收政策和加强环境绩效考核。

从补偿对象角度，生态补偿的类型可划分为：对生态保护贡献者给予补偿，激励他们的积极性和持续性；对生态破坏中的受损者进行补偿，目的是维持公平合理的原则；对减少生态破坏者给以补偿，目的是通过一种外在的基础，促使过度放牧、过度砍伐等行为得到有效遏制。从条块角度可划分为两类：一是指流域上游的生态保护直接影响到下游地区的生态质量，对上游地区的生态保护努力和机会成本给予相应的补偿。该补偿体现了生态资源的福利共享和责任共担。二是指“部门与部门之间的补偿”，即“直接受益者付费”补偿。例如，林水部门耗资提升生态环境，对旅游部门、水利部门、航运部门等都产生了直接或者间接效益，可在这些集团中间进行利益再调配。从政府介入程度可分为：“强干预”补偿机制，指对生态效益评估困难、交易成本较高的公共物品，通过政府的转移支付实施生态保护补偿机制。中央和省级财政参照生态产品价值核算结果、生态保护红线面积等因素，完善重点生态功能区转移支付资金分配机制。“弱干预”补偿机制，指在政府的引导下实现生态保护者与生态受益者之间自愿协商的补偿。综合考虑生态产品价值核算结果、生态产品实物量及质量等因素，开展横向生态保护补偿。从补偿的效果可分为“输血型”补偿和“造血型”补偿。“输血型”补偿是指政府或补偿者将补偿资金定期转移给被补偿方。该方式的优点是被补偿方拥有极大的灵活性，缺点是补偿资金可能转化为其他支出，难以体现生态补偿的真正含义。“造血型”补偿是指政府或补偿者运用项目支持的形式，将补偿资金转化为技术项目安排到被补偿方，通过生态产业发展等形式增加落后地区的发展能力，形成造血机能与自我发展机制，使外部补偿转化为自我积累能力和自我发展能力。

生态补偿的途径主要有如下几种：向受益部门收缴一定的生态补偿费和生态补偿税，将其纳入国家预算，由财政部门统一管理，国家每年将一部分资金补贴给生态建设者；通过设立市场化产业发展基金等方式，支持基于生态环境系统性保护修复的生态产品价值实现工程建设；强化对资源占用和环境污染的收费，增加资源占用和环境污染成本以提高资源的利用效率，减少对生态的破坏，增加对受害地区的生态补偿；推广优惠信贷，既可刺激借贷人有效使用贷款，又可提高借贷行为的生态效率；借助国内外基金，如世界环境基金、世界自然基金会等项目，用于受破坏地区的生态建设项目；发行生态彩票，筹集生态建设资金，加大对生态环境建设区经济发展的投资，提高其自身的经济实力；通过设立符合实际需要的生态公益岗位等方式，对主要提供生态产品地区的居民实施生态补偿。

6.3.3.3 生态产品价值实现路径三：生态权交易

生态权交易是直接实现生态产品价值的重要路径。在公共产品理论中，空气和水被视为公共池塘资源，同时具有非排他性和非竞争性。在人口增加、经济增长和全球变化的影响下，环境污染和生态破坏加剧，可以不分彼此免费使用的空气和水也越来越成为稀缺资源。人们在把这种稀缺资源作为经济活动的基本生产要素时应该遵循一定的规则，这种规则就是产权。科斯把生产要素看作是一种权利，因此造成外部性的这种权利也成为一种生产要素。而且科斯把外部性问题转化为产权问题，然后通过讨论最有效的产权安排来解决外部性问题。市场经济的本质是交换经济，在市场中交换商品实质是交换产权，可交易性是界定产权的最主要目的，明晰的产权也是在交易中不断演进的。根据科斯定理，如果生态产品的产权能够界定，那么可将其转变成私人产品，通过直接市场的经济交易实现供给。市场交易是外部性内部化的模式之一，它是通过创建市场、规范市场、明晰产权实现的。

生态权交易是在明晰生态资产产权基础上，通过建立由许可证、配额或其他产权形式构成的市场化的自然资源资产产权交易体系，包括区域之间、企业之间碳排放权、用水权、排污权、用能权等自然资源资产产权公平分配与交易机制，将生态产品的非市场价值转化成市场价值，进而实现生态产品价值增值与收益，拓宽生态环境保护提供资金来源渠道。在某种意义上，作为生态产品通过市场交易实现价值的一种方式，自然资源资产权属交易可以被视为一种政府创设的区域企业间生态产权交易体系，对于维持区域生态系统动态平衡，能起到很多政府干预或控制所不能起到的作用。但由于这类权属生态产品难以像物质产品交易那样进行实物交割，因此必须健全与之相适应的制度技术体系。譬如政府通过管控或设定限额，探索绿化增量责任指标交易、清水增量责任指标交易等方式，合法合规开展森林覆盖率等资源权益指标交易；健全碳排放权交易机制，探索碳汇权益交易试点；健全排污权有偿使用制度，拓展排污权交易的污染物交易种类和交易地区。

碳汇交易是市场交易机制构建较为完善的一类生态权交易，可以通过市场激励和资助发展中国家生产和供给生态产品。就森林碳汇而言，其需求者包括两类，第一类是“参与自愿购碳，选择低碳生活或生产、实现社会责任”的个人、团体及企业，他们出于自身的社会责任感或者其他因素，选择自愿购买碳汇。第二类是不得不通过使用碳排放权许可方可排放污染物，或其排放量超过排放限额而不得不通过参与碳交易市场获得限额的企业等。这些企业通常可以选择购买其他企业的排碳额、自身减排或者购买森林碳汇商品方式参与碳交易市场。其提供者通常是森林林权所有者或者经营者，我国的国有林场、集体林场及其他拥有或经营森林资源的个人、企业和其他实体是森林碳汇的主要供给者。森林碳汇交易能够给提供者带来额外的正向经济补偿，因此对我国西部的退耕还林区域尤其有吸引力。第三方独立认证机构在森林碳汇市场中不可或缺，这也是森林碳汇市场与其他市场的重要区别之一。在发展初期信息不对称的情况下，需要第三方独立认证机构的介入，加强对碳汇市场的运行和金融监管，规范碳现货市场交易，进行风险防控。政府是森林碳汇市场的又一个重要参与者，政府的参与是为了弥补市场失灵。政府的一个重要责任是确定碳排放限额，将碳减排指标分解并落实到具体的企业。首先要在经济发展规划框架下确定减排目标，其次要根据减排目标进行配额分配，这个过程涉及初试权分配，强制减排行业的选取、企业的确定，以及具体配额的分配等①。

6.4 生态产品价值实现的保障体系

6.4.1 产权管理体系

产权管理体系是生态产品价值实现的核心。完善我国自然资源资产管理制度，推进生态产品价值实现应当以产权制度为首要条件。2019 年 4 月，中共中央办公厅、国务院办公厅印发《关于统筹推进自然资源资产产权制度改革的指导意见》，明确到 2020 年基本建立“归属清晰、权责明确、保护严格、流转顺畅、监管有效”的自然资源资产产权制度。资源资产化是将产权管理方法应用于资源相关研究和开发领域，使资源具有产权归属，按照经济规律进行投入产出管理，为人们带来预期收益。从这一角度来看，生态产品价值实现实质上等同于打通资源变资产、资产变资本的转化通道，充分实现自然资源资产所有者权益。

6.4.1.1 明确产权主体

完善自然资源产权和用途管制制度，加快推进自然资源资产的确权、登记和颁证工作，明晰生态资源所有权及其主体。摸清资源的自然状况和权属状况，落实资源统一确权登记制度是对产权的确认和保护，应全面总结不动产登记制度改革经验，在此基础上加快推进土地、矿产、森林、山岭等自然资源资产统一确权登记。首先，通过梳理资源环境“一张

① 牛玲. 碳汇生态产品价值的市场化实现路径[J]. 宏观经济管理，2020（12）.

图”“一张表”数据系统，厘清各类自然资源之间、各类产权主体之间的产权边界，避免因产权主体不清、不到位造成“公地悲剧”。其次，以自然资源统一确权登记为基础，明晰国家所有、集体所有等不同所有者之间的边界。加快推进自然资源资产的确权、登记和颁证工作，清晰界定权能体系中各项权利的内涵及持权人的权责边界，从法律和自然资源资产产权体系上明确生态产品归属。最后，重点区分全民所有和集体所有、国家所有和地方政府代理行使所有权以及不同集体所有之间的资源清单和权利边界，切实做到调查监测自然资源资产的数据、权属、区位一致，合理界定出让、转让、出租、抵押、入股等权责归属，依托自然资源统一确权登记明确生态产品权责归属，为自然资源资产产权保护和市场化奠定基础。

6.4.1.2 明晰产权分置

规范生态资源资产使用权，保障生态资源资产收益权，激活生态资源资产转让权，以自然资源资产产权为基础，扩权赋能，明确利益分配。我国自然资源资产管理体制中的利益主体较为多元化，相互之间的关系交叉、错综复杂，在利益分配中存在着关系不明确的问题。因此，应当明晰所有权权益、管理权权益及使用权权益，保障各利益主体的自然资源资产权益，在此基础上理顺利益主体间的收益分配关系，体现所有人权益，实现自然资源的价值。对于可清晰界定产权的资源要素，进一步根据产权分离思想，推行自然资源所有权、经营权、承包权等权利分置运行。建立可交易的资源要素产权制度，一方面以出租、抵押、转让和入股等方式促进资源使用权流转，另一方面使经济主体在竞争的前提下有偿使用资源资产经营权。推动生态资源产权制度改革。国家是自然资源资产的所有者，享有所有者权益，具有垄断性质，可以收取因为具有所有权而享有的收益。自然资源管理部门作为管理者，享有管理者权益，应该向资源资产经营者收取开发过程中发生的资源资产保护、环境治理等资源保护费等。自然资源资产经营者享有占有、使用、收益和处分等使用权权益，为取得使用权，其有义务向国家及相关方面交纳相关费用①。可仿照耕地，对山林、滩涂、湿地、水面等生态资源进行“三权”分置改革，所有权归集体，承包权归农户或渔民，经营权可流转，村集体、农户或渔民可获得流转收入，允许经营者对生态资源进行保护性开发，不能改变用途，并赋予其管护责任。盘活生态资源，做好资源管护，杜绝生态产品使用的“搭便车行为”，有利于生态产品生产和价值实现。

6.4.1.3 保障产权权益

理顺生态资源资产监管权，建立归属清晰、权责明确、监管有效的生态资源资产产权制度，明确细化所有权人和使用权人保护自然资源的义务和责任。一是切实保护自然资源资产权利人的合法权益。比如：分类提出自然保护区内矿业权补偿和退出方案，明确区分主动违法违规行为和因政策出台时间造成的违法违规行为，维护合法取得探矿权、采矿权和取水权的自然资源资产权利人的基本利益。二是建立和完善自行处理、行政处理、司法处理相互补充、有机结合的多元纠纷解决机制，依法妥善处理自然资源权属纠纷和侵权纠纷。扩大仲裁制度覆盖领域，强化仲裁在自然资源产权纠纷处理中的作用。加强专门立法，

① 李宏伟，薄凡，崔莉. 生态产品价值实现机制的理论创新与实践探索[J]. 治理研究，2020，36（4）.

规范处理程序，充分发挥行政部门处理自然资源权属争议的专业优势。三是健全环境资源审判工作机制。积极发挥环境资源法庭作用，推进自然资源产权民事、行政、刑事案件审判“三审合一”，加大自然资源资产产权司法保护力度。

6.4.2 价值评估体系

价值评估体系是生态产品价值实现的重要依据，关键是基于自然资源资产负债表、绿色 GDP 核算体系等已有研究推进森林、流域、湿地、海洋等不同类型生态系统服务价值的核算方法和技术规范建设。自然资源资产价值的正确核算和评估能够为建立生态服务市场交易制度、生态补偿转移支付制度、生态环境损害赔偿制度、环境污染责任保险制度、生态资源权属交易等提供科学依据。构建生态产品价值评估体系主要可分为两个层次：构建全面完善的动态监测系统，为生态产品价值评估体系奠定夯实的基础数据支撑，探索不同类型生态产品经济价值核算，逐步修正完善核算办法；探索制定生态产品价值核算规范，确定统一的核算标准为生态产品价值评估体系提供科学可靠的价值量，推进生态产品价值核算标准化。

生态产品价值实现的主要目标是实现生态产品的有效供给，保护生态系统完整性和功能性，除了识别生态产品/利益相关方、建立交易机制、保障交易实现之外，还需要完善监测网络（如建立自动检测站点、利用物联网技术等），选择具有成本效益的监测指标，制定成效评估方案，保障更多优质生态产品的供给。首先，需要构建覆盖森林、草原、湿地、农田、海洋、矿产、水资源等重要自然生态要素的调查监测体系，通过建立全天候的生态资源立体监测监控和预警系统，对不同生态产品价值实现途径的可能性、方式、规模、速度等进行调控和监控，加强监测指标选取及成效评估工作。其次，应注重运用智慧信息手段，完善自然资源基础数据监测体系，加快制定自然资源资产负债表统一编制方法和标准，兼顾实物量评估和价值量核算，及时反映生态产品流量和生态资产存量类型、数量和质量的变化，为开展资源资产定价、审计、监管等提供依据。以数字、网络、信息、生物技术、智能制造等为代表的新一轮科技创新，为推动生态产品价值实现提供了有力的技术支持和根本保证。最后，以大数据、物联网、人工智能、区块链等前沿技术运用为平台，融合山水林田湖草及大气、土壤、危险废物等各类生态环境数据，建立覆盖市县乡及涉污企业、饮用水水源、地质灾害隐患点等各类生态环境监管业务，集生态环境展示、生态状况预警、生态应急处置、生态标准认证、生态数据应用、生态信用建设于一体的决策管理系统，夯实生态产品价值实现的基础能力。同时，以信息通信等新技术应用为载体，可以为偏远地区生态产品发现和价值实现提供广阔潜力空间。

具体评估技术和方法可以分为三类：一是直接市场法，二是替代市场法，三是意愿调查法①。具体方法见第四篇。

6.4.3 市场交易体系

市场交易体系是生态产品价值实现的重要载体。生态产品市场的建立和完善需要以生态产品供求为核心，拓宽全面多元的投融资渠道，建立健全市场交易机制，保障生态产品

① 李钢. 非价值量的价值化：经济、社会、环境综合评估模型[M]. 北京：社会科学文献出版社，2012.

市场交易的健康高效运行。

6.4.3.1 市场流转机制

一旦生态要素成为稀缺性资源、成为产业资本投资获利的对象时，生态产品就具有了商品性质，成为使用价值和价值的统一体。生态产品生产过程凝结着一般的、无差别的人类劳动，需要通过市场交换或者政府补偿等方式才能实现其价值。流转机制涉及从政府至个人、企业等经营主体的第一类流转，以及经营主体之间的第二类流转。针对第一类流转，相关部门需在明晰权利、量化产权的基础上，以兼顾自然资源经济效益和生态效益为原则，采取差异化的有偿流转机制。对于第二类流转而言，需充分尊重各经营主体权利，允许各方自行协商解决，但相关部门必须做好相应认证、仲裁工作，维护产品和产权交易市场的有序运行①。

6.4.3.2 绿色金融机制

生态产品在市场交易中实现价值需要经历一系列的转化过程，包括产业催化和产权运作等，这些都离不开金融业的资金支持。一方面，要求合理界定生态产品项目责任主体之间的责任边界，构建科学的责任分担框架。原则上，项目的建设、融资、运营、移交、技术等责任由私人投资者承担；项目涉及的规划、政策供给、法律支持由政府承担。另一方面，增强公益性较强生态产品项目的投资收益性。例如，流域环境综合治理是一项公益性较强的生态产品项目，可以把流域部分水资源费、环保税、矿产资源税、水权交易收入等作为项目开发者的经营所得，有利于吸引社会资本参与。我国自 2007 年开始推行绿色金融政策，经历了一个快速发展过程，迄今已基本建立了绿色信贷、绿色债券、绿色基金“三位一体”的绿色金融体系。然而，还需继续在健全绿色金融服务体系、创新绿色金融支持手段方面深入挖潜，以此来盘活生态资产，打通“绿水青山”向“金山银山”转换的通道，提升绿色发展能力。建立完善绿色融资服务体系和绿色信贷管理制度，依托绿色资源开发以生态产品为对象的信贷产品，试点公益林和天然林收益权质押贷款，开辟林权抵押贷款新渠道，开办农村“两权”、水权、矿产权等权益性资产抵押、质押贷款业务，探索“生态资产权益抵押+项目贷”模式，支持区域内生态环境提升及绿色产业发展。鼓励保险资金投资绿色产业，发展政策性农业保险，开发种植业保险、养殖业保险和林木保险等绿色保险品种。鼓励银行机构按照市场化、法治化原则，创新金融产品和服务，加大对生态产品经营开发主体中长期贷款支持力度，合理降低融资成本，提升金融服务质效。鼓励政府性融资担保机构为符合条件的生态产品经营开发主体提供融资担保服务。

6.4.3.3 绿色认证机制

绿色认证机制不是直接意义上的生态产品价值实现方式，但是公众以超出一般产品的价格购买和消费以环境友好方式生产的产品，实际上购买了附加在这些产品上的生态服务功能的价值，是对生产这类产品所付出的保护生态环境的额外成本进行间接补偿。建立生态产品质量认证体系需要围绕生态产品供给，运用有机产品、良好农业规范等质量认证

---

① 李维明，俞敏，谷树忠，等. 关于构建我国生态产品价值实现路径和机制的总体构想[J]. 发展研究，2020（3）.

工具对生态产品开展合格评定活动，探索建立采信认证结果推动生态产品价值实现；健全生态产品认证有效性评估与监督机制，加强对已认证企业的信贷、技术、销售网络等支持力度，提升区域生态产品竞争力。建立企业的准入和退出机制，提升区域生态产品品牌竞争力。

6.4.3.4 有偿使用机制

生态资源是生态系统为人类提供的宝贵物质资源，开发利用生态资源必然会影响其所依赖的生态系统，进而影响生态系统的生态产品供给能力。须以保护优先、合理利用、维护权益和解决问题为导向，以依法管理、用途管制为前提，以明晰产权、丰富权能为基础，以市场配置、完善规则为重点，以开展试点、健全法制为路径，以创新方式、加强监管为保障，加快健全自然资源资产有偿使用制度，持续深化自然资源及其产品价格改革，切实全面准确地反映市场供求、资源稀缺程度、生态环境损害成本和修复效益，进而实现自然资源开发利用和保护的生态、经济、社会效益相统一。譬如，根据碳减排和二氧化硫减排计划和相应文件精神，将排放企业纳入排放交易体系，使其成为需求主体。提升监控监测技术水平，使“无权排放和超权排放”的“搭便车”行为无处可藏，将隐性需求主体转化为显性需求主体。

6.4.3.5 二级市场建设

需要活跃生态产品二级市场，使得社会公众能够参与生态产品的消费使用。允许环保组织和环保公民参与排放权交易，成为需求者，表达各方的环保意愿。作为生态产品的直接获益者，公众和社会各界应当尽量选择有利于环境可持续发展的产品，通过需求和监督来提高生态产品的质量。既要发挥政府职能部门市场监管的主体作用，也要发挥新闻媒体、环保组织和公众民间市场监管的积极作用，实现市场监管主体的多元化。一方面，地方各级党委和政府要充分认识建立健全生态产品价值实现机制的重要意义，采取有力措施，确保各项政策制度精准落实。将生态产品价值实现工作推进情况作为评价党政领导班子和有关领导干部的重要参考。系统梳理生态产品价值实现相关现行法律法规和部门规章，适时进行“立改废释”。另一方面，为提升各主体参与生态产品价值实现的积极性，需要探索引导社会资本进入生态市场，积极培育发展生态保护和环境治理市场，促进环境污染第三方治理、合同能源管理、合同节水管理、资源循环利用服务业、环境综合治理服务托管等服务业及新业态加快发展。

研究展望

生态产品及其价值实现机制是生态产品理论的核心。生态产品的供求理论与经典的供求理论保持一致是否可以经受得住检验值得深入研究，即基于经验数据是否也可以得到一条向右下方倾斜的生态产品需求曲线和一条向右上方倾斜的生态产品供给曲线值得深入研究。同时，如果供求曲线非线性，那么曲线的凹凸性也是生态产品供求均衡研究的重要方向。此外，用传统理论回应生态产品价值实现的生动实践和用具体实践指导生态产品价值实现的理论发展是一对矛盾，有待深入研究。需要指出的是，理论上的“生态产品价值可实现”与实际上的“生态产品价值实现难”迄今还是存在落差。为此，需要进一步加强生态经济学理论创新，把生态产品价值实现的可能性转化为现实性。

思考题

1. 什么是生态产品？生态产品有何特征？
2. 试论生态产品需求递增规律。
3. 阐述生态产品的供给与需求，分析生态产品的市场均衡。
4. 简述生态产品的价值实现机制。
5. 结合实际案例分析生态产品价值的实现路径。

第三篇

生态消费篇

随着经济社会的发展和生活水平的提高，人们的消费需求不断由低档次向高档次递进，由简单稳定向复杂多变发展。这种消费需求上的变化从一个侧面反映了经济社会的进步。但是日益增长的消费需求已经给资源环境带来了越来越大的冲击和压力，使本已脆弱的生态系统不堪重负。因此，为了当代人和子孙后代的利益，必须在可持续发展理论的指导下，使自己的消费行为朝着有利于环境保护和资源节约，有利于生态平衡的方向演变。正是在这种背景下，生态消费理念应运而生。

当人们的消费行为具有了保护环境的功能时，这种消费其实就是一种生态消费。生态消费是指既可以满足人的消费需求，又不会对生态环境造成危害的消费。倡导和推广生态消费，旨在落实以人为本的理念、最大限度地满足消费者日益增长的生态消费需求，旨在树立可持续发展理念、顺应加入世界贸易组织后的外部要求。

本篇主要是从经济学角度来阐述生态消费问题。本篇包括两章：第 7 章“生态消费理论”，按照“生态产品—生态需要—生态需求—生态产品的收入-消费曲线—生态消费行为模式—生态约束下的效用最大化”的逻辑逐一展开论述。第 8 章“生态经济市场理论”，尝试分析了生态产品的定价理论、生态产品的市场规范问题及生态产品标准化建设。本篇属于生态经济学研究的全新领域，理论并未成熟和定型。但因为其重要，作为单独一篇进行介绍。生态经济市场理论很难归入“消费篇”，但基于生态经济市场的分析其目的是保障消费者的权益，因此，暂且作这样的处理。

第 7 章　生态消费理论

习近平总书记在党的十九大报告中指出："我们要建设的现代化是人与自然和谐共生的现代化，既要创造更多物质财富和精神财富以满足人民日益增长的美好生活需要，也要提供更多优质生态产品以满足人民日益增长的优美生态环境需要。"[①]这为生态消费理论的研究指明了方向。生态消费有两方面的含义：消费者对生态产品的消费以及消费者的消费方式是生态的。生态消费理论就是从生态的角度阐述消费者的消费行为和消费方式，使得消费符合生态要求的理论。相应于生态消费的两方面含义，生态消费理论主要研究以下三方面内容：生态需要与生态需求、生态需求的经济解析和生态消费行为模式[②]。如前所述，生态产品有狭义和广义之分，本章所述的生态产品是广义的。

7.1　生态需要与生态需求

7.1.1　生态需要的提出

当提到需要时，人们自然而然会想到物质需要和精神需要。物质需要推动生产力不断发展，从而提高人们的物质生活水平；精神需要推动精神文化的不断发展，从而提高人们的思想素质和道德情操。

按照一般的逻辑推理，人们的满足程度和幸福程度应该与人们物质需要的满足程度成正比，但是现实却不尽然。从社会角度来看，人类处于焦虑、忧患、浮躁等负面情绪的困扰之中；从生态角度来看，人类处于被动应对全球气候无常变化、不断迎接一个又一个的生态灾难之中。全球性危机一次次触动人们脆弱的神经。这些问题的集中暴发，就是人们在长期的经济发展中忽视生态问题甚至刻意地以生态代价换取经济效益的必然结果。

随着生态问题的日益突出和严峻，人们对生态的重视与日俱增。人们除在物质需要和

---

① 习近平. 论坚持人与自然和谐共生[M]. 北京：中央文献出版社，2022：187.

② 沈满洪. 生态经济学[M]. 2 版. 北京：中国环境出版社，2016；马传栋. 生态经济学[M]. 济南：山东人民出版社，1986；唐建荣. 生态经济学[M]. 北京：化学工业出版社，2005；鲁传一. 资源与环境经济学[M]. 北京：清华大学出版社，2004；杨艳琳. 资源经济发展[M]. 北京：科学出版社，2004；杨秀苔，蒲勇健. 资源经济学：资源最优配置的经济分析[M]. 重庆：重庆大学出版社，1993；宗寒. 资源经济[M]. 北京：人民出版社，1993；贺京同. 行为经济学与中国经济行为[M]. 北京：中国财政经济出版社，2006；王松霈. 走向 21 世纪的生态经济管理[M]. 北京：中国环境科学出版社，1997；王松霈. 生态经济学[M]. 西安：陕西人民教育出版社，2000；刘思华. 绿色经济论：经济发展理论变革与中国经济再造[M]. 北京：中国财政经济出版社，2000；陈德昌. 生态经济学[M]. 上海：上海科学技术文献出版社，2003；高鸿业. 西方经济学[M]. 北京：中国人民大学出版社，1999；厉以宁. 经济学的伦理问题[M]. 北京：三联书店，1995；柳杨青. 生态需要的经济学研究[M]. 北京：中国财政经济出版社，2004；江林. 消费者心理与行为[M]. 北京：中国人民大学出版社，2002；联合国. 21 世纪议程[M]. 北京：中国环境科学出版社，1993.

精神需要之外，还存在着 “第三种需要”，即生态需要①。实际上，早在 20 世纪 80 年代我国著名生态经济学家刘思华教授就已提出了“生态需要”概念，并将它视为与物质需要和精神需要并列的人类的三大需要之一。②只有物质需要、精神需要和生态需要同时得到满足，人类社会才能够健康持续发展，人们才能真正享受发展的成果。

7.1.2　生态需要的含义

“生态需要”是在一系列科学思想基础上形成的一个理论范畴。这里的“生态”在生态学中被解释为“生物与其赖以生存的环境在一定空间的统一”，是一个具有动态性、协同性和无限性的概念。这里的“需要”是一个人与自然的复合体系，随着人类社会生产的发展而不断被扩展和丰富内涵，也具有动态性、协同性和无限性的特点。③

因此，生态需要就是人类为了获得包括维持可持续生存和满足发展需要等方面内容在内的最大福利而产生的对生态产品的需要。生态需要有狭义和广义之分，狭义的生态需要指人类为了满足自身再生产而产生的对生态产品的直接需要；广义的生态需要包括人类在生产等其他过程中对生态产品的需要。与人类的其他需要相比，生态需要具有典型的两重性特征：一方面具有物质需要的属性，即生态需要的实现要反映在人对生态需要的物质拥有上；另一方面又具有精神需要的属性，即表现在人对生态需要是一种精神上的愉悦和欣赏④。

7.1.3　生态需要的类型

根据生态需要的对象不同性质，生态需要有不同的类型。

（1）从生态需要的对象是否具有生命可以将生态需要划分为：

环境性生态需要：环境是指以人类为主体的外部世界，即人类生存、繁衍所必需的、与之相适应的非生物条件的综合体。环境性生态需要是指人们对环境尤其是生态环境的需要，包括大气、阳光、温度、植被、景观等。

生态性生态需要：生态是指人类生存、繁衍所必需的、与之相适应的生物条件的综合体，例如，物种数量、物种的数量比例等。人类的生态性生态需要的满足程度，可以用物种的灭绝程度或灭绝率、不同物种间的数量比例等指标来衡量。

环境性生态需要和生态性生态需要是人类生态需要中最重要的内容，是人类本身得以生存、繁衍、发展的最基本条件之一。一系列危及人类生命安全的全球性危机就是人们对生态和环境破坏受到的惩罚。

空间性生态需要：空间性生态需要就是人类生存发展中对空间性生态产品的需要。就需要的低级层次而言，指食物的生产空间；就需要的高级层次而言，指居住空间、生活空间、活动空间、娱乐空间等。

按照生态学原理，位于食物链的层级越高，要求的空间就越大。因此，在食物链中，植物位于食物链的底端，只要有足够的阳光和水分就能生长，需要的生存空间较小；动物

① 张一博. 生态化导向的旅游产业发展路径探析[J]. 区域经济评论，2014（5）.

② 刘思华. 绿色经济论[M]. 北京：中国财政经济出版社，2001.

③ 司金銮. “第三种需要”及增长方式变革[N]. 光明日报，2001-03-04；蓝强，孙垚. 马克思主义理论视域下的生态需要的新内涵[J]. 生态经济，2014，30（3）.

④ 司金銮. 生态需要新论[J]. 现代经济探讨，2000（12）.

位于食物链的上端，要求提供能维持它生存的食物，因此占据的空间较大。生态学原理还指出，能量随营养级的提高而逐级递减。因此，人类获取一定量的能量，通过素食和肉食获得所需要的空间是不同的，素食最小。为了形成合理的膳食结构，要求有一定的生态空间。

随着人类社会发展，人们对空间的要求越来越高。例如，对住房的要求，不仅有厨房、卧室，还要有书房、客厅等。这种需要更多的是精神需要，是一种高级需要。

（2）从生态需要的对象层次可以将生态需要划分为：

物质性生态需要：这里的“物质”是狭义的范畴，仅指为了保证人的生存发展而必需的符合环保和生态标准的食物、淡水等。在人类社会发展的不同时期，物质性生态需要在人类需要层次中的地位是不断变化的。

在人类发展初期，生态环境没有遭受破坏时，人们的物质需要满足的过程就是物质性生态需要得到满足的过程，在人的需求层次中处于最低级的位置。当经济发展到一定的阶段，生态环境遭到严重破坏以后，食物、淡水都受到了不同程度的污染，能满足人们物质性生态需要的绿色食品成为人们眼中的高档食品。

精神性生态需要：它是指为满足人类的生存发展而必须由精神产品来满足的那部分生态需要，如旅游休闲、体育锻炼、宗教、社会道德等。

社会性生态需要：它是指为满足人类的生存发展而必须由社会产品来满足的那部分生态需要。它包括社会保障、社会关系、制度、发挥能力的机会等。

7.1.4 需要的三元结构

生态需要与物质需要、精神需要构成人类需要的三元结构体系，人类就是这 3 种需要的统一体。这三者缺一不可，它们的有机结合是人类整体得以可持续发展的内在推动力。这 3 种需要并不是相互独立的，它们之间存在着紧密关系。

既然生态需要、物质需要和精神需要共同构成了人类全面需要的三元结构体系，生态需要不仅是人类全面需要的重要组成部分，而且是最基本的部分，那么为什么这种需要长期以来不被人们所重视，又为什么人们常常为了满足物质需要和精神需要而牺牲生态需要呢。原因就是 3 种需要之间存在着一定的转化与替代关系。如图 7-1 所示，物质需要、精神需要和生态需要不是互相孤立的，而是存在一定的交叉和重叠，在不同的情况下，生态需要有时可以转化为物质需要和精神需要，如在工业革命以前，物质产品和精神产品还不丰富的时候，人们愿意牺牲一定的生态需要来满足物质需要和精神需要，表现为以资源环境为代价换取工业产品的增长。物质需要和精神需要，有时也可以转化为生态需要，如在现代，人们愿意花高价购买环境较好地段的住房。人们需要的三位一体性质和 3 种需要之间的相互重叠性，使得 3 种需要与相应的能够满足人们不同需要的物质产品、精神产品和生态产品这 3 种产品之间具有一定的相互替代性。

长期以来，由于生态需要较容易得到满足，因此人们往往只重视物质需要和精神需要，忽视了生态需要甚至并未想到“生态需要”这一概念。但是这种现象正在经历着深刻的变化。西方发达国家在工业化初期，人们是以吃白面包为荣的，尤其是在贵族阶层，等级越高，吃的面包越白，全麦面包只有最底层的贫民才吃。但是到了工业化后期，情况却反了过来，白面包成了最普通、最廉价的食品，全麦面包的价格却要高出许多。这说明除面包的制作工艺提高以外，也反映了人们观念的变化，即人们开始重视商品的生态作用，意识到了对于生态方面的需要。

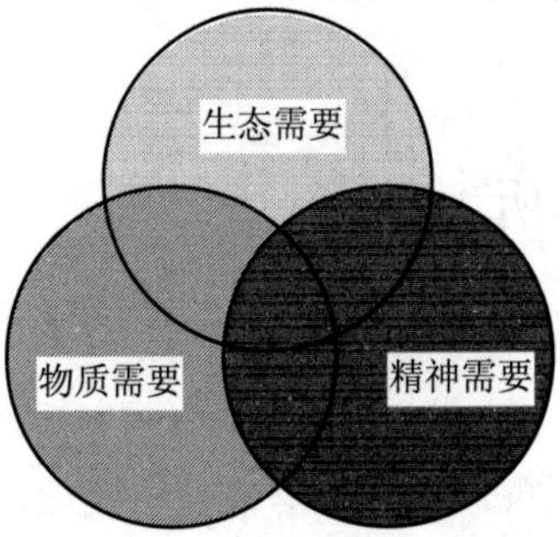

图 7-1　生态需要、物质需要和精神需要的相互关系

生态需要长期潜伏而直到近代才显性化是生态平衡遭到破坏程度由量变到质变的结果。在人类社会发展进程中，有很长的一段时间，人们都把自然界与人类看成是对立的，以一种征服者的姿态面对自然界和环境，经济的发展是以向自然界无限制地索取和破坏性开发为代价的。而且，因为生态遭到破坏的后果的显现存在着一个时滞，因此，在工业化初期，尽管生态遭到严重破坏，但是生态产品相对于物质产品和精神产品来说，仍然是充足的，人们对物质和精神方面的需要更加迫切。

在工业化后期，一方面，人类创造了巨大的物质财富和精神财富，物质文明和精神文明都达到了相当的高度，人们的物质需要和精神需要得到了极大的满足，有余力来关注其他方面的需要；另一方面，生态遭到破坏的后果逐步显现出来，人们接连受到大自然的报复，气候变化无常、空气污染、臭氧层空洞等一系列生态危机严重危害人类的生存和进一步发展，人们开始意识到自己是自然界中的一员，意识到人类除要满足物质需要和精神需要外还要满足生态需要，意识到保护生态环境的重要性。

因此在实际生活中，并不存在 3 种需要和 3 种产品的严格划分，要实现人的最大福利，必须维持 3 种需要的相对平衡。

7.1.5　生态需求

需要与需求是两个不同的概念。前者属于心理学范畴，后者才属于经济学范畴。同样，生态需要不同于生态需求。生态需要仅仅反映消费者对生态产品的偏好和主观愿望，而生态需求则是消费者对生态产品的主观愿望与客观能力的统一。微观经济学指出，需求是消费者在特定时间内在每一价格下对一种商品或劳务愿意而且能够购买的数量。依此类推，生态需求就是消费者在特定时间内在每一价格下对一种生态产品愿意而且能够购买的数量。根据定义，如果消费者对生态产品只有购买的欲望而没有购买的能力，就不能算作生态需求[①]。因此，生态需求不是一个数量概念，它反映的是在其他条件不变的情况下生态

① 沈满洪. 生态经济学的定义、范畴与规律[J]. 生态经济，2009（1），182；孟凡东. 我国畜牧业生态经济发展的系统分析[D]. 青岛：青岛大学，2012.

产品的价格与需求量之间的对应关系。

前面所阐述的物质需要、精神需要和生态需要之间关系的分析同样也适用于物质产品的需求（简称物质需求）、精神产品的需求（简称精神需求）和生态产品的需求（简称生态需求）。

7.2 生态需求的经济解析

7.2.1 生态需求递增规律

生态需求符合边际效用递减规律，根据基数效用理论，生态需求曲线是一条向右下方倾斜的曲线。其需求函数可以记作

$$Q_d=f(P) \quad f' \geqslant 0 \tag{7.1}$$

为简化起见，一般认为生态需求曲线是一条向右下方倾斜的直线，如图 7-2 所示的线段 D_1，其需求函数可以记作

$$Q_d=\alpha-\beta P \tag{7.2}$$

其中，参数α、β 作为外生变量，其取值并非一成不变，当它们的取值发生变化时，生态需求曲线就会发生移动。由于生态需求是消费者主观愿望与客观能力的统一，因此，可以从这两个角度来考察生态需求的变化以及生态需求曲线的移动。

（1）从主观愿望来看。生态产品的需求量取决于消费者对生态产品的需求价格。需求价格是指消费者在一定的时期内对一定的某种商品所愿意支付的价格。根据基数效用论，生态产品的需求价格取决于生态产品的边际效用。具体地说，如果一单位的生态产品的边际效用越大，则消费者为购买这一单位的生态产品所意愿支付的价格越高。由于边际效用递减规律的作用，随着消费者对生态产品的消费量连续增加，递减的生态产品的边际效用会使得消费者为购买生态产品的意愿支付价格即需求价格越来越低。

随着经济社会的迅速发展，人们对生活质量、生命质量的要求日益提高，尤其是在物质需要和精神需要得到极大满足、生态需要极度缺乏的情况下，生态产品的意愿支付价格越来越高，因此，越来越多的消费者选择消费生态产品。而且，同一个消费者选择购买的生态产品的比重越来越大，同一个选择购买生态产品的消费者选择购买生态化程度高的生态产品的比重也越来越大。在消费者对生态产品的消费偏好普遍增强的情况下，整个社会对生态产品的偏好也是增强的。根据微观经济学原理，偏好增强会导致需求曲线向右上方移动。

（2）从客观能力来看。需求是建立在消费者的预算集上的。也就是说，决定需求的因素中包括价格和消费者财富。随着经济社会的迅速发展，人们的收入水平也相应地迅速增长，因此，其支付能力也迅速增长。

随着经济的发展，消费者的收入水平和市场上产品的价格水平都有所提高，但是消费者的收入水平提高得更快。因此，总体上来看，消费者的支付能力是上升的。生态产品比普通产品多了一重生态功能，价格上也比普通产品高，生态产品相对而言属于一种高档产品。高档产品的需求数量与收入水平是同方向变动的。也就是说，在同一价格水平上，消

费者会选择消费更多的生态产品；在生态产品消费数量不变时，消费者可以接受更高的价格。因此，对单个消费者来说，生态产品的需求曲线会随收入水平的提高向右上方移动。将市场上所有消费者的需求曲线加总，导致整个社会对生态产品的需求增强，使社会的生态需求曲线向右上方移动。

由此可以得出结论：消费者对生态产品偏好的增强和对生态产品购买能力的增强，共同导致消费者对生态产品的需求呈现出递增的趋势。这就是生态需求递增规律。可以用图 7-2 加以描述。

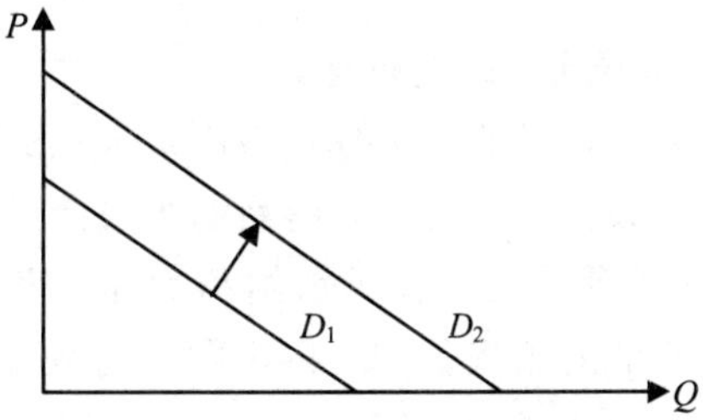

图 7-2　生态需求的递增趋势

在图 7-2 中，消费者的生态需求曲线的初始位置处于 D_1，随着消费者生态偏好的增强和收入水平的上升，生态需求不断增加，即生态需求曲线的位置向右移动到 D_2。

根据供求原理可以知道：如果生产者对生态产品的供给保持不变，那么生态需求的递增会导致生态产品价格的上升；如果生产者对生态产品的供给出现递减，那么生态需求的递增会导致生态产品价格的大幅度上升；如果生产者对生态产品的供给增加，那么生态需求的递增会导致生态产品价格的上升趋势得到缓解。因此，针对生态需求的递增趋势，必须想方设法增加生态供给，以实现生态产品的供求平衡[①]。

7.2.2　生态产品的收入-消费曲线

为什么随着收入水平的上升，消费者对生态产品的需求呈现出递增趋势呢？这要从消费者的性质说起。

首先，对于一个消费者而言，假定其消费的产品分为两类：普通产品和生态产品。生态产品是与功能相同的普通产品相比较而言有利于人体健康、环境保护和资源合理利用的产品。它与普通产品的主要区别是：从材料的选择、生产技术和工艺的运用都严格遵循无毒、无害、无副作用的原则，并且有一套严格的检验标准和程序，因此对人类是相对安全、可以放心消费的产品。生态产品的消费在满足普通产品同样具备的需要以外，还能够同时满足人们的生态需要[②]。因此，生态产品的效用要大于普通产品，效用函数分别为

$$U_P=U_P(Q_P) \tag{7.3}$$

① 沈满洪. 生态经济学的定义、范畴与规律[J]. 生态经济，2009（1）.

② 姜曙光. 关于绿色产品及其定价若干问题的理性思考[J]. 商业研究，2003（7）.

$$U_S=U_S\ (Q_S) \tag{7.4}$$

式中，U_P、U_S——消费普通产品和生态产品的效用；

Q_P、Q_S——普通产品和生态产品的消费数量。

和普通产品的效用函数一样，生态产品的效用函数同样满足总效用递增规律和边际效用递减规律，即满足：$U'>0$，$U''<0$。

当消费者收入一定时，设消费者的总收入为 I，则有

$$P_SQ_S+P_PQ_P=I \tag{7.5}$$

式中，P_S 和 P_P——生态产品和普通产品的价格。

对于一个理性的消费者来说，必然会选择使效用最大化的购买行为和商品组合。这种最优的购买行为必须满足两个条件：① 最优的商品购买组合必须是消费者最偏好的商品组合，换句话说，最优的商品购买组合必须是能够给消费者带来最大效用的商品组合；② 最优的商品购买组合必须在消费者的承受范围之内，即在消费者的收入预算线上[①]。

联立消费者的效用函数和收入函数，得

$$U_P=U_P\ (Q_P)$$

$$U_S=U_S\ (Q_S)$$

$$\text{s.t.}\quad P_SQ_S+P_PQ_P=I$$

运用拉格朗日方法解得结果如下

$$MU_P/P_P=MU_S/P_S=\lambda \tag{7.6}$$

消费者花费在两种商品上的最后一元钱的边际效用应该相等，都等于货币的边际效用。这就是消费者在购买生态产品和普通产品两种商品情况下的效用最大化的均衡条件。

随着经济的发展，人们的收入水平是逐步提高的，而剔除了物价因素之后的绝对收入水平也是提高的。当其他条件不变而仅有消费者的收入水平发生变化时，消费者效用最大化的均衡位置会随之发生变化。对于消费者而言，随着收入的提高，对生态产品的消费量会越来越大，对普通产品的消费量却会减少，如图 7-3 所示。

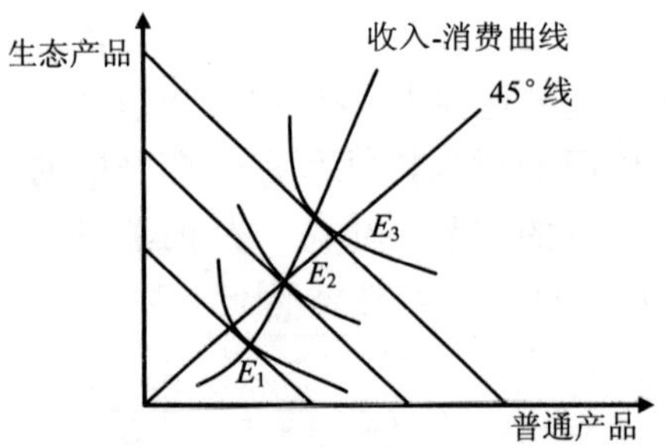

图 7-3　消费者的收入-消费曲线

① 谢文斌. 自然保护区社区产业发展研究[D]. 兰州：兰州大学，2011.

从图 7-3 可以看出，消费者的选择是分阶段的。

第一阶段，由于人们没有明显的生态意识，生态需要没有显现，因此为了达到效用的最大化，消费者选择消费较多的普通产品和较少的生态产品，而且这仅有的生态产品也是无意中做出的选择，消费者没有刻意地对普通产品和生态产品进行分类。这一阶段表现为图中的 E_1 点。在该点上，效用曲线与消费者的预算线相切于 45°线以下，即消费的生态产品数量少于普通产品。这一阶段发生在人们的收入水平普遍比较低、消费能力不高的时候，人们对消费选择没有太大的余地，因此，普通产品的消费比重较大。

第二阶段，随着消费者收入的提高和生态危机的显现，消费者倾向于购买更多的生态产品，而减少对普通产品的购买。这是因为，对消费者而言，普通产品是一种日用品，它仅仅只能满足人们的物质需要，并且在满足这种需要的同时可能会带来健康、环境等方面的负面影响。普通产品仅仅能够满足人们最基本和最低级的需要，一旦人们有了更多的选择余地，人们会转而选择更利于健康的生态产品。这一阶段表现为图中的 E_2 点，在这一点上，生态产品的数量有所增加，比重也有所提高，而消费者的总体效用因为收入水平的提高而显著增加，人们开始有了环保意识和生态意识。但是，这一阶段是生态市场不够规范的阶段，生态产品的名称使用、市场管理等都不完善，很多普通产品打着生态产品的幌子赚取高额利润，消费者的认识也多为自发产生的。第二阶段是一个过渡阶段，它标示着人们的生态意识从无到有的一个过程。

第三阶段，则是人们在对生态产品有了较多和明确的认识，人们开始有意识地选择消费和购买生态产品，生态产品无论是在消费数量还是消费比重上都远远超过了普通产品，成了消费者的主要选择。整个市场也是以生态产品为导向的，生态产品由普通产品的附属品变成了消费市场的主打产品，而没有生态保护功能的产品则很少或不存在，产品之间的区别只是生态化的程度不同而已。这一阶段表现为图中的 E_3 点，生态产品的质量检验标准已经健全，生态产品的市场已经规范，整个市场向着生态友好方向发展。

7.2.3　效用函数

人们同时具有物质需求、精神需求和生态需求。相应地，人们可以通过满足这 3 种需求而得到一定的效用。人的总效用就是这 3 种效用相互作用的结果，这种相互作用关系可以用公式表示如下

$$U=\begin{cases}\min\{U_W,U_J,U_S\}, & \min\{X_W,X_J,X_S\}<R\\ f(U_W,U_J,U_S), & \min\{X_W,X_J,X_S\}\geqslant R\end{cases}\tag{7.7}$$

式中，U——人的总效用；

U_W——满足人的物质需求得到的效用；

X_W——人们消费的物质产品的数量，满足 $U_W=U_W(X_W)$；

U_J——满足人的精神需求得到的效用；

X_J——人们消费的精神产品的数量，满足 $U_J=U_J(X_J)$；

U_S——满足人的生态需求得到的效用；

X_S——人们消费的生态产品的数量，满足 $U_S=U_S(X_S)$；

R——常数，是一个临界值，表示人们维持生存所必需的对物质产品、精神产品和

生态产品消费的数量；

$f(U_W, U_J, U_S)$——一个效用函数，满足 $U_W+U_J+U_S \leqslant f(U_W, U_J, U_S) \leqslant U_W U_J U_S$。

这个公式的含义就是当物质产品、精神产品和生态产品中最少的那一种产品数量在临界值之下时，人的总效用为 3 种需求中得到满足最少的那种需求的效用；而当 3 种产品中最少的那种产品数量高于临界值时，人的总效用介于分别消费 3 种产品所得到效用的和与乘积之间（这里假设三个数之和小于等于三个数乘积）。

7.2.3.1 三种效用间的相对独立关系

人们分别从消费三类产品即物质产品、精神产品和生态产品中得到效用之间的相对独立关系符合“木桶原理”。木桶原理的含义是：一只沿口不齐的木桶，它盛水的多少，不在于木桶上那块最长的木板，而在于木桶上最短的那块木板。要想使木桶多盛水即提高水桶的整体效应，不是去增加最长的那块木板长度，而是下功夫依次补齐木桶上最短的那块木板。人们常说“取长补短”，即取长的目的是补短，只取长而不补短，就很难提高人的整体福利效用水平。此外，人的需要的满足状况取决于最稀缺的那一种需要得到满足的状况。水桶效应在于：用同样的钱能够提升整体性能。

当能够满足某种需求的产品数量少于人体所需该种产品的最小数量时，在人们 3 种需求的满足过程中，符合公式：$U=\min\{U_W, U_J, U_S\}$（当 $\min\{X_W, X_J, X_S\}<R$）。该公式表明总的效用满足程度等于得到最少满足的那个方面。这一公式符合所谓的“木桶原理”。如图 7-4 所示，A 点坐标为（a，a，a），即 A 点在 3 个坐标轴上的截距是相等的，从 A 点延伸出的 3 条直线 m、n、p 分别与标志生态需求、物质需求、精神需求的 3 条坐标轴平行。这个图表达的含义是：人们要得到一定程度的效用，必须使得物质需求、精神需求和生态需求得到同等程度的满足，否则，即使物质产品或精神产品极其丰富，人的物质需求或精神需求得到极大满足，但是生态需求没有相应地得到满足，那么人的整体效用仍然很低，这也就是木桶原理所阐述的含义。

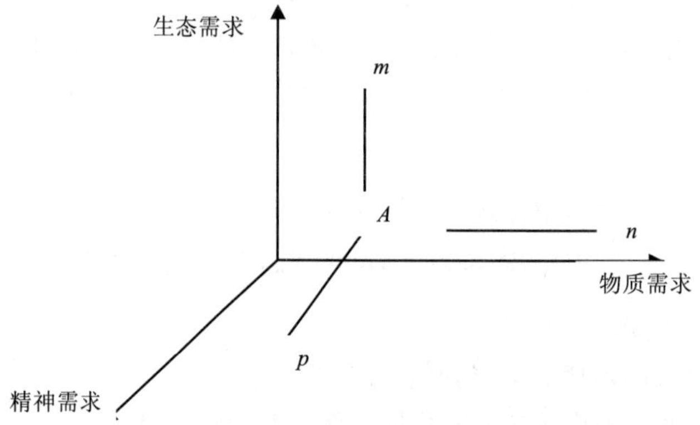

图 7-4 物质需求、精神需求与生态需求的关系

“木桶原理”表明，要实现福利最大化，单纯地增加物质产品或精神产品的生产与供给是远远不够的。因为在经济发展到一定的阶段之后，物质需求和精神需求得到了一定程度的满足，满足程度已经超过了生态需求的满足程度。这时候，人的总效用的增加只取决于生态方面效用的增加。换句话说，人们对生态方面的需求更加迫切一些。如果不顾人们的实际需要，而一味地增加物质产品和精神产品的供给，不但不能增加人们的效用和福利，反而极有可能因为在生产过程中进一步破坏环境，加剧生态产品的短缺，降低人们的总效用。

正确的做法应该是，重视人们的生态需求，在发展经济和文化的同时重视生态环境的保护，使得人们“3 个需求”得到协同满足。

7.2.3.2 效用之间的转化与替代关系

生态产品、物质产品和精神产品这 3 种产品并不是相互孤立的，而是存在交叉和重叠的。例如，城市绿地可以净化空气，满足人们的生态需求；同时又可以作为休闲、散步的地方，满足人们的精神需求。又如，绿色农产品首先满足人们的物质需求，由于其环保的特性，又可以满足人们的生态需求。总之，一种产品可以同时满足人们的两种或两种以上的需求，同时具有几个方面的性质。

当某一种需求相对于另一种需求得到更高的满足程度时，这种需求得到满足的边际效用会降低。于是，人们会自觉地减少这种需求的产品的生产和消费，将资源转用到更为稀缺的方面。这就是 3 种效用的转化与替代关系。用公式 $U=f$（U_W，U_J，U_S）（当 $\min\{X_W, X_J, X_S\} \geqslant R$）表示。

f（U_W，U_J，U_S）是不确定的，存在多种表现形式，它的下限是 U_W、U_J 和 U_S 的加总，上限则是 U_W、U_J 和 U_S 的乘积（这里假设三个数之和小于等于三个数乘积）。使用柯布-道格拉斯函数形式，可以将其写为

$$f(U_W, U_J, U_S) = U_W^{\alpha} U_J^{\beta} U_S^{\gamma} \quad \alpha, \beta, \gamma > 0, \quad \alpha + \beta + \gamma = 1, \quad U_W, U_J, U_S \geqslant R, \quad R \geqslant 1$$

在该函数中，效用的大小取决于两方面：①对 3 种需求得到满足后所带来的效用，即 U_W、U_J 和 U_S 的大小；②3 种需求得到满足后的效用在人的总效用中的比重，表现为α、β 和γ 各自的取值。

将物品 1 对于物品 2 的边际替代率 $MRS_{1,2}$ 定义为

$$MRS_{1,2} = \left| \frac{dx_2}{dx_1} \right| = \frac{\partial u / \partial x_1}{\partial u / \partial x_2} \tag{7.8}$$

同样，将物品 i 对物品 j 的边际替代率记为

$$MRS_{i,j} = \left| \frac{dx_j}{dx_i} \right| = \frac{\partial u / \partial x_i}{\partial u / \partial x_j} = \frac{MU_i}{MU_j} \tag{7.9}$$

式（7.9）表示当效用不变时，x_i 可以替代 x_j 的边际比率。

在消费者的需求中这种替代关系仍然存在。以 CD 函数为例，物质需求对生态需求的边际替代率为

$$MRS_{W,S} = \frac{\partial f / \partial U_W}{\partial f / \partial U_S} \tag{7.10}$$

由效用函数 $f(U_W,U_J,U_S)=U_W^{\alpha}U_J^{\beta}U_S^{\gamma}$ 可以得

$$\ln f=\alpha\ln U_W+\beta\ln U_J+\gamma\ln U_S \tag{7.11}$$

所以，得

$$\frac{\partial f}{\partial U_W}=\frac{\mathrm{d}f}{\mathrm{d}\ln f}\cdot\frac{\partial\ln f}{\partial U_W}=\frac{1}{\mathrm{d}\ln f/\mathrm{d}f}\cdot\frac{\partial\ln f}{\partial U_W}=f\cdot\frac{\alpha}{U_W} \tag{7.12}$$

$$\frac{\partial f}{\partial U_S}=\frac{\mathrm{d}f}{\mathrm{d}\ln f}\cdot\frac{\partial\ln f}{\partial U_S}=\frac{1}{\mathrm{d}\ln f/\mathrm{d}f}\cdot\frac{\partial\ln f}{\partial U_S}=f\cdot\frac{\gamma}{U_S} \tag{7.13}$$

因此，物质需求对生态需求的边际替代率为

$$\mathrm{MRS}_{W,S}=\frac{\partial f/\partial U_W}{\partial f/\partial U_S}=f\cdot\frac{\alpha}{U_W}/f\cdot\frac{\gamma}{U_S}=\frac{\alpha}{\gamma}\cdot\frac{U_S}{U_W} \tag{7.14}$$

同样，精神需求对生态需求的边际替代率为

$$\mathrm{MRS}_{W,J}=\frac{\partial f/\partial U_J}{\partial f/\partial U_S}=f\cdot\frac{\beta}{U_J}/f\cdot\frac{\gamma}{U_S}=\frac{\beta}{\gamma}\cdot\frac{U_S}{U_J} \tag{7.15}$$

这一结论的经济学意义是：当效用不变时，物质需求及精神需求可以替代生态需求的程度。也就是说，减少一单位生态需求的满足，需要增加 $\frac{\alpha}{\gamma}\cdot\frac{U_S}{U_W}$ 单位的物质需求的效用或 $\frac{\beta}{\gamma}\cdot\frac{U_S}{U_J}$ 单位的精神需求的效用。$\frac{\alpha}{\gamma}$ 和 $\frac{\beta}{\gamma}$ 的确切取值是根据经验设定的，因此可以看作常数。那么，物质需求及精神需求可以替代生态需求的程度就完全由 3 种需求得到满足后的效用之比来决定。根据经济学常识，效用函数：

$$U_i=U_i(X_i)\qquad i=\mathrm{W,\ J,\ S} \tag{7.16}$$

满足稻田条件 $\lim\limits_{x_i\to 0}U_i'(X_i)=\infty,\lim\limits_{x_i\to\infty}U_i'(X_i)=0$，因此，生态产品的数量相当少，而其边际效用是相当大的，而物质产品和精神产品的数量相对来说比较丰富，因而其边际效用很低。在这种情况下，如果使用物质产品和精神产品来替代生态产品，那么哪怕生态产品减少一点，如环境遭到很小程度的破坏，就需要增加相当多的物质产品或精神产品才能够维持总效用水平的不变。而当生态产品数量低于维持人的生存所必需的数量时，物质需求和精神需求即使得到再大的满足也无法替代生态需求。在这种情况下，就如前面所讲，3 种需求具有了相对独立性。

7.3 生态消费行为模式

7.3.1 生态消费的内涵

谈及生态消费时，人们可能会感到陌生和疑惑。在日常生活中更常接触到的是“绿色消费”这一概念。“生态消费”和“绿色消费”这两个概念有许多相同之处，但也有所不

同。绿色消费是一种以"绿色、自然、和谐、健康"为宗旨的消费，但这种消费更多地考虑如何满足当代人的消费需求，使之"和谐、健康"。而生态消费在强调"绿色、自然、和谐、健康"消费的同时，更多考虑不危及满足后代人的消费需要。生态消费是一种绿化的或生态化的消费，它是指既符合物质生产的发展水平，又符合生态生产的发展水平，既能满足消费者的消费需求，又不对生态环境造成危害的一种消费行为。一般来说，生态消费的外延更广一些，它包含绿色消费所包括的内容。绿色消费是生态消费外延的一部分，或者是其基本部分。

事实上，当人们的消费行为具有了生态保护的功能时，这种消费其实就是一种生态消费。生态消费具体表现在：消费品本身是生态型的，即通常所说的绿色环保型商品；消费品的来源是生态型的，包括生产用的原材料和生产工艺、生产过程与环境的关系；消费过程是生态型的，在消费品的使用过程中，不会对其他社会成员的工作、生活和周围环境造成伤害；消费结果是生态型的，完成对消费品的使用后，不会产生过量的垃圾、噪声、污水、废气等短期内难以处理的、对环境造成压力与破坏的消费残存物①。

7.3.2 生态消费观念

辩证唯物论认为，物质决定意识，同时意识对物质具有反作用。这一原理同样适用于生态消费问题。物质决定意识，就是说在不同的经济发展阶段和收入水平下，人们对生态的认识和重视程度会有所不同；意识反作用于物质，则是指用经济、政策等手段，促进人们意识形态的转变，使人们的消费观念发生变化，增强在消费过程中的环保意识，从而改变人们的消费模式，建立生态消费的行为模式。

7.3.2.1 消费观念的变化

20世纪60年代初，如果问人们最大的愿望是什么，大概最可能听到的答案就是："每天都能吃饱饭。"至于吃的是什么，人们的要求并不高。70年代，同样的问题，答案却有了变化，人们不仅要求吃饱，而且还要吃得好、穿得好。80—90年代，我国的改革开放政策效果初见成效，人们不仅仅要求得到物质上的满足，同时还要求有一定的文化生活。在这一阶段我国的文化事业开始繁荣起来，电视机进入百姓的生活，电影事业发展迅猛，人们的消费需求提高了。到21世纪初，经济进一步发展，消费能力进一步提高，国外的各种高档消费品、奢侈品纷纷进入中国市场。据统计，我国已经成为世界上最大的奢侈品消费国。现在的生活水平已经远远超过了60年代人们的想象力。但是，人们并没有得到满足，收入低的要求赶超收入高的，收入高的追求世界级的享受……人们的需求是永无止境的，物质需要总也得不到满足，稀缺似乎是一个永恒的话题。

但是，正如杨文进教授指出的：当代社会的稀缺并不是绝对意义上的稀缺，而是生产关系性质的稀缺，即为了证明自己比别人优越而需占有比别人更多的物质产品所产生的稀缺。这种稀缺，是不可能通过生产力发展或经济增长来解决的。因为无论经济如何发展，绝对的平均都是不可能出现的，总会有一些人比另外一些人富裕。但是，只要有贫富差距

---

① 沈满洪. 生态经济学的定义、范畴与规律[J]. 生态经济，2009（1）；杨松茂. 生态消费：人类消费行为发展的新定位[J]. 江苏商论，2006（3）.

的存在，攀比就不可能停止，人们的需求也就得不到满足。稀缺是人类社会发展的动力，引导人类社会发展的方向。

在经济不发达阶段，稀缺主要存在于物质方面。那时，人们不会去计较别人比自己多呼吸了一口新鲜的空气，多喝了一口干净的水，人们更多关心的是别人比自己吃到了制作更精良的食物，别人以车代步而自己仍旧骑自行车上下班。之所以会出现这种现象，是因为生态充足而物质稀缺。这种情况会维持一段时间，长期以牺牲环境为代价换取经济增长达到一定程度后，生态的稀缺程度超过了物质，情况就会发生转变。当人们普遍拥有了汽车，可比的只是谁的汽车性能更好时，这种比较就不再像有没有汽车的比较那么重要了。但是，由于空气污染严重，环境恶化，人们的生态需求更加迫切。这时候，谁能在绿化良好、环境宜人的地段拥有住宅，谁就成为被人羡慕的对象。稀缺从物质方面转到了生态方面。稀缺如同一盏信号灯，指引人们生产发展的方向，稀缺的内容发生变化，人们的消费意识随之发生改变。生态意识出现并代替了传统的生产和消费观念。

7.3.2.2 生态消费观念的产生

生态意识是根据社会和自然的具体可能性，妥善处理社会和自然关系的观点、理论和感情的总和。生态意识的形成，源于人们对以往人类活动中违反生态规律带来的严重后果的反省，源于对现存严重的生态危机的觉醒，源于对人类未来发展的关注及对后代的责任感①。

生态意识从无到有的转变正是经济发展过程的必然反映，生态意识的日益强化正是经济发展到一定水平的必然结果。生态意识从无到有的转变表现在经济活动中，就是消费观念的转变即生态消费观的产生。生态消费观能够指导人们的消费方向和消费模式，是生态消费行为模式的思想基础或者说思想上层建筑。它的产生不是偶然的、随机的，而是带有必然性。

（1）生态消费观念的产生是由人的本性决定的。人并不是孤立的，而是生活在一定的生产关系和社会关系之中，人与人之间必定存在着交往，这就是人的社会性。人的这种社会性决定人与人之间存在着“攀比”。攀比是对稀缺性物质而言的，如果生态产品成为稀缺物品的话，人们对生态产品的攀比会促进生态产品的生产，从而起到保护生态环境的效果。

（2）生态消费观念的产生是自然界警钟长鸣的结果。以环境破坏换取经济发展的后果已经开始显现，如土地沙漠化、水土流失、气候异常、食品安全问题、饮用水污染等，人们开始受到大自然的报复。这一切提醒人们保护生态环境的重要性。

（3）生态消费观念的产生是人们维持 3 种需要之间的平衡所要求的。正如前面讲到的，人是物质需要、精神需要和生态需要这 3 种需要的统一体，三者缺一不可，因此，生态需要必须得到满足。这不仅关系到人们生活水平，更关系到人的生存、繁衍。当今世界，人们的生态需要显然得不到满足，这种情况必须尽快得到改善。

当然，人的这种思想的转变在自发的情况下，是缓慢的，甚至可能走弯路，因此，需要相关政策的引导。政府有责任有义务采取必要的措施，引导人们意识的转变。

---

① 柳杨青. 论绿色消费与可持续发展[J]. 南京财经大学学报，2006（3）.

7.3.3 生态消费行为模式

生态消费行为模式可以分为两个部分：生态消费行为和生态消费模式。生态经济学使用消费经济学分析消费者的生态消费行为；生态消费模式则是分析生态消费行为的行为特征，是生态消费行为的抽象和概括。

7.3.3.1 生态消费行为

在消费经济学中，将消费行为分解为"5W1H"，"5W"分别是Who、When、What、Where、Why，"1H"是How。生态消费行为也是一种消费行为，同样可以分解为"5W1H"，下面就用这6个因素对生态消费行为进行分析。

（1）Who，谁在消费，即行使生态消费行为的主体是谁。生态消费是面向全人类的，显而易见，生态消费的行为主体也应该是一切消费者，包括个人和政府。但问题是，消费者的消费行为并不是在生态意识的指导下进行的，存在"过度消费"问题。这是因为人是社会中的人，任何人都处于特定的社会关系中，人的行为除具有自然特性和生理特性外，还具有社会性。消费行为也不例外。消费的社会性带有价值导向，可以指导人们的消费行为。当今社会存在着"物质崇拜"现象，占有和消费的物质越多越高档，就越有社会地位，越能够得到其他人的尊重。因此，人们会想方设法增加消费，尤其是高档产品的消费，虽然这些消费并不是必需的。要实现生态消费，必须改变社会的价值观，提倡生态消费观念，建立消费者的生态消费意识。这种转变会由于生态需要长期得不到满足而自发产生，但这种转变是一个长期的过程，而且往往存在滞后性，即当人们意识到生态消费行为的重要性的时候，已经是非常迫切和紧急的时候了。因此，政府和社会应该及早入手，通过宏观调控和政策引导等方式，建立消费者的生态消费观。

（2）When，何时消费，即在什么时间和什么样的情况下进行生态消费行为。生态消费行为应该体现"生态"的特点，整个消费行为过程应该是生态的。消费行为的时间选择上也应该体现生态的特性。例如，应该避开人流最拥挤的时间，选择在精神愉悦的时间进行消费行为。

（3）What，购买何物，即消费的对象是什么。它包含两个方面的内容。一方面，指消费者只购买那些满足自己生理生态需要为上限的产品，所购买的产品，必须是有利于保护生态环境和节约自然资源的，或在满足相同功能的产品中，对生态环境损耗最小和消耗自然资源最少的产品。必须建立起人与人、人与自然和谐相处的新型社会关系和伦理价值，将传统的消费行为转变为生态消费行为；另一方面，购买"生态产品"或"绿色产品"。这不仅是出于对消费者自身安全和健康的考虑，而且对生产者而言是一个信号，表明市场需求，从而鼓励生产者对生态产品的生产。

（4）Where，何处购买，换言之，选择什么样的地方进行生态消费行为。消费者应该选择有利于满足生态需要的地点进行购买，避开那些环境嘈杂、空气污浊的地点，购买在生产过程中保护生态环境和节约自然资源，同时生产的产品在消费过程中对人身和环境有利或损害最小的产品。

（5）Why，为什么购买，这一因素处于消费行为的中心地位。生态消费的购买目的是以满足自身的生态需要和实现人与自然和谐发展为出发点的，区别于传统发展观念支配下的以追求无限的物质财富消费为目标的消费行为。生态消费追求消费结构的均衡，以实现人类福利最大化。只有这种目标的消费，才可能实现保护生态环境和节约自然资源，实现社会-经济-环境协调发展的目标。

（6）How，怎样进行生态消费行为。选择生态消费行为方式，一方面要与自身条件相联系，同时要注意生态性。在美国，由于居住地分散，个人消费者通常要开私家车进行购物。而在中国，由于住宅区和商业区的划分，人们的居住地较为集中，人们可以选择乘坐厂家提供的购物班车进行消费活动。与美国的情况相比，可以节省能源，同时避免了交通问题，是一种比较好的消费方式。

受生态消费观决定的生态消费行为，是指人们在消费过程中的行为方式、方法，行为过程等一切活动，都必须按照生态消费观的内容和要求，即必须符合共同、整体、有限和发展的原则。

共同原则要求人们在进行消费时，不仅要考虑个人的收益和效用，更要考虑整个社会的收益和效用，从而避免消费那些具有负外部性的产品，而选择消费生态产品。

整体原则要求消费者的一切消费行为，都必须体现生态环境和自然资源的整体性的特点，从整个系统循环的角度来认识和对待自己的消费活动对地球生物圈的影响，否则，如果仅仅从一时一地的角度出发，很可能对生态环境是极其有害的。

有限原则要求人们对各种物品的消费都必须节制和适量，不应该超出维持人正常再生产所需的生理需要。有限原则并不等同于“节欲”，后者是从人的自然属性出发，要求人们克制自己的欲望，包括那些合理的、正常的欲望，而前者是从人的社会属性出发，要求消费者避免不必要甚至盲目的攀比性消费和炫耀性消费。

发展原则要求人们根据生态环境和技术条件的变化而不断调整自己的消费行为，在消费中不仅要考虑当代人的福利，还要考虑整个社会和后代人的福利。

7.3.3.2 生态消费模式

生态消费模式的定义有狭义和广义两种。狭义的消费模式是指在一定时期内消费的主要特征，包括消费内容、消费水平、消费结构、消费方式、消费趋势以及其他方面的主要特征。

广义的消费模式有 4 个方面的内容：① 体现消费领域的主要范畴，体现人们消费行为的主要内容，包括消费水平、消费结构、消费方式等各个方面的基本态势、内在联系和发展变化，是消费这个有机整体的质的规定性的综合表现，而不是几个组成部分的简单相加；② 是消费领域各种消费行为的综合表现，不仅反映量的规定性，而且反映消费领域的质的规定性，反映经济关系；③ 不仅应该反映人们消费行为的主要规范，而且应该反映消费领域的客观规律；④ 不仅反映消费领域的内在规律，而且反映国家对消费的基本政策和指导方针，反映国家对消费的引导和调节等。[①]

生态消费模式是消费模式在生态领域的扩展和应用。生态消费模式可定义为：以可持续发展思想为指导，以实现生态经济效用最大化为目标，在一定的生产力基础上最合理地配置资源，以取得包括生态产品和生态资本在内的产出和投入的最大效益，同时不断调整生产关系，使它适应生态消费的要求，并在此基础上通过社会舆论和政策引导，使消

① 尹世杰，蔡德荣. 消费经济学原理[M]. 北京：经济科学出版社，2000；张丽丽. 关于消费模式的问题浅析[J]. 才智，2011（13）.

费者的消费行为模式、规范和质的规定性等方面内容都符合生态消费的要求。与传统消费模式相比，生态消费模式具有适度性、高成本性、可持续性、精神消费第一性等特征。

在一定意义上，生态消费也可以叫作适度消费。经过理性选择的，与一定的物质生产和生态生产相适应的，能充分保证一定生活质量的消费叫适度消费①。适度消费是一种在资源条件约束下的最优消费活动。在传统的消费模式中，消费活动的唯一约束条件是消费者的收入，即“预算约束”。生态消费模式中的适度消费则多了一层含义，一方面消费活动要在自己的经济能力范围内进行；另一方面还要考虑生态环境的承载力，即“生态约束”。适度消费的目标是建立起一种与环境相协调的、低资源和能源消耗、高消费质量的适度消费体系。在这种体系中，消费品的特征将是持久耐用、可回收、易于处理。适度消费是人类应该选择也必须选择的消费模式。

高成本性是指无论生产消费还是生活消费，要真正实现生态消费就必须支付较高的成本。对生产者而言，要进行生态产品的生产和营销，就要在原材料的采购、技术的应用、治污设备的安装、广告宣传等方面花费更大成本②。因此，生产者向市场索取的价格也高。对消费者而言，购买生态产品虽然有利于身体健康，有利于生态平衡，有利于人的物质需要和精神需要的满足。但是，消费者必须为此支付更高的价格。创立一个能有效刺激生产者和消费者积极生产和消费的机制，降低对生态产品生产和消费的成本，也是极为重要的。

可持续性是指生态消费具有满足不同代际间人的消费需要的要求与功能。也就是说，该消费模式将人们今天的需要和明天的需要、当代人的需要和未来人的需要有机地统一在一起，保证人类各层面的需要都得到满足并不断由低层次向高层次演进，具有一种跨时空的内在要求。

精神消费第一性是指生态消费突出人的精神心理需要，是相对于传统的物质消费第一性提出的，并与其有着本质的区别。马斯洛需要层次理论指出，人的需要是多方面的，包括物质需要和精神需要，当人们在低层次的生理需要满足以后，会追求更高层次的精神需要。从这一层意义上来讲，生态消费表现为一种对高品质生活的追求、一种高尚品质和伦理道德的体现。它并非一种纯粹物质上的追求，而主要是一种精神上的需要。

研究展望

生态消费理论是生态经济学研究的重要内容，前沿研究关注生态消费的选择问题、驱动因素问题、激励机制问题等。具体包括：①生态需要理论的行为科学特征，生态安全等国家需求。② 消费的生态偏好是由什么决定的，又是如何变化的？ ③ 如何证明生态需求规律，该规律是否存在例外？④ 是否存在生态消费规律？特别值得深究的是，这些理论研究如何从定性描述走向定量描述，如何从数理模型走向计量模型。⑤生态消费指数的构建，生态消费的影响因素。生态消费是每一个人的责任。如何让生态消费从“要我做”转向“我要做”既是制度设计者的任务，也是理论研究者的任务。

---

① 柏建华. 生态消费行为及其制度构建[J]. 宁夏党校学报，2005（1）.

② 柏建华. 生态消费行为及其制度构建[J]. 宁夏党校学报，2005（1）.

思考题

1. 简述生态需要及生态需要与其他需要的关系。
2. 简述生态需求及生态需求的决定变量。
3. 论生态需求递增规律。
4. 论生态消费行为模式。

第8章　生态经济市场理论

生态产品比普通产品多了生态功能，因而价格相应较高。促进生态消费仅靠提高消费者的意识是远远不够的，必须借助政府和市场的力量，规范生态产品的生产和销售，提高生态产品的竞争力。生态产品市场遵循普通产品的市场规律，但是在同普通产品进行竞争时，往往呈现出其特殊性。习近平总书记针对生态产品的特殊属性强调指出："要探索政府主导、企业和社会各界参与、市场化运作、可持续的生态产品价值实现路径。"[①]如前所述，生态产品有狭义和广义之分。本章所述的生态产品是广义的生态产品。本章着重从市场角度讨论生态产品的定价、规范和标准等问题[②]。

8.1　生态产品的定价理论

8.1.1　生态产品市场的均衡分析

8.1.1.1　生态产品价格决定的静态分析

经济模型可以被区分为静态模型和动态模型，相应的分析方法也可以分为两类，与静态模型相关的是静态分析和比较静态分析，与动态模型相关的是动态分析。静态分析是根据既定的外生变量值来求得内生变量值的分析方法。在供给和需求函数确定的情况下，生态产品均衡价格取决于生态产品的供给数量和需求数量。

（1）从需求的角度来看。在其他条件不变的情况下，生态产品的价格越高，消费者对它的需求量就越少；生态产品的价格越低，消费者对它的需求量就越大。这就是说，在常规情况下，生态产品的需求同样符合需求法则。需求数量与价格的关系可以用需求函数表示：

---

① 习近平．论坚持人与自然和谐共生[M]．北京：中央文献出版社，2022：19.

② 沈满洪．生态经济学[M]．2版．北京：中国环境出版社，2016；柳杨青．生态需要的经济学研究[M]．北京：中国财政经济出版社，2004；马传栋．生态经济学[M]．济南：山东人民出版社，1986；唐建荣．生态经济学[M]．北京：化学工业出版社，2005；王松霈．走向21世纪的生态经济管理[M]．北京：中国环境科学出版社，1997；王松霈．生态经济学[M]．西安：陕西人民教育出版社，2000；刘思华．绿色经济论：经济发展理论变革与中国经济再造[M]．北京：中国财政经济出版社，2000；彭祖赠，孙韫玉．模糊数学及其应用[M]．武汉：武汉大学出版社，2002；中国环境与发展国际合作委员会环境贸易工作组．环境与贸易问题环境标志与绿色食品[M]．北京：中国环境科学出版社，1997；陈德昌．生态经济学[M]．上海：上海科学技术文献出版社，2003；夏青，刘尊支，王瑜．环境标志[J]．北京：中国环境科学出版社，1996；刘喜生．包装材料学[M]．长春：吉林大学出版社，1997；杜海滨，孙兵．设计与风格工业设计[M]．沈阳：辽宁美术出版社，2001；刘光复，刘志峰．绿色设计与绿色制造[M]．北京：机械工业出版社，1999.

$$Q_d=f(P) \tag{8.1}$$

式中，Q_d——需求数量；

P——价格；

f——需求函数，一般情况下，$f'<0$。

（2）从供给的角度来看。在其他条件不变的情况下，生态产品的价格越高，生产者对它的供给量就越大；生态产品的价格越低，生产者对它的供给量就越小。这就是说，在常规情况下，生态产品的供给同样符合供给法则。同样，供给数量与价格的关系用函数表示为

$$Q_s=g(P) \tag{8.2}$$

式中，Q_s——供给数量；

P——供给价格；

g——供给函数，一般情况下，$g'>0$。

在市场均衡的状态下，有 $Q_s=Q_d$。生态产品的均衡数量由需求曲线和供给曲线的交点决定，与均衡数量相对应的就是均衡价格。生态产品的静态价格决定与普通产品一样，都遵守供求法则，生态产品的价格可以由市场进行调节。

8.1.1.2 生态产品价格决定的比较静态分析

在静态分析中，函数 f 和 g 是固定的，变动的只是价格 P 和数量 Q，当外生变量的变化使需求函数和供给函数发生变动时，内生变量 P 和 Q 的数值也会发生变化。在一个经济模型中，研究外生变量变化对内生变量的影响方式，以及分析比较不同数值的外生变量下的内生变量的不同数值，被称为比较静态分析。生态产品价格由需求和供给共同决定。这里使用比较静态分析法分别分析影响生态产品需求和供给变化的因素，找出主要原因和影响因素。

8.1.1.2.1 影响生态产品需求变化的因素

（1）消费者的偏好。消费者对生态产品的偏好增强，生态产品的需求曲线向右移动；偏好减弱，则生态产品的需求曲线向左移动。消费者对生态产品的偏好呈现出日益增强的趋势，由此会导致生态产品的需求曲线向右移动。

（2）消费者的收入。消费者的收入上升，生态产品的需求曲线向右移动；消费者的收入减少，则生态产品的需求曲线向左移动。消费者的收入总体趋势呈现出上升的趋势，由此导致生态产品的需求曲线向右移动。

（3）消费者的预期价格。预期价格上升，会导致需求曲线向右移动；预期价格下降，会导致需求曲线向左移动。消费者对生态产品的预期价格总体上呈现出上升的趋势，由此导致生态产品的需求曲线向右移动。

（4）相关商品的价格。相关商品包括替代品和互补品。其中，对于替代商品的价格来说，如果替代商品的价格上升，生态产品的需求曲线向右移动；如果替代商品的价格下降，生态产品的需求曲线向左移动。替代商品的价格升降不确定，需求曲线的移动也不确定；相应地，互补商品的价格变动对生态产品的影响与替代品价格变动的影响相反，即如果互补商品的价格上升，生态产品的需求曲线向左移动；如果互补商品的价格下降，生态产品的需求曲线向右移动。互补商品的价格升降不确定，需求曲线的移动也不确定。

对于生态产品来说，相关商品主要是指替代品，也就是普通产品。普通产品价格变动对于生态产品的影响相当大。这是由需求的交叉价格弹性决定的。需求的交叉价格弹性表示在一定时期内生态产品的需求量变动对于普通产品的价格的变动的反应程度，是生态产品需求量变动率对普通产品价格变动率的比值。对生态产品来说，这一比值大于 1。换句话说，如果普通产品的价格提高一个单位，那么生态产品需求量的增加大于一个单位；反之，普通产品的价格下降一个单位，生态产品的需求量的减少大于一个单位。

通过上述分析可以看到，多数影响生态产品需求变化的因素均促进其需求曲线向右移动。因此，生态需求递增规律发挥作用。但是根据我国现状，影响生态产品需求的主要因素是消费者的收入和普通产品的价格。由于生态产品的价格普遍比较高，超出了多数消费者的承受范围，生态产品还属于高档产品的范畴，而不是日常生活的首选。

8.1.1.2.2　影响生态产品供给变化的因素

（1）生产要素的价格。生产要素价格上升导致生态产品的供给曲线向左移动；生产要素价格下降导致生态产品的供给曲线向右移动。生产要素的价格是决定生产成本的重要因素。以一个矿泉水生产企业为例，矿泉水的价格之所以比纯净水的价格高，是因为生产矿泉水需要价格较高的泉水作为原料，而纯净水的生产只需要普通的水作为原料，这是两种产品价格差距较大的主要原因。生产生态产品的生产要素价格总体上呈现出上升趋势，其供给曲线会向左移动。

（2）企业的生产技术。技术进步，会使生态产品的供给曲线向右移动；技术退步（一般不可能），会使生态产品的供给曲线向左移动。采用了较好的生产技术可以提高产量，降低生产成本。这不仅对生态产品而且对其他一切产品的生产，都是一个非常重要的因素。总体上看，社会在发展，技术在进步，而且技术进步突飞猛进。因此，技术因素会使生态产品的供给曲线向右移动。

（3）生产者的预期价格。如果生产者预期生态产品的将来价格会上升，那么，该产品现在的供给曲线会向左移动；如果生产者预期生态产品的将来价格会下降，那么，该产品现在的供给曲线会向右移动。生产者的预期价格取决于对宏观经济形势的判断。通货膨胀时预期价格往往会上升，通货紧缩时预期价格往往会下降。

（4）政府的税收政策。税率上升、税收增加，会导致供给曲线向左上方移动；税率下降、税收减少，会导致供给曲线向右上方移动。税率和税收的调整也取决于宏观经济形势。经济过热时往往会加税，经济衰退时往往会减税。

（5）市场的完善程度。市场不完善，相应的政策法规、检验标准不配套，就会出现市场管理混乱、以次充好等现象，遵纪守法的生产者得不到相应的报酬，浑水摸鱼者却趁机得利。这种情况持续下去，会将生态产品的生产者挤出生态产品市场，生态产品的供给自然会减少，出现“劣币驱逐良币”的现象。反之，在完善的市场中，不存在不正当竞争，有利于保护生态产品生产者。

上述 5 个因素的分析表明，生态产品的供给曲线的变动是不确定的。关键在于哪个变量是决定性变量。同样以我国的现状来看，影响生态产品供给的因素主要在于生产技术和市场完善这两个方面。生态产品作为一种新概念和新事物，生产者和市场都处在摸索中，出现技术不成熟、市场不完善的情况在所难免，只需假以时日，加上政府政策的引导，生态产品生产的积极性必定提高，生态产品的供给也会越来越丰富。

图 8-1 显示了供给曲线和需求曲线分别变动的情况。假设生态产品的供给曲线不变，而需求曲线向右移动，那么，生态产品的均衡价格会上升。从图 8-1 可以看出，供给曲线处于 S_1 位置，需求曲线由 D_1 移动到 D_2，使均衡价格由 P_1 上升到 P_2。假设生态产品的需求不变，供给曲线向右移动，则生态产品的均衡价格会下降。需求曲线处于 D_1 的位置，供给曲线由 S_1 向右移动到 S_2，均衡价格由 P_1 下降到 P_3。当供求曲线同时移动时，均衡价格的变动方向便不一定了，这取决于供给和需求变动的幅度。

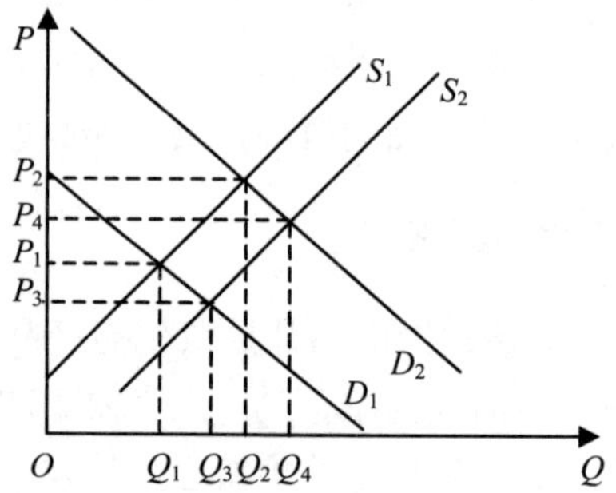

图 8-1　生态产品的价格决定

8.1.1.2.3　**生态产品价格决定的动态分析**

前面讨论了生态产品均衡价格形成的影响因素，以及供给和需求变动对均衡价格变动的影响。这些都是在一个确定的时间点上进行的讨论。下面将引入时间因素，讨论在不同时期生态产品均衡价格和均衡数量的变动情况。

在西方经济学中，均衡有稳定均衡和不稳定均衡之分。稳定均衡是指一个均衡价格体系在受到外力干扰偏离均衡点后，可以在市场机制的作用下回到原有的均衡点；反之，不稳定均衡是指一个均衡价格体系在受到外力干扰偏离均衡点后，可以在市场机制的作用下形成另外一个均衡点。蛛网模型是运用弹性原理解释某些生产周期较长的商品价格波动情况的一种动态分析理论。这里使用蛛网模型来分析长期内生态产品的均衡是否是稳定均衡，并由此判断生态产品的发展趋势。

将一个较长的时间段（如 50 年左右）分为（t+1）个时期，分别是第 0，1，…，t 期。t 期的生态商品供给量 Q_t^S 取决于（$t-1$）期的价格 P_{t-1}，用方程表示为

$$Q_t^S = f_1(P_{t-1}) = -\delta + \gamma P_{t-1} \tag{8.3}$$

t 期的生态商品需求量 Q_t^D 取决于当期价格 P，表示为

$$Q_t^D = f_2(P_t) = \alpha - \beta P_t \tag{8.4}$$

在每一期的均衡点上，都有

$$Q_t^S = Q_t^D \tag{8.5}$$

联立这 3 个方程，可以解得 t 期价格 P_t 与均衡价格 P_e 之间的关系，共有 3 种情况，分

别是当时间 t 趋向于无穷时，价格 P_t 收敛于均衡价格 P_e、价格 P_t 趋向于无穷和价格 P_t 围绕均衡价格 P_e 上下波动。

生态产品的长期价格处于哪一种情况，取决于供给函数和需求函数的斜率之比 γ/β。也就是说，如果希望生态产品的价格能够处于稳定的状态，必须使得供给曲线的斜率绝对值小于需求曲线的斜率绝对值。

8.1.2　生态产品的成本与价格

8.1.2.1　生态产品的成本分析

既然生态产品的价格是由消费者和生产者共同决定的，那么生态产品生产者在对生态产品进行定价时，应当综合考虑消费者和生产者的市场力量，制定最优的生态产品价格，谋求自身利润最大化。

一般来说，生态产品比普通产品增加了生态功能，生态产品的成本高于普通产品。可以认为生态产品的成本是在普通产品成本的基础上再加一个生态成本，记作

$$C_S = C_P + C^* \tag{8.6}$$

式中，C_S——生态产品成本；

C_P——普通产品成本；

C^*——生态产品比普通产品增加的生态成本。

生态产品生产者要使得生态产品在市场上更具竞争力，必须想方设法降低生态产品的成本，从而在定价时有更多的选择余地和更大的利润空间。

生态产品可以用两种方法来控制成本，第一种方法与普通产品相同，即控制 C_P；另一种方法是生态产品特有的，即控制 C^*，这里着重介绍第二种成本的控制方法。

C^* 的构成因素主要有以下几个方面①：

（1）由于引入有利于生态保护的原材料而增加了成本，或用于清洁加工和清洁技术投入的增加而使生产成本增加。这些都是导致生态产品成本上升的因素。

（2）为取得相关的生态产品证书和标志而产生的成本。

（3）用于预防生态灾害或消除污染的保险费开支以及购买清污设备和开展清污活动的成本增加。

（4）为改变企业管理和营销而产生的绿色管理费用。

（5）降低生态成本的因素。

前 4 项都是使得生态成本为正的因素，它们是生态产品价格高于普通产品的主要原因。但是也存在一些因素，可以降低生态成本，如由于生产中使用清洁生产的设备使原料和能源的使用效率提高而节省成本，或由于减少产品不必要的包装、使用高效能的科技手段等，实现无纸化办公，减少管理费用支出；由于规模效应，成本大幅度降低；由于废旧物品的回收利用带来的收益等。这些都是由于生产成本的下降而使供给曲线向右移动，进而使均衡价格下降。

---

① 武永春. 绿色价格影响因素及策略研究[J]. 价格理论与实践，2003（7）.

上述因素对生态成本分别从正反两方面产生影响。可以看出，“生态”是一把“双刃剑”，它一方面因为比普通产品的生产有更高的要求，如原材料、生产工艺、检验标准、回收等方面，都必须做到比普通产品更为环保和清洁，因而增加了生态产品的成本；另一方面“生态”使得产品具有了普通产品不具备的优势，例如，去除了不必要的包装、废弃物可以回收循环再利用等，可以降低生态产品的成本。

在生产初期，由于环境成本与资源价值的加入，生态产品的市场份额不大，规模效应尚未形成，成本较高，$C^*>0$；随着时间的推移，人们逐渐认识到生态产品的重要性，尤其是政府采取经济、法律、行政等各种手段对不利于生态保护的普通产品进行限制以后，生态产品的生产和需求规模会逐渐扩大，从而占据较大的市场份额，而一旦规模效应得到充分发挥，成本会进一步降低，C^*降低，甚至可能出现 $C^*<0$ 的情况。

8.1.2.2 生态产品的价格分析

生态产品价格是在成本的基础之上制定的，生产者在制定生态产品价格时，一方面要考虑生产者的付出和成本，使价格能够反映生态产品的生产厂商在原材料的选择、生产工艺和技术的改进等方面所做出的努力和增加的成本，保证生产者再生产的顺利进行；另一方面也要考虑消费者的承受能力和接受水平，根据消费者的偏好和需求特点，使价格充分体现生态产品的附加价值，从而赚取合理的利润。总体来说，生态产品的价格应当满足下列公式

$$P_S=P_P+P^* \tag{8.7}$$

式中，P_S——生态产品成本；

P_P——普通产品成本；

P^*——生态产品比普通产品增加的生态成本，P^*可能为正也可能为负。

在生态产品生产初期，由于成本较高，会促使生态产品价格上升，但从长期来看，生态产品价格有降低的趋势。随着人们生态消费意识的提高，普通产品将陷入越来越不利的环境中。

在现阶段，生态产品价格的下限就是生态产品成本，至于上限，则要看消费者反应。以绿色食品为例，从国外的实践来看，有机食品比一般食品价格高 30%～80%。有关调查显示，在合适的价位内，消费者愿意优先购买绿色产品，如 82%的德国人和 77%的美国人在购买物品时会优先选择绿色食品，但如果绿色产品的价格过高则其需求便会下降。在日本，大约有 91.1%的消费者对绿色食品感兴趣，在愿意购买绿色食品的人群中，有 60%的人愿意以大致相当的价格购买，而愿意以更高价格购买的比例仅为 36.80%。同样的情形在我国也存在①。

因此，生态产品的价格，在整体水平上应该高于同类普通产品，但高的幅度应该以产品的目标顾客能够接受为基本原则，具体价格水平还要根据市场竞争状况来确定。当然，要提高生态产品的市场竞争力，促进销售，应该通过控制成本、提高原材料及能源的使用效率，从而降低绿色产品的价格，才能从根本上提高生态产品的市场吸引力，促进生态产

---

① 张叶. 绿色经济问题初探[J]. 生态经济，2002（3）；姜曙光. 关于绿色产品及其定价若干问题的理性思考[J]. 商业研究，2003（7）.

品的市场推广，使生态产品的生产企业获得满意的利润回报。

8.1.2.3　生态产品的定价分析

在买方市场，消费者在商品生产这一最基本的经济问题上起决定作用，消费者向商品投入的“货币选票”取决于消费者的效用。生产者为了获得最大利润，必须依据消费者的意愿来安排生产和制定价格。合理的生态产品价格，必须能够提高消费者的效用，促使消费者选择生态产品。

由于生态产品成本包含了生态成本，所以其价格高于普通产品价格。这种较高价格在市场上具有双重效应：一方面，高于普通产品价格，符合其含有绿色价值的高品质形象，有利于增强产品竞争力，并符合消费者“优质优价”的心理。另一方面，大量的生态成本转嫁在消费者身上，而普通消费者的心理仍希望产品价格相对便宜，所以有时较高的价格会失去部分消费者。因此，企业必须针对各类生态产品的特点和消费者的特点采取恰当的定价策略[①]。

如前所述，影响消费者购买生态产品的主要因素有两个：消费者的收入和生态产品的需求弹性。生态产品的价格过高会影响生态产品的销售；普通产品作为生态产品的替代品，在功能上具有强替代性，而价格上又有很强的竞争优势，这也影响了生态产品的销售。因此，在生态产品定价时，应该从这两方面入手制定价格[②]。

（1）根据需求弹性制定生态产品价格。经济学理论指出：商品的价格会影响消费者的需求量，需求量对其价格变动反应程度构成需求价格弹性，又称需求弹性。弹性越小表示对价格的敏感度越低，弹性越大表示对价格的敏感度越高。影响需求弹性的主要因素：① 消费者对商品的需求强度，强度大的弹性小；② 商品的替代品和替代程度，替代品少的弹性小；③ 消费者习惯和偏好，偏好大的弹性小。

生态产品价格也同样受需求价格弹性的影响。就需求强度而言，首先要把生态产品分为两类，第一类是有利于人们自身身体健康的，如无公害蔬菜，天然纤维织造的衣料，无毒、无害建筑材料等；第二类是有利于生态环境保护的产品，如无氟绿色冰箱。

对于第一类生态产品，由于与消费者的安全、健康甚至生命休戚相关，所以需求强度较大，需求弹性小，消费者愿意支付较高的价格。而第二类产品不仅是消费者本人受益，而且是全社会都受益。按经济人假设判断，这种需求强度不大，消费者一般不愿意支付额外的绿色成本。针对以上情况，企业在制定和实施生态产品价格时，必须区别对待健康产品和环保产品。对于健康产品，由于它们受到消费者的欢迎，企业可以把它们作为高档产品和奢侈品来定价，实行高价策略。对于环保绿色产品，它带给消费者的绿色消费效用是间接的，而且经常具有外部性。对于这类绿色产品的定价不应再选择高定价策略，而应选择介于高价与低价之间的满意定价策略。

（2）根据消费者的内在偏好制定生态产品价格。消费者的偏好及偏好程度，决定消费者对生态产品价格的接受程度。随着生活水平的提高，人们讲究产品质量，崇尚健康，愿意以较高的价格购买生态产品。生态产品不仅满足了消费者的生理需要，还满足了人们

---

① 王静. 绿色价格及其制订策略[J]. 企业改革与管理，2009（2）.

② 王静. 绿色价格及其制订策略[J]. 企业改革与管理，2009（2）.

对健康、文明的心理需要。消费者对生态产品的偏好程度越强烈，需求弹性越小，消费者心理上愿意接受的生态产品价格就越高。心理因素在现阶段对生态产品价格水平的决定具有特别重要的影响作用。针对消费者偏好可以实行心理定价策略。若生态产品价格与其心理准备相似或者相符，他们就会感到亲切、愉悦，并产生接近、拥有的心理；若与其心理准备相违背或者相克，就会使他们产生疏远、排斥心理。因而对具有求实心理的消费者来说，生态产品价格实行尾数定价更能激发他们的购买欲；而对具有求名心理的消费者来说，声望定价则更适合。只有对消费者的心理具有相当广泛而深入的了解，生态产品价格才能体现其科学性和艺术性。

8.2 生态产品的市场规范

8.2.1 生态产品市场面临的问题

8.2.1.1 生态产品的市场风险问题

8.2.1.1.1 外部性

外部性是一个经济机构对他人福利施加的一种未在市场交易中反映出来的影响。在很多时候，某个经济主体的经济活动会给社会上其他成员带来好处，但他自己却不能由此得到补偿，此时，该经济主体从他的活动中得到的私人收益小于该活动所带来的社会收益，这种外部影响叫作“外部经济”。反之，某个经济主体的经济活动会给社会上的其他成员带来危害，但他自己却并不为此支付足够抵偿这种危害的成本，此时该经济主体为其活动所付出的私人成本小于该活动的社会成本，这种性质的外部影响称为“外部不经济”。同样，外部不经济视经济活动主体的不同分为生产的外部不经济和消费的外部不经济。[①]在生态产品市场中，由市场不完全导致的外部性指的是生产的外部经济和消费的外部经济[②]。

（1）生产的外部经济。生态产品与普通产品的生产存在很大差异。生态产品的重要特征是环境友好性。这就要求生态产品无论在原材料的选择、生产工艺的设计、废品的回收等方面都要比普通产品付出更高的成本和代价，即生态产品的成本高于普通产品。但是，生态产品提高的成本并不能全部转嫁给消费者，原因在于，生态产品的部分公共产品属性，使得社会全体成员都可以或多或少从生态产品的生产中受益，换句话说，生态产品的社会收益大于消费者的私人收益，这就是生产的外部经济。

（2）消费的外部经济。与普通产品相比，生态产品的价格较高，而消费者都是理性的，也就是说，消费者如果选择消费生态产品，必须能够享受到更高的效用。但是，生态产品具有非排他性，消费者无法获得生态产品的全部收益，这就是消费的外部经济。

在生态产品外部经济的作用下，生态产品的生产者和消费者要共同承担这种由于生态保护所导致的超过普通产品成本的那一部分成本。在生产者与消费者对这部分成本进行分

---

① 沈满洪，何灵巧. 外部性的分类及外部性理论的演化[J]. 浙江大学学报（人文社会科学版），2002（1）.

② 冯晓. 水源生态保护补偿的理论与实证分析[D]. 杭州：浙江大学，2008.

担的过程中会产生矛盾与冲突，从而制约生态产品的生产和消费。理性的生产者总是追求利润的最大化，生态产品的生产者从追求利润出发，要把高出普通产品的这部分生产成本转嫁给消费者，其转嫁的主要方式就是提高生态产品的定价，当生产者付出的成本无法得到全部收益时，他们生产生态产品的积极性就会受到影响。从消费者角度来看，理性的消费者总是谋求效用评价最高的消费品组合。当消费者无法享用到生态产品所带来的全部效用时，他们不愿意为生态产品高出的价格埋单，也会转而寻求普通产品。因为生态产品和普通产品是可替代的，如果生态产品的生态功能不能够及时显现或者消费者无法得到生态产品的全部效用时，消费者就会转而寻求生态产品的替代品——普通产品。这是理性消费者的必然选择，仅靠宣传生态保护或提高消费者的生态意识都不能最终改变消费者的选择。生态产品的需求减少，反过来影响了生态产品的生产规模和生产量，规模减小又进一步提高生产成本。以上两个方面共同作用的结果就是生态产品的生产会逐渐萎缩，甚至可能退出生产。但是，从长期来看，这种结果是无效率的。在自由市场中，生态产品的外部性问题如果不能够得到解决，生态产品的发展就会受到限制。这是生态产品的外部性所导致的市场风险。

8.2.1.1.2　信息不完全——逆向选择

生态产品的定价和供求理论的成立是建立在一定的假设条件之上的。其中，一个基本的条件就是完全信息假设。完全信息的主要含义是指市场上每一个从事经济活动的个体（包括买者和卖者）都对有关的经济情况具有完全的信息。这就意味着作为消费者，能够充分了解每一种商品的性能和特点，准确地判断一定的商品量给自己带来的消费满足程度，掌握不同价格商品的内在差别，从而确定最佳的商品购买组合。但是，在生态产品市场发育不完全以及相应的法规、制度等尚不完善的市场环境下，可能会出现逆向选择现象。所谓的逆向选择，是指在消费者掌握的市场信息不完全时，他们对商品的需求量不随价格的下降而增加，恰恰相反，消费者的需求量随价格的下降而减少。逆向选择的结果通常是，质量好、价格高的商品难以在市场上生存，质量差的商品会将其驱逐出市场，从而占有较大的市场份额。

在完善的生态产品市场中，逆向选择的情况很少存在。这里以食品为例，分析逆向选择的经济学成因。如前所述，食品可以分为普通食品、无公害食品、绿色食品和有机食品等几个层次，价格也依食品生态性的提高而增加。如果食品市场非常规范，不存在名实不符、价格混乱等现象，那么消费者就具有了完全信息，他们会把不同层次的食品看作完全不同的商品，相应的意愿支付价格当然也就不同。在这种情况下，消费者的需求曲线是向右下方倾斜的。相反，如果市场存在信息不完全，如现在的绿色食品市场，由于绿色标志乱用、混用，导致的结果是：消费者只知道有绿色食品和非绿色食品之分，却无法判断哪一些是绿色食品而哪一些不是。在这种情况下，消费者只能根据自己的经验来进行判断，如生产厂商的信誉、规模，产品包装，产品在超市的摆放位置等。

除此之外，消费者常常根据价格来判断产品的平均绿色含量。众所周知，在其他条件不变的情况下，随着某种商品的价格下降，市场上该商品的供给量相应减少，而且减少的主要是生产成本更高的生态产品。结果是，市场中该商品的平均绿色含量下降了。反之，随着某种商品价格的提高，供给增加，而且增加的主要是绿色含量高、更加高档的生态产品，因为生产它们变得有利可图，结果是该商品的平均绿色含量提高了。总之，消费者有理由相信，随着某种商品价格的上升，该商品平均的绿色含量也将上升。

图 8-2 描述了商品的价格与其平均绿色含量之间的关系。图中横轴 P 代表商品价格，纵轴 g 代表商品的平均绿色含量。曲线 ABC 为价格-绿色含量曲线，表示为 $g=f(P)$。价格-绿色含量曲线有 3 个特点：①它向右上方倾斜，$f'(P)>0$，表示商品的平均绿色含量随价格的提高而提高；②它为凸函数，即 $f'(P)>0$，$f''(P)<0$，意味着，虽然商品的平均绿色含量随着价格的上升而上升，但上升的速度却越来越慢；③它与横轴的交点大于零，即 $f(0)>0$，这意味着，在价格降到零之前，商品的平均绿色含量已经下降到零。

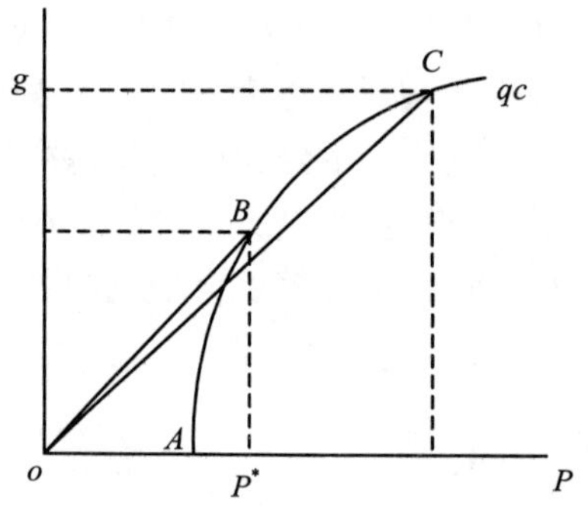

图 8-2 生态产品的价格与绿色含量的关系

随着消费者对生态问题的日益重视，消费者在购买商品时，不仅要考虑商品的价格，还要考虑它的生态性或绿色性。以食品为例，即使价格再低，但是有害人体的食品，也鲜有人问津。反之，如果是纯天然绿色食品，价格较高也会买者不绝。价格和绿色含量这两个指标可以综合在一起考虑，即每单位价格上的绿色含量 g/P，这里把它称作“绿色价格”。消费者购买时考察的是他在该商品上支出的每单位价格所得到的绿色含量，即考虑该商品的绿色价格。在不同的价格水平上，商品的平均绿色含量是不同的，也就是说，绿色价格是不同的。在图 8-2 中，每一商品价格上的绿色价格 g/P 的几何表示是：价格-绿色含量曲线在相应价格水平上的点到原点的连线的斜率。斜率在价格为 P^*时达到最大，换句话说，商品的绿色价格先是随着价格的上升而升高，在达到最高点之后，随着价格的上升而下降。

联系消费者需求曲线，消费者追求的是商品的最高绿色价格。这个最高点在 $P=P^*$时达到。也就是说，消费者对商品的需求在价格为 P^*时达到最大，当价格由 P^*水平上升或下降时，由于商品的绿色价格都是下降的，因此消费者的需求量也会下降。由此，得到的需求曲线如图 8-3 所示，需求曲线不再是向右下方倾斜，而是包含了一段向左下方倾斜的部分，表现为曲线向左下方弯曲。从图 8-3 可以看出，当价格 $P=P^*$时，需求量 Q 达到最大 Q_s；当价格 $P\neq P^*$时，需求量就会减小。

由于假定信息不完全只出现在消费者一方，因此生产者的供给与完全竞争时的情况一样，供给曲线向右上方倾斜，结合消费者需求曲线，市场均衡将会出现两种情况：

（1）供给曲线与需求曲线向右下方倾斜的部分相交，即图 8-3 中的 D 与 S_1 相交。这种情况与信息对称的情况一样，市场均衡出现在供求曲线的交点上，该交点决定了均衡产量和均衡价格，分别为 Q_1 和 P_1，不存在任何的低效率市场失灵。

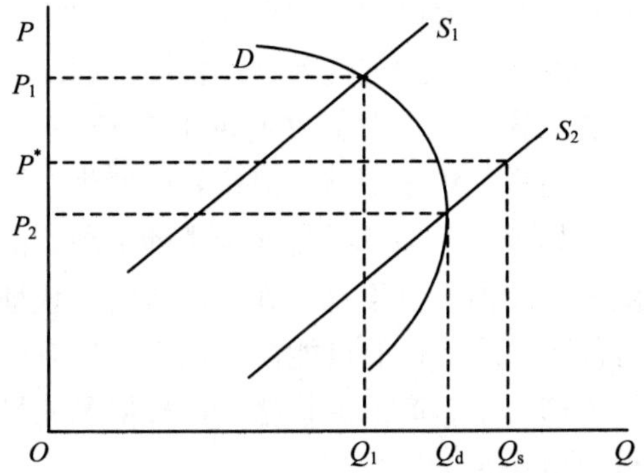

图 8-3　不完全信息下的生态产品价格决定

（2）供给曲线与需求曲线向左下方倾斜的部分相交，即图 8-3 中的 D 与 S_2 相交。这时的均衡价格为 P_2，但不是最优价格。这是因为，如果将价格提高，使现在的价格 P 满足 $P_2<P<P^*$。根据需求曲线，此时需求量增加。但是在更高的产量水平上，需求价格高于供给价格，消费者和生产者都会从中获得比在均衡价格 P_2 时更大的利益。但是，价格也不能够超过 P^*，因为如果价格超过 P^* 的话，根据需求曲线，需求量减少，生产者的利益受到损失。

综上所述，最优价格应当为 P^*。但是，在价格为 P^* 时，供给量超过了需求量，也就是非均衡状态，违背了帕累托最优标准。例如，当价格为 P^* 时，产量为 Q_s，但是在 Q_d 上，需求价格高于供给价格。这意味着，消费者愿意为最后一单位产品支付的价格超过了生产者生产最后一单位产品所花费的成本。也可以说，在产量 Q_d 上，社会的边际收益大于社会的边际成本。因此，从社会的观点来看，消费者在产品上的信息不完全导致了过低的产量。

8.2.1.1.3　结构缺陷

市场结构是指特定的市场中企业之间在数量、市场份额、规模等方面的关系，以及由此决定的竞争方式。市场结构分析的一个核心问题是某一市场中企业间的竞争格局和力量分布及其对市场行为、市场绩效的作用，其基本构成要素是市场集中度、产品差别、进入与退出壁垒等。

（1）市场集中度。市场集中度是指某一市场上的买卖双方相对的企业数以及企业在市场中的相对规模分布，反映市场垄断程度的高低。在现阶段，生态产品还是一种新生事物，在市场中处于从属地位，可以说，生态产品在各自的产品市场上的市场集中度是很低的，市场上处于控制地位的还是普通产品。根据垄断竞争理论，这些产业的产品价格和产量由普通产品决定；另外，生产同一类生态产品的厂商之间又是相互竞争的关系。因为生态产品的从属地位，其定价受到普通产品限制，因此利润有限。而集中度低以及完全竞争的市场环境，使得生态产品的生产规模受到限制，难以发挥规模优势，进一步降低了生态产品在生产成本和价格上的竞争力。

（2）产品差别。产品差别是指特定企业的产品相对于其他企业的产品所具有的不同特点和差异，或者说是不完全替代性①。这种差异能够保持企业的垄断竞争地位，是企业

① 毛可进．我国绿色食品产业发展中的市场风险研究[D]．杭州：浙江大学，2006.

核心竞争力的来源。产品差别来源于商品的物理性差异，如口感、商品形态等，商品附带服务的差异，地理位置差异，以及买方主观性差异。根据前面的分析，在信息不对称的情况下，生态产品与普通产品的差异主要来自买方主观性差异。但是，由于对生态产品的宣传力度不够，人们对生态保护的重视程度不够，消费者消费生态产品的偏好不强，使得生态产品与普通产品的差别不够显著。生态产品与同种类的普通产品差别不大，使得两种产品间有很强的替代性，而生态产品由于价格高，处于弱势的替代地位，很难与普通产品竞争。生态产品被同一种类的普通产品替代的可能性远远大于生态产品替代普通产品的可能性，这种替代在很大程度上压抑着生态产品的价格。这种情况的最终结果就是生态产品被普通产品同化，生态产品退出市场。

（3）进入与退出壁垒。进入壁垒是指阻止新企业进入的障碍。形成原因来自 5 个方面，分别是规模经济、最低资本、产品差别化、绝对费用和政策法律制度。退出壁垒是指企业从产业中退出的各种限制。生态产品的生产企业比普通产品生产企业面临更多进入壁垒，包括生态壁垒和技术壁垒。因为生态产品生产的生产资料有严格的安全及生态标准，一般认为其生产技术和生产成本都高于普通产品。这就决定了只有那些有生态产品生产技术开发能力的企业才能够进行生态产品生产；另外，生态产品在市场上销售，要经过相应的生态产品认证，从而进一步提高了进入门槛。因此，生态产品的进入壁垒比较高。但是，生态产品的生产企业退出生态产品的生产转而生产普通产品是比较容易的，换言之，退出壁垒较低。进入壁垒高一方面可以降低生态产品产业内部的竞争；另一方面却影响了生态产品产业的发展壮大。退出壁垒低一方面使得企业进入风险降低；另一方面容易诱发生态产品退出市场，使生态产业的不稳定性增大。

8.2.1.2 生态产品的供求关系问题

8.2.1.2.1 生态产品的需求问题

（1）收入分配结构不合理。收入是消费的基础，是影响消费者选择的最根本因素。从宏观上来说，我国城乡居民收入水平有了很大的提高，但从消费个体来说，每个消费者收入水平的情况是不一样的，消费者之间的贫富差距呈现扩大化趋势。

由于消费者对生态产品的消费量是有限的，生态产品又是需求弹性较大的产品，普通产品对其替代性较强，造成拥有大部分社会财富的少数人在消费大部分生态产品，而较大的消费群体因为收入和财富少，无力消费超出消费预算约束的生态产品，从而使本应当普及使用的生态产品只能成为少数个体的特权，这不利于生态产品的普及。

（2）生态消费意识尚未形成。中国还没有形成生态消费的共识，一方面是由于生态消费意识的产生时间不久，要普及生态消费意识尚需时日；另一方面是由于市场不完善，生态产品的检验、质量监督等一系列配套措施尚不完善。

（3）生态消费动机缺乏。消费动机是消费行为的内在推动力。消费者有生态产品的消费需求，但由于生态消费具有很强的外部性，缺乏将外部性内部化的制度安排。

8.2.1.2.2　生态产品的供给问题

（1）供给市场发育不完善。

- 供给不足：国内市场生态产品的供给量有限，与实际需求量相比缺口较大。有限的生态产品供给量加上不能形成规模效应而较高的生产成本，这两方面的作用无疑提高了生态产品的价格，使广大消费者只能“望而兴叹”。
- 产品单一：生态产品的开发尚嫌不足，产品品种单一，远未达到产品多样化的要求。以食品行业为例，作为普通产品的食品发展得相当完善，产品品种丰富多样，包括主食、副食和零食，有成品、半成品和原料，能够满足不同情况不同要求的消费者的需求。相对而言，绿色食品则非常单调，消费者的选择余地不大。
- 生产动机缺乏：由于市场发育不完善，信息不完全和不对称，市场资源无法向生产生态产品的企业流动。

（2）生产者的机会成本问题。机会成本是从经济资源的稀缺性这一前提出发引申出的概念。生产一单位的某种商品的机会成本是指生产者所放弃的使用相同的生产要素在其他生产用途中所能得到的最高收入。

当生态产品生产者用一定的经济资源生产一定数量的生态产品时，这些经济资源就不能同时被使用在其他的生产用途方面，如普通产品的生产上。也就是说，生态产品的生产者获得一定数量的产品收入，是以放弃用同样的经济资源来生产普通产品时所能获得的收入为代价的。如果生产普通产品能够获得更高的收入，而转换成本不高的话，那么生产者会放弃生态产品的生产，转而生产普通产品。

生产者究竟选择生产生态产品还是普通产品，其核心就在于哪一种产品能够获得更高的收益。在现阶段，由于生态产品市场发育不成熟，生态产品的生产者数量少、规模小，生产生态产品需要较高的机会成本。要发展壮大生态产品市场，必须改变这种情况，增加生态产品生产的盈利水平，使生产者能够从生态产品的生产中获得更高的利润，以保证生态产品供给的稳定。

（3）生态产品技术尚待开发。生态产品缺少有效的技术和工艺以进行大规模的生产，这会导致生态产品供给不足。在机械化、规模化得到普及的今天，依靠手工式、个体化的生产方式生产的生态产品，无法成为市场上的主流产品，只能是普通产品的附属和补充。因此，需要开发生态产品的规模生产技术和生产工艺，增强生态产品在技术和价格上的市场竞争力。

8.2.1.3　生态消费的社会环境问题

（1）法律环境。生态消费与消费者的健康息息相关，所以生态产品生产和销售在安全方面要有保障，这就要求健全的法律环境，特别是在市场经济条件下，法制显得更为重要。中国在实施生态消费方面的法律、法规严重欠缺，虽然有了关于生态产品标志认证体系，但是关于各类生态产品的技术标准还未形成体系，制约了消费者对生态产品的选择。

（2）制度和政策环境。任何行为的实施，必须有相应的制度作保证，有相应的机构来执行、稽查并监督行为过程，实施生态消费行为也不例外。我国对生态产品的生产过程尚缺乏相应的监督、管理机构。虽然国内已经有了生态产品的认证机构，但是由于政府的重视程度不够，对生态产品认证的管理、监督较为混乱，企业存在着“寻租”现象或投机现象，生态产品的认证成了企业和政府之间的博弈。对消费者来说，这样的认证显得不可靠，从而也就不会购买生态产品，尤其是那些存在外部经济的生态产品。

8.2.2 规范生态产品市场的方略

8.2.2.1 弥补生态产品市场缺陷

8.2.2.1.1 矫正外部经济问题

矫正外部经济，是指对产品或劳务的私人边际成本或私人边际收益进行调整，使之与社会边际成本或社会边际收益相一致，实现外部效应的内在化。外部效应的矫正方法有两种：一种是依靠市场的力量，在明晰产权的前提下，依靠生态产品生产者与消费者进行协商，使外部效应内部化。这种方法的前提是协商的交易费用为零或足够低。但是因为生态产品的受众较多，交易费用不可能为零，甚至高到了协商无法进行的程度。因此，在市场机制不够完善的情况下往往选择第二种方法，也就是依靠公共部门（如政府、社会团体等）的力量，主要采取补贴、税收和政府规制等方式。

（1）补贴。补贴是各种财政补助形式的总称，一般是指对执行环境标准中面临困难的企业进行的财政鼓励，或对有正外部性效应的生产企业给予一定的财政补助，是实现外部经济内在化的主要手段①。补贴可以理解为政府为购买有关环境物品和劳务或减少公害品的产生而向企业支付的价格，即相当于企业拥有环境资源财产权。

对外部经济进行的补贴一般有两种：① 着眼于对消费者私人边际收益的调整，即对具有外部经济特征的产品发放相当于外部边际收益的补贴，使生态产品消费者的私人边际收益提高到与社会边际收益相一致的水平；② 着眼于生态产品生产者私人边际收益的调整，发放补贴使得企业的私人边际收益等于社会边际收益，从而有动力继续生产生态产品。

实践中，补贴主要有补助金、长期低息或免息贷款、赠款等补贴形式，普遍的做法是在生态产品开发和申报阶段进行补助，降低生态产品生产的进入门槛和成本；在生产过程中根据生态产品的产量给予补贴，刺激生产者的积极性和生态产品的价格竞争力；在现行的居民消费品物价补贴中加上生态产品物价补贴部分，促使消费者购买生态产品。

为扩大生态产品的生产，政府需要对生态产品价格进行控制，包括最高限价和最低限价。政府的最高限价常施加于垄断性自然资源及其相关产品（如水、电），最低限价常用于紧缺的自然生态资源产品（如稀有金属）。最高、最低价格限制需要投入大量的执行成本，以限制或阻止供给方的垄断抬价和竞争性折价。最低价格限制常以政府补贴来支持，如欧盟的有机农业发展政策，就需要给从事有机农业生产的农民提供一定比例的补贴；政府也可通过给消费者补贴来达到同样的规制效果②。

---

① 王万山，廖卫东. 生态市场的规制体系[J]. 中国环保产业，2002（10）.

② 王万山. 自然资源混合市场机制及其优化研究[D]. 杭州：浙江大学，2003.

（2）税收。税收是实现外部经济内部化的传统手段。因为生态产品具有外部经济性，因而减免税收可以降低生产者的私人边际成本，最优的结果是将生态产品的边际成本控制在同类普通产品的边际成本水平上。这样既保持了公平，又促进了竞争。

在实际运用中，收费制度可分为排污收费、产品收费、使用者收费、管理收费和差别税 5 种。费税手段规制可能同时涉及最高、最低产量限制和价格限制，因而会引起消费者、排污企业和受排污影响第三方之间的收入转移，被选择的收费率还会通过对受规制企业相对产量的决定来影响资源配置的效率[①]。

相对于补贴来说，税收的方式更容易实现。税收部门对生态产品生产者的税收减免部分进行核算后把减免的部分退还给生产者；对流通企业而言，税收的减免可以在价格中体现。

虽然政府补贴与税收减免从本质上来说是一样的，都是外部效应内部化的手段。但是相对于补贴来说，税收更容易操作、更有针对性。因为政府补贴是直接来源于财政资金，补贴会加重财政负担。因此，在矫正外部性的问题上，一般采取税收减免的方式，而补贴则作为税收的辅助形式，以项目补贴的形式发放。

（3）政府规制。政府规制包括进入限制、技术规制和产品评价标准等。

最直接的规制手段就是实行进入限制政策。例如，环保机构可直接禁止某种杀虫剂的生产和使用。对企业进入某一生态产品市场的规制，必然会限制交易者的订约机会，但有利于把严重污染生态环境的产品生产排除在外。

对生产者一般采用技术规制的方法。技术规制常用的方法是建立技术标准，对特定产品的生产程序或过程提出要求，厂商必须按标准投入新技术或建造起减少排放污染的特定设备。技术标准改变了产品生产的过程，企业投入与技术规制同样会影响投入或产出品市场可能的交易范围。在投入品市场上，政府对企业投入品或技术的限制，如燃料的使用方法，必然影响到受规制企业与供应商之间的交易活动。在产出品市场上，政府对企业投入品或技术的限制，其作用类似于对产品特征的限制。

此外，对产品还有包括产品质量、安全性、耐久性及清洁方面的限制。这在国际贸易中是最常用的生态规制手段之一，国内市场规制也开始使用这一手段。比如，卫生和农业部门实施质量标准以确保安全食品供应。对产品特征的限制会缩小消费者与企业之间可能发生契约关系及其不同种类产品的交易范围。这对市场形成是一种损失，但可以减少公共害品的生产，促进公共益品的生产。

8.2.2.1.2　解决信息不完全问题

（1）生态标志。信息不完全是阻碍生态产品发展的一个主要问题。因为消费者自身难以对所购商品的环境性能和厂家所宣称的产品环境性能是否真实做出判断，而这一问题很难通过市场解决，只能依靠政府监管和社会团体干预等方式。

生态标志是一种产品的证明性商标，表明该产品的生产、使用及处理皆符合生态保护的要求，不危害人体健康，产生的垃圾无害或危害较小，有利于资源的再生和回收利用。对企业而言，生态标志表明该产品不仅质量合格，而且从原材料的采掘到最终废弃物的处

---

① 王万山，廖卫东. 生态市场的规制体系[J]. 中国环保产业，2002（10）.

置的整个生命周期过程均符合特定的生态保护要求，是生态产品的身份证，是企业获得政府支持、消费者信任的保证。

生态标志的规范和使用具有十分重要的意义：① 提高生态产品的整体质量，为消费者提供生态产品的信息，帮助消费者识别生态产品；② 对生态产品起到宣传作用，强化消费者的生态保护意识和生态消费观念；③ 生态标志还可以通过引导消费者的消费行为，进而通过消费者的“货币选票”和市场竞争，引导企业自觉调整产业结构，采用清洁工艺，生产对环境友好的产品。

（2）完善信息传递渠道。生态标志是一种较为有效地解决信息不完全和不对称问题的手段，但是生态标志的规范和使用需要较长时间发展和探索。生态产品市场存在标志使用混乱、宣传不够、消费者不认同等问题。因此，不能够完全依赖生态标志这一条途径，需要补充其他的手段，如完善信息传递渠道。

当今的信息产业发展迅猛，信息传递渠道多种多样，消费者可以很容易地获取信息，如利用传统媒体，如广播、电视、报纸、杂志等，或是互联网等新型媒体都可以很容易地获取产品质量信息。还可以建立专门的信息收集、发布组织，组织可以是国家建立的，也可以是民间自发组织的，还可以是企业自主设立的。该信息传递网络在为消费者提供信息的同时，也可以为企业提供相关的市场信息，指导企业结合自身优势，开发并生产生态产品①。

8.2.2.1.3 优化市场结构

（1）提高生态产品产业的市场集中度。要提高生态产品产业的市场集中度，就要调整生态产品的生产规模和产品结构。在进行生态产品的规模和结构调整时，主要突出 3 个方面：① 区域生态产品产业的规模化，形成区域产业集群，形成规模效应；② 在全国范围内促使某一生态产品产业规模化，鼓励全国有同一生态和生产条件的区域都生产同一产业的生态产品；③ 在全国范围内建立起生态产品的销售网络。这 3 个方面综合的结果，就是生态产品的规模效应和产业集中度都将会有所提高。

（2）强化产品差异。生态产品要在市场上生存和发展，扩大与同种类的普通产品的产品差别度至关重要，包括外在的差别与本质差别。

外在的差别主要在产品的包装、形状、颜色等方面，生产者可以用这些肉眼可以明显区分的外在特征与普通产品进行区分。这种方式的缺陷在于，只有那些广为人知的特征才利于区分，否则可能达不到生产者预料中的效果。

生态产品与普通产品的根本差别是本质上的差别。生产者应当使得这些差别能够被消费者识别，对生态产品产生感官上的好感，从而在以后的消费中选择生态产品。

（3）构建合理的市场壁垒。在某些方面降低生态产品产业的进入壁垒是必需的。生态壁垒和技术壁垒只能依靠企业、政府和科研部门的共同努力，才能降低这种壁垒。在销售市场中，竞争是不可避免的，但是市场准入门槛的降低是可以通过改变管理方式和降低收费标准来实现的。

至于生态产品市场的退出壁垒则难以改变，只能通过其他手段，使生态产品生产者切实体会到生产生态产品比普通产品更加有利可图，生产者才不会轻易退出。

---

① 张旭，杨金香. 绿色消费的特点及实施对策[J]. 河北经贸大学学报（综合版），2006（3）.

8.2.2.2　平衡供求关系

8.2.2.2.1　提高生态产品需求

（1）降低收入分配差距。影响生态产品有效需求的原因在于生态产品的消费群体小，而这又是收入差距过大造成的，因为相对于大部分消费者的收入来说，生态产品的价格过高。生态消费的前提是收入的提高和较好的消费预期。随着经济的发展，收入的增加是显而易见的，同时还要增强消费预期，则必须建立相应的社会保障制度，以解除广大消费者的后顾之忧。

（2）树立生态消费理念。要实施生态消费，首先要进行的就是生态消费教育。生态消费教育要分层次、有系统、有重点、分步骤地进行。政府、企业、社会都要承担相应的教育责任。政府重在生态教育，企业重在生态产品的宣传，社会则组织针对特定群体的生态教育①。另外，生态消费教育要实现制度化、规范化。要通过生态消费教育，使广大消费者牢固树立生态意识，主动进行生态消费；企业牢固树立生态生产意识，主动实施清洁生产，进而推动经济、社会的可持续发展。

（3）增强消费动机。通过对生态消费的宣传，强化消费者的生态意识和生态消费观念，提高生态产品对消费者的边际效用，以此来增强消费者的消费动机，使消费者积极主动地购买生态产品替代普通产品。

8.2.2.2.2　改善生态产品供给

要改善生态产品供给，就要培育生态产品市场，开发多样化的生态产品，满足消费者的需求，增加生态产品的附加价值，同时为生态消费的实施提供物质条件。

（1）构建生态营销渠道。营销渠道包括供应渠道和分销渠道两个方面。培育生态产品市场，开发生态产品，要求供应商提供清洁生产所需的各种原材料和辅料，要求分销商协助将生态产品安全及时送到消费者手中，在生态产品的运输、储存和销售过程中避免对产品的污染，切实保证生态产品的质量，保证生态消费顺利实施。

（2）开发多样化的生态产品。生态产品市场是联系生态供给与生态消费的桥梁，而生态产品则是实现供求双方联结的重要标的。生态产品的研制与开发是培育生态消费市场的关键。

（3）制定合理的价格。价格是调整供求的重要杠杆。价格高，一方面，制约生态消费需求；另一方面，利润空间大，刺激生产商研制和开发生态产品，增加供给总量。价格低，虽然有利于刺激需求，却抑制供给。在生态产品供给严重不足的情况下，不能为了启动生态消费市场而盲目压低生态产品价格，也不能为了鼓励生态产品的生产而刻意抬高价格。对于生态产品生产过程发生的环境成本，企业通过加强管理，内部挖潜革新自己消化一部分，但消费者也要承担一部分。

（4）重视科技研发。科技研发不仅仅指产品层面而言，而且包括生产技术、生产工艺在内的产品设计、生产、销售和回收的整个过程，从产品的生命周期出发进行研究和开

---

① 张旭，杨金香. 绿色消费的特点及实施对策[J]. 河北经贸大学学报（综合版），2006（3）.

发，降低产品的总成本，提高产品的竞争力，从而在市场上占有一席之地，并逐渐取代普通产品成为市场上的主流产品。

8.2.2.3 完善生态产品社会环境

（1）生态产品法律体系的完善。随着我国加入 WTO，国外产品大量涌入，为保护国内市场及民族工业，当务之急是要建立与国际环境标准制度相接轨的生态法律法规体系，为推动生态消费的实施保驾护航。

通过立法来界定和保护产权以解决和处理生态的公共性和外部性问题有两个优点：① 它不受利益集团压力的影响；② 它可以通过审判过程来使公共契约和私人契约得到恰当的阐述和保护。由于法律制度调整权力需要付出成本，通过法律途径解决负外部性，会受到多方面的限制。况且，行政措施和经济措施在处理外部性时，其交易费用主要由公共部门来负担；而在法律系统中则由私人来负担，这将影响它的应用；如果生态负外部性的制造者本身是垄断者，他可能会将诉讼成本转嫁到消费者身上；在存在较多生态负外部性受损者的情况下，损失价值较小的不一定去起诉，而是等着“搭便车”。

总之，虽然法律规制提供了解决生态产品市场失灵的重要办法，但它能发挥的作用也有诸多限制，并不能作为解决所有生态负外部性的“灵丹妙药”[①]。

（2）生态产品制度和政策建设。无论是企业实行清洁生产还是个人进行生态消费，受消费成本的制约都缺乏内在动力。政府必须发挥其主导作用[②]：① 要制定一系列的方针、政策，从经济政策上为生态消费创造良好的政策环境与社会环境。② 政府也要出台强制性的规定，包括各种法律、法规，促使企业和个人实施生态消费。③ 各级政府评价工作的指标、体系应做适当调整，可考虑增加一些环境指标，同样，考核企业经济效益时，也应加上相应的环境效益指标。④ 建立生态产品质量检测机构。该机构应该是多层次的，既要有国家建立的，也要有民间建立的。当然，为了使该机构能公正、有效地运行，需要国家有相应的法律、法规来规范其行为，要求对其检测结果承担法律责任。生态产品质量的检测机构要对社会开放，以免费或低收费方式为广大消费者检测各种商品。提高生态产品质量检测的技术水平。国家应加大生态产品检测研制的科研投入。⑤ 鼓励民间投资，研究和开发各种更方便、更安全的检测技术及检测仪器，从而有效地扩大生态产品的监测广度和深度。

（3）用道德力量对企业进行约束。生态道德规制利用的是社会第三种力量：社会道德教育和舆论监督去加强生态产品市场的约束力。

所谓社会第三种力量是指政府干预、法律制度以及两者结合力量之外的解决负外部性的民间社会力量（如民间生态组织、环境资源保护协会、家庭、学校、社会舆论、监督机构等）。从现实来看，第三种力量所进行的社会道德教育和舆论监督对于抑制生态外部性所产生的生态产品市场失灵具有上述 3 种途径（行政、经济、法律）所不可替代的作用。原因是人本质上是社会性的人和有限理性的人，人的行为天生相互影响，通常都按社会准则来要求自己和按“社会可接受的方式”行事。而生态教育能够提供一种公共信息和信任——生态准则，这能使相当部分的民众和厂商主动遵守“生态纪律”，避免生态上的非

---

① 王万山，廖卫东. 生态市场的规制体系[J]. 中国环保产业，2002（10）.

② 张旭，杨金香. 浅析中国实施绿色消费的障碍及对策[J]. 经济与管理，2006（10）.

理性行为，如损人利己、机会主义等。

第三种力量尽管在抑制生态负外部性问题上有独到的优势，但也存在较为明显的局限性：① 非强制性。无论是道德教育还是舆论监督都存在着致命的弱点，即它本身并不具有强制性，因而难以形成强有力的硬约束。② 效果的非确定性。常受制于诸多因素，如国民受教育程度、社会传统的生态道德观念、生态文化等，并严重受到经济利益冲突的制约，因而其效果会因不同时期和不同经济环境而出现较大的波动，具有不稳定性，不能充当生态产品市场规制的主导性手段。

8.3　生态产品的标准化建设

8.3.1　生态产品标准化

生态产品在市场上并不具有很强的竞争力，重要原因是生态产品的标准混乱，很多产品打着生态产品的牌子卖高价，但实际上并不“生态”。这就造成生态产品不被消费者认可的现象。要改变这种状况，加快生态产品的市场化，普及生态产品，必须进行生态产品的标准化建设，建立起一套完善的生态产品评估体系。

生态产品标准是为保证生态产品的适用性，对生态产品必须达到某些或全部要求所制定的标准，它包括原材料、生产技术和生产工艺、检验规则、包装、标志、运输和储存等方面。

生态产品标准反映了经济社会发展对生态产品的要求。它既是社会生产力发展的产物，也是社会生产力发展水平的标志。同时，生态产品标准涉及了生态产品的生产、流通、交换、消费的整个流程，生态产品标准是生态产品的生产、生态产品的质量监督评价、生态产品的使用和维护等的依据和准则。它对提高和保证生态产品质量，促进生态产品生产、流通、消费的顺利进行，维护消费者和用户的合法权益等方面具有重要作用。

生态产品的标准化分为 3 个阶段：设计阶段的标准化即产品的生态设计，是生态产品标准化的第一个环节；产品检验阶段的标准化即生态产品评价与生态标志的认证，是生态产品标准化的第二个环节，通过一系列指标体系对产品进行检验，分析产品生态化程度；产品销售阶段的标准化即生态标志的辨识，是生态产品标准化的第三个环节，这一阶段帮助消费者在购买时识别生态产品，并对生态产品进行宣传。

8.3.2　产品的生态设计

8.3.2.1　生态设计的含义

2005 年 7 月 6 日，欧洲议会和欧盟理事会通过了关于产品生态设计要求的第 2005/32/EC 号指令，并要求成员国于 2007 年 8 月 11 日前使遵守该指令所需的国内法律、法规和行政规定生效。欧盟这一绿色指令的通过引起了全世界的关注，有学者认为它将引起设计领域的一场革命[①]。

① 李尚伟. 产品生态设计初探——兼评欧盟《用能产品生态设计指令》[J]. 法制与社会，2007（10）.

生态产品在设计、生产阶段的标准化要依靠产品的生态设计。产品设计是一个将人类的某种目的或需要转换为一个具体的物理形式或工具的过程。产品生态设计（eco-design）作为产品设计的一种方式，也称为生命周期设计，它是利用生态学的思想，在产品生命周期内优先考虑产品的环境属性，将环境因素融入产品设计中，旨在改善产品在整个生命周期内的环境性能，降低其环境影响，实现从源头上预防污染的目的。产品的生态设计也可以改造现有的普通产品，对其生态性、环保性、可持续性等方面加以规范，寻求设计阶段的改进。

如果以产品为核心，把产品生产过程及产品的使用和用后处理过程联系起来，就构成了一个产品系统，包括原材料采掘和加工、产品制造、产品使用、处理与循环使用。在产品的整个生命周期中，产品系统从在生产和制造过程中消耗的资源、能源到产品在使用及用后处理阶段对环境的影响，充分证明了生态环境与产品之间的密切联系。产品作为联系人与自然的一个中介对人类面临的生态环境问题有着不可推卸的责任。

之所以强调在设计阶段就应注重环境因素，是因为它是产品能够向前追溯的最原始阶段，是产品一切性能和影响的源头，在产品的生命周期内是否会产生环境影响、产生哪些及多大影响，都是在这一阶段决定的。而且产品一旦生产出来或进入市场后再试图改变其环境性能，成本是高昂的或是根本不可能的。因此，设计阶段是改善环境性能可以大有作为的阶段。传统的产品设计主要考虑市场需求、美观、成本利润、产品质量等因素，对环境因素关注极少，如传统工业生产只注重如何将产品快速廉价地生产出来并送到消费者手中，对于产品原料是否有毒、对消费者健康是否有害、产品是否节能、产品废弃后是否易于回收利用等根本未加考虑。这种设计也使人们对产品质量充满怀疑，消费后忐忑不安，对那些可能严重影响环境的产品在消费后更会有一种内疚与自责感。因此，传统设计正在引起一系列的问题，有学者甚至认为传统设计的缺陷正一点点侵蚀工业革命创造的文明，这种说法可谓恰如其分。

产品生命周期分析法是生态设计运用的重要工具，产品生命周期是指产品从原料到最终处置，连续的、环环相扣的各个环节，包括原料的获取、制造、包装运输和配送、安装与维护、使用、用后废弃、处理与处置等阶段。对上述各个阶段的环境影响进行评估便是生命周期分析法。它是一种重要的环境分析方法。产品生态设计运用生命周期分析法对产品生命周期各个阶段产生及可能产生的环境影响进行分析，在设计阶段寻求解决方案，进而改进产品的设计或重新设计产品，减少并预防环境影响的出现。因此，生态设计是一种重要的预防措施，是在末端治理的环境对策失败后推行的预防策略的重要组成部分①。

8.3.2.2 生态设计的内容

产品设计要符合自然、社会、人类的和谐统一，不构成对环境的无谓破坏。在产品的设计意识、设计定位及设计方法等问题上，必须将产品的生态意识、环境因素融会到整个设计中。产品生态设计涉及的内容主要包括以下几个方面②：

（1）生态设计建模。准确全面地描述生态产品，建立系统的生态产品评价模型是生

① 李尚伟. 产品生态设计初探——兼评欧盟《用能产品生态设计指令》[J]. 法制与社会，2007（10）.

② 赵秀栩，柯常忠，赵强，等. 基于产业生态学的产品生态设计[J]. 机械设计与制造工程，2001（3）；杜伟. 绿色产品设计核心内容分析[J]. 机械设计与制造，2006（2）.

态设计的关键。例如，针对食品，首先要提出绿色食品的评价指标体系，其次利用模糊评价法对食品的“绿色程度”进行评价，最后确定食品的绿色等级。

（2）生态设计的材料选择与管理。产品设计尽量选择生态材料，即选择那些具有满意的使用性能同时又被赋予优异的环境协调性的材料。这类材料的特点是消耗的资源和能源少，对生态和环境污染小，再生利用率高，而且从材料制造、使用、废弃直到再生循环利用的整个寿命过程，都与生态环境相协调。

（3）面向资源优化利用的设计。产品设计要尽可能地少用材料，减少无谓的材料消耗，提高原材料的利用率，减少不必要的浪费，减轻产品生命终结时对环境的压力和后期处理的成本。

（4）产品的可拆卸性设计。可拆卸性设计就是要使所设计的结构易于拆卸、维护方便，并在产品报废后能够重新分类回收利用。在设计阶段，在对一定范围内的不同功能或相同功能不同规格的产品进行功能分析的基础上，划分并设计出一系列功能模块，通过模块的选择和组合可以构成不同的产品，满足不同的需求。模块化设计可以加速产品的更新换代、缩短设计周期、降低生产成本、提高产品质量、方便维修、有利于产品废弃后的拆卸和回收。

（5）产品的可回收性设计。在大量生产、大量消费的时代，产品的更新周期日益缩短，产品的回收是必然的趋势。回收设计就是可循环设计，即在进行产品设计时，充分考虑产品零部件及材料的回收的可能性、回收价值的大小、回收处理方法、回收处理结构工艺等与回收有关的一系列问题，以达到零部件及材料资源和能源的充分有效利用。回收设计是环境污染最小的一种设计思想和方法。

（6）生态产品的成本分析。由于在产品设计初期，就必须考虑产品的回收、再利用等性能。在成本分析时，就必须考虑污染物的替代、产品拆卸、重复利用成本、特殊产品相应的环境成本等。在每一设计决策时都应进行生态产品成本分析，使设计出的产品具有较高的生态性和较低的成本。

（7）生态设计数据库。生态设计数据库应包括产品寿命周期中与环境、经济等有关的一切数据，如材料成分，各种材料对环境的影响值，材料自然降解周期，人工降解时间、费用、制造、装配、销售、使用过程中所产生的附加物数量及对环境的影响值，环境评估准则所需的各种判断标准等①。

8.3.2.3　生态设计方案的评价

生态设计方案评价的目的是帮助决策。生态产品设计方案评价就是为产品的生态设计提供决策依据，并对产品设计的改进方向提供信息，寻求最优产品设计方案。生态设计方案的评价应当顾及消费者、生产者的利益，并有利于保护生态环境，达到经济效益和生态效益兼顾的目的。在对生态设计方案进行评价时，应当考虑以下几个原则：

（1）资源最佳利用原则。在选择原材料和能源时，应从可持续发展理念出发，考虑资源、能源的再生能力，尽可能使用可再生资源；在设计时力求产品整个生命周期循环中能源消耗最少。

---

① 李美芳. 绿色设计与可持续发展[J]. 现代制造工程，2005（7）.

（2）无污染原则。确保产品在生命周期内对生产工人和消费者都具有良好的保护功能，在设计上不仅要从产品的质量和可靠性等方面考虑如何确保生产者和使用者的安全，而且要使产品符合人机工程学和美学等有关原理，以免对人们的身心健康造成危害。

（3）生产者效益原则。生产者进行生产的目的是盈利。产品设计应当能够使生产者获得满意的回报，以便能够进行持续生产。如果忽略了这个因素，那么再完美的设计也只是空中楼阁，不可能在市场上出现。

（4）消费者满意原则。只有满足了消费者需求的产品才能够在市场上生存，产品设计时要充分考虑消费者的要求，以增强产品的竞争力。

8.3.3 生态产品评价

生态产品的标准化建设实际上就是以政策和经济的手段引导企业改变生产经营观念、实现绿色生产的一种手段。正是因为生态产品的标准化建设具有重要的意义，所以应当建立合理的生态产品评估体系，以规范生态产品市场，促进生态产品的生产和消费。生态产品评价发展尚不完善，方法也多种多样。这里介绍影响最大、最为成熟的产品生命周期评价法，其基本思想是把产品从设计到处置回收的整个生命过程划分为几个代表性阶段，选择相应的评价标准体系对这些阶段分别进行评价，建立评价矩阵，对矩阵向量赋予一定的权重，从而得到一个分值。这个分值就是生态产品的生态化分值。得分的高低，标志着产品的生态化程度的不同。将得分划分为若干分数段，分别赋予不同的标志。这样，消费者就可以通过辨认不同的标志从而得到关于产品生态性的信息。下面将详细分析生态产品的评价过程。

8.3.3.1 产品的生命周期划分

产品的生命周期过程包括市场需求识别、开发、设计、加工制造、包装、运输、使用和回收处置的循环过程。一般地，将产品生命周期分为产品开发、制造、销售、使用及回收 5 个主要阶段。这 5 个阶段涵盖了产品从诞生到消亡的整个生命周期过程。

生态产品开发阶段的主要任务是生态产品的描述与实现，包括生态产品的研究、规划、设计；制造阶段是设计结果的物化过程，其主要任务是用符合生态要求的原材料、能源以及生产工艺生产出符合设计要求的生态产品；销售阶段是产品价值的实现过程，其主要任务是通过产品在市场的出售回收成本，为下一次生产准备资金并获得利润；使用阶段是产品层次的延续，要求是使用安全可靠、能耗低，不产生环境污染或将污染降低到最小限度并便于维护；回收阶段是产品生命周期的最后一个阶段，也是产品中一部分零部件获得新生的开始，是对废弃淘汰产品按其性能保持情况，确定回收策略（重复利用、再制造、材料回收、填埋焚烧等），使资源得到最大限度地再利用，减少环境负担，这一阶段也是衡量产品生态化的重要阶段。

8.3.3.2 生态产品评价指标体系

（1）国际通用标准。较广泛认可的 ISO 14000 认证就是关于产品环境质量认证的国际标准。ISO 14000 认证即环境管理体系认证，ISO 14000 系列标准是国际标准化组织 ISO/TC 207 负责起草的一份国际标准。ISO 14000 是一个系列的环境管理标准，它包括了环境管理体系、环境审核、环境标志、生命周期分析等国际环境管理领域内的许多焦点问题，旨在指导各类组织（企业、公司）采取正确的环境行为。ISO 14000 系列标准共预留 100 个标准号。即 ISO 14001～ISO 14100 系列标准分 7 个系列。它是继 ISO 9000 认证之后，又一个以统一的国际标准为依据的管理体系认证，是国际标准化组织（ISO）环境管理标准化技术委员会（TC207）制定的，并经 ISO 颁布了两批共 5 个属于环境管理体系和环境审核方面的标准。

第一批颁布的 5 个国际标准，我国均已等同转化为国家标准，即 GB/T 24001—ISO 14001《环境管理体系、规范及使用指南》，GB/T 24004—ISO 14004《环境管理体系、原则、体系和支持技术通用指南》，GB/T 24010—ISO 14010《环境审核指南　通用原则》，GB/T 24011 —ISO 14011《环境审核指南　审核程序　环境管理体系审核》，GB/T 24012—ISO 14012《环境审核指南　环境审核员资格要求》。GB/T 24010、GB/T 24011、GB/T 24012 已废止，均被现行标准《管理体系审核指南》（GB/T 19011）替代。

上述 5 个标准，前两个是有关建立环境管理体系的，后 3 个是有关对环境管理体系进行审核的。有了这 5 个标准，就为开展 ISO 14000 的环境管理体系认证审核准备了统一的国际准则。我国开展的环境管理体系认证完全是依据这 5 个标准进行的。ISO 颁布这 5 个标准的目的，是支持联合国环境与发展大会所提出的“可持续发展”目标，对实施和改善环境管理体系的组织提供帮助，向组织提供一套关于有效地建立、改善并保持环境管理体系的方法，使组织具备适应未来环境工作及国家和国际社会不断发展需要的能力。

（2）简化的评价标准。ISO 14000 体系认证指标很多，概括起来这一生态产品评价指标体系系统地反映了生态产品的三大属性，即先进性、生态性和经济性。三大属性下又各有分类，如图 8-4 所示。在每一个分类下又有许多具体的指标。这样，通过不断地细分，将“产品生态性”这一抽象而模糊的概念具体化为详细的指标。

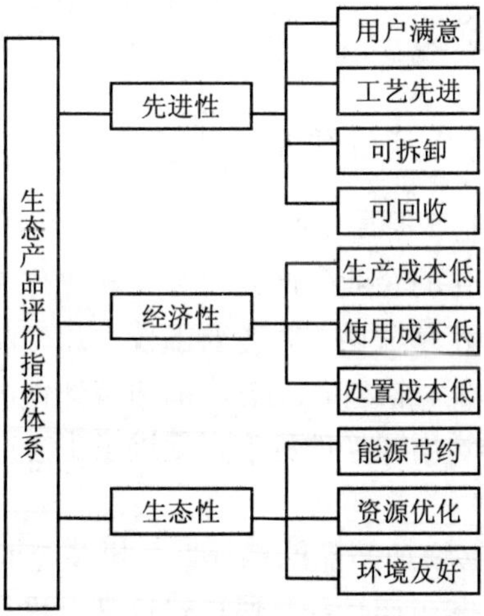

图 8-4　生态产品评价指标体系

8.3.3.3　评价矩阵

通过定性与定量相结合的方式，对生态产品的这些评价指标进行赋值，从而建立评价矩阵，即生命周期矩阵。生命周期矩阵是一个二维的矩阵模型，其横轴为生命周期的各个阶段，表示生态产品从开发、制造、销售、使用及回收处理所经历的时间段①。纵轴为评价生产产品的各项指标，即在不同的生命周期阶段生态产品都要满足的各项评价指标。

在得到评价矩阵后，可以对矩阵向量赋予不同的权重进行加权处理，最终得到关于生态性评价的结果。

8.3.4 生态标志

生态标志，有的国家也叫环境标志或绿色标志，通常是指一种黏贴或印刷在产品或产品包装上的标志，是权威机构依据有关的环境标准和规定，对产品的环境性能进行确认，然后以标志图案的方式告知。生态标志是一种多要素自愿式标志，它不同于其他单要素自愿式或强制式标志，如由制造商自己贴在产品上的“可生物降解”“节能”“可循环利用”等，或依据国家的某项法规的标志，如杀虫剂标志。另外，它也不同于一些警告性标志，如健康警告、“易燃”“易爆”“有毒”等②。

生态标志在一定意义上代表产品的信誉度和质量水平。但是，少数厂家趁机钻空子，给普通产品甚至假冒产品贴上生态产品的标志，投机取巧，欺骗消费者。这种行为不仅危害产品安全，而且有损市场的健康运行，使消费者对生态标志的热情和信任大打折扣。为了维护消费者和合法经营企业的正当权益，政府及有关部门有义务加强生态标志的认证管理，对企业生态标志的使用情况进行有效监督③。

生态标志是消费者识别生态产品的重要手段。政府部门对生态标志认证和监督关系到企业和消费者的合法权益。只有强化认证标准，加大对企业违规使用生态标志的打击力度，强化宏观管理职能，制定必要的政策和法律法规，才能够保证绿色消费市场的健康发展，才能够实现经济发展的可持续运行。

8.3.5 生态产品标准化的意义

8.3.5.1 生态产品标准化对生产的作用

（1）生态产品的标准化能够提高生产效率。企业要组织专业化的生产，首要条件就是产品必须是标准化的。现代化的企业生产是以分工和协作为特征的，社会的各个生产部门和企业间的分工越细致、协作越密切，就越要求技术和产品上的高度统一。生态产品的标准化使得分工和协作成为可能。同时，生态产品的零部件由于使用了标准化，从而扩大了使用范围，提高了零部件的通用互换的程度，促进了生态产品的专业化生产，极大地提高了生态产品的生产效率。

（2）生态产品标准化能够增加产品的多样性，提高企业的市场竞争力。生态产品标准化的对象是产品的核心部件和主要功能，通过对这部分进行标准化，可以保证产品质量的稳定和基本功能，这样就可以保证满足顾客的基本需求。在此基础上，企业可以根据自身的特点和对市场的了解，增加一些附属功能，提高产品的附加价值，同时优化品种构成，

---

① 徐剑，温馨，张青山. 制造业绿色产品生命周期结构模型研究[J]. 工业工程，2006（5）.

② 王寿兵，杨建新. 生态标志和产品的生命周期评价[J]. 上海环境科学，1999，18（1）.

③ 周鹏，王建华，杨春雷. 绿色标志使用与监督行为的博弈论模型研究[J]. 北方经济，2006（13）.

增强企业的竞争力。

（3）生态产品标准化能够保证生态产品的质量。通过建立生态产品的质量评估体系，可以准确判定生态产品的质量和等级，企业根据生态产品标准可以揭示生态产品质量差距，并采取相应的措施以改善生态产品质量。

8.3.5.2 生态产品标准化对流通的作用

从不断发展的流通领域来看，商流、物流、信息流已成为既独立又有联系的三大组成部分。现代流通是社会再生产过程的血脉和神经，是决定经济运行的速度、质量和效益的引导性力量。生态产品的标准化在这 3 个过程中都起到了至关重要的作用。

（1）生态产品标准保证了商流的顺利进行。商流是生态产品的买卖活动即生态产品的交易活动。生产者在交换中究竟能够以什么样的价格出售，而消费者又希望以何种价格购买才算合理，必须有一种衡量标准，生态产品标准就是这样一种具有法律效力的权威性的技术法规。通过对产品进行检验，确定产品的质量水平和等级，不同的质量水平和等级可以出售不同的价格。这样就保证了生态产品定价具有依据，容易得到消费者的认可。

（2）生态产品标准化能够加快物流产业的现代化进程。物流已经在我国蓬勃发展，需要一个统一的标准进行规范。现代化流通组织形式的形成是发展规模经济、实现规模效益、增加竞争力的有力保障。在生态产品的物流方面，标准化可以保证物流配送的标准化、专业化、信息化和科学化。

（3）生态产品标准化能提高信息传递效率。信息和物资、能量已成为现代经济发展的三大支柱。信息所产生的影响已广泛渗透到人类社会经济、文化、生活各个领域。标准在信息的传递中发挥重要的作用，如业务信息的计算机联网技术，将贸易、商检、海关、保险、运输等业务联系起来。信息以一种符合国际公认的标准格式，通过计算机网络传递，实现各有关部门之间的数据交换，实现“无纸化贸易”。

8.3.5.3 生态产品标准对消费的作用

生态产品标准化可以保障消费者的权利，维持市场秩序。

消费者作为非专业人士，对产品质量等各方面的了解是十分有限的。如果生态产品的市场比较混乱，没有一个统一和权威的标准，就会存在鱼目混珠的现象，甚至由于“劣币驱逐良币”效应，扰乱生态产品的市场秩序，损害消费者的权益。一段时间以后，消费者必然不会再信任所谓的生态产品，生态产品市场必将陷入萎缩甚至消失的境地。

我国已依法对涉及健康、安全、卫生、环保的产品实施统一的强制性产品认证制度，即通常所说的“3C”认证。

8.3.5.4 生态产品的标准化对监督检验的作用

生态产品质量监督是由国家指定的生态产品质量监督机构依据国家的质量法规和生态产品质量标准对生产和流通的生态产品质量和质量保证体系进行监督的活动。通过生态产品质量监督可以有效地防止不符合质量标准的生态产品，特别是伪劣生态产品进入市场。它对维护正常的经济秩序、保护消费者利益、保证和提高生态产品质量有重要作用。

特别是在生态产品质量出现争议时，生态产品标准就成为仲裁的依据。

8.3.5.5 生态产品标准对对外贸易的作用

在国际贸易中数量、价格、质量、付款方式、交货期限等都是以生态产品质量标准为基础的。生态产品标准化成为沟通国际贸易和国际经济技术协作的纽带，通过标准化能够很好地解决生态产品交换中的质量、安全、可靠性和互换性配套等问题。各国为解决进出口贸易的不平衡，保护本国或本地区的利益，通过制定各种技术法规和技术标准以形成贸易壁垒即技术壁垒。

我国在标准的制定、实施和修改的工作上取得了一定的效果，但由于长期受计划经济管理模式的影响，还存在很多问题：如在参与和支持标准化工作上不易调动和发挥社会各个方面的力量；标准体系不尽合理和完善；标准制定、修改周期长，不能及时反映市场要求，标准总体水平不够高，标准实施不够有力；科研开发与标准制定、修订工作脱节，使科研成果不能及时转化为生产力；标准化本身的基础科研滞后等问题，使标准化工作有效性的充分发挥受到了影响等①。因此，必须加强生态产品标准化的制定和管理工作，促进生态产品生产，完善生态产品市场，提高生态产品在消费者心中的认知度和口碑，扩大生态产品的市场占有率，从而提高消费者和社会的福利，适应经济可持续发展的新要求。

研究展望

生态产品市场理论是一个前沿研究领域，人们相信市场在生态产品配置中可以起到重要作用。研究中的一个核心问题是，如何在消费者和生产者之间构筑起一道畅通的生态产品信息通道。该通道既便于生产者获取应有的高价，实现利润最大化，又便于消费者获取应有的信息，购买真实的生态产品，获取效用最大化。信息经济学和博弈论等在生态产品市场理论中具有重要的应用。与此同时，政府在生态产品市场建设中的定位也需要明确，既要防止政府不作为，又要防止政府失灵。

思考题

1．影响生态产品的需求曲线和供给曲线移动的因素有哪些？它们是怎样影响生态产品均衡价格的变化的？

2．对企业而言，针对不同的生态产品分别可以采取哪些定价策略？

3．生态产品市场为什么会出现市场失灵？如何防范和解决市场失灵？

4．生态产品的标准化建设是否有利于生态信息披露？

---

① 汤云. 标准化带来了什么[J]. 企业导报，2003（10）.

第四篇

生态价值篇

长期以来，生态、环境和自然资源被认为是取之不尽、用之不竭的自由物品。因此，生态、环境和自然资源的重要性在很长一段时间内都很少受到关注，其真正的价值也就不能得到体现或不能得到完全的体现。

价值研究是经济学研究的一个重要方面。工业革命以来的经济快速增长，人类付出了巨大的生态、环境与自然资源代价。在生态不断恶化、环境不断退化、自然资源不断枯竭的背景下，人们开始认识到生态、环境、自然资源将会是经济社会发展的重要制约因素，这些因素会严重影响经济社会发展的进程和质量。

生态、环境、自然资源不仅是一种经济物品，而且是一种日渐稀缺的经济物品。因此，必须认真研究生态、环境和自然资源的价值，使其充分显示出自身的稀缺性和在经济社会发展中的重要性。

经济学的基本方法是成本-收益比较。生态经济学必须对包括生态收益和生态成本在内的生态经济系统中的成本-收益状况进行评价。因此，本篇包括两章：第 9 章“生态经济价值理论”；第 10 章“生态经济核算理论”。通过对这两个层面的分析研究，使读者加深对生态环境价值的认识，从而增强生态保护意识。

第 9 章　生态经济价值理论

价值研究是经济学研究的一个重要方面。人们对价值的认识随着经济社会的发展而逐步深化，经济学理论也随着价值理论的发展而逐步完善。但现有的价值理论存在一定程度的缺陷，不能很好地解释经济发展中所出现的问题尤其是生态危机问题。因此，中共中央办公厅、国务院办公厅印发的《关于建立健全生态产品价值实现机制的意见》指出："建立生态产品价值评价体系。针对生态产品价值实现的不同路径，探索构建行政区域单元生态产品总值和特定地域单元生态产品价值评价体系。"[①]本章在对生态价值的理论进行深入探讨后，对生态价值的评估方法进行了研究，进而着重就生态资本理论从生态资源理论、生态资产理论、生态资本理论、生态资本经营和生态价值增值规律 5 个方面进行讨论。

9.1　生态价值的理论基础

9.1.1　生态价值理论的提出

传统经济学是从当代人，而且是从个人和市场的角度去看待人类利益的。因此，它只注重那些能给个人带来特定经济利益的活动，而将那些尽管对社会和人类非常重要的但不能给特定的人带来特定经济利益的活动，都排除在考虑范围之外[②]。在传统经济学中，尽管不同流派对价值的认识有所不同，但都是从个人利益的角度去看待价值，并且将其等同于社会价值。在这种理论的指导下，随着人口的迅速增长，人类对大自然干预能力的提高以及规模的日益扩大，导致了诸如生态破坏、环境污染、资源耗竭等危机，严重威胁着人类的可持续发展。当人类面临着越来越严重的生态问题时，人类开始反思自己的经济行为，认为不能再把生态资源当作是无价的，把环境当作是免费的了。

与传统的价值理论不同，生态经济价值理论是在兼顾个人利益的基础上，主要从社会整体的角度去看待价值的本质和价值的生产与分配。同时，不仅仅是从当代人的利益去看待价值问题，而且是从人类的长期利益，即从人类作为一个物种可持续生存和发展这个最大福利的角度去认识价值[③④]。

价值的本质可以是指事物的用途或积极作用，它是从人们对待满足他们需要的外界事物的关系中产生的。那么，凡是能够增进人类利益的物品或活动都具有价值。如果以这个

---

① 中共中央办公厅，国务院办公厅. 关于建立健全生态产品价值实现机制的意见[N]. 人民日报，2021-04-26.

② 胡书兴. 基于生态经济级差地租的林业生态补偿研究——以湖南省为例[D]. 长沙：中南林业科技大学，2019.

③ 威廉・配第. 政治算术（经济学名著译丛）[M]. 陈冬野，译. 北京：商务印刷馆，2014.

④ 刘莉. 森林植物种质资源价值评估的研究[D]. 哈尔滨：东北林业大学，2013.

标准来衡量，人类的社会生产具有这种性质，因而是价值的源泉之一；大自然也有这种功能，因而也是价值的源泉之一。因为与人类的社会生产一样，大自然也为人类提供了许多能够满足其福利需要的产品①。大自然不仅为人类提供了如空气、水及其净化再生功能、生态条件等维持生存的条件，而且还向人类提供了部分物质产品，如各种自然资源和矿产品等。更重要的是，大自然是人类生存的基础，人类从物种角度来看，种族的繁衍是最大的福利，自然界的质量状况是人类福利最重要的组成部分，如果它的质量严重恶化，人类的生存就没有保障。同时，自然界还是生产力的载体，是生产力得以运行的物质基础。生产力的运行依赖于自然界向其提供各种能源和原材料，并吸纳生产过程中释放的各种废弃物。所以，自然界或生态环境以及各种能满足人类福利所需要的资源，同劳动一样都是价值的源泉，并且是最基础的源泉。

虽然还无法准确地计量自然界直接或间接生产的生态产品的价值或价格，但有一点是肯定的，随着生态环境恶化造成的生态供给的日益短缺，它们对人类的相对重要性是不断递增的②。正因为如此，人类才会由原来对自然的冷漠转为重视，可持续发展原则才会在如此短的时间内被世界各国普遍接受。当生态环境遭到破坏，生态产品供给减少并且满足不了人类需要甚至威胁人类生存时，生态环境的价值引起了人类的共同关注。所以，必须扭转片面追求经济增长的急功近利的狭隘福利观，逐步转变到综合考虑生态系统和经济系统协调发展的整体观念上来，在达到生态系统可持续的基础上实现经济的可持续发展。

9.1.2　生态价值理论

9.1.2.1　自然资源价值论

自然生态系统是否具有价值在理论上还没有形成统一的认识，生态经济理论认为自然生态系统是有价值的，主要有下列几种观点：

（1）财富论认为自然界是人类社会发展的基础，是一切财富的源泉，正如威廉·配第（William Petty）所说：“劳动是财富之母，土地是财富之父”③。在这里土地是自然资源的代名词。配第从使用价值角度考察财富，认识到作为物质的财富，不仅需要人类劳动，还要依靠自然界及其自然力，或者说，还需要“土地”。人类的一切活动都是在自然生态系统中进行的。如果这个系统被人为地破坏了，人类的一切经济活动都将被颠覆。所以自然生态系统是人类创造财富的源泉，是具有价值的。

（2）功效论认为价值是客体能够满足主体需要的某种功能，而自然资源作为客体能够满足人类的需要，所以对于人类来说它是有价值的。由于人类对资源和环境的认识还不深，利用开发不够合理，造成了生态和环境的破坏与污染以及资源的浪费。实际上许多自然资源都具有多方面的功效，如有机质的合成与生产、生物多样性的产生与维持、调节气候、营养物质储存与循环、土壤肥力的更新与维持、环境净化与有害有毒物质的降解、植物花粉的传播与种子的扩散、有害生物的控制、减轻自然灾害等许多方面④。由于这些功

① 沈满洪. 生态经济学[M]. 北京：中国环境科学出版社，2008.

② 刘芳芳. 基于 CVM 的三江平原湿地生态价值评价及影响因素分析[D]. 哈尔滨：东北农业大学，2012.

③ 威廉·配第. 赋税论 [M]. 马妍，译. 北京：中国社会科学出版社，2010.

④ 王伟，陆健健. 生态系统服务功能分类与价值评估探讨[J]. 生态学杂志，2005，24（11）.

能对于人类来说都具有很重要的意义，所以自然资源是有价值的。

（3）稀缺论认为稀缺并且有用就具有价值。当面临全球性的生态危机时，自然生态资源日渐稀缺，所以具有价值。自然资源的稀缺性是指相对于人类的无限欲望，用来满足人类欲望的自然资源总是有限的，这种有限性就表现为资源的价值性。因此需要建立资源配置的有效途径，使有限的自然资源得到最佳的配置，最大限度地满足人们的欲望。在自然资源还很丰裕的条件下，人们不会重视自然资源价值。只有在自然资源的稀缺程度越来越严重的情况下，自然资源的价值才会显现出来。

虽然现有的各种理论都有它的不完备之处，但都认为生态资源具有价值，这是理论上的重大进步。这些理论在人类进行经济活动时具有重要的指导作用，能够帮助人类正确认识自然界。

9.1.2.2 生态价值的含义

余谋昌[①]认为，生态价值是指地球生物圈作为生命维持系统或人类生存系统的价值，或称为生存价值（existence value）。它是自然界物质生产过程中创造的价值，涉及自然界的消遣价值、美学价值、生命价值、科学价值以及伦理价值等。具体来说，生态资源既有使用价值又有生态价值。生态资源的使用价值就是生态资源对人类社会的有用性，是能够满足人们某种需要的属性，如牧草、野生果品、野生动物、林木、水产品、淡水、矿产、土地等。生态资源的生态价值表现为生态系统所具有的调节气候、保持水土、防风固沙、减少灾害、繁衍物种、美化净化等价值。即

生态资源价值=使用价值+生态价值

结合生态环境价值的内涵，广义的商品价值形式可以表示为

$$W=G+E+F \tag{9.1}$$

式中，G——原有意义上的商品价值；

E——自然资源的使用价值；

F——自然资源的生态价值。

一般而言，生态价值是通过生态服务功能体现出来的对人类直接或间接的作用。这些作用对于人类而言是必不可少的。所谓生态服务功能是指生态系统所提供的支撑和保护人类活动或影响人类的福利水平。这些功能包括生物生产功能、维持大气组成、稳定和改善气候、控制洪水减轻洪涝和干旱灾害、提供饮用水、吸收废弃物、营养物质循环、形成土壤、提供实物、维持物质和基因库、提供自然景观和娱乐场所、环境净化等。生态系统作为生命支撑系统，如果没有它，就没有人类社会经济活动。生态系统不仅在全球物质循环（如碳循环和水循环）中起着重要的作用，而且具有生产可再生资源和提供生态服务的功能。

自然生态系统是地球在几十亿年漫长的进化过程中所形成的功能系统。生态平衡的改变不过是地球演变过程中的一个改变，对于自然来说是“中性”的。但是对于人类来说，这种转变可能有益于人类也可能有害于人类。人类的产生、进化和发展都与自然生态系统

---

① 余谋昌. 生态学中的价值概念[J]. 生态学杂志，1987（2）.

息息相关。自然生态系统的平衡是人类生存和发展的基础。各种自然物在生态系统中都占据一定的生态位，对于生态平衡的形成、发展和维持具有不可替代的作用。因此，自然界中的一切自然物对维持人类生存系统来说都具有价值，这就是生态价值。

9.1.2.3　生态价值的特征

生态价值具有两个显著的特征：

（1）生态价值是一种整体价值和综合价值。地球上的生命是一个系统，各种生物之间、生物与非生物之间，都在进行着物质循环和能量流动。它们彼此之间相互依赖、相互制约，保持着一定的动态平衡。这种平衡是地球上所有生命赖以生存的前提条件。生态平衡的破坏，如森林锐减、全球变暖、野生物种灭绝等会殃及整个地球生命系统的正常运行，进而影响人类的生存和发展。如果一个地区或国家不顾世界性的生态危机，而孤立地发展本地或本国的经济，最终都难逃脱灭亡的命运。

（2）生态价值的主体是人类。因为人类的全部活动都是在地球这个大的生态系统中进行的，都在享受生态系统为人类提供的服务，不同的民族、国家、地区或者阶级等在生态系统面前都是平等的。因此，必须以“人类”主体的身份，站在共同的立场上进行协调和合作。生态价值在人类的价值表上具有不可替代的性质，因而可以把它看作是人类的最高价值。以森林为例，据中国专家研究，在森林效益总量里，木材生产效益占 11%，花卉、藤类、药用植物等生产效益占 1%，森林固定 CO_2、释放氧气、固土保肥、改良土壤、蓄水调洪等生态效益占 87%。根据日本专家预测，森林木材的经济效益与森林的生态效益比例为 1∶6～1∶20。这些科研成果表明，自然界的生态价值远高于它对人类的其他价值。

生态价值的存在是人类生存和发展的基础，破坏它就意味着破坏人类基本的生存条件。所以，在人类的生产实践中，不能为了经济价值去破坏生态价值，经济价值必须服从于生态价值，人类必须在自然生态系统的限度之内从事自然生产活动。这个“生态系统的限度”就是生态平衡。

9.1.3　**生态价值刚性规律**

对于不同的生态系统，要想保持和利用它的生态价值，就要求人类活动对生态系统的干扰或破坏不能超过生态系统所能承受的极限，即一定要保持生态平衡。如果人类活动对生态系统的利用超过一定的生态阈值或生态限度，那么就会导致“生态赤字”（ecological deficit）。这时生态价值呈递减趋势，直至完全崩溃，即生态价值完全消失。

按照边际效用递减规律，随着生态系统自身规模的增大，人类社会所享用的生态服务功能就越多，生态价值总量就会增大，生态价值的边际量就会减少。反之，生态价值的边际量就会增加①。

但事实并非如此。如果人类活动引起生态系统的规模缩小到一定的程度，即达到了生态价值存在的极限。那么，即使生态系统仍然存在，生态价值的总量不是按照相应比例缩小，生态价值的边际量也不是减小，而是生态价值的完全消失。例如，一定面积的森林具有调节气候、涵养水源等诸多生态价值，当人们不断地对树木进行砍伐时，森林的面积就

① 程宝良，高丽. 论生态价值的刚性问题[J]. 生态经济，2005（A10）.

会缩小。如果森林面积低于调节气候或涵养水源所必需的森林面积的极限，这些森林所拥有的生态价值总量减少，边际量不是相对递减，而是完全消失。这就是生态价值与一般物品效用的不同之处，它存在不可逆性，即存在刚性。把生态规模的减小和生态价值总量及边际量之间的刚性关系称为生态价值的刚性规律①。为了形象地表达生态价值的刚性规律，在此用几何图形加以说明，如图 9-1 和图 9-2 所示。

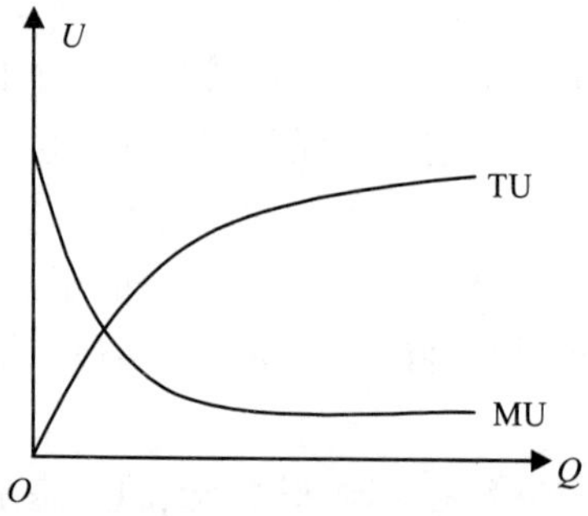

图 9-1　一般物品的效用曲线和边际效用曲线

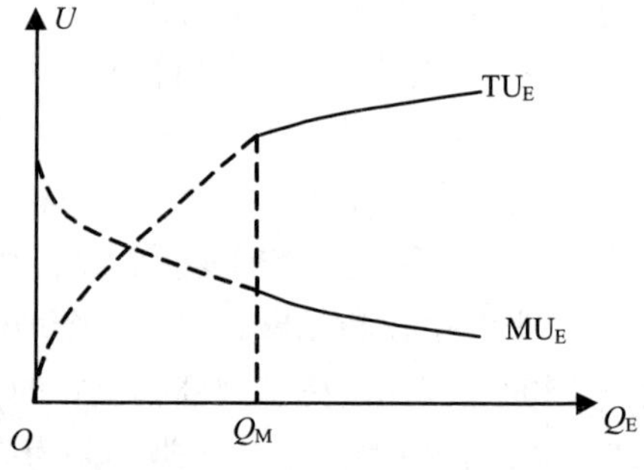

图 9-2　生态价值的效用曲线和边际效用曲线

图 9-1 表示一般物品的效用总量 TU 随物品消费量 Q 的增加而增加，边际效用 MU 随物品消费量的增加而减少。图 9-2 表示只有在生态系统达到一定规模，即在刚性极限 Q_M 以上时，生态价值效用总量 TU_E 才会随着生态系统规模 Q_E 的增加而增加，边际效用 MU_E 随着生态系统规模的增加而减少；在刚性极限 Q_M 以下时，生态价值就会不存在，相应的生态价值总量 TU_E 就为零，且在 Q_M 处，曲线不是连续的。此点处不存在导数，MU_E 也就不存在。这说明生态价值具有刚性规律。

由边际效用递减规律可知，相对于资源的稀缺性而言，资源数量越少或规模越小，它的边际效用就会越大，由边际效用所确定的价值量就会越大。但对于生态价值来说，边际效用递减规律的适用范围是有限的。当生态系统的规模或数量达到某项生态价值的刚性极限以上时，生态价值边际量的大小才会符合边际效用递减规律。而当生态系统的规模或数量减少到其刚性极限以下时，生态价值边际量不但不会随着资源量的减少而增大，相反却是消失或减少为零。可见，生态系统的刚性极限 Q_M 是边际效用递减规律与生态价值刚性规律的分界点。所以在研究生态经济问题时，要注意边际效用递减规律的适用范围。只有生态系统的某项生态价值达到刚性极限以上时，生态价值才会存在边际效用递减的情况；反之，就要运用生态价值的刚性规律来分析生态经济问题了。

9.2 生态价值的评估方法

9.2.1 实际市场价值法

当所研究的对象可以通过市场价格来直接衡量时，即生态服务不是无偿的，而是可以用货币来估算其生态价值，它们有与市场化商品和服务相同的价格，就可以通过实际市场价

① 程宝良，高丽. 论生态价值的刚性问题[J]. 生态经济，2005（A10）.

值法（actual market value method）来评估生态价值。评价方法主要包括市场价值法（market method）、费用支出法（expenditure method）和生产成本法（production cost method）。

9.2.1.1　市场价值法

市场价值法是指通过市场交易来确定生态产品和服务的货币价值，使用市场价格充当货币价值近似值的一种价值评估方法。该方法以市场价格直观地评估可以在市场上进行交易买卖的生态产品和服务，所以较为客观且少有争议。但该方法需要足够的数量、成本和市场价格数据，然而很多的生态产品和服务没有在市场上交易，故没有相应的市场价格[①]。因此只能评估可以通过市场交易的产品和服务的效益，忽略了其他的间接效益，无法全面真实地反映生态价值。

例如，湿地生物多样性提供的产品和服务可以通过市场价值法来计算，如湿地生物多样性提供的商品价值可以通过湿地每年提供的芦苇、药材、捕鱼等的价值为依据来计算[②]。这种方法比较直观，是评价湿地生物多样性经济价值最基本、最直接和最广泛使用的一种方法。但这种方法只考察了生态系统及其产品的直接经济效益，而没有考虑到湿地生物多样性的生态效益和生态服务价值。

9.2.1.2　费用支出法

费用支出法从消费者的角度来评价生态服务功能的价值，是一种比较简单的评估方法，它以人们对某种生态服务功能的支出费用来表示其生态经济价值。这种方法的优点在于，消费者的支出费用可以通过统计得到。

例如，生态游憩价值，可以用游憩者支出的费用总和，包括从游憩者开始计划旅游的搜寻成本一直到旅游结束所花费的一切支出，作为生态游憩的经济价值。又如，湿地生态系统的价值通过市场价值法只能评估其提供的产品和服务的直接市场价值，而无法得到湿地生物多样性的生态效益和生态服务价值。而通过费用支出法便能计量湿地生物多样性的服务价值，它以人们对某种环境效益的支出费用来表示该效益的经济价值。例如，湿地生物多样性的休闲和旅游效益，可用旅游者去某一景点的实际总支出来表示，包括往返交通费、餐饮费、住宿费、门票费、摄影费、购买纪念品费用以及有关的服务支出等。

9.2.1.3　生产成本法

生产成本法是指由于生态服务的存在而引起的生产率和生产成本的变化，从而导致生产者成本、产值、收益和利润的变化，而这些变化是可以用市场价格来计量的[③]。例如，土壤的流失会导致农作物产量的下降，水污染将使水产养殖业的产量下降或成本上升。可以把这种方法简洁地表述为如下的生产函数形式：

$$Q=f(L, K, T, E) \tag{9.2}$$

① 刘尧，张玉钧，贾倩. 生态系统服务价值评估方法研究[J]. 环境保护，2017，45（6）.

② 严承高，张明祥，王建春. 湿地生物多样性价值评价指标及方法研究[J]. 林业资源管理，2000（1）.

③ 高红梅. 基于价值分析的我国自然保护区公共管理研究[D]. 哈尔滨：东北林业大学，2007.

式中，Q——产出；
L——劳动；
K——资本；
T——技术；
E——生态。

例如，生态系统对灌溉水水质的净化带来的农田产值的增加。如果其他要素不变，只考虑生态要素变化时，就可以估算出生态服务的价值。又如，生态系统对污染的大气有净化的功能，而且这种功能可以引起农业经济效益的提升。如果没有这些生态服务，农业经济效益就会受到损失，而这种损失的减少就可以用来表示生态服务的价值。

例如，某地大气环境 SO_2 浓度超标，轻度污染，引起作物减少。设农作物产量 q 为 500 kg/亩，SO_2 轻度污染使作物减产系数 a 为 6%，污染农田面积 S 为 2 000 亩，农作物价格 P 为 0.6 元/kg。求因 SO_2 超标而引起的农作物的损失[①]。

解：设减产量为 x，没有污染时，农作物产量（正常产量）为 m，则 $m = x + q$。

$$a = \frac{x}{x+q}$$

$$x = \frac{a}{1-a}q$$

所以，SO_2 引起的农作物损失 V 为

$$V = SxP = S \times \frac{a}{1-a} \times q \times P = 2\ 000 \times \frac{0.06}{1-0.06} \times 500 \times 0.6 = 38\ 297.87 \text{（元）}$$

使用这一方法的难点在于确定“剂量-反应”关系，也就是说一种生态服务到底在多大程度上会给某一经济活动带来收益，尤其是当某一收益是由多项生态服务引起的或者是由生态服务和其他非生态服务协同作用引起的，那么如何确定各自的比重就是一个难点。这个量的确定需要大量的数据和科学的推理。“剂量-反应”关系的例子，如污染对健康的影响、污染对材料资产如金属和建筑的实物折旧的影响、污染对水生生态系统的影响，以及污染对蔬菜的影响等。所以这一方法相对适用于有明确的、易于确定的“剂量-反应”关系的生态服务的价值确定。

9.2.2 替代市场价值法

当所研究的对象本身没有市场价格来直接衡量时，但可以寻找替代物的市场价格来衡量，这类方法被称为替代市场法（substitute market approach）。此方法用于没有直接市场交易与市场价格，但具有替代品的市场与价格的生态产品和生态服务。评估方法包括替代成本法（replacement cost method）、机会成本法（opportunity cost method）、防护成本法（preventive method）、影子工程法（shadow project method）、旅行费用法（travel cost method）、人力资本法（human capital method）和享乐价格法（hedonic pricing method）等。

---

① 潘少兵. 基于社区参与的生态补偿研究[D]. 贵阳：贵州师范大学，2007.

9.2.2.1　替代成本法

替代成本法是指根据现有的可用替代品的成本估计生态服务功能的经济价值。生态系统所提供的生态服务在一定意义上是可以通过人造系统提供的。这时，生态服务价值就相当于人造系统的成本，因为必须付出等量的成本才可以获得这些生态价值。例如，森林涵养水源每年给社会带来的收益很难计算，于是可以假定如果森林不存在的话，那么按照森林涵养的水量，与能蓄积同样水量的水库相比，则水库的投资、运行以及管理所需的费用，就成为森林涵养水源的经济价值或生态价值。

以吉林省资料为例，资料显示，吉林省平均每年森林面积减少 2.68 万 hm^2，每公顷森林面积可涵养水源 4 000 t，则水源损失每年为 4 000×2.68=10 720（万 t），修建同等库容的水库投资为 0.15×10 720=1 600（万元）（其中 0.15 万元为 1 m^3 库容的造价）[①]。

替代成本法在使用中的难点主要有：① 如何确定替代工程的合理化成本，采用不同的工艺、不同的技术含量所需的成本相差甚大；② 替代工程是否在经济上完全等价，还是值得怀疑的，也就是说替代工程和生态系统服务各自的溢出效应是不一样的，如湿地对污水的净化同时会伴随着其他生态服务的提供，而替代工程并不存在[②]。同样，如果湿地因为处理污水而影响了其他的生态服务的提供，那么用替代成本法计算的时候就会存在问题，所估算出来的生态系统的生态价值也就不准确。

9.2.2.2　机会成本法

机会成本法是指以保护某种生态系统服务功能的最大机会成本（放弃的替代用途的最大收益）来估算生态产品和生态服务价值。一般包括资源利用成本和人力成本两部分。其中，资源利用成本是指资源的稀缺性和多用途性，导致当利用资源选择一种用途而放弃其他用途时，丧失其他用途可获得的最大经济收益[③]。

机会成本评估已被广泛应用于草原生态补偿、流域生态补偿、农业生态补偿、保护区生态补偿以及“退耕还林”项目等领域。一般情况下，“退耕还林”“退耕还草”“退耕还湖”等项目对资源用途的选择比较明确，用途管制措施的利益权责相对清晰，因此机会成本的分析内容及测算过程大体类似，即通过分析原有土地利用行为受土地用途管制的影响及区域差异，来估算政策实施前后农民或牧民的经济收益损失。

相对而言，保护区建设牵涉的利益关系更为复杂，资源用途及管制要求更加综合，机会成本评估需考虑的影响因素也有所不同。保护区建设机会成本的测算思路可概括为以下两种：一是按利益相关者分类，比较保护区所在市县和参照地区之间的人均城镇居民可支配收入、人均农民经济纯收入以及人均地方财政收入差距，进而结合保护区的人口数据，估算保护区建设的机会成本投入；二是按经济产业分类，估算保护区建设对当地不同类型产业发展造成的经济损失。一般农业机会成本损失由保护区建设过程中土地利用变化引起的农业收益减少来衡量，工业发展机会成本由参照地区与保护区建设前后工业发展速度的

① 潘少兵. 基于社区参与的生态补偿研究[D]. 贵阳：贵州师范大学，2007.

② 高红梅. 基于价值分析的我国自然保护区公共管理研究[D]. 哈尔滨：东北林业大学，2007.

③ 赖敏，陈凤桂. 基丁机会成本法的海洋保护区生态保护补偿标准[J]. 生态学报，2020，40（6）.

差异来衡量[①]。

9.2.2.3 防护成本法

防护成本法是以人们为防止环境质量下降、生态系统系统服务减少所准备支出的费用来估算生态产品和生态服务的价值[②]，是指因为某项生态服务的存在而可以避免特定灾害的发生，如果没有这些生态服务系统那么灾害将无法避免，人为恢复这种灾害所造成的损害需支付的代价就是这种生态服务的生态价值[③]。例如，人们为了防止水土流失，会修筑沟渠，那么修建沟渠的成本就是这种生态服务的生态价值；又如，生态系统对水质的净化可以避免由于污灌而造成的土壤污染，那么恢复污灌土壤的费用就是生态系统净化服务功能的生态价值。

防护成本法的使用要满足一定的条件：① 人们要知道他们受到生态环境的威胁；② 他们要采取行动来避免自身受到危害；③ 这些行动可以通过市场价格来体现。

防护成本法通过人们的支付来确定相应的成本，而这种成本就是生态服务的生态价值。但这种方法在使用过程中也存在缺陷：

（1）不完全信息。防护成本法假定人们能完全了解他们所面临的生态风险。但在实际生活中，部分是由于生态破坏方故意隐瞒这种风险，部分是由于人们缺乏相应的指示，对生态风险的认识不足。

（2）即使信息是完全的，人们的防护行动还受到收入水平的制约。一个穷人即使清楚自己所面临的风险，但是由于能力有限，他也不会采取防护行动。这样，生态系统的生态价值就没有完全显示出来。

9.2.2.4 影子工程法

影子工程法是恢复费用法的一种特殊形式，是在某个环境被破坏以后，虚拟人工建造一个工程来代替原来的环境功能。在进行环境污染经济损失的估算时最大的难点是资源损失和环境污染很难找到一个合适的价格。而影子价格法就是利用替代市场技术，以市场上与其相同的产品价格作为“影子价格”来估算该“公共商品”的价值[④]。

以 2004 年河北省水环境污染经济损失的研究为例，水污染产生的总环境成本包括生态侵害环境成本、农业环境成本和人体健康环境成本：①生态侵害环境成本采用影子工程法，假设将当年全省产生的所有污水全部处理所需要的费用即作为水污染产生的生态侵害的环境成本，得到 2004 年河北省生态侵害环境成本为 59.10 亿元；②农业环境成本根据河北省水污染和农业经济特点，计算稻谷、小麦和玉米 3 种主要农作物的产量，再以各种农作物当年的市场价格作为“影子价格”，计算出 2004 年河北省因污水灌溉而产生的农业环境成本约为 14.89 亿元；③人体健康环境成本采用影子价格法将新的供水运行成本（含折旧费）所带来的费用作为人体健康的环境成本，得到因饮用水污染而造成的人体健康最低损害，即当年人体健康的环境成本约 37.03 亿元。三者得到 2004 年河北省水污染产生

---

① 赖敏，陈凤桂. 基于机会成本法的海洋保护区生态保护补偿标准[J]. 生态学报，2020，40（6）.

② 刘尧，张玉钧，贾倩. 生态系统服务价值评估方法研究[J]. 环境保护，2017，45（6）.

③ 高红梅. 基于价值分析的我国自然保护区公共管理研究[D]. 哈尔滨：东北林业大学，2007.

④ 韩美清，王路光，韩灵灵，等. 基于影子工程法和影子价格法的河北省水环境污染经济损失研究[J]. 中国水运，2009（2）.

的总环境成本为 111.02 亿元。

影子工程法将难以计算的生态价值转换为可计算的经济价值，从而将不可量化的问题转化为可量化的问题，简化了环境资源的估价。但此方法也存在一些问题：

（1）替代工程的非唯一性。由于现实中和原环境系统具有类似功能的替代工程不是唯一的，而每一个替代工程的费用又有差异。因此，这种方法的估价结果不是唯一的。

（2）替代工程与原环境系统功能效用的异质性。替代工程只是对原环境系统功能的近似代替，加之环境系统的很多功能在现实中无法代替，这使得影子工程法对环境价值的评估存在一定的偏差①。

在实际运用时为了尽可能地减少偏差，可以考虑同时采用几种替代工程，然后选取最符合实际的替代工程或者取各替代工程的平均值进行估算。

9.2.2.5　旅行费用法

旅行费用法是建立在对消费者需求理论扩展的基础上，用人们的旅行费用作为替代物衡量生态产品和生态服务的经济价值，属于间接性经济评价法。将旅行的费用作为参观旅游景点的近似价格，由此推导出需求曲线，并且求出“游憩商品”的消费者剩余，以其作为生态旅游景点的生态价值，即以此相应的消费者剩余对旅游景点进行评价。旅行费用法最早是在 20 世纪 30 年代由霍特林（Harold Hostelling）写给美国林业署的一封信中提出的。

为什么要用旅行费用法来对某些旅游景点的生态价值进行评估呢？因为游憩是一种“公共商品”，一般不能确定其市场价格并进行市场交换，所以其市场价格资料和需求情况就难以获得；另外，像这样的“公共商品”给人们提供的并不是物质，而是一种心理满足和精神享受②。由于这种商品提供的效益是一种无形效益，很难用市场的办法来衡量其价值，所以必须采用一些特殊的计量方法或指标来进行评价。

旅行费用法的使用步骤：① 定义和划分游客的出发区域；② 对游客进行抽样调查，收集所需的数据；③ 计算各个区域的旅游率；④ 估计出相应的需求函数；⑤ 绘制出各个区域的需求曲线；⑥ 加总各个区域旅行者的消费者剩余，而这个加总的消费者剩余就是这个旅游景点的生态价值③。

旅行费用法的最大贡献就是对消费者剩余的创造性应用，因为人们常用市场价格表示商品的经济价值，而像游憩这种“公共商品”一般没有市场交换，也没有市场价格。但消费者剩余是根据商品市场价格资料计算出来的，由于游憩没有市场交换和市场价格，所以其消费者剩余也就没有办法直接计算出来。因此，旅行费用法的优点就在于它不仅提出可以用消费者剩余作为“游憩商品”的价值评价指标，而且还可以计算出其消费者剩余。

值得注意的是，旅行费用法在理论上是可以计算出消费者剩余的，但在实际使用中却存在着一定的难点和问题：

（1）大量数据的需求和旅行时间价值难以评估。这个技术要求花费大量费用收集和核对数据，所以抽样所得数据的数量和质量都会受到经费的制约。旅行的时间价值有时是

---

① 向书坚，朱新玲. 环境资源估价方法述评[J]. 统计教育，2007（7）.

② 桓曼曼. 生态系统服务功能及其价值综述[J]. 生态经济，2001（12）.

③ 程敏，张丽云，崔丽娟，等. 滨海湿地生态系统服务及其价值评估研究进展[J]. 生态学报，2016，36（23）.

难以确定的，如访问一个地区的费用不但包括交通费用而且还存在旅行时间的机会成本，而机会成本对于不同的人和不同的事是难以计量的。使用这些非常难以计量的费用价值会导致重大的偏见。

（2）多景点、多目标的旅行。旅行费用法隐含的假设是：旅客是作单一目标的旅行，而且一次旅行中仅游览一个景点。但是在实际生活中，对于一个游客而言，景点 A 可能仅仅是一次旅行中所要游览的几个景点之一，或者是在办公之余，顺便游览附近的景点。此时，显然不能把全部的旅行费用都归到所要研究的那个景点上。所以当访问景点的目标是多个时，成本就不得不被分解。这样就会严重影响结果的准确性。如何剔除景点间的相互叠加效应，以及景点外围因素对景点价值的影响是一个难以解决的问题。

（3）旅行方式的选择。不同的旅行方式，其成本也相差很大，如何界定各类旅行方式有多大的权重时也是一个难以解决的问题。

9.2.2.6 人力资本法

生态服务提供的多少对人类健康有很大的影响，与健康有关的货币损失有 3 个方面：① 过早死亡，疾病或者病休造成的损失；② 患病率提高，医疗费用开支增加；③ 精神或心理上的代价。为了评价生态服务对人类健康出现问题而造成的损失所带来的价值，经济学家提出了人力资本法来进行测度。

人力资本法将人看作劳动力，是生产要素之一。在低质量的生态环境下生活和工作，人会生病或过早死亡，耽误生产或丧失劳动力，因而不能与正常人一样为社会创造财富，而这又需要社会负担医疗费、丧葬费，还要其他人的护理，因而又耽误他人的劳动工时，这些都是社会的经济损失。人力资本法就是计算由于生态环境引起的人体健康受损所带来的经济损失，包括直接经济损失和间接经济损失。直接经济损失有预防和医疗费用、死亡丧葬费。间接经济损失有病人、非医务人员护理、陪住、影响劳动工时造成的经济损失[①]。除此之外，还有舒适性的损失，如病人的病痛、家属的悲伤等。人力资本法有几种类型，有不同的适用范围，下面分别进行分析。

第一种计算公式为

$$I_c = \sum_{i=1}^{n}(L_i + M_i) \tag{9.3}$$

式中，I_c——由于环境污染所导致的人类健康的损失成本；

L_i——由于环境污染所导致的直接经济损失；

M_i——由于环境污染所导致的间接经济损失；

n——受到影响的人的总数。

第二种计算公式为

$$L = \left[\sum_{i=1}^{n}(\alpha_i \cdot S \cdot t_i) + \sum_{i=1}^{n}(\beta_i \cdot S \cdot t_i)\right] \cdot P + \sum_{i=1}^{n}(\Delta C_i \cdot \alpha_i \cdot S) \tag{9.4}$$

式中，L——由于环境污染所导致的人类健康的损失成本；

α_i——污染区 i 种疾病的发病率；

---

① 侯风岐. 生态资源价值补偿机制研究[D]. 西安：西北大学，2008.

β_i——污染区 i 种疾病的死亡率；

S——污染区总人数；

t_i——i 种疾病所降低的人均劳动时间；

P——污染区人均国民收入；

ΔC_i——i 疾病所需的平均医疗费用。

第三种计算公式为

$$L = \sum_{i=1}^{n} B_i + \sum_{i=1}^{n} P_i + \sum_{i=1}^{n} F_i + \sum_{i=1}^{n} V_i \tag{9.5}$$

式中，L——由于环境污染所导致的人类健康的损失成本；

B_i——因污染而引起的疾病，劳动力在患病期间净产值的损失；

P_i——因污染引起的疾病和死亡，从福利基金中支付的金额；

F_i——医疗保健部门用于治疗因污染而患病的人员的支出；

V_i——因污染而过早死亡，未来收入的减少额。

其中，V_i 可通过计算年龄为 x 的人的未来收入现值（V_x）减去已获得的收入得到，V_x 的计算公式如下：

$$V_x = \sum_{i=1}^{n} \frac{(P_x^n)_1 (P_x^n)_2 (P_x^n)_3}{(1+r)^{n-x}} \cdot Y_n \tag{9.6}$$

式中，V_x——年龄为 x 的人的未来收入现值；

$(P_x^n)_1$——年龄为 x 的人活到年龄 n 的概率；

$(P_x^n)_2$——年龄为 x 的人活到年龄 n，并有劳动能力的概率；

$(P_x^n)_3$——年龄为 x 的人活到年龄 n，并有劳动能力，同时仍被雇用的概率；

Y_n——年龄为 n 时的平均收入；

r——贴现率。

这里需要说明的是，人力资本法评价的不是人的生命价值，而是在不同质量的条件下，人为发病或死亡而造成对社会贡献的差异，以此作为环境污染对人体健康影响的经济损失。对于不同的计算方法，应根据数据的可获得性和需要测度的生态服务类型来做适当的选择。

对于人力资本法的运用也存在一些争议，如它用未来收入的现值来评估个人死亡的损失，有时会有违伦理道德观念。试想若一个老年人由于环境污染而过早死亡，那么他未来人力资本收入的现值可能是负的。这意味着，人力资本法隐含了老年人的死亡有利于社会福利增进的观点。这显然不能为伦理道德所接受。还有就是对于医生的工资或所损失的经济价值中如果考虑价格扭曲时，使用这些数据时必须进行相应的修正，否则所得的损失就不能真实反映生态环境的生态价值。

9.2.2.7　享乐价格法

享乐价格法基于效用理论，用人们愿意为优质环境物品享受所支付的价格来推断环境质量的价值。即人们如果因为娱乐要素的存在而意愿支付 C 的成本，那么此娱乐要素带给他的效用至少应该等于成本 C 带给他的效用，也就是说该娱乐要素的享乐价格为 C。享乐价格与很多因素有关，如以房地产为例，它的影响因素有：可供使用的房产本身的数量与质量，距中心商业区、公路、公园和森林的远近，当地公共设施的水平，周围环境的特点等。享乐价格理论认为，如果人们是理性的，那么他们在选择时必须考虑上述因素[①]。享乐价格法是建立在一个基本的假定上的：不同位置有不同的环境特性，不同的环境特性产生不同的财产价值。使用适当的统计技术，享乐价格法试图做到：①鉴定财产的不同在多大程度上是由于财产之间具体环境的不同造成的；②推断人们对改善他们面对的环境质量的支付意愿有多大，改善环境的社会价值是什么。

鉴定不同污染水平对财产价格的影响通常通过多重回归技术完成。数据可以选取几年中少量类似的住宅财产（时间序列），也可以在某一时点上选用大量不同财产（跨越部门），或者包括两者（分享数据）。在实践中，由于对其他因素的控制是非常困难的，几乎所有的财产研究都用跨部门数据。在此以住宅房产进行分析。

住宅财产价值的差异有不同来源，如可获住房的数量和质量、靠近中心商业区的情况、当地公共设施的水平和质量、财产税状况、空气污染状况、交通和飞机噪声状况、接近公园和水设施的程度等来计量社区环境特点。为了收集这些变量对财产价值的影响，它们都要包括在分析中。因此，享乐价格法通常包括许多财产变量、周边环境变量、可接近性变量、环境影响变量。如果任何一个相关变量没有包括在分析中，财产价值影响计算就有倾向性。另外，如果分析中包括无关变量，虽然被包括在内的变量的测算不那么可信，但不会产生系统性的偏见结果。然而，这样又会产生另一个问题：许多变量本身就密切相关，如接近城市中心通常与空气污染密切相关，对空气污染的计算如总悬浮物与其他如对 SO_2 的计量就密切相关。为解决这个问题，许多研究只选用污染的一种“代表”进行计量。

9.2.3 假想市场价值法

替代市场法实施用替代物的市场价格来衡量没有市场价格的生态环境价值。在连替代市场都难以找到的情况下，假想市场法用人为地创造假想的市场方法来衡量生态环境质量及其变动的价值。它是生态价值评估的最后一道防线。这里仅介绍两种假想市场方法：一种是条件价值评估法（contingent value method，CVM），另一种是选择试验法（choice experiments，CE）[②]。

9.2.3.1 条件价值评估法

条件价值评估法是在假想市场情况下，直接调查和询问人们对某一生态环境效益改善或资源保护措施的支付意愿（willingness to pay，WTP），或者对生态环境或资源质量或数量损失的接受赔偿意愿（willingness to accept compensation，WTA）。假想的市场规则和直接调查方法是条件价值评估法的两个基本特征[③]。与市场价值法和替代市场价值法不同，条件价值评估法不是基于可观察的市场行为，而是基于被调查对象的回答或反应。他们的回答或反应告诉调查者在假设的市场背景下他们将采取什么行动。

条件价值评估法由大卫斯（R. Davis）[④]于 1963 年提出并首次应用于研究美国缅因州

---

① 桓曼曼. 生态系统服务功能及其价值综述[J]. 生态经济，2001（12）.

② 褚芳芳. 基于 CVM 的中巴资源卫星社会效益定量化方法研究[D]. 哈尔滨：哈尔滨工业大学，2007.

③ 张志强，徐中民，程国栋. 条件价值评估法的发展与应用[J]. 地球科学进展，2003，18（3）.

④ DAVIS R K . Recreation planning as an economic problem[J]. Natural Resources Journal，1963，3（3）.

林地宿营、狩猎的娱乐价值。20 世纪 70 年代以来，条件价值评估法逐渐地被用于评估自然资源的休憩娱乐、狩猎和美学效益的经济价值中[①②]。迄今为止，条件价值评估法已经被广泛地应用于评估生态环境改善的效益和生态环境破坏的经济损失中，是生态系统服务功能价值评估方法中应用最广泛的评估技术之一。

条件价值评估法的经济学原理可表达为：个人对各种市场商品和环境舒适性具有消费偏好，其对市场商品的消费用 x 表示（可自由选择），环境商品用 e 表示（不受个人支配），个人的效用函数为 $u（x，e）$。个人对市场商品的消费受其可支配收入 m 和价格 p 的限制。在一定的收入限制下，个人力图达到效用最大化的消费：

$$\max \mu（x，e） \tag{9.7}$$

$$\text{s.t.} \sum p_i x_i \leqslant m \tag{9.8}$$

（i=1，2，3，…，为市场商品的种类）

受限的最优化产生一组常规需求函数：

$$x_i = h_i（p，e，m） \tag{9.9}$$

定义间接效用函数为：$v（p，e，m）=u[h（p，e，m），e]$，在这里，效用为市场商品价格和收入的函数，在这种情况下，也是生态环境物品的函数。

假定 p，m 不变，某种生态环境物品或服务 e 从 e_0 到 e_1，个人的效用相应地从 $u_0=v（p，e_0，m）$ 变到 $u_1=v（p，e_1，m）$。假设变化是一种改进，即 $e_0 \geqslant e_1$，则 $u_1=v（p，e_1，m）\geqslant u_0=v（p，e_0，m）$。这种效用变化可以用间接效用函数来衡量：$v（p，e_1，m-c）=v（p，e_0，m）$。式中的补偿变化 c，即是当 e 从 e_0 变化到 e_1，而效用在变化后与变化前保持不变，所推导的个人所愿支付的货币数量，即条件价值评估法调查试图引导的回答者个人的 WTP。由于生态环境这类商品有公共商品的特性，所以生态环境服务价值应该是由个人的 WTP 加总所得[③]。

条件价值评估法研究的基本步骤

（1）为拟评价的生态服务价值创建一个假想的市场。假定政府拟开发一个自然区域，被调查者们会被告知地方政府将采取怎样的行动，其效果将会怎样，并告知这一行动只有在获得一笔额外的基金后才能启动。这样，为了保持自然区域的休闲娱乐价值，就有理由让人们支付相应的金额，当然并不需要他们当场就付钱。但需要告诉被调查者这一基金将如何收集。

（2）通过调查获得个人的 WTP 或 WTA。从数量、质量、时间和区位等方面详细描述所要评价的生态环境物品或服务的状况，提供充足而且现实和准确的信息。这是条件价

① FISHER A C，KRUTILLA J V . Determination of optimal capacity of resource-based recreation facilities[J]. Natural Resources Journal，1972，12（3）.

② RANDALL A，IVES B，EASTMAN C . Bidding games for valuation of aesthetic environmental improvements[J]. Journal of Environmental Economics & Management，1974，1（2）.

③ 崔相宝，苗建军. 条件价值评估. 一种非市场的价值评估技术[J]. 武汉理工大学学报：社会科学版，2005，18（6）.

值评估法中被调查者对所提出的问题做出评估的基础①。被调查者可以根据所获得的信息写出或说出为保护生态环境所愿意支付的金额，但是这一金额必须在他们自己的收入限制之内。这一支付的金额就是个人的 WTP。获得支付意愿的调查方法有面对面调查、电话调查或邮寄信函等方式，这 3 种方式有其自身各自的特点，进行调查时应根据不同的情况选用不同的调查方法。

（3）回收问卷，估计平均的 WTP 或 WTA。通过上述方法获得的问卷，运用相应的模型计算 WTP 的均值或中位数。

（4）估计支付意愿/受偿意愿曲线。使用 WTP 或 WTA 作为因变量，以收入、年龄、教育以及生态环境质量等为自变量，建立叫价曲线。叫价曲线对预测生态环境价值的变化相当有用，还可以检验 WTP 对环境变化的敏感性和预测某些生态环境因子的变化会导致怎样的价值变化。

（5）加总数据，也就是将平均的 WTP 乘以相关总户数获得的数据即为生态物品或服务的总生态经济价值。

虽然条件价值评估法有着很广泛的运用，但是在运用中还存在一些问题：

（1）会产生偏差：由于条件价值评估法所得数据会受到被调查者对所调查问题的重要性的认识、回答问题的态度、假设条件是否接近实际等因素的影响，难免使结果偏离实际价值量。

（2）WTP 或 WTA 的均值问题：由于 WTP 或 WTA 受被调查者的收入水平、文化背景、个人偏好等因素的影响很大，而 WTP 或 WTA 的值和这些影响因素之间并不一定是线性的关系。所以，如果最终所用的样本均值是存在问题的，那么就会使最终的价值总量产生误差。

（3）WTP 与 WTA 之间的差别：被调查者在回答为了改善生态环境他愿意付出多少代价时常常会报价较低，而在回答由于环境质量下降他所愿意接受多少补偿时又常常会偏高。有时两者之间的差别可达到许多倍。这一现象也是许多人对条件价值评估法产生怀疑的理由之一。但是可以合理地推测，有关生态因子的价值应该是在 WTP 和 WTA 之间的某一点上，但是这一点的确定是一个极富争议性的问题。

9.2.3.2 选择试验法

选择试验法包括联合分析法（conjoint analysis，CA）和选择模拟法（choice modeling，CM）。在此仅对选择模拟法进行一些简单的分析②。

选择模拟法由约旦 • 楼斐（Jordan Louviere）③提出。该法最早是应用于市场分析领域以分析消费者的选择，此后在一些研究中应用该方法估价生态环境物品和服务的价值。在这种方法中，给被调查者提供一系列备选方案（alternatives），每种备选方案中包含 3 种或更多种资源利用选项（option）。通常每种备选方案都由一组属性限定。例如，在自然保护区域的 CM 研究中，需要考虑下列属性：现有稀有物种的数量、达到该地区的便捷程度、

① 张志强，徐中民，程国栋. 条件价值评估法的发展与应用[J]. 地球科学进展，2003，18（3）.

② ASAFU-ADJAYE J. Environmental Economics for Non-economists [M]. Singapore: World Scientific Publishing Co Pte Led，2000.

③ LOUVIERE J J，WOODWORTH G . Design and analysis of simulated consumer choice or allocation experiments：an approach based on aggregate data[J]. Journal of Marketing Research，1983，20（4）.

区域面积、居住成本。这些属性将会在各种备选方案中发生变化。然后，被调查者被要求挑选他们最偏好的备选方案。被调查者的 WTP 估计值从相应的计量模型获得，如多元名义 Logit 模型。

选择模拟法可以用于评估多个地点或多种资源使用选择，它能够用于提供优先值（conditional）或者 WTP 的绝对测量（absolute measure），因为各种选择中包含有“挑选否”的选项。选择模拟法的主要缺陷是需要复杂的调查设计，选择集（choice sets）的数量可能很大，从而会使调查时间很长①。

综合以上各种生态价值的评估方法，各自都有自身的优点与缺点。其实在评估一个生态系统的某种价值时，常常是综合运用这些方法的。

9.3　生态资本理论

9.3.1　生态资源理论

9.3.1.1　生态资源的相关概念

生态资源的内涵有狭义和广义之分。狭义的生态资源是指能够提供生态产品和生态服务的资源，如林产品、清新空气、清洁水源等；广义的生态资源包括生态产品、生态服务以及各生态要素之间相互联系、相互作用而形成的生态系统，发挥着涵养水源、调节气候、保持水土、调蓄洪水、维持生物多样性、提供景观休闲等重要生态调节性服务功能②。

从生态资源功能上看，生态资源作为生态系统中的重要组成部分，参与生态系统生产者、消费者到分解者及其周围环境的生命活动和相互作用，不断地进行着能量和物质交换。生态资源也发挥着生态系统的能量流动、物质循环和稳态调节作用，其中能量流动主要通过绿色植物的光合作用，使得能量在生态系统中传递；物质循环由生物地球化学循环和生物化学循环组成，如水循环、气态循环和沉积循环；稳态调节则发生在生物和环境之间。人类能直观感受到的是生态资源提供的产品，以及潜在的生态服务。

从生态意义上看，生态资源是为人类提供生态产品和生态服务的各类自然资源，以及各种生态要素之间相互作用组成的生态系统，包括自然资源、自然环境及生态系统。生态资源能够提供包括林产品、水产品、畜产品等各种有形的物质性产品或生产要素，也能够发挥诸如涵养水源、调节气候、保持水土、调蓄洪水、维持生物多样性、提供景观休闲等重要生态调节性服务功能。生态资源存在于生态系统中，是能被人类用于生产和生活的物质与能量的总称，是人类赖以生存发展的环境和使社会生产正常进行的物质基础①。

从生态资源空间分布特性上看，生态资源存在于各种层次的生态系统中，而生态系统是生物群落与周围环境，通过能量流动和物质循环而形成的具有一定结构和功能的动态体系，各个生态系统之间没有明显区分的自然界限。它可以存在于垂直空间，从大气圈到岩石圈，由上层的气候资源、地表资源、生物资源、土壤资源到地下水资源组成垂直系统；

---

① 褚芳芳. 基于 CVM 的中巴资源卫星社会效益定量化方法研究[D]. 哈尔滨：哈尔滨工业大学，2007.

② 张文明，张孝德. 生态资源资本化：一个框架性阐述[J]. 改革，2019（1）.

也可以存在于水平空间，从高原、山区丘陵到盆地。生态资源依存于生态系统之中，与生态系统是相互联系、相互制约的整体，生态资源不同的组合表现出区域性差异。

对于生态资源概念的界定，不能简单地等同于自然资源，生态资源与自然资源的关系也不是包含与被包含的关系，两者既有联系也有区别。两者都涉及资源利用、环境治理和生态保护的问题，但自然资源与社会资源相对，强调天然存在的自然物，而生态资源是以生态性为显著性特征，除了能够提供物质性产品，也能够发挥生态调节性服务功能。

9.3.1.2 生态资源的特征

（1）生态资源的经济属性。从经济学视角上看，生态资源所提供的生态服务被看作是公共物品，尽管不同的主体对生态服务变化的感受有所差异，但假定每一项生态服务的变化都涉及所有的家庭（消费者）和生产者。生态资源与人类经济活动发生着紧密联系，生态资源通过生产和消费活动，最终回到生态环境中，构成物质循环活动。

人类经济活动与生态资源之间存在着正反馈和负反馈的关系。正反馈是遵循生态经济规律的经济活动，通过生产作用于生态环境，使生态资源在生产过程中实现更新；负反馈是违背生态经济规律的经济活动，破坏生态平衡。生态资源和经济处在生态经济系统中，生态资源是人类经济活动的基础，人类经济活动对生态资源及生态系统具有反馈作用，实现生态资源优化利用是人类经济社会可持续发展的重要条件。

（2）生态资源稀缺性。稀缺性资源如何配置是经济学研究的主题。生态资源稀缺是指各类生态资源的数量相对于人类物质需求期望的有限性。使用有限的资源，即使在最先进的科学技术水平下，所能产生的每种物品都有一个有限的最大数量即“生产可能性边界”，以表示产品的各种组合的外部界限①。生态资源的稀缺性表现在：一方面，人类从自然界中获取的生态资源大大超过其再生能力，或者人类所消耗的生态资源速率大于人类发明或者寻找替代物的速率，从而导致生态资源的稀缺程度上升；另一方面，人类向自然排放的废弃物超过生态环境的自净能力，导致环境容量资源稀缺程度上升。

（3）生态资源有价性。传统经济学中，人类对生态环境的依附性，以及人类对生态环境的需求及表现出的科学技术水平等条件，使得生态资源在生产、交换、消费等环节上不具备价值属性。生产者以较少的劳动、资金等投入获得产出，并没有计算生态资源损耗；交换上只计算流通中的商品；消费上认为生态资源取之不尽、用之不竭，从而导致在制度设计上忽略生态资源价值。随着全球性资源环境问题的产生、科学技术的进步以及经济社会的发展，传统经济学中价值概念的局限性日益显现。承认生态资源有价值，主要表现在：一是生态资源有效用，认为生态资源是人类生产发展不可或缺的物质基础；二是生态资源日益稀缺，这种稀缺的生态资源使得人们在生产生活中存在着竞争性和排他性②。

（4）生态资源收益性。生态资源在空间分布上具有差异性，不同的生态资源遵循不同的分布规律。生态资源区域差异性是形成各地资源比较优势的基础，也是导致各地经济发展不平衡的重要原因③。在开发利用生态资源的过程中，各地区在一定范围内寻求不同层次、不同规模的资源地域组合，以满足地区经济发展对生产要素的需求。在生态资源丰

---

① 张文明，张孝德．生态资源资本化：一个框架性阐述[J]．改革，2019（1）．

② 高吉喜，范小杉．生态资产概念、特点与研究趋向[J]．环境科学研究，2007，20（5）．

③ 张文明．正确认识生态资源经济属性[J]．中国经贸导刊，2019，943（16）．

富、开发利用组合条件优越的地区形成优势，有利于较快促进地区经济发展。

但各地生态资源之间并不是孤立存在的，而是相互联系、相互制约的，共同组成一个复杂的系统，具有整体性特性。具备生态资源开发优势的地区，经济发展水平高于其他地区，但随着该地区资源开发强度的加大，保护生态、整治环境力度的欠缺使得生态破坏、环境污染等问题日益凸显，给当地及周围地区经济社会发展带来消极影响。探索生态资源和人类劳动所积累的经济资源在较密集的地区如何实现协调发展，以求得生态资源的合理开发、利用和兼顾各种生态经济目标的协同，是生态经济系统耦合作用的重要内容①。

生态资源的收益是生态资源所有者权益的体现。因生态资源的禀赋特征差异，生态经济区域协同发展需要发挥“有形之手”的作用，形成合理的收益分配机制，提高配置效益和效率。

（5）生态资源增值性。随着人类社会的发展，资源的稀缺性问题日益凸显，生态资源在稀缺、有价的基础上体现出增值性，并具有资本自身的增值特性，也就是对于未来收益的预期。生态资源的增值预期包括两个方面：一是资本的增值性，生态资本是生态资源经济化的最终形态，资本能够带来未来收益；二是生态资源的稀缺性，生态资源供给相对固定而需求不断增加使得生态资源的稀缺性日益突出，供不应求状况使得生态资本的经济价值增加。前者强调的是资本本身的增值性，利率是资本增值的衡量指标；后者强调的是资源价值的变化，稀缺性和竞争性使得生态资源价格不断攀升，经济价值也随之增加。比如，1997 年 Costanza 等划分的生态系统服务功能的 17 个类型，部分生态系统服务功能的价值在碳排放交易市场中得到体现。2013 年以来，我国建立七个碳交易试点市场，截至 2016 年 12 月 31 日，七个碳交易试点市场累计成交量为 1.6 亿 t 二氧化碳当量（carbon dioxide equivalent，CO_2e），累计成交额接近 25 亿元；而截至 2020 年 12 月 31 日，我国各试点碳交易市场配额现货交易累计成交 4.45 亿 t CO_2e，成交额达到 104.31 亿元，可见生态价值呈现增值趋势。既然生态价值呈现增值趋势，那么人类就可以进行生态投资，实现生态资本的增值。

9.3.2 生态资产理论

9.3.2.1 生态资产的相关概念

随着经济社会的发展所带来的生态系统的不断破坏、生态资源的不断枯竭，生态资产研究越来越受众多学者的青睐。不同学者对生态资产的理解侧重点不同，大体可归为两大类：一类侧重于生态资产的价值体现形式，认为生态资产即隐形的生态系统服务功能价值和有形的自然资源直接价值；生态资产是生态系统生物资源直接价值及其生态系统服务价值的总和，是表征生态系统质量状况的重要指标。另一类则侧重生态资产的实体形式，强调生态资产广义上是一切生态资源的价值形式，狭义上是国家拥有的能以货币计量的，能带来直接、间接或潜在经济利益的生态经济资源②。生态资产包括生物资产、基因资产、生态功能资产和生境资产。欧阳志云认为生态资产是指能够为人类提供生态产品和服务的

① 张文明. 正确认识生态资源经济属性[J]. 中国经贸导刊，2019，943（16）.

② 王健民，王如松. 中国生态资产概论[M]. 南京：江苏科学技术出版社，2001.

自然资源资产，包括森林、灌丛、草地、湿地、荒漠等自然生态系统与野生动植物资源，农田、人工林、人工草地、水库、城镇绿地等以自然生态过程为基础的人工生态系统，以及野生动植物资源①。基于以上研究，生态资产可以定义为具有物质及环境生产能力并能为人类提供生态产品和服务的生态经济资源，主要包括自然生态系统、以自然生态过程为基础的人工生态系统和化石能源，其价值表现为自然资源价值、生态经济产品价值以及生态系统服务价值。

9.3.2.2 生态资产的组成部分

根据对生态资产理解的不同，生态资产可以有不同的划分类别。从生态资产构成的角度，将生态资产划分为自然生态系统、人工生态系统和化石能源系统三种类型，生态资产价值包含自然资源价值、生态经济产品价值和生态服务价值三部分。

自然生态系统和人工生态系统是生态资产的重要组成部分，是能够为人类提供生态产品和服务的生态系统资源，包括森林、灌丛、草地、湿地、荒漠等自然生态系统，以及旱地、水田、园地、水库、城镇绿地、养殖水面等以自然生态过程为基础的人工生态系统。生态系统资源价值除包括其自身存在的自然资源价值和生态经济产品价值外，还包括其间接的功能价值，即生态服务价值。自然生态平衡是人类生存和发展的基本前提，人类的产生和发展均与生态系统息息相关，各种自然资源都是作为自然生态系统的组成要素而存在的，在生态系统中对生态平衡都具有不可替代的作用，这便是自然资源的生态价值；生态系统资源的社会价值主要包括其审美价值和科学价值，如生态系统提供美好的景观，缓解现代城市人群的紧张情绪，体现了生态系统资源满足人类精神文化方面的价值。同时，为了满足人类的求知欲和好奇心等精神需要，人类对生态系统进行研究和探索，这是生态系统资源存在的科学价值。

化石能源是由古代生物的化石沉积以及自然过程形成而来，包括煤炭（植物化石转化）、石油（动物化石转化）、天然气（大气圈、水圈和岩石圈中自然过程形成的气体），因此将化石能源系统也作为生态资产的一部分。化石能源系统的价值主要是指其经济价值，即化石能源资源作为物质的供应者和人类活动的承载者，在促进人类社会繁荣方面所具有的价值，是自然资源价值构成在经济上的具体体现和价值转换。在社会发展过程中，化石能源资料能够供给人类物质和能量来源，满足人们物质生产和生活所需，能够产生直接经济效益②。

9.3.2.3 生态资产的属性和特征

（1）复合性和整体性。生态资产是为人类直接或间接所利用，为人类经济社会发展提供支撑的生态环境资源的总称。复合性和整体性是生态环境的根本特征，是区域生态系统要素与结构的综合体现，指生态系统及其生存环境在存在方式、目标和功能等方面都表现出统一性。生态系统及生态环境的各组成要素总是处在动态相互联系、相互制约、相互作用的过程中，即任何一个生态要素受到影响，其他要素在状态和功能上都对这种

---

① 欧阳志云，林亦晴，宋昌素. 生态系统生产总值（GEP）核算研究——以浙江省丽水市为例[J]. 环境与可持续发展，2020，45（6）.

② 高吉喜. 生态资产评估在环评中的应用前景及建议[J]. 环境影响评价，2014（1）.

影响做出反馈和反映，必然波及生态系统及其生态环境供给人类的服务和福利①。现有生态资产的研究往往将生态资产划分为多种类别，忽略生态系统、经济系统与人类活动的复合性、整体性和统一性，众多生态系统服务都是依附于同一物质载体的，区域生态环境资源都与该区域及其邻近的甚至更大范围的自然环境与经济社会环境各组成要素息息相关。

（2）地域性。不同地域有不同的自然地理条件、生态环境资源和经济社会条件，当地经济社会对资源环境的利用方式也必然具有差异，以自然生态系统、人工生态系统和化石能源为核心的生态资产的组成、结构、功能、类别将随其所在区域自然地理条件和经济社会条件的不同而产生变化②。所以，在不同地区开展生态资产研究，必须遵循地域性的原则，根据地方的自然和经济社会条件采用不同的研究方法和途径，才能使研究成果对当地经济社会发展和生态环境的维护具有可操作性和应用价值。

（3）增值性和可耗损性。由于生态系统中动植物生长是一个不断积累有机质和能量、吸纳烟尘和废气、清洁空气、美化景观等为人类提供福利和服务的过程，只要这样的过程在不断地进行，生态环境供给人类的福利和服务的总量就会不断增加，即生态资产具有自然的增值性。如果生态资产的损耗量少于其增值量，生态资产具有累积效应。

生态资产在具有增值特征的同时，也具有可耗损性。随着人类经济社会不断发展，生态资产消耗量迅猛增加，同时生态资产消耗过程中所产生的环境污染和生态破坏增加，导致区域性或全球的生态环境质量水平和生态系统服务功能降低，因此，人类对生态资产的消耗和对生态环境的破坏将导致生态总产量折损，从而进一步降低了生态资产的积累性。生态资产的增值性逐渐削弱，而可耗损性却日益增强。

（4）开放性和空间转移性。生态环境和人类经济社会总是与外界不断进行物质、能量与信息的交流，开放性是二者共有的属性和本质特征。开放性决定了二者在生态结构、组成和机能方面永远处在动态变化之中，并保证其存在和持续发展的可能性。生态资产作为生态环境供给人类的福利和服务，必然具有开放性。

由于生态环境的类型、质量、结构组成等在空间上存在差异，不同地域经济社会发展水平也不同，必然导致区域生态环境资产供给能力与经济社会发展对生态资产的需求不平衡，以大气、水为介质和以动物、植物为载体的生态资产跨区域流动是生态环境中十分普遍的现象，而人类经济活动中矿产资源、工农业产品的跨区域运输，同样体现了区域生态资产的空间转移性③。

9.3.3　生态资本理论

9.3.3.1　生态资本的相关定义

（1）生态资本的定义。随着人们对自然资源认识程度的加深，“生态资本”这个概念也被提出，并得到社会的普遍接受，究其原因就是以往较为丰富的生态资本变得日益稀缺，已经成为现代经济发展的制约因素。

---

① 高吉喜，范小杉. 生态资产概念、特点与研究趋向[J]. 环境科学研究，2007，20（5）.

② 高吉喜，范小杉. 生态资产概念、特点与研究趋向[J]. 环境科学研究，2007，20（5）.

③ 高吉喜，范小杉. 生态资产概念、特点与研究趋向[J]. 环境科学研究，2007，20（5）.

资本是价值的一种特定发展形式，既然认为生态系统是有价值的，那么生态系统提供的生态服务也应被视为一种资源、一种基本的生产要素，离不开有效的管理。而这种生态服务或者说价值的载体便是“生态资本”。“生态资本”又称“自然资本”，该理论已成为可持续发展研究的中心议题之一①。

生态资本是指存在于自然界，能够给人类带来持续收益的自然资产。虽然生态资本是自然资产，但由于人类活动范围不断扩大、活动程度不断深入，在现代生态系统中，生态环境已不是“天然的自然”，而是“人化的自然”。所以，在大多数情况下，当今社会的生态资本实质上是人造资本与自然资本结合的产物。不管是土地、矿藏，还是森林、水体，作为资源它们现在都可以通过级差地租或者影子价格来反映其经济价值，从而实现生态资源资本化。

（2）生态资本、生态资产和生态资源的区别。生态资本、生态资产与生态资源是经济发展过程中重要的构成要素，但三者具有本质的差异。生态资本是能产生未来现金流的生态资产，具有资本的一般属性即增值性。生态资本是所有能创造效益的生态资源、人造资源及生态系统，具有生态系统服务价值或者生产支持功能的生态环境质量要素的存量、结构和趋势。生态资本的内涵包括：①并非所有的生态资源都能转化为生态资本，必须具有使用价值的生态资源才有可能成为生态资本；②所有符合生态资本条件的人造资源都能成为生态资本，从而扩大了生态资本的范围；③具有价值的生态服务都能成为生态资本。

生态资产是具有市场价值或交换价值的一种载体，是其所有者的财富或财产的构成部分。生态资本通过循环来实现自身的不断增值，而生态资产更多地以形态转换来体现其价值并实现价值的增值。一种生态资源即使成为生态资产，但也未必能够变成可为其所有者带来收入流的生态资本。生态资产的转化主要包括两个部分：提供自然资源和生态系统服务。生态资本是生态资源的最终转化形态，生态资本通过生态市场进行货币化，生态资本的增值就能实现，生态资源的价值就会得到充分体现②。

9.3.3.2 生态资本的组成部分

著名生态经济学家刘思华教授认为③，生态资本主要由 4 个部分组成：①能直接进入社会生产与再生产过程的自然资源，即自然资源总量和环境的自净能力；②自然资源的质量变化和再生量变化，即生态潜力；③生态环境质量，是指生态系统的水环境和大气环境质量等各种生态因子为人类生活和社会生产消费所必需的环境资源；④生态系统作为一个整体的使用价值，这是呈现出来的各种环境要素的总体状态对人类社会生存和发展的有用性。

生态资本的这 4 个组成部分，是相互依存和相互制约的。自然资源的总量和质量，决定着生态资源的再生产潜力；生态资源的再生产潜力同时决定着生态环境消纳并转化废弃物的能力；这种能力反过来又决定着生态环境的质量。生态资本的 4 个组成部分的有机统一，决定了生态系统对人类的总体价值。整个生态系统是通过各环境要素对人类社会生

① 沈满洪，杨天. 生态补偿机制的三大理论基石 [N]. 中国环境报，2004-03-02.

② 严立冬，谭波，刘加林. 生态资本化：生态资源的价值实现[J]. 中南财经政法大学学报，2009（2）.

③ 刘思华. 刘思华可持续经济文集[M]. 北京：中国财政经济出版社，2007.

存及发展的效用总和体现它的整体价值。随着社会的进步，人类对生存环境质量的要求就越高，生态系统的整体性就越重要，而生态资本存量的增加在经济发展中的作用也日益显著①。

生态资本一直为人类提供重要的利益保证，但是长期以来没有受到人类的重视。随着生态资本稀缺性的日益凸显，生态资本满足不了人类的正常需要，同时也成为制约经济发展的“瓶颈”时，才被人类重视而成为经济发展过程中的内生变量，人们意识到，不能只向自然索取，还要投资自然。

9.3.3.3 生态资本的特征

生态资本作为参与经济活动的要素之一，同物质资本和人力资本一样，也有二重性：① 具有生态资本的本质属性，具有自然生态功能，遵循自然生态规律，表现为生态资本的使用价值；② 具有资本的共同属性，即以保值增值为目的，遵循市场供求与竞争规律，表现为生态资本的价值②。但生态资本又不同于物质资本和人力资本，生态资本具有其他资本所不具备的特征：

（1）整体增值性。资本的目标是价值最大化或利润最大化。但是生态资本受到生态系统整体性的制约，所以生态资本要增值其前提是要保持生态系统内各因子的平衡协调。只有这样生态资本才能够实现其价值的最大化。

（2）长期受益性。通过合理利用生态资本，使其在自身的循环系统之内，保持生态系统的协调平衡，生态资本的使用价值与价值将不会永远丧失。并且，可再生资源还能依靠其自身的累积性，使生态资本自动增值，给社会带来长期的经济效益和生态效益。

（3）开放性与融合性。生态资本既具有生态环境系统的开放性与多样性，又具有一般资本的融合性与扩张性，生态资本的经营可以采用很多方式，如产权主体多元化、利益共同体等方式。

（4）双重竞争性。一方面生态系统内部各因子之间是在相互制约与相互促进中得到发展的，遵循共生、相生相克等自然生态竞争规律；另一方面生态资本又与物质资本和人力资本等存在着市场竞争，遵循市场竞争规律。

（5）极限性。生态资本能够承载人类生存与经济发展对生态系统经济功能的需求，但生态资本对人类的需求并不是无限满足的，其承载能力具有一定的极限，如果人类对生态资本的开发和利用超过其极限，将会导致资源环境的退化。这是提倡可持续发展的重要根据。

（6）不动性与逃逸性。生态资本既具有环境资源的空间固定性，又具有一般资本规避风险的逃逸性。例如，低回报率的生态资本会转移地域或变换形态，流动到回报率较高的领域，引起生态资本的资本功能性逃逸③。

（7）替代性与转化性。在一定条件下，生态资本与物质资本和人力资本之间能够相互替代或相互转化。

（8）空间分布的不均匀性和严格的区域性。不同区域的生态系统的组合和匹配都不

---

① 沈满洪，杨天. 生态补偿机制的三大理论基石[N]. 中国环境报，2004-03-02.

② 田东芳，程宝良. 生态资本与经济增长模型研究[J]. 环境科学与管理，2009，34（6）.

③ 李世聪，易旭东. 生态资本价值核算理论研究[J]. 统计与决策，2005（9）.

一样，因而要因地制宜地使用每一项生态资本。

以上这些特征是生态资本自身的一些基本特征。在使用生态资本的时候一定要注意这些特征，合理利用生态资本为人类造福。

9.3.3.4 生态资本与物质资本、人力资本的关系

资本就是能够带来未来收益的价值。物质资本、人力资本和生态资本这三者是社会总资本的三大组成部分。一个社会的未来收入，是由该社会现有的资本存量决定的。因此，社会资本总量的大小，决定了该社会今后持续收入的大小；其积累量或积累速度，决定着今后一段时期该收入变化或增长的速度，从而决定着该经济社会可持续发展能力的大小。物质资本、人力资本与生态资本结合在一起为人类提供经济发展的需要。

9.3.3.4.1 三种资本间的联系

物质资本、人力资本和生态资本都是经济可持续发展系统的组成部分，它们之间存在着一定的转换关系，如通过大量使用生态资本可节约物质资本的使用，或通过再分配将生态资本应补偿的价值转化为物质资本或人力资本的积累，或将物质资本与人力资本通过投资而转化为生态资本；在再生产过程中，生态资本的利用，如各种自然资源的利用可转化为物质资本的积累，或人们直接消费生态资本，如到环境优美的地区旅游、疗养，生态资本可以直接转化为人力资本或知识资本；同样，在再生产过程中以物质资本或知识资本包括人力资本来代替生态资本，可减少生态资本的耗费，或对生态环境的保护和投资，物质资本和人力资本可以直接转化为生态资本。在经济生产过程中，通过社会生产力的组合效应和合理的社会分配，3 种资本可以共同增长，这正是可持续发展的要求。

但在实际的经济发展过程中常常出现 3 种资本的非均衡运动，致使人类的经济发展产生问题与危机。工业革命使人类利用现代科技进步和现代市场经济机制造就了一个以生态与经济分离和对立为特征的不可持续发展的经济。当今世界经济的运行与发展，已经从一个以人造资本发展经济的时代进入到一个日益稀缺的生态资本限制经济发展的时代。

在我国，长期以来物质资本与人力资本呈现出增长的趋势，而生态资本却不断下降。这种情况已成为严重阻碍我国经济可持续发展的“瓶颈”因素。我国资源禀赋较差，总量较大但人均占有量少。长期以来，由于采取传统的生产方式，经济发展是一种物质单向流动的“资源—生产—消费—废弃物排放”的线性经济，经济增长主要依靠高强度的开采和消费资源。如果继续沿袭传统的发展模式，以资源的大量消耗来实现工业化和现代化，是难以为继的。

9.3.3.4.2 三种资本的协调发展

如果不考虑三种资本间质的区别，单从价值形态看，似乎只要一个社会的总资本量不断增长就能保证一个经济社会的可持续发展，但实际情况并非如此。如果 3 种资本之间的比例不协调，经济社会的可持续发展将难以实现。

一个社会积累了大量的物质资本，但缺少必要的人力资本和知识资本，这些物质资本就得不到有效的利用，积累的物质资本就可能在再生产过程中被浪费或消耗，经济的可持续发展就实现不了。同样，即使社会总资本大量增加，物质资本和人力资本间也按比例保

持协调，但生态资本的总量没有达到一定程度，这时社会仍然实现不了经济的可持续发展。这正如工业文明时代人类积累了空前的物质资本和人力资本或知识资本，人们也享受到了空前的经济福利，但经济可持续发展所受到的威胁和人类所面临的生存和发展危机也是前所未有的。

三种资本间的替代性是受到限制的，它们只能在一定程度和范围内才能转化，超过该范围，不同资本之间的替代，尤其是物质资本和人力资本与生态资本间的替代是有严格限制的。这是因为生态环境存在着不可逆性，难以被人造资本完全替代。例如，用再多的人造资本也弥补不了一种物种的消亡所造成的损失。

生态资本不像物质资本与人力资本那样通过投入就能够很快增加它们的存量，生态资本的运动有很大的刚性和不稳定性。生态资本在增加自己存量的方面，与其他资本有着明显的区别，就是它有自我增值与恢复的能力。例如，物质资本遭到损耗后，要求人类的主动性投资，这样才能实现其价值的增加。但生态资本具有自我再生能力，只要它是在一定范围内被消耗，而这种消耗又没有超过它能够恢复增长的极限，那么在它达到与环境相适应的平衡前，它就一直会增长，直到达到与环境的平衡。生态资本的这种性质说明，在所有的资本投资中，生态资本投资的回报是最高的，甚至在一定条件下，不需要投资只需适当保护，生态资本就可以不断地自我增值。

需要注意的是，生态资本虽然有自我增值的能力，但它的不稳定性也是远远超过其他资本的，尤其是当对生态资本的破坏超过一定程度时，它将不再具有自我增值能力，而且其价值也难以恢复。随着经济的高速发展，生态资源遭到严重损耗，生态环境严重恶化，生态资本的短缺会严重制约经济的发展，同时也使其他资本不能够得到最有效的利用。要提高资本总量的利用效率，真正实现经济的可持续发展，必须考虑生态资本的优先发展。

9.3.3.5　生态资本与可持续发展

长期以来，经济发展与生态保护就像一个天平的两端，总是处于不平衡的状态之中。可持续发展是指既满足当代人需求，又不危及后代人满足其需求的能力的发展，强调的是环境与经济的协调，追求的是人与自然的和谐，其实质是经济的健康发展应该建立在生态持续能力的基础之上。可持续发展是人们在重新审视人类和自然的关系后，在逐步认识到经济增长和环境保护相互依赖、相互制约、相互促进的辩证关系的过程中产生和发展起来的。生态资本要求持续不断的循环特性，要求自然资本更好地发挥功能，就必须正确认识人与自然的关系，把生态和经济、社会兼顾起来，这是实现社会、生态可持续发展和经济良性循环的理论基础和依据。应该说，生态资本论包含了丰富的可持续发展与生态化意蕴。

皮尔斯（David W. Pearce）和图讷（R. Kerry Turner）利用一幅图对这两者之间的关系进行了比较客观与详细的阐述（图 9-3）[①]。纵轴代表生存水平（standard of living，SOL），横轴代表生态资本（K_N）。原点 O 代表的是使人们勉强维持生存的状态，它所对应的 K_{min} 是维持这种最低生存状态所需的生态资本存量。而对于极度贫困、饥荒或者其他原因导致人们生活水平低于 O 点的情况，用 L 点代替。皮尔斯通过这幅图阐述了 3 点内容：

---

① PEARCE D W，TURNER K R. Economics of natural resources and the environment[M]. London：Harvester Wheatsheaf，1990.

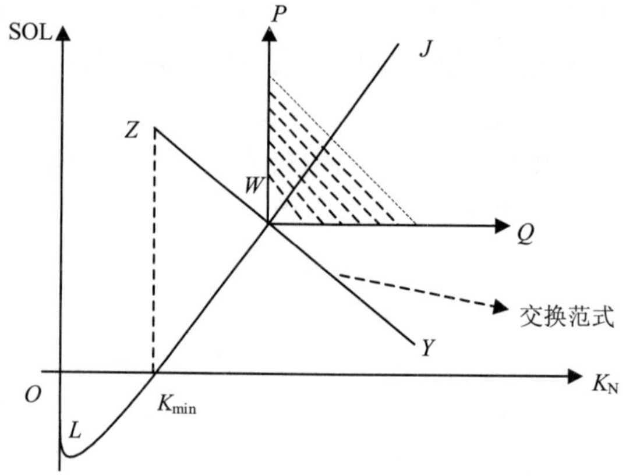

图 9-3 生态资本与可持续发展

（1）当一个国家或地区的生态资本存量水平较低时，人们只能通过增加 K_N 来达到经济发展的目的。此时，经济的发展和生态资本水平相辅相成。这种情况在图 9-3 中是由 $K_{min}WJ$ 曲线来描述的。当达到某一临界点 W 时，皮尔斯和图讷将其称为“经济的起飞”，在阴影部分 PWQ 中，即使保持生态资本存量不变也能实现生存水平的提高，称为“可持续发展范式”。皮尔斯和图讷还指出在这个部分中即使存在生态资本存量下降、生存水平提高的可能，这种情况也不会持久。

（2）在世界上的许多地方，K_N 与 SOL 的关系是呈 YWZ 直线发展的，称为“交换范式”。在这种情况下，该地区的经济水平总停留在 W 点附近，如果要想进一步发展就必须以牺牲部分生态资本为代价，直到 K_N 不断减少到 K_{min} 时为止。

（3）按照 K_{min} 的假设，当经济水平发展到 W 点时，也即开始“经济起飞”时，经济可能沿 WJ 方向发展，也可能沿 WZ 方向发展。尽管皮尔斯和图讷也论述了由于生态资本对于人们生活有着一些不可替代的环境功能，所以即使沿着 WZ 方向发展，K_N 与 SOL 之间的替代也有限，但是我们总是更愿意朝着 WJ 方向发展。这就告诉人们，对待生态资本，不应该仅仅注意到它减少时给予必要的补偿，更应该在它没有出现明显的减少时，就要注意保持其存量。也即与其等生态资本存量减少了再花力气去弥补，与人们努力保持其存量不变甚至想方设法增加其存量相比，这两者的效果无疑是有很大差别的。

9.3.4 生态资本经营

生态资本经营是一种通过对生态资本的使用价值的有效运用，利用对生态资本的消费及其形态的变化，为实现生态资本长期的收益整体最大化而进行的市场投资活动。企业、政府、个人构成了这些活动的主体。

生态资本经营是生态资本增值而在资本安全的前提下进行的市场投资活动，生态因资本的增值而改善，资本因生态的改善而保证其收益的长期性和增值的整体性。生态资本使矛盾着的生态与资本在不断生态资本化与资本生态化的过程中实现了统一，这种活动过程可以渗透到环境保护和经济社会生活的方方面面。

资本经营得如何，通常用资本收益率来表示，它是每一年的投资净收益与资本总投入之比。例如，种植一棵树，其劳动成本预付 100 美元，25 年终了时，树卖价为 430 美元。这个项目的收益率是每 25 年为 330%。该比率相当于每年 6%的收益。如果预付 100 美元的投资，不仅为了赚到这 330 美元，而且为了“活”着树的价值，改善之后，美化了环境，使其与土地一起整体升值。这时的经营活动就是生态资本的经营活动了，其收益率也就不仅仅是 6%了[①]。

生态资本经营同样受收益率递减规律的制约。抑制资本收益递减的有效办法，一是靠资本形态创新，二是靠技术手段创新。经营生态资本，一方面要不断地发现新的生态要素可以资本化，发明新的生态技术，降低成本，提高产品的生态品位，维持较高的收益率；另一方面要不断提高公众的生态意识，扩展绿色消费市场，企业从绿色消费市场就会获取更高的资本收益率和更广阔的发展空间。企业收益率的提高可支付资本市场较高的利息，以吸引资本市场供给更多的资本品，形成资本需求与资本供给的良性循环。同时，资本市场诱使公众牺牲当前的消费或放弃奢侈的消费，把节省下来的资金通过资本市场以增加资本存量，而公众又可以从资本市场获取收益，形成储蓄与收益的良性循环，最终实现整个经济社会生活的生态化。

要加强生态资本的经营，需要从企业、政府和社会各个层面进行改进。

9.3.4.1　企业经营生态资本

企业经营生态资本，关键是要不断采用新的生态技术，发挥生态资本的整体增值效应，以追求长期的生态经济效应最大化[②③]。

在现在的企业管理中，越来越多的企业认识到生态的重要性，不管是由于政府管制的加强还是公众呼吁的增加以及企业自身认识的提高，以生态为导向的企业管理已越来越受到重视。生态导向，即以生态资本运营管理为导向。

全球围绕庞大的绿色市场，以绿色标志、绿色包装、绿色产品、绿色技术为主要内容的绿色营销方兴未艾，并由此引出一种崭新的管理思想——“绿色管理”。“绿色管理”是以生态资本增值为目的的管理实践，其实质就是生态资本经营管理。

进入 20 世纪 90 年代以后，西方各大公司、企业已在纷纷实践“绿色管理的思想”。许多企业都增办了《环境年报》，这些年报都关系着企业的利益。世界最大的化学工业公司——杜邦公司，1990 年回收氟利昂成功，成为“绿色管理”的先行者，该公司计划在此后 30 年内，把公司变成真正的无污染公司。各大汽车公司也纷纷投以巨资，展开研制绿色汽车的竞争，通用汽车公司在每辆汽车的排气管上安装了有助于充分燃烧的催化转换器，可以减少 96%的一氧化物（包括 NO、CO）和 75%的氮氧化物的排放。德国宝马汽车公司推出了一种整车报废时可 100%回收处理的新型汽车[④]。

相对于发达国家，我国企业的生态资本管理水平依然偏低。我国企业出口的产品常常不同程度地受到发达国家环保标准和法律标准的限制。即使是出口比重提高、增长较快的工业制成品，也因发达国家制定的一系列工业安全标准、防污染标准、技术标准等要求面

---

① 萨缪尔森，诺德豪斯. 经济学 [M]. 北京：中国发展出版社，1992.

② 王海滨. 生态资本及其运营的理论与实践——以北京市密云县为例[D]. 北京：中国农业大学，2005.

③ 牛新国，杨贵生，刘志健，等. 生态资本化与资本生态化[J]. 经济论坛，2003（3）.

④ 邓玲，何卫东，尹明. 生态资本经营与环境导向的企业管理[J]. 软科学，2000，14（1）.

临着出口障碍，所以要加强我国工业的竞争力就必须加强生态资本的经营。

现代工业系统要模仿生态系统的运行与生物圈兼容。企业要成为技术创新主体，以提高劳动生产率和资源利用率，降低资源投入成本，减少污染治理开支。生态技术运用于食品加工业可以大大缩短发酵周期；应用于化学工业，清洁的微生物生产工艺可以取代高能耗、重污染的化学工艺①②。工业企业之间通过工业代谢和共生关系，组建生态工业园区，建立工业横生关系和代谢生物链，使一个企业的废料转变为另一个企业的原料，使一个地区的整体资源增值。

我国的农业也面临着同样的困境，因此需要发展现代农业技术。现代农业发展需使传统农业技术与现代生态技术融合。例如，秸秆的过腹还田，采用了青贮、氨化技术，提高了食物链的物质转化功能，牲畜粪便沼气化、残渣还田、改良土壤、实现整体产出价值的最大化。应用现代固氮、基因技术培育耐旱、抗病、产量高、口味美的各种蔬菜和作物，降低化肥、农药投入，减轻环境污染，提高营养水平，满足市场需求①。

生态与经济互为连锁式关系影响到全世界。不仅全球企业要进一步探索生态资本经营管理的途径、方法，而且发达国家与发展中国家的企业在生态导向的管理上应尽力合作，在合作中求得共同的发展。

9.3.4.2 政府经营生态资本

仅靠市场经济机制来经营生态资本是不够的，市场机制追求的是利润最大化，无法全部解决生态环境资源合理配置问题以及生态环境资本的存量不断增加和质量提高的目标，因此需要政府的干预以便更好地发挥生态资本的功能。政府经营生态资本，要发挥其开放聚集效应，着力培养生态资本市场，增强融资功能③。

资本积累是中国经济增长最主要的动力。生态环境的优劣影响着资本逃逸与聚集。风光优美的三亚、花园式的大连、最适宜人类居住的深圳，这些地区的发展，都是自觉或不自觉地把生态环境加入现代城市的规划和建设中去，把环境优势转化为经济优势，吸引大量外资，发展高新技术产业，使城市整体增值。

环境保护和生态建设已进入一个新的发展阶段，绿色浪潮正在兴起，绿色产业蓬勃发展，绿色消费方兴未艾，绿色市场迅速扩大，良好的生态环境正日益成为一种稀缺资源，成为十分短缺的经济要素。哪个地方生态环境好，环境容量大，对生产要素的吸引力、凝聚力就强，发展潜力就大。

由此可见，良好的生态环境不仅是一种资源，更是一种特殊的资本，是一笔巨大的无形资产，无论对外还是对未来发展都最具竞争力和吸引力，具有很强的后发优势。尤其是经济欠发达地区，因为工业不发达，自然生态破坏比较小，往往较好地保持了自然生态和人文生态，而这正是发达地区花巨大代价也难以恢复的。政府要把生态环境作为一种资本来经营，正确处理眼前和长远的关系，强化保护环境就是保护生产力，保护青山绿水就是促进可持续发展的观念，按照市场需求导向，发挥政府调控作用，进行规划、保护、开发、利用，培育新的经济增长点，加快生态资源向生态资本的转化。

---

① 牛新国，杨贵生，刘志健，等. 略论生态资本[J]. 中国环境管理，2002（1）.

② 牛新国，杨贵生，刘志健，等. 生态资本化与资本生态化[J]. 经济论坛，2003（3）.

③ 黄铭，白林. 生态资本与企业发展[J]. 淮南师范学院学报，2010，12（1）.

政府通过提高排污收费标准，提取废弃物处置费，出台资源附加税等政策，把环境成本内部化，实行更加严格的环境产业投资准入政策，以培育健全的生态资本市场。不能把生态建设仅仅视为由政府承担的公益事业，政府要鼓励引导社会资本参与生态投资，充分利用生态资本的开放融合性使出资主体多元化，形成经济社会利益驱动机制。把生态资本投资以政府为主，转变为以社会多元投资为主，形成生态消费与市场融资的良性循环。

9.3.4.3　社会公众经营生态资本

社会公众崇尚俭朴生活，追求绿色消费，是生态资本经营的根本。“俭朴节制”与“市场绿化”是生态资本供给与收益的最终决定因素。就单个生态型企业而言，其收益水平取决于其采取生态技术的利润贡献率。而就整个社会而言，人们必须认识到只有通过节制今天的消费才能保证长久的消费。把储蓄下的积累资金供给那些预期回报较高的企业投资，企业的资本循环才可能形成。反过来，只有企业从绿色消费市场获取的收益高于或至少不小于社会的平均收益时，生态资本市场才会形成[①]。

如何培育社会公众的“俭朴节制”的习惯呢？首先就是要让公众了解到环境保护的重要性。只有这样才能够让公众自觉地去保护环境，使生态资本在这种保护活动中增值。

要做到这一点就必须建立社会公众积极参与的有效机制。扩大公民对环境保护的知情权、参与权和监督权，促进环境保护和生态建设决策的科学化、民主化。各级生态环境保护部门要组织专家和公民以适当方式参与环境影响评价，实行生态环境保护有奖举报制度。鼓励群众组织、社会团体和公民参与环境保护和生态建设，对在环境整治和生态建设做出突出贡献的单位和个人给予精神鼓励和物质奖励。设立生态建设投诉中心和公众举报电话，鼓励检举揭发各种违反生态环境保护法律法规的行为，加强环保法律、政策和技术咨询服务，扩大和保护社会公众享有的环境权益。

在生态资本的经营中，企业、政府和社会都分担着不同的责任，但是彼此又是一个相互联系的整体。为了把生态资本经营得更好，应加强三者之间的合作，使生态资本达到最高的利用状态，实现生态经济效益的最大化。

9.3.5　生态价值增值规律

生态价值增值规律是指生态不是无价的自由物品，而是有价的经济资源；随着经济社会的发展，生态资源呈现出日益稀缺的趋势，因此，生态价值呈现增值趋势；既然生态价值呈现增值趋势，那么人类可以像进行经济投资一样进行生态投资，实现生态资本的增值；由于生态资本具有公共性和外部性特征，只有建立生态保护补偿机制才能激励人们从事生态投资活动[②③]。

生态投资指的是为了增加未来的经济发展能力，从而增加未来的人类福利，社会各有关投资主体从社会积累基金、各种补偿基金以及消费基金中拿出一定数量的资金，以货币、机器、设备等资源的实物形态投入到环境保护的各项活动（如污染治理、生态保护、管理和科研等），以形成自然资本存量增加的一种经济活动。

---

① 牛新国，杨贵生，刘志健，等. 略论生态资本[J]. 中国环境管理，2002（1）.

② 沈满洪. 生态经济学[M]. 2 版. 北京：中国环境出版社，2016.

③ 沈满洪. 生态经济学的定义、范畴与规律[J]. 生态经济，2009（1）.

生态资本论为生态投资的可能性和必要性提供了理论依据。由前文所阐述的生态资本理论可知，当人们认识到生态资源是一种资本以后，就意味着不能只把生态资源看成是一种财富，还应把它看作是财富的源泉之一。人类的一切发展和经济活动都是建立在这一资本之上的，其存量的多少决定了经济增长的界限。

生态资本和其他资本存量一样会因使用而减少，也就会减少这种资本的产出，即经济增长流量；但同时，生态资本也会因投资而增加，从而增加经济产出的总量以及增加生态资本产生的财富流。生态资本自身的增值性决定了对生态资本投资就必然会有相应的产出，这是进行生态投资的可能性。

由于生态资本是一种不可替代的资本，一旦其存量枯竭，就无法保障经济的稳定增长。如果把生态作为总资本的一部分，只要损耗了这一资本，就会降低未来世代人们生产实际收入的能力。因此，生态资本同传统资本一样，也需要更新，而更新的途径之一就是进行适当的生态投资。

需要强调的是，生态投资绝不是意味着简单地增加资金投入，也要注意依靠科技进步来提高投资的效率。而且，生态投资要遵循的总原则是在使得经济利益最大化的同时，要保持生态环境产生长期的功能和保持优良的质量。可以说，生态投资是使得生态价值增值的重要战略，是确保经济健康发展的重要举措。

生态价值增值规律有以下几个要点①：

（1）生态资源是有价的稀缺资源，因此，要树立生态有价论，要进行生态经济化。

（2）生态资源的稀缺性呈现递增趋势。人们对自然资源的需求的无限性和生态系统能够供给的自然资源的有限性之间的矛盾，导致自然资源的稀缺性程度不断提高。

（3）生态投资是实现生态资本增值的必要途径。在生态有价和生态经济化的前提下，从事生态投资与从事经济投资具有同等重要的意义。

（4）依靠制度创新激励生态投资。生态资源、生态产品的特殊属性，要求通过制度创新激励人们的生态投资积极性，以保证生态资源和生态产品的足额供给。

生态问题是一个全社会的问题，生态环境保护涉及方方面面的利益调整，需要依靠制度创新，综合运用各种环保手段来促进生态投资。为此，生态经济学者提出了一种以市场为本位的管理模式，市场导向的生态环境管理模式。其实质是将生态环境要素转化为经济性成本即生态经济化，使生产者在运营过程中考虑环境和自然要素，即将生态资本和经济资本进行有机结合。生态资本化是生态资本的本质要求，也是人们在追求经济利益的同时追求环境利益的根本动力，以保证生态资源与生态产品的足额供给。

由于生态资本具有公共性和外部性特征，要激励人们从事生态投资活动还必须有健全的生态保护补偿机制，这一机制的建立对进行生态保护的工作者更具有公平性。

研究展望

本章对生态价值理论的相关专题进行了探讨。随着人们认识的提高，生态价值观念已越来越被人们所接受。但是，生态价值理论还需要大量的理论创新。①生态资本增值与生

---

① 沈满洪. 生态经济学的定义、范畴与规律[J]. 生态经济，2009（1）.

态投资理论研究。如何使生态系统发挥其特有的增值功能？如何扩大生态投资以实现生态资本增值？②生态资源的产权制度演变及制度创新研究。生态资源的产权特性如何？是否可能界定生态资源产权？生态资源产权的交易可能性如何？③生态价值的计算方法研究。生态价值能否量化？生态价值如何量化？

思考题

1. 何谓生态价值刚性规律？如何利用该刚性规律来确定对外部不经济处罚的理论界限？

2. 实际市场价值法、替代市场价值法与假想市场价值法有哪些具体的计算方法？各自适用范围与优缺点如何？

3. 简述生态资源、生态资产和生态资本的概念，以及三者之间的联系和区别。

4. 试分析生态资本在经济发展中的作用。

5. 如何经营生态资本，使生态系统发挥增值功能？

第 10 章　生态经济核算理论

中共中央办公厅、国务院办公厅印发的《关于建立健全生态产品价值实现机制的意见》指出："探索将生态产品价值核算基础数据纳入国民经济核算体系。考虑不同类型生态产品商品属性，建立反映生态产品保护和开发成本的价值核算方法，探索建立体现市场供需关系的生态产品价格形成机制。"[①]可见，生态经济核算理论在生态经济系统研究中具有重要地位，是生态经济研究中不可或缺的内容。研究生态经济核算问题，要采取经济效益、社会效益和生态效益"三位一体"的方法，以全面的、发展的、联系的观点对其进行探索。本章在概述了生态经济效益理论后，重点介绍了绿色 GDP 理论、生态系统生产总值（GEP）理论和经济-生态生产总值（GEEP）理论三个专题。

10.1　生态经济效益理论

10.1.1　生态经济效益的概念

10.1.1.1　经济效益

经济效益是指通过商品和劳动的对外交换所取得的社会劳动节约，即以尽量少的劳动耗费取得给定目标的经营成果，或者以同等的劳动耗费取得更多的经营成果；另一层含义就是资金占用、成本支出与有用的生产成果之间的比较。经济效益好，就是资金占用少，成本支出少，有用的成果多。

提高经济效益，意味着生产更多的产品和劳务，从而有利于满足人们不断增长的生活所需。人们在一项经济活动中投入一定的耗费，包括活劳动与物化劳动的耗费，获得的经济成果越高，其经济效益就越好；反之，其经济效益就越差。所获得的经济成果可以是物质的，如各种产品；也可以是非物质的，如各种有效的服务。

10.1.1.2　生态效益

由于人类的劳动首先是人和自然之间进行物质交换的过程，所以在人类的社会生产与再生产过程中，不但会产生一定的经济效益或社会效益，而且还会在这种物质变换过程中从自然界取走一些物质和能量，之后又送回自然界一些物质和能量，从而对自然生态环境产生一定正的或负的影响。

---

① 中共中央办公厅，国务院办公厅. 关于建立健全生态产品价值实现机制的意见[N]. 人民日报，2021-04-26.

生态效益是指人们在生产中依据生态平衡规律，使自然界的生物系统对人类的生产、生活条件和环境条件产生有益影响和有利效果，它关系到人类生存发展的根本利益和长远利益。生态效益的基础是生态平衡和生态系统的良性、高效循环。这种效益主要以所形成的各种生态系统功能的形式来表现，如森林生态系统，除提供物质产品外，还具有涵养水源、调节气候、保持水土和防风固沙等生态系统效应①。

例如，在农业生产中讲究生态效益，就是要使农业生态系统各组成部分在物质与能量输入/输出的数量上、结构功能上，经常处于相互适应、相互协调的平衡状态，使农业自然资源得到合理的开发、利用和保护，促进农业和农村经济持续、稳定发展。

10.1.1.3 生态效益与经济效益的关系

生态效益是经济效益的潜在基础。生态效益高，也就是对环境资源转化率高的个体和种群，其自然生产力高，当对其进行经济开发时，经济效益必然也高。因为在这种条件下，花费等量劳动，可以比生态效益低的情况下得到更多的产品。由于生态效益和经济效益各自遵循的运动规律不同，经济效益的增长常常与生态效益规律相抵触。不可逆过程是经济效益降低的自然根源。在整个生产过程中，那些所谓无效成分变为污染物质，进入大气、水体、土壤和经济产品中。这些污染物，遵循着不可逆过程，不可能再合成为矿物质、能源或其他自然资源形态，而只能投入资金、劳动来清除这些污染，这些投入又转化为环境成本、生物生产成本，再加上其破坏系统结构的副作用，已经取得的经济效益又可能被抵消。

10.1.1.4 生态经济效益

生态经济效益是指在社会生产与再生产过程中产生一定的经济效益和一定的生态效益的综合与统一。

生态经济是指在一定区域内，以生态环境建设和经济社会发展为核心，遵循生态学原理和经济规律，把区域内生态建设、环境保护、自然资源的合理利用、生态恢复与该区域经济社会发展及城乡建设有机结合起来，通过统一规划，综合建设，培育天蓝、水清、地绿、景美的生态景观，诱导整体、和谐、开放、文明的生态文化，“孵化”高效、低耗的生态产业，建立人与自然和谐共处的生态社区，实现经济效益、社会效益、生态效益的可持续发展和高度统一。

生态经济的本质，就是把经济发展建立在生态环境可承受的基础之上，在保证自然再生产的前提下扩大经济的再生产，从而实现经济发展和生态保护的“双赢”，建立经济、社会、自然良性循环的复合型生态系统。

生态经济效益是经济效益和生态效益的统一。它不仅把人类经济活动的眼前利益和长远利益结合起来，而且把局部利益和整体利益结合起来。在人们对一定的生态系统作了一定投入后，所获得的有形产品和无形产品越多，生态经济效益就越高；反之就越低。如果人们的投入引起生态经济系统的各种破坏，不但没有生态经济效益，还会给生态经济系统造成损失。

从本质上讲，生态经济效益问题也就是经济效益问题，它是原有经济效益内涵的扩大，

---

① 赵博勇. 生态农业及其发展模式研究 [D]. 西安：西北大学，2009.

是全社会乃至全人类的长远的经济效益问题。因此，生态经济效益这一概念的确立，能引导人们更科学地分析劳动的成果同投入劳动的对比关系，引导人们在投入劳动时自觉地遵循生态经济规律，以同步提高经济效益和生态效益，即提高生态经济效益。

生态经济效益是生态效益和经济效益的集合，如果用 R_n 表示生态效益，R_e 表示经济效益，E_f 表示生态经济效益，那么 $E_f=R_n \cdot R_e$。

10.1.2 生态经济效益的表示方法

根据生态经济效益的基本概念，可将生态经济效益的表示方法分为两种：比率表示法和差额表示法[①]。

10.1.2.1 比率表示法

比率表示法是以比率形式表示生态经济效益的一种方法。一般表达式为

生态经济效益=生态经济成果/生态经济实践活动的消耗　　（10.1）

生态经济效益这种表示法的最大特点，是以双计量单位表示。

（1）如果生态经济成果以价值形式（如货币值）表示，劳动消耗也以价值形式（如资金总投入、消耗的活劳动和物化劳动的总值等）表示，则生态经济效益表示为“价值对价值”（元/元、元/100 元等）的双计量单位。

（2）如果生态经济效益成果以价值形式表示，而消耗却以实物形式（hm^2、工日、t、kg 等）表示，则生态经济效益表示为“价值对实物”（元/hm^2、元/工日、元/t 等）的双计量单位。

（3）如果生态经济成果以实物形式表示，劳动消耗也以实物形式表示，则生态经济效益表示为“实物对实物”（kg/hm^2、m^3/km^2 等）的双计量单位。

（4）如果生态经济成果以实物形式表示，而劳动消耗以价值形式表示，则生态经济效益表示为“实物对价值”（kg/元、t/100 元等）的双计量单位。

可见，按照上述表示法可以有不同的生态经济效益指标。

10.1.2.2 差额表示法

差额表示法是以绝对量形式表示生态经济效益的一种方法。一般表达式为

生态经济效益=生态经济实践活动的成果 – 生态经济实践活动的消耗　　（10.2）

或

生态经济效益=生态经济总收益 – 生态经济总成本　　（10.3）

这种方法表示的“成果”与“消耗”计量单位必须相同，即都必须以价值形式表示才可以进行相减计算。这种方法简单、易算，通常被视为生态经济效益的重要指标。然而，由于有时候生态经济成果受多种因素的影响转换成价值形式计量往往差别很大，这时，生态经济效益则不宜采用绝对数来表示，一般用相对数表示会更加准确。

从上述两种表示方法可以看出，生态经济效益与人们在生态经济实践活动中，与所取

---

① 赵博勇. 生态农业及其发展模式研究 [D]. 西安：西北大学，2009.

得的成果成正比，与所投入的劳动消耗成反比。这样便可得出 3 个一般性的结论：

（1）当取得同样多的生态经济成果时，所消耗的资源（包括人力、物力、财力）总量越少，则生态经济效益越大。

（2）当消耗同样多的资源总量时，所取得的生态经济成果越大，则生态经济效益越大。

（3）当取得的成果与消耗的资源总量都有变化时，就需要计算它们的比值，比值越大，则生态经济效益越大；反之，比值越小，则生态经济效益越小。

由于自然界的生态系统和人类社会的经济系统都有自己的发展规律，所以有时它们会发生矛盾，如生态效益好，而经济效益不一定好；同样，经济效益好，而生态效益不一定好，甚至有时会导致严重的生态后果。因此，人类在改造和利用自然的多种方法中，要选择既能获得最佳经济效益又能获得最佳生态效益的方案，这就是生态经济效益最佳方案。所以，在生态经济活动中，生态经济效益的大小，是评价各种生态经济活动是否得当的客观尺度和标准。

10.1.3　生态经济效益指标体系

对各种不同类型的生态利用方案进行评价，并通过评价选择最佳的方案，就需要建立一套完整的、科学的生态经济效益指标体系。只有通过对各种指标的具体计算、比较和分析，才能获得科学的结论。设计生态经济效益指标与指标体系，必须遵循简单明了、含义确切、计算方便、方法可靠、切实可行的原则。同时指标体系的设计应与经济发展水平、技术水平、经济管理水平相适应。

生态经济效益指标，既区别于经济指标，也不同于生态指标。因为不同的生态利用方案或生态开发工程具有不同的经济目标和生态目标，也有不同的结构和功能，同时各地区的自然、经济、技术和管理水平也有很大差别，因此，所建立的生态经济效益指标与指标体系不可能完全相同。但从它们的构成看，一般可分为三大指标体系：成果指标体系、消耗指标体系和效益指标体系。

10.1.3.1　成果指标体系

成果指标体系包括生态成果指标、经济成果指标和社会成果指标[①]。

属于生态成果指标的有水土保持量、水土流失治理面积、泥沙淤积量、水源涵养量、风沙抵抗力、风力、沙压面积、沙压治理面积、土壤肥力、土壤有机质含量、大气含氧量、大气污染减少量、水体污染减少量、环境噪声减少量、CO_2吸收量、降低有毒气体浓度、减少放射性物质等。

属于经济成果指标的有矿产资源开采量、矿产资源利用量、防护农田单位面积产量、防护牧场单位面积载畜量、种苗面积、造林面积、林木生长量、森林蓄积量等。

属于社会成果指标的有社会人口就业与新增就业人口，人们工作、学习、生活、环境的改善程度，社会福利、卫生、医疗条件的改善状况，水质改善状况，降低噪声等。

① 赵博勇. 生态农业及其发展模式研究 [D]. 西安：西北大学，2009.

10.1.3.2 消耗指标体系

消耗指标体系包括活劳动消耗指标与物化劳动消耗指标。

属于活劳动消耗指标的有活劳动量（人·时、人·日、人·月、人·年）、工资消耗［工资总额、工资/（人·年）等]、单位活劳动消耗（人·日/hm^2、人·年/hm^2 等）、单位工资消耗（工资/hm^2）等。

属于物化劳动消耗指标的有土地占用费、土壤施肥量、种子消耗量、苗木消耗量、经营管理费、自然资源消耗量、机械燃料量、机械用电量等。

10.1.3.3 效益指标体系

效益指标是反映生态经济活动中所取得的生态经济成果与消耗的资源总量（人力、物力、财力）之比的指标。这个比值的高低说明了生态经济效益的大小。它是分析比较评价各种生态经济方案优劣的标准和尺度。属于这类指标的有：

（1）生态投资效益率。生态投资效益率指每万元生态工程投资给受益部门提供的生态、经济、社会成果的数量或价值。

生态投资效益率=生态经济成果的数量或价值/生态工程投资额　　（10.4）

（2）生态费用效益率。生态费用效益率指每万元生态工程费用给受益部门提供的生态、经济、社会成果的数量或价值。

生态费用效益率=生态经济成果的数量或价值/生态工程总费用　　（10.5）

（3）生态工资效益率。生态工资效益率指每万元工资给受益部门提供的生态、经济、社会成果的数量或价值。

生态工资效益率=生态经济成果数量或价值/生态工程工资总额　　（10.6）

（4）生态社会效益率。生态社会效益率指每万元生态工程投资给社会带来的全部效益，如环境的改善，大气和水体的净化，旅游和景观价值的提高，就业人数的增加等。

生态社会效益率=以价值形式表示的全部社会成果/生态工程投资总额　　（10.7）

（5）生态劳动生产率。生态劳动生产率指在一定时间内每一个在册人员所提供的生态、经济、社会成果的数量或价值。

生态劳动生产率=生态经济成果的数量或价值/平均在册人数　　（10.8）

（6）生态物质生产率。生态物质生产率指每单位物资所提供的生态、经济、社会成果。

生态物质生产率=生态经济成果的数量或价值/消耗物资总量　　（10.9）

（7）生态资金生产率。生态资金生产率指每万元资金（包括固定资产与流动资金）提供的全部（生态系统内、外）收益。

生态资金生产率=内、外收益总额/全部生态资金　　（10.10）

（8）生态工程利润率。生态工程利润率指生态工程带来的利润与生态工程总费用之比。

生态工程利润率=（生态工程总收益－生态工程总费用）/生态工程总费用　　（10.11）

在生态环境日益恶化和生态资源日益紧缺的情况下，要坚持走可持续发展的道路，必须充分有效地利用生态环境或资源。把资源利用的生态经济效益的大小作为评价经济工作的一个重要标准，以促进生态与经济的协调发展，为可持续发展奠定基础。

10.1.4 生态经济效益指标场

生态经济效益指标场是指描述生态效益和经济效益相互关系的坐标，其纵轴表示生态效益系数，横轴表示经济效益系数。

在分析生态经济效益指标场之前先介绍生态经济效益阈限原理。生态经济效益阈限原理是指生态经济指标值的上限与下限，它决定经济效益的变化趋势，从而寻求生态效益与经济效益的最佳结合。这一原理反映了生态效益变动的有限性与经济效益变动无限性之间的协调。在有限的生态效益区间内，经济效益变动时存在阈值。比如，在农业、矿产和能源开采中边际报酬递减率就是生态经济效益阈限的具体表现。一般而言，生态效益阈值决定着经济阈值，它是经济阈值的基础。

在图 10-1 中，纵坐标 R_n 表示生态效益，横坐标 R_e 表示经济效益。OA 为一般生态经济效益阈限曲线，曲线上任一点都是生态经济效益的集合。虚线 KA 为生态效益阈值，经济效益在 OK 所规定的范围内变动，但经济效益既可达到 OE_1 水平，也可达到 OE 和 OE_2 的水平，这三种情况的生态效益区间均为 OK，即在同一生态效益值上，可有不同的经济效益水平。同时生态经济效益由矩形 KOE_1O'扩展到 KOE_2A'，但是 $OK/OE_1>OK/OE>OK/OE_2$，也就是说，在生态经济效益中受生态效益影响的部分越来越小，生态经济效益越来越隶属于经济效益。可见，生态经济效益是在生态阈值以内的经济效益的扩展，在每个扩展区间内，均有一经济效益的上限，如图中的 O'、A、A'所对应 E_1、E 和 E_2，在这些点上$\Delta R_n/\Delta R_e=0$，或 $dR_n/dR_e=0$，即边际生态经济效益等于零。

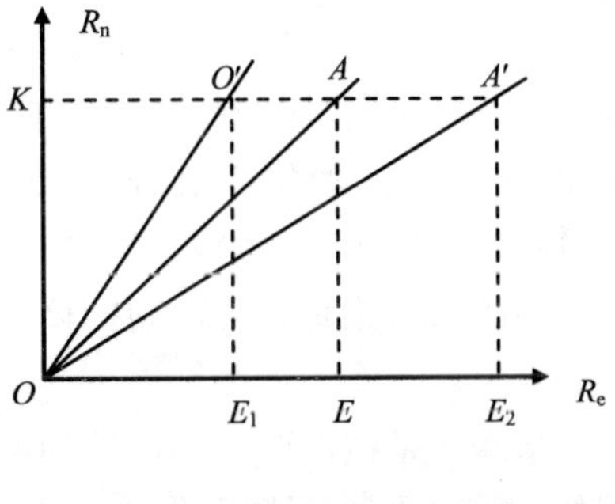

图 10-1 生态经济效益阈限曲线示意图

运用生态经济效益阈限原理，可以分析一些关于生态效益与经济效益之间的关系。用一条射线把坐标分成两部分，其上半部分表示生态效益，下半部分表示经济效益。在这个坐标内的任一点都为生态效益与经济效益的交集，只是两者的比重不同。通过图形来分析这两个效益之间的关系。

在图 10-2 中，曲线 OA 位于生态效益区，生态效益逐渐上升到其阈值（K）上限，相交于 A 点，并取得经济效益 OE，即低经济效益，高生态效益。曲线 OB 位于经济效益区，比曲线 OA 增加了 EE_1 个单位。但生态效益由 OK 下降到 OK_1，即减少了 K_1K 个单位。在

图 10-3 中，曲线 KB 表示随经济效益的提高，生态效益不断下降。生态效益曲线由 K 值下降到 K_1，此时经济效益为 OE_1，这就是以牺牲生态效益来换取经济效益。曲线 OA 上虽然经济效益低些，但生态效益始终在最佳状态（K）并且可转移至 OA'，在最佳生态效益的前提下，达到经济效益最大。在 A'点上，生态与经济效益的变动率为零，也即生态经济效益为零。因此 OE_1 为经济效益最佳值，OK 为生态效益最佳值，矩形 $OE_1A'K$ 为生态经济效益区间，A'点为生态经济阈限。可见，在生态效益最佳值 K 上，可取得若干个点，也就是说随着管理水平或技术水平的突破，生态经济阈限是可以随之达到新水平的。

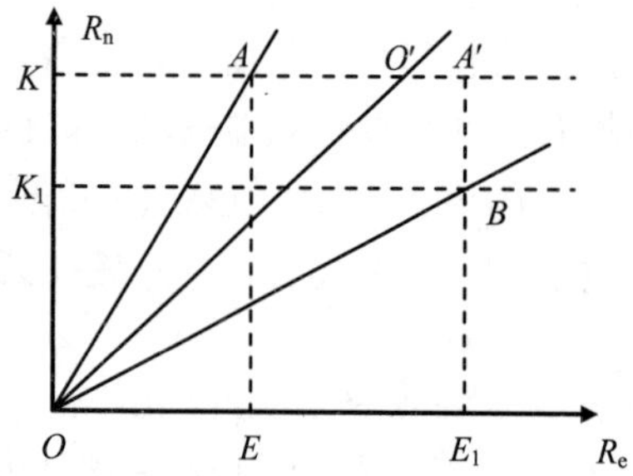

图 10-2 最优生态经济效益阈限示意图

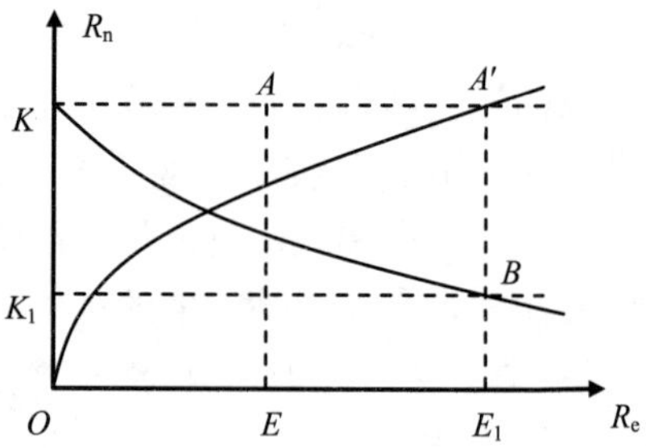

图 10-3 生态效益与经济效益变化示意图

10.2 绿色 GDP 理论

10.2.1 GDP 核算理论

10.2.1.1 GDP 内涵及分析

GDP（Gross Domestic Product）指的是国内生产总值，GDP 的定义为一定时期内（一个季度或一年），一个国家或地区的经济中所生产出的全部最终产品和提供劳务的市场价值的总值[①]。GDP 能够反映出国家或者地区在一定阶段之内生产与提供的最终产品与服务的总价值，属于一种具有综合属性的核心指标，可以间接体现出国家或地区的生产规模与整体竞争实力。

世界各国的国民经济核算，基本上是按照联合国制定的国民经济核算体系（System of National Accounts，SNA）进行的。尽管国际上通用的 SNA 创立后经过了不断调整和完善，但是其理论是在国民收入统计和凯恩斯的宏观经济学的基础上建立和发展起来的。由于凯恩斯的宏观经济理论是把国民生产总值（Gross National Product，GNP）作为经济统计体系的核心，所以 SNA 也是以 GDP 或 GNP 为主要指标的单一投入产出核算。

现行的 GDP 测算方法是从国民经济运行的不同角度来进行的，有三种核算方法，即生产法、收入法和支出法：

（1）生产法：从生产角度衡量企业在核算期内新创造的价值。新创造的价值就是增

① 高鸿业. 西方经济学：宏观部分[M]. 北京：中国人民大学出版社，2007.

加值，GDP 是各生产单位增加值的总和。增加值是将在一定时期内所生产的全部产品和提供服务的价值中扣除生产过程中所投入的全部产品和服务（不包括固定资产）后的价值，也就是从总产出中扣除中间投入后的价值。

（2）收入法：从收入分配角度衡量生产过程中形成的收入来反映生产成果的一种核算方法。收入法计算的 GDP 包括劳动者报酬、固定资产折旧、生产税净额和营业盈余。劳动者报酬是劳动者提供劳动获得的工资和各种形式的报酬；固定资产折旧是生产中使用的固定资产按当期价格计算的磨损价值；生产税净额是企业在生产和销售过程中向政府缴纳的税金与政府对企业的补贴之间的差额；营业盈余是企业从事经营活动所获得的利润。

（3）支出法：从需求或最终使用角度看，GDP 是一个国家（或地区）在一定时期内用于最终消费、投资以及进出口的货物和服务支出总额。其中，消费支出包括居民消费和政府消费；资本形成总额包括固定资本形成和存货增加；进出口是进口与出口的差额。

10.2.1.2　GDP 核算的缺陷

随着经济社会的发展，社会各界对经济发展单一目标的过度追逐，传统国民经济核算体系的片面性、局限性和弊端逐渐显露并日益突出。这些问题主要表现在以下几个方面：

（1）它没有反映自然资源对经济发展的贡献和生态资源的巨大经济价值。现行以 GDP 为主要指标的 SNA，是以市场交易为基础，物品和服务都是以其交易的货币价值进行核算的，即以市场化的产出来衡量经济的增长和进步程度，没有足够反映自然资源的经济价值、基本没有反映生态资源的经济价值[①]。

传统的经济理论认为自然资源是“取之不尽、用之不竭”的“自由取用物品”或“免费物品”[②]，并且认为没有劳动参与和没有通过市场交易的东西就没有价值。因此，在传统的经济理论下，自然资源的市场价格为零，因而被排除在国民经济核算体系外。由供需理论可知，对于免费提供的物品，其需求会是无止境的。但是，这个庞大的需求与相应的能够满足需求的资源供给无关。这就肯定和提倡了这样一种观点，即高的经济增长速度能够通过开发利用自然资源来获得和保持，其结果可能就是国民收入的虚假增加和自然资源的持续减少。

与此同时，以 GDP 为核心指标的核算体系也没有反映生态资源的巨大经济价值。生态资源，是指给人类经济社会活动提供一个良好的生态环境的各种环境资源，包括大气环境、水体环境、土壤环境、生物环境和空间环境等。生态环境资源的价值是多方面的，如热带雨林起着调节气候、涵养水分、提供氧气、防止水土流失的作用；各种野生植物为人类提供宝贵的基因库；秀丽的自然风景区为人类提供旅游、休养的场所等。这些生态资源的巨大经济、生态和社会价值，在国民经济核算中都没有得到体现。结果，导致人们不懂得珍惜、保护这些生态资源，有时甚至对这些生态资源进行掠夺性的开发和利用。

（2）它没有反映生态环境恶化带来的经济损失。按照生态经济学的观点，现代经济社会系统是建立在自然生态系统之上的巨大开放系统。任何经济社会活动，都是以人为主体，以环境为客体，而这两者又都以生态系统的运行和发展为基础的。随着人类对自然生

① 孙玉国. 绿色 GDP 核算体系的建立与应用研究[D]. 泰安：山东农业大学，2009.

② 王华民. 科学发展观与绿色 GDP 核算[D]. 武汉：武汉大学，2005.

态资源的肆意开发，以及对各种有害污染物的随意排放，已经或正在造成各种严重的生态危机。人类社会经济活动对生态环境的污染和破坏，影响和干扰了人们正常的生产和生活，造成了直接或间接的经济损失[①]。例如，环境质量下降导致城乡居民的患病率和死亡率可能上升、医药费支出加大等；环境质量退化，某些企业或农户提供产品质量下降，于是使用这些产品的消费者就要增加加工处理或修理的支出。而这些因环境恶化产生的损失，应当在国内生产总值中给予扣除，但是这些经济损失一般来说是没有市场表现形式的，因而同样被排斥在国民经济核算体系之外[②]。所以这不但不利于唤起人们的环保意识，而且助长了以破坏环境和生态平衡为代价去谋求暂时的、局部的、狭隘的经济利益的错误行为。

人类社会的经济活动对生态环境的污染和破坏，甚至会给一个国家或地区带来生态危机，威胁到“生态安全”，严重威胁着人类的生存和可持续发展。生态安全是一种生存安全，比一国的经济或政治安全问题，影响范围还要广泛：① 因为它的后果更为严重；② 因为它的恢复所需时间更长、难度更大。一些生态过程，一旦超过“临界值”就很难逆转。例如，我国西北地区的荒漠化和新疆的罗布泊与古楼兰文明的消失都是难以或不可逆转的典型例子[③]。而经济安全出现问题后，经过一段时间的调整一般都会得到改善，而且其调整的时间可以用“年”来计算；而生态安全出现问题，要挽回生态危机所导致的损失，往往要用“代”来计算[④]，甚至还不一定能够挽回。

（3）它没有反映自然资源的耗减与折旧。现行国民经济核算体系中对于生产性固定资产（如厂房、机器设备等）的核算是按照一定的折旧年限和折旧率进行折旧，而后从产品的销售收入中提取折旧费对其价值损耗进行补偿。同理，自然资源也应该给予相应的补偿，但是由于自然资源没有给予计价，因而就没有折旧或耗损的补偿，它们的价值损失也就不能在 GDP 中得到反映。其实一个国家的富裕程度，不仅应当用 GDP 来衡量，而且还应当用资源储蓄量来衡量。而现行的国民经济核算办法只重视经济产值，忽视资源基础，这样很容易造成一种后果，即经济产值的某种虚幻增加，资源基础的持续削弱，出现经济发展中“资源空心化”现象。由于核算体系的不全面，可能造成这样的局面：一个国家可能耗尽它的矿产资源、森林资源被砍光、沃土受到侵蚀、水体受到污染、生物资源濒临灭绝，但是这个国家的国内生产总值却可能在一段时期内随着这些资源的消失而上升。

（4）它没有真实反映生态保护费用的支出。众所周知，国民经济各部门在生产或提供服务过程中进行的生态保护活动，其目的是防止或消除部门自身对生态可能或已经产生的不利影响，并不代表社会福利实际水平的提高，是一种“防护性费用”的支出。但是在 SNA 中，这种费用支出也被计入部门总产值及增加值中，其结果是部门生态保护费用的增加引发 GDP 的增长，尽管这只是一种虚的增长。例如，1995 年一场飓风使美国佛罗里达州当年的 GDP 额外增加 150 亿美元；1996 年的贺伯台风使我国台湾地区的 GDP 增加 80 亿～120 亿新台币[⑤]。前者大约使美国当年的 GDP 增长率增加了 0.05 个百分点，后者使我国台湾地区当年 GDP 增长率增加了约 0.02 个百分点。经济增长通常归功于政府的“领

---

① 王树林. 现行国民经济核算体系弊端及其改革[J]. 首都经济贸易大学学报，2001（4）.

② 王华民. 科学发展观与绿色 GDP 核算[D]. 武汉：武汉大学，2005.

③ 王树林. 科学发展观与绿色 GDP[J]. 新视野，2004（4）.

④ 李镇国. 地方可持续发展中基层政府的公共角色[D]. 上海：同济大学，2006.

⑤ 李锐，鞠晓峰. 技术创新的生态化转向及其实现机制研究[J]. 哈尔滨商业大学学报：社会科学版，2008（3）.

导有方”，但天灾却使GDP增长，这是多么具有讽刺意味的核算！

综观人类经济活动，它具有造福与造祸两重性。所谓造福，就是它创造了大量的物质财富，带来了工业文明；所谓造祸，就是它在创造物质财富过程中造成对资源的大量消耗和生态环境的严重破坏，阻碍了人类社会的持续发展。现行GDP指标，只反映人类经济活动中造福的一面，而没有反映其造祸的一面。随着地球资源的日益短缺和生态平衡的严重破坏，人们越来越清楚地认识到，传统的依靠对自然资源掠夺性开发和以破坏生态环境为代价实现的经济增长已难以持续。要改变传统的经济增长方式，必须改革现行GDP核算指标，更换经济活动的“指挥棒”[①]。

10.2.2　绿色GDP的核算框架

传统的国民经济核算体系（SNA）由基本核算表、国民经济账户和附属表三部分构成。基本核算表包括国内生产总值表、投入产出表、资本负债表等；国民经济账户包括经济总体账户、国内机构部门账户和国外部门账户；附属表包括自然资源实物量核算表、人口资源和人力资本核算表等。基本核算表和国民经济账户是国民经济核算体系的中心内容，它们是对整个国民经济的过程进行全面的描述；附属表是对前两者的补充。

传统的SNA概括了经济生活的方方面面，但作为可持续发展战略所特别关注的环境问题却被忽略了。因此，有必要在传统国民经济核算体系的基础上，综合考虑环境、经济问题，即综合环境经济核算体系（SEEA），也就是一般所称的“绿色国民经济核算体系”。SEEA系统地测度了经济活动的成果和经济活动对环境的影响，考虑了环境成本的经济产出，即绿色GDP。

绿色GDP是SEEA的一个核心指标，绿色GDP核算必须借助SEEA的框架来实现。在SEEA中，整个框架由三部分构成：存量和流量核算，实物量和价值量核算，自然资源和环境（狭义）核算。这三部分由四组核算表格组成：第一组是关于环境、经济间实物流量的核算，第二组是关于经济系统内发生的环境保护活动的核算，第三组是对环境存量及其变化的核算，第四组是对国民经济总量进行的调整。在自然资源和环境核算部分，主要是对经济过程中排放的污染物、生态破坏和环境损害及环境影响的核算。

中国环境经济核算体系总体框架由四组核算表组成[②]：一是环境实物量核算表，二是环境价值量核算表，三是环境保护投入产出核算表，四是经环境调整的绿色GDP核算表。其中，环境实物量核算表又由环境污染实物量核算表和生态破坏实物量核算表组成，同样，环境价值量核算表也包括环境污染价值量核算表和生态破坏价值量核算表。环境污染实物量核算与价值量核算还分为各地区与各部门的核算表，而生态破坏实物量核算与价值量核算只分为各地区核算表。

10.2.3　绿色GDP的核算方法

国民经济核算会得到一组以GDP为中心的综合性指标。在核算中计算GDP有三种方法[③]，即：

---

① 王树林. 科学发展观与绿色GDP[J]. 新视野，2004（4）.

② 耿建新，张宏亮. 我国绿色国民经济核算体系的框架及其评价[J]. 城市发展研究，2006，13（4）.

③ 童超. 绿色GDP核算的理论与方法重构[D]. 太原：山西财经大学，2020.

（1）生产法

$$GDP=总产出 - 中间投入 \tag{10.12}$$

（2）收入法

$$GDP=劳动报酬+生产税净额+固定资本消耗+营业盈余$$

（3）支出法

$$GDP=最终消费+资本形成+净出口 \tag{10.13}$$

在 SEEA 中，也会得到经环境调整的 GDP 指标，即绿色 GDP。绿色 GDP 核算的目的是通过调整宏观经济总量，即通过调整 GDP，表明经济发展引起的资源损耗和环境损害程度，促使决策者制定相应的政策避免过度的资源耗损和环境破坏。

计算绿色 GDP 也有三种方法，即：

（1）生产法：从总产出中要扣除中间消耗和环境成本，计算公式为

$$绿色GDP=总产出-中间消耗-资源环境耗减价值 \tag{10.14}$$

或

$$绿色GDP=生产法GDP-资源环境总投入 \tag{10.15}$$

（2）收入法：在计算中，劳动报酬、生产税不发生变化，环境成本要从营业盈余中扣除掉，计算公式为

$$绿色GDP=劳动报酬+生产税净额+固定资本消耗+（营业余额 - 资源环境耗减价值） \tag{10.16}$$

（3）支出法：绿色 GDP 的计算思路是，将环境成本视为资本形成的抵减项，以反映环境成本对资本积累的影响。计算公式为

$$绿色GDP=最终消费+净出口+（资本形成 - 资源环境耗减值） \tag{10.17}$$

最后，根据所计算的环境成本的不同，形成不同层次的绿色 GDP，如“经环境损害调整的 GDP”“经污染治理成本调整的 GDP”“经环境保护成本调整的 GDP”或“经生态破坏损失调整的 GDP”，以反映不同的含义。

10.3 生态系统生产总值（GEP）理论

10.3.1 生态系统生产总值的含义

人类社会与其赖以发展的生态环境构成经济-社会-自然复合生态系统。发达和发展中国家都在寻求超越 GDP 的核算指标，以体现生态系统对人类福祉的贡献。一些国家已经在进行自然资本核算的试点[①]。2012 年 2 月，联合国统计委员会批准了《环境经济核算体系 2012：中心框架》（*System of Environmental-economic Accounting 2012：Central Framework*），期望世界各国将来可以如同采纳国民经济核算体系一样执行“环境经济核算体系中心框架”。2013 年联合国统计委员会又进一步采纳了《环境经济核算体系：试验性生态系统核算》

① 欧阳志云，朱春全，杨广斌，等. 生态系统生产总值核算：概念，核算方法与案例研究[J]. 生态学报，2013，33（21）.

（*System of Environmental-economic Accounting：Experimental Ecosystem Accounting*）。英国在 2011 年组织了 500 多位科学家对英格兰、苏格兰、北爱尔兰和威尔士进行了全面的生态系统评估。澳大利亚的维多利亚省也在 SEEA 框架下对土地和生态系统核算的实践进行了总结[①]。王金南院士课题组自 2006 年以来，基于 SEEA 框架体系持续开展绿色 GDP 研究，定量核算我国经济发展的生态环境代价，完成了 2004—2015 年的年度环境经济核算报告，有力地推动了我国绿色国民经济核算体系研究。绿色 GDP 核算扣除了经济系统增长的资源环境代价，但并没有把生态系统为经济系统提供的全部生态福祉都进行核算，只做了“减法”，没有做“加法”，不能充分体现“绿水青山就是金山银山”的绿色理念[②]。

可见，无论是绿色 GDP，还是英国的生态系统评估与澳大利亚土地和生态系统核算，均是在 SEEA 的框架下开展的，也都没有把生态系统生产总值作为一个独立的核算指标明确地提出来。2012 年，世界自然保护联盟（IUCN）和中国科学院生态环境研究中心提出了生态系统生产总值（Gross ecosystem product，GEP）的概念。2013 年 2 月，在 IUCN 及其合作伙伴等共同主办的“生态文明建设指标框架体系国际研讨会”上，中国科学院生态环境研究中心与 IUCN 对 GEP 进行了进一步的界定，旨在建立一套与国内生产总值相对应、能够衡量生态状况的独立评估与核算体系。中国科学院生态环境研究中心研究员欧阳志云等对生态系统每年提供给人类的产品供给服务、生态调节服务和文化服务等生态福祉进行了全部核算。

GEP 是生态系统为人类提供的最终产品和服务及其价值的总和，是生态系统为人类福祉提供的产品和服务及其经济价值总量，包括生产系统产品价值、生态调节服务价值和生态文化服务价值，一般以一年为核算时间单元。

生态系统提供的产品与服务是指生态系统与生态过程为人类生存、生产与生活所提供的条件与物质资源。生态系统产品包括农业产品、林业产品、畜牧业产品、渔业产品、水资源和生态能源等；生态调节服务包括水源涵养、土壤保持、防风固沙、洪水调蓄、固碳释氧、大气净化、水质净化、气候调节和病虫害控制等；生态文化服务包括自然景观游憩等。

GEP 的核算包括功能量核算和价值量核算两部分。GEP 的功能量核算是指监测与统计生态系统在一定时间内提供的各类产品的产量、生态调节服务的功能量和生态旅游游客量等。GEP 的价值量核算是指评估特定区域或国家一年期间生态系统提供的产品与服务功能及其经济价值。

GEP 的概念已经得到了生态环境保护相关部门的支持，2013 年 9 月国家林业局印发的《推进生态文明建设规划纲要（2013—2020 年）》中明确提出建立生态评价机制，探索建立国家和地区 GEP 的新型绿色经济核算体系，建立科学的评价标准，成立权威、独立的林业生态文明建设评价机构。在前期研究工作基础上，我国贵州、鄂尔多斯、深圳市盐田区先后开展了 GEP 核算研究。2020 年，生态环境部依托中科院生态环境研究中心和生态环境部环境规划院编制印发了《陆地生态系统生产总值核算技术指南》，进一步规范 GEP 核算工作。2021 年，联合国各会员国在第 52 届统计委员会会议上发布的最新的国际统计

---

① 欧阳志云，朱春全，杨广斌，等. 生态系统生产总值核算：概念，核算方法与案例研究[J]. 生态学报，2013，33（21）.

② 王金南，马国霞，於方，等. 2015 年中国经济-生态生产总值核算研究[J]. 中国人口・资源与环境，2018，28（2）.

标准——SEEA-EA（System of Environmental Economic Accounting—Ecosystem Accounting），也已将 GEP 纳入其中。

10.3.2 生态系统生产总值核算框架

10.3.2.1 生态系统生产总值的核算思路

欧阳志云等提出的生态系统生产总值核算框架，是指分析与评价生态系统为人类生存与福祉提供的最终产品与服务的经济价值。生态系统生产总值是生态系统产品价值、调节服务价值和文化服务价值的总和。在生态系统最终服务功能价值评估中，通常将生态系统产品价值称为直接使用价值，将调节服务价值和文化服务价值称为间接使用价值。生态系统生产总值核算通常不包括生态支持功能，如有机质生产、土壤及其肥力的形成、营养物质循环、生物多样性维持等功能，原因是这些功能支撑了产品提供功能与生态调节功能，而不是直接为人类的福祉做出贡献，这些功能的作用已经体现在产品功能与调节功能中。

生态系统生产总值核算的思路源于生态系统服务功能及其生态经济价值评估与国内生产总值核算。根据生态系统服务功能评估的方法，生态系统生产总值可以从生态功能量和生态经济价值量两个角度核算。生态功能量可以用生态系统功能表现的生态产品与生态服务功能量表达，如粮食产量、水资源提供量、洪水调蓄量、污染净化量、土壤保持量、固碳量、自然景观吸引的旅游人数等，其优点是直观，可以给人明确、具体的印象，但由于计量单位的不同，不同生态系统产品产量和服务量难以加总。因此，仅仅依靠功能量指标，难以获得一个地区以及一个国家在一段时间内的生态系统产品与服务产出总量。为了获得生态系统生产总值，就需要借助价格，将不同生态系统产品产量与功能量转化为货币单位表示产出，然后加和为生态系统生产总值①。生态系统生产总值核算思路如图 10-4 所示。

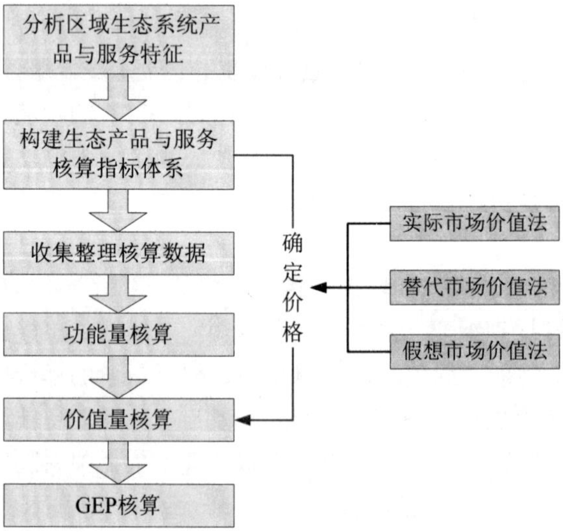

图 10-4 生态系统生产总值核算思路

① 欧阳志云，朱春全，杨广斌，等. 生态系统生产总值核算：概念，核算方法与案例研究[J]. 生态学报，2013，33（21）.

10.3.2.2　生态系统生产总值的核算内容

（1）生态系统生产总值核算框架①。研究生态系统产品、服务功能与人类福祉、经济社会发展的关系；探讨经济社会发展活动对生态系统产品和服务功能影响的途径、强度及可能的后果；明确生态系统提供的最终产品和服务（调节功能和文化功能），建立生态系统总值核算指标体系；提出生态系统生产总值核算的主要应用方向。

（2）生态系统产品与服务的功能量核算。统计生态系统在一定时间内提供的各类产品的产量、生态调节功能量和生态文化功能量，如生态系统提供的粮食产量、木材产量、水电发电量、土壤保持量、污染物净化量等。尽管尚未建立生态系统服务功能监测体系，大多数生态系统产品产量可以通过现有的经济核算体系获得，部分生态系统调节服务功能量可以通过现有水文、环境、气象、森林、草地、湿地检测体系获得，部分生态系统服务功能量可以通过生态系统模型估算。生态系统及其要素的检测体系，生态系统长期监测、水文监测、气象台站、环境检测网络等可以为生态系统产品与服务功能量的核算提供数据和参数。

（3）确定各类生态系统产品与服务的价格。自 20 世纪 90 年代以来，在生态调节服务和文化服务的价格确定方面取得了巨大进展，根据生态系统服务功能类型，建立了不同的定价方法，主要有实际市场技术、替代市场技术和假想市场技术。实际市场技术以实际市场价格作为生态系统服务的经济价值，其具体定价方法是市场价值法。替代市场技术是以“影子价格”和消费者剩余来表达生态系统服务功能的价格和经济价值，其具体定价方法有机会成本法、影子工程法、替代成本法、旅行费用法等，在评价中可以根据生态系统服务功能类型进行选择。假想市场技术，它以支付意愿和净支付意愿来表达生态服务功能的经济价值，在实际研究中，从消费者的角度出发，通过调查、问卷、投标等方式来获得消费者的支付意愿和净支付意愿，综合所有消费者的支付意愿和净支付意愿来估计生态系统服务功能的经济价值。

（4）生态系统产品与服务的价值量核算。在生态系统产品与服务功能量核算的基础上，核算生态系统产品与服务总经济价值。可用下式计算一个地区或国家的生态系统生产总值。

$$\mathrm{GEP}=\mathrm{EPV}+\mathrm{ERV}+\mathrm{ECV} \tag{10.18}$$

式中，GEP——生态系统生产总值；

EPV——生态系统产品价值；

ERV——生态系统调节服务价值；

ECV——生态系统文化服务价值。

10.3.2.3　生态系统生产总值核算指标体系

国外应用较为广泛、影响力和代表性较强的 GEP 核算指标体系主要有 Costanza 等②建

---

① 欧阳志云，朱春全，杨广斌，等. 生态系统生产总值核算：概念，核算方法与案例研究[J]. 生态学报，2013，33（21）.

② COSTANZA R，D’ARGE R，GROOT R D，et al. The value of the world's ecosystem services and natural capital[J]. Nature，1997，387（15）.

立的核算指标、联合国“千年生态系统评估”（Millennium Ecosystem Assessment，MA）[①]、通用型生态系统服务分类（Common International Classification of Ecosystem Services，CICES）[②]以及联合国环境经济核算体系的生态系统账户（System of Environmental Economic Accounting—Ecosystem Accounting，SEEA-EA）[③]，其中联合国SEEA生态系统账户采用了CICES的分类体系，不再单独介绍。国内较有影响力的GEP核算指标体系主要有原国家林业局公布的《森林生态系统服务功能评估规范》、原环境保护部环境规划院的GEP核算指标体系、欧阳志云等的GEP核算指标体系。

欧阳志云等对生态系统生产总值核算的概念、核算指标和方法做了深入阐释，将生态系统生产总值定义为生态系统产品价值、调节服务价值和文化服务价值的总和，由产品提供、调节功能、文化功能三项功能 17 个指标构成。其中，生态系统产品价值包括农业产品、林业产品、畜牧业产品、渔业产品、水资源、生态能源等；生态调节服务价值包括水源涵养、土壤保持、防风固沙、洪水调蓄、固碳释氧、大气净化、水质净化、气候调节、病虫害控制价值等；生态文化服务价值包括自然景观游憩价值等。生态系统生产总值核算指标如表 10-1 所示[④]。

表 10-1 生态系统生产总值（GEP）核算指标

功能类别	核算项目	说明
产品提供	农业产品	从农业生态系统中获得的初级产品，如水稻、小麦、玉米、谷子、高粱、其他谷物，豆类，薯类，油料，棉花，麻类，糖类，烟叶，茶叶，药材，蔬菜，瓜类，水果等
	林业产品	林木产品、林下产品以及森林资源相关的初级产品，如木材、橡胶、松脂、生漆、油桐籽、油茶籽等
	畜牧业产品	用放牧、圈养或者两者结合的方式，饲养禽畜以取得动物产品或役畜，如牛、马、羊、猪、家禽等肉类产品，奶类，禽蛋，动物皮毛等
	渔业产品	人类利用水域中生物的物质转化功能，通过捕捞、养殖等方式获取的水产，如鱼类，其他水生动物等
	水资源	可以直接使用的淡水资源，如农业用水、生活用水、工业用水、生态用水
	生态能源	包括水能和生物质燃料，其中生物质燃料是指将生物质材料燃烧作为燃料，主要是农林废弃物（如秸秆、锯末、甘蔗渣、稻糠等）作为原材料，经过粉碎、混合、挤压、烘干等工艺，制成各种成型（如块状、颗粒状等）的、可直接燃烧的新型清洁燃料
	其他	用于装饰的一些产品（花卉、苗木）等，这些资源的价值通常是根据文化习俗而定的

① Millennium Ecosystem Assessment（MA），United Nations，2005. Website：http：//www.millenniumassessment.org/en/index.html.

② Common International Standard for Ecosystem Services（CICES），United Nations Statistical Division（UNSD），2010. Website：https：//cices.eu/.

③ System of Environmental Economic Accounting—Ecosystem Accounting（SEEA-EA），United Nations Statistical Division（UNSD），2012. Website：https：//seea.un.org/ecosystem-accounting.

④ 欧阳志云，靳乐山. 面向生态补偿的生态系统生产总值（GEP）和生态资产核算[M]. 北京：科学出版社，2018.

功能类别	核算项目	说明
调节功能	水源涵养	生态系统通过其结构和过程拦截滞蓄降水，增强土壤下渗，有效涵养土壤水分和补充地下水，调节河川流量
	土壤保持	生态系统通过其结构与过程减少雨水的侵蚀，减少土壤流水
	洪水调蓄	湿地生态系统通过蓄积洪峰水量，削减洪峰，减轻洪水威胁产生的生态效应
	防风固沙	生态系统通过其结构与过程削弱风的强度和挟沙能力，减少土壤流失和风沙危害
	固碳释氧	植物通过光合作用将 CO_2 转化为碳水化合物，并以有机碳的形式固定在植物体内或土壤中，同时产生 O_2 的功能，有效减缓大气中 CO_2 浓度的升高，调节大气中 O_2 含量，减缓温室效应
	大气净化	生态系统吸收、阻滤和分解大气中的污染物，如 SO_2、NO_x、粉尘等，有效净化空气，改善大气环境
	水质净化	水环境通过一系列物理和生化过程对进入其中的污染物进行吸附、转化以及生物吸收等，使水体得到净化的生态效应
	气候调节	生态系统通过植被蒸腾作用和水面蒸发过程使得大气温度降低、湿度增加产生的生态效应
	病虫害控制	生态系统通过提高物种多样性水平、增加天敌而降低植食性昆虫的种群数量，达到病虫害控制而产生的生态效应
文化功能	自然景观	为人类提供美学价值、灵感、教育价值等非物质惠益的自然景观，其承载的价值对社会具有重大的意义

10.3.3 生态系统生产总值核算方法

生态系统生产总值功能量核算是指人类从生态系统中直接或间接得到的最终产品量和服务功能量的核算。生态系统生产总值功能量核算包括三大类，即产品提供、调节功能、文化功能核算。生态系统服务功能是可以描述、测量的。

在生态系统生产总值价值量核算中，产品提供价值主要用市场价值法核算，调节服务产品价值主要用替代市场法和假想市场法进行评估，文化服务产品价值使用旅行费用法评估①。

要比较不同时期的生态系统生产总值，必须扣除价格变动因素，即采用可比价 GEP。采用可比价计算总量指标有两种方法：一种是直接用产品产量乘某一年的不变价格进行计算；另一种是用价格指数进行缩减。

在生态系统生产总值核算中，核算价值量时，应综合考虑价格的官方权威性、时效性、连续性和完整性，先核算出当年的名义 GDP 后，再进行可比性处理，得到实际 GEP。具体步骤如下：

（1）对于有当年单价的生态系统产品和服务，根据当年价格核算其当年的价值；

（2）对于没有当年单价的生态系统产品和服务，将其在某一时期的价格，通过价格指数折算成当年的名义价格，用名义价格核算这些生态系统产品和服务当年的价值；

（3）汇总所有生态系统产品和服务的价值，得到当年的名义 GEP；

① 范振林，李维明. 生态产品价值实现机制研究——以贵州省为例[J]. 河北地质大学学报，2020，43（3）.

（4）进行年度间比较时，用价格指数将名义 GEP 折算成可比价 GEP。

生态系统生产总值功能量、价值量核算的项目、指标和核算方法如表 10-2 所示。

表 10-2 生态系统生产总值（GEP）核算方法①

功能类别	核算项目	功能量指标	功能量核算方法	价值量指标	价值量核算方法
产品提供	农业产品	农业产品产量	统计调查	农业产品产值	市场价值法
	林业产品	林业产品产量		林业产品产值	
	畜牧业产品	畜牧业产品产量		畜牧业产品产值	
	渔业产品	渔业产品产量		渔业产品产值	
	水资源	用水量		用水产值	
	生态能源	生态能源总量		生态能源总值	
	其他	装饰观赏资源产量等		装饰观赏资源产值等	
调节功能	水源涵养	水源涵养量	水量平衡法	水源涵养价值	影子工程法（水利工程建设成本）或市场价值法（水价）
	土壤保持	土壤保持量	修正通用土壤流失方程（RUSLE）	减少泥沙淤积价值	替代成本法（清淤成本）
				降低面源污染价值	替代成本法（污染物处理成本）
	洪水调蓄	湖泊：可调蓄水量	水量平衡法	洪水调蓄价值	影子工程法（水利工程建设成本）
		水库：防洪库容	监测数据		
		沼泽：滞水量			
	防风固沙	固沙量	修正风力侵蚀 REWQ 模型	固沙价值	恢复成本法（治沙工程成本）
	固碳释氧	固定二氧化碳	质量平衡法	年固定二氧化碳价值	替代成本法（造林成本、工业减排成本）或市场价值法（碳市场价格）
		氧气生成量	质量平衡法	氧气生产价值	替代成本法（造林成本）或市场价值法（工业制氧价值）
	大气净化	净化二氧化硫量	植物净化模型	净化二氧化硫价值	替代成本法（二氧化硫治理成本）
		净化氮氧化物量		净化氮氧化物价值	替代成本法（氮氧化物治理成本）
		净化工业粉尘量		净化工业粉尘价值	替代成本法（工业粉尘治理成本）
	水质净化	净化 COD 量	水质净化模型	净化 COD 价值	COD 治理成本
		净化总氮量		净化总氮价值	替代成本法（总氮治理成本）
		净化总磷量		净化总磷价值	替代成本法（总磷治理成本）
	气候调节	植被蒸腾消耗能量	蒸散模型	植被蒸腾消耗价值	替代成本法（人工降温、增湿成本）
		水面蒸发消耗能量		水面蒸发消耗价值	
	病虫害控制	病虫害发生面积	类比法	病虫害控制价值	防护费用法（人工防治成本）
文化功能	自然景观	游客总人数	统计调查	生态旅游价值	旅行费用法

① 欧阳志云，靳乐山. 面向生态补偿的生态系统生产总值（GEP）和生态资产核算[M]. 北京：科学出版社，2018.

10.4　经济-生态生产总值（GEEP）理论

绿色 GDP 核算扣除了经济系统增长的资源环境代价，但并没有把生态系统为经济系统提供的全部生态福祉都进行核算。生态系统生产总值的概念，从生态系统的角度考虑，对生态系统每年提供给人类的产品供给服务、生态调节服务和文化服务等生态福祉进行了核算，但并没有把生态系统和经济系统完全纳入同一核算体系。为把资源消耗、环境损害、生态效益纳入社会经济发展评价体系。2015 年，王金南院士课题组经过多年关于绿色国民经济核算体系的理论和实践探索研究，在对经济-生态生产总值（grosseconomic-ecological product，GEEP）构建的理论基础、核算框架、核算原则、关键指标等进行深入探讨的基础上，综合已开展的绿色 GDP 和生态系统生产总值（GEP）的研究体系和核算方法，提出构建经济-生态生产总值综合核算框架体系①。

10.4.1　经济-生态生产总值核算框架

GEEP 综合核算框架体系的理论基础是弱可持续发展和福利经济学理论。弱可持续发展认为资本存量在不同要素之间可以互相替代，允许人造资本替代自然资本，即生态系统和经济系统之间可以相互替代，可以纳入同一核算体系。福利经济学认为经济活动的目的是增加社会中个人的福利，个人的福利不仅取决于个人所消费的私人物品以及政府提供的物品和服务，还取决于其从生态环境系统得到的非市场性物品和服务的数量与质量。因此，在经济系统生产总值的基础上，还需要考虑人类在经济生产活动中对生态环境的损害和生态系统对经济系统的福祉。GEEP 是在经济系统生产总值的基础上，考虑人类在经济生产活动中对生态环境的损害和生态系统对经济系统的福祉（图 10-5）。GEEP 既考虑了人类活动产生的经济价值，也考虑了生态系统每年给经济系统提供的生态福祉，还考虑了人类对经济系统产生的生态环境代价。

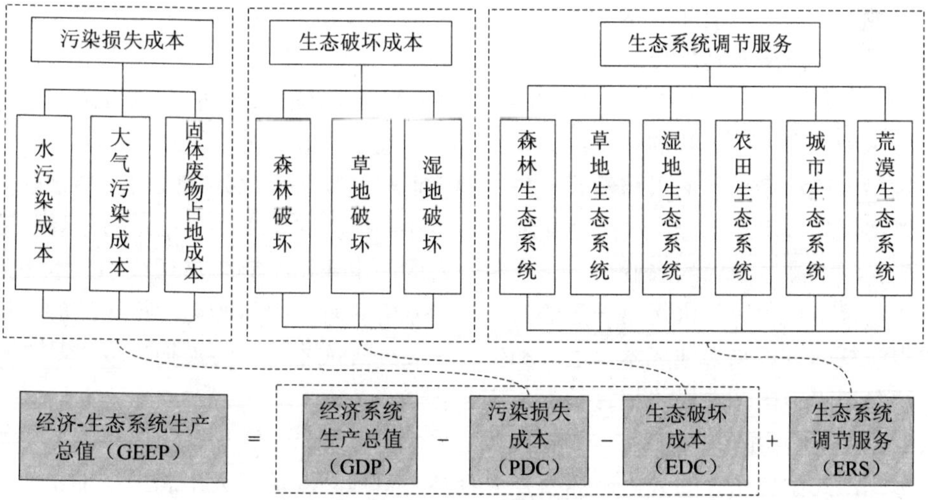

图 10-5　经济-生态生产总值核算框架体系

① 王金南，马国霞，於方，等．2015 年中国经济-生态生产总值核算研究[J]．中国人口·资源与环境，2018，28（2）．

10.4.2 经济-生态生产总值核算原则

GEEP 是对 GDP 的修正，其核算原则基本与 GDP 保持一致。

（1）GEEP 核算时间为一年。

（2）GEEP 核算对象为最终产品，不包括中间产品。生态系统调节服务主要是对生态系统给经济系统提供的最终产品服务进行核算，不包括支持服务这种中间过程。

（3）GEEP 是流量概念。其生态系统调节服务、污染损失成本和生态破坏成本都是一年内生态环境提供的生态效益和人类不合理利用导致的生态环境损害核算，生态资产的价值核算不包括在 GEEP 核算范围中。

（4）GEEP 是价值量概念。GEEP 中的生态环境产品很多没有市场价值，需用直接市场法或替代市场法对人类从生态系统中惠益的服务进行价值化核算。

10.4.3 经济-生态生产总值核算指标

GEEP 把“绿水青山”和“金山银山”统一到一个框架体系下，是一个有增有减，有经济有生态的综合指标，纠正了以前只考虑人类经济贡献或生态贡献的片面性。其计算公式如下[①]：

$$\text{GEEP}=(\text{GDP}-\text{PDC}-\text{EDC})+\text{ERS}=\text{GGDP}+\text{ERS} \qquad (10.19)$$

式中，GDP——国内生产总值（gross domestic product）；

PDC——污染损失成本（pullution damage cost）；

EDC——生态破坏成本（ecology degradation cost）；

ERS——生态系统调节服务（ecosystem regulation service）；

GGDP——绿色国内生产总值（green gross domestic product），即绿色 GDP。

绿色 GDP 是在 GDP 的基础上，扣减了因人类不合理利用导致的“污染损失成本”和“生态破坏成本”。其中，污染损失成本指排放到环境中的各种污染物对人体健康、农业、生态环境等产生的环境退化成本。生态破坏成本指生态系统生态服务功能因人类不合理利用，所导致的生态服务功能损失的核算。

（1）污染损失成本（PDC）核算指标。污染损失成本主要包括大气污染、水污染、固体废物污染 3 个方面导致的环境污染损失成本。其中，大气污染导致的环境污染损失成本主要包括大气污染导致的人体健康损失、种植业产值损失、室外建筑材料腐蚀损失、生活清洁费用增加成本 4 部分。水污染导致的环境污染损失成本主要包括水污染导致的人体健康损失、污水灌溉导致的农业损失、水污染造成的工业用水额外治理成本、水污染造成的城市生活经济损失以及水污染导致的污染型缺水等指标。固体废物污染导致的环境污染损失成本包括固体废物占地成本、生产和生活垃圾处置成本等。污染损失成本具体指标的核算方法参考《中国环境经济核算技术指南》。

（2）生态破坏成本（EDC）核算指标。生态破坏成本在生态系统调节服务核算的基础上，考虑不同生态系统的人为破坏率，对森林、草地、湿地三大生态系统的生态破坏成本进行核算。以森林超采率作为森林生态系统的人为破坏率，森林超采率通过森林超采量

---

① 王金南，马国霞，於方，等. 2015 年中国经济-生态生产总值核算研究[J]. 中国人口·资源与环境，2018，28（2）.

和森林蓄积量计算而得。湿地人为破坏率利用湿地重度威胁面积占湿地总面积的比例进行计算。草地人为破坏率根据《全国草原监测报告》六大牧区省份及全国重点天然草原平均牲畜超载率进行计算。

（3）生态系统调节服务（ERS）核算指标。生态系统为人类经济活动提供各种生态价值惠益，具体包括生态产品供给服务、生态调节服务和生态文化服务 3 项服务，因生态系统提供的生态产品供给服务和生态文化服务已经在 GDP 中有所体现。为避免重复，GEEP 只对生态系统给经济系统提供的生态调节服务价值进行核算。生态系统调节服务主要包括气候调节、水流动调节、固碳释氧、水质净化、大气环境净化、土壤保持、防风固沙等指标（表 10-3）。

表 10-3　不同生态系统生态调节服务功能核算

指标	森林	草地	湿地	农田	城市	荒漠
气候调节	√	√	√	×	×	×
固碳	√	√	√	×	√	√
释氧	√	√	√	×	√	√
水质净化	—	—	√	—	—	—
大气环境净化	√	√	√	√	√	√
水流动调节	√	√	√	—	—	—
病虫害防治	√	×	×	—	—	—
土壤保护	√	√	√	√	√	√
防风固沙	√	√	√	√	√	√

注：表中√为拟评估，×为评估，—为不适合评估。

GEEP 是一个相对复杂的核算体系，生态系统调节服务、生态破坏成本和污染损失成本分别包括很多核算指标，每个指标都涉及实物量和价值量核算，且核算方法多样，导致核算结果差异性较大。我国 20 世纪 90 年代就开始开展生态系统服务功能核算，但因核算方法、关键参数、核算范围、指标体系、核算内容等不同，不同学者核算的生态系统服务功能结果差距很多。因此，需发布 GEEP 核算技术指南，对 GEEP 核算方法、关键参数、核算范围、指标体系等方面进行规范，实现核算方法标准化。

研究展望

关于生态经济效益理论、绿色 GDP 理论、GEP 理论和 GEEP 理论等问题都已经有了积极的探索。但总体上看，理论与方法并未成熟和定型，尤其需要在下列领域做进一步努力：①关于生态经济效益的内涵与外延及计算方法的研究；②关于生态经济核算方法的比较研究以及在此基础上的整合研究；③关于生态经济核算方法的推广应用研究；④因核算方法、关键参数、核算范围、指标体系、核算内容等不同，不同学者核算的污染损失成本、生态破坏成本和生态系统服务功能价值等结果差距很多。因此，需发布核算技术指南，对核算方法、关键参数、核算范围、指标体系等方面进行规范，实现核算方法标准化。

思考题

1. 何谓生态经济效益？如何平衡生态效益与经济效益间的关系？
2. 简述传统国民经济核算方法的意义与局限性。
3. 绿色 GDP 核算包括哪些方法？和传统的国民经济核算方法相比有哪些优势？
4. 生态系统生产总值的主要核算内容包括哪几个方面？
5. 简述生态系统生产总值的含义及其核算框架。
6. 试说明绿色 GDP、生态系统生产总值和经济-生态生产总值三种核算方法的区别。

第五篇

生态科技篇

为应对全球气候变化的挑战，世界经济面临着重大转型，传统的资源型产业正在被绿色、智能的新兴产业所替代。世界主要发达国家和经济体积极调整科技创新战略和政策，力求通过绿色科技创新，增强经济活力，推动经济增长，抢占新一轮经济和科技发展的制高点，把握未来国际竞争的主动权。

中国尚处于工业化、城市化、全球化的关键时期。我国单位 GDP 消耗和污染物排放高于发达国家，给资源能源和生态环境带来了巨大的压力。面对严峻的国内外资源环境问题及其带来的挑战，传统的发展模式难以满足可持续发展的需要，迫切需要通过绿色科技创新实现经济转型，探索出一条符合中国国情、资源节约型和环境友好型的绿色发展路径。

本篇包括绿色科技创新和绿色科技推广两章。首先，在分析绿色科技创新理论的基础上，分别从循环科技创新、低碳科技创新和环保科技创新 3 个方面阐述科技创新的内涵、分类和发展；其次分析绿色科技推广的模式及各个利益相关体在绿色科技推广中的作用。

第 11 章　绿色科技创新理论

工业革命以来，科技进步带来了生产力的飞跃发展和社会的空前繁荣，在一定时期内，传统的技术创新对经济和社会的发展起到了极大的推动作用。然而，传统科技创新的弊端日益暴露。这种单纯以经济增长为首要目标的创新模式会引发全球变暖、资源枯竭、生物多样性减少、土地荒漠化等环境问题。传统科技创新的无限扩张和地球的有限承载之间的矛盾导致经济社会和生态环境的尖锐矛盾。面对这样的困境，人们认识到科技实际上是一把“双刃剑”，它既是环境破坏的“罪魁祸首”，又是解决环境问题的一个重要工具。只有科技创新与环境原则紧密结合，即推行绿色科技创新，才能实现可持续发展。《中共中央　国务院关于全面推进美丽中国建设的意见》就“加强科技支撑”做了专门强调，并指出：“推进绿色低碳科技自立自强，创新生态环境科技体制机制，构建市场导向的绿色技术创新体系。”①

11.1　绿色科技创新的内涵

11.1.1　绿色科技创新的概念

面对日益严峻的环境问题，保护环境成为社会的共识，政府也将社会的可持续发展上升到战略高度，转变传统的发展模式，在各个领域实行可持续发展，促进社会、经济、环境和生态和谐发展。而绿色科技则正是适应这个转变发展模式的要求，成为可持续发展的支撑点。

绿色科技是指有助于保护人类健康和人类赖以生存的环境，减少生产和消费中的外部成本，以促进经济可持续发展为核心内容的科技。它包括新能源的开发利用、环境工程技术、废物利用技术、绿色生产技术等节约资源、避免和减少环境污染、减少温室气体排放的科学技术。而绿色科技创新是指建立在绿色科技基础之上，符合可持续发展需要的一种科技创新。它既有改善生态环境，提高人类健康生活质量的社会效益，又有获得潜在利润的经济效益；既是一项使绿色科技成果商品化的经济活动，又是使绿色科技成果公益化的社会活动②。

绿色科技创新追求经济、社会、环境效益的统一，企业、政府、公众、科研机构等的参与，科技、经济、社会、环境的有效协调，是可持续发展得以实现的重要依靠和保证。从宏观角度看，绿色科技创新已经成为发展绿色经济的关键手段，通过创新达到环境效益和经济效益的双赢；从微观角度看，绿色科技创新是增强企业竞争优势，使企业在国际大舞台上立足，经受“绿色”浪潮的冲击。绿色科技和绿色科技创新在推进节约资源、减少

① 中共中央　国务院关于全面推进美丽中国建设的意见[N]. 人民日报，2024-01-11.

② 耿静，任丙南. 生态系统生产总值核算理论在生态文明评价中的应用——以三亚市文门村为例[J]. 生态学报，2020，40（10）.

污染排放方面发挥着先导性作用。

11.1.2　浅绿色科技与深绿色科技

20 世纪末，美国联邦政府提出将绿色科技分为深绿色科技和浅绿色科技。深绿色科技是指末端治理技术，主要是处理已经产生的污染物的技术；浅绿色科技则是防治污染产生的技术，从源头减少环境污染。

我国污染末端处理技术即“深绿色科技”发展较早，技术水平也较高，而“浅绿色科技”即减少污染产生的清洁生产技术发展滞后。20 世纪中后期，针对日益恶化的全球环境，各国根据自己的废气、废水、废渣等工业污染，增加了治理工作的投入，但末端处理只能减轻局部环境污染，而环境破坏修复能力弱化，并没有从根本上改变全球环境恶化的趋势。原因存在“四边”现象，即边污染、边治理、边排放、边破坏。90 年代我国开始提出清洁生产的观念，并已取得一定成绩。从总体上看，我国清洁生产技术的水平和推广程度都比较低。应从建立清洁生产指标体系、再生利用和排污总量控制上入手，建立相应的资源回收利用和排污管理措施，促进企业应用清洁生产技术，为清洁生产技术的发展和推广提供市场环境[①]。

11.1.3　绿色科技、循环科技与低碳科技

从概念侧重角度看，绿色发展针对环境保护，循环发展针对资源节约，低碳发展针对气候变化。相应地，绿色科技针对环境保护的技术，循环科技针对资源节约的技术，低碳科技针对碳减排的技术。党的十八大报告提出为建设生态文明，要推进绿色发展、循环发展、低碳发展。当三者并列表述时应该从概念侧重的角度理解。

从含义广狭角度看，绿色发展最广，循环发展次之，低碳发展最窄。绿色发展包含循环发展，循环发展包含低碳发展。党的十八届五中全会明确提出了创新发展、协调发展、绿色发展、开放发展和共享发展的“五大发展理念”。在“五大发展理念”中，绿色发展是一个广义的概念，它包含了循环发展和低碳发展。与此对应，绿色科技是针对环境保护、资源节约、气候变化的技术。

*绿色发展*是一套全新的价值观和发展理念，本质上是科学发展观。绿色发展是经济、社会、生态“三位一体”的新型发展道路，以合理消费、低消耗、低排放、生态资本不断增加为主要特征，以绿色创新为基本途径，以积累绿色财富和增加人类绿色福利为根本目标[②]。绿色发展的概念涵盖生产、生活、消费等各方面，其理论基础有生态学、环境学、伦理学。绿色科技是以保护人体健康和人类赖以生存的环境，促进经济可持续发展为核心内容的所有科技活动的总称。

*循环发展*是生产、流通和消费等过程中进行的减量化、再利用、资源化活动的总称。它是指在人、自然资源和科学技术的大系统内，在资源投入、企业生产、产品消费及其废弃的全过程中，把传统的依赖资源消耗的线性增长的经济转变为依靠生态型资源循环来发展的经济。循环发展强调物质的全生命周期循环和生产方式的改变，理论基础包括生态学、环境学、系统学、热力学等，其主要基础是生态经济学。循环经济是一场技术范式的革命。先进的科

---

① 艾云祥. 绿色经济战略与绿色技术推广[J]. 中国食物与营养，2005（8）.

② 郭静，乔琦，孙启宏，等. 绿色发展，循环发展，低碳发展与工业园区的实践[J]. 环境工程技术学报，2015，5（6）.

学技术是循环经济的核心竞争力，循环经济科技是指以提高资源的利用效率和循环利用为核心，以减量化、再利用、资源化为原则，实现以最低的资源消耗得到最大产出的技术手段。

*低碳发展*是指以能源的清洁与高效利用为基础，以低排放为特征，控制温室气体排放的社会发展模式。低碳经济是能源结构的优化，针对温室气体的排放，提高单位碳排放的经济产出。低碳发展重点关注资源能源的使用效率、经济核算的合理性等，其理论基础有经济学、资源学、环境学、气候学和生态学。低碳经济的发展与实现有赖于低碳技术的推广和应用[①]。低碳科技是指能适应低碳经济发展需要，减少温室气体排放，防止气候变暖而采取一切减碳、固碳和用碳的技术手段。

11.2 绿色科技创新的基础理论

11.2.1 经济周期理论

一般认为，经济周期是指经济运行中周期性出现的经济扩张与经济紧缩交替更迭、循环往复的一种现象。传统的经济周期理论认为一个经济周期包括：危机、萧条、复苏、高涨 4 个阶段。著名经济学家熊彼特[②]认为，科技创新的周期性变化导致了经济长周期的波动，经济周期的时间也由科技创新周期性变化的时间决定。每一次重大的科技创新都会使得新科技扩散和普及，这样推动产业结构的升级和经济增长。而当新科技全面普及后，产业结构升级就会处于停滞，对经济增长的促进作用也将消失，从而经济进入衰退期。根据熊彼特技术创新理论，经济危机无法从根本上消除，它随着经济周期重复出现，往往在经济最繁荣时爆发。

就具体经济现象而言，科技创新与经济周期也存在着紧密的联系。随着知识的积累、科技的进步和工具水平的提高，科技创新的速度必将越来越快。特别是工业革命以来，随着科学技术的发展，人类干预和改造自然的能力在时间、空间、规模和强度上都得到延伸和强化，并且呈现出指数式增长的态势。对于一定时期内的经济增长主要由占优势的技术群（technical cluster）驱动，而一个技术群是一组相互关联的技术创新、基础设施和组织创新组成的。Grubler（2003）对工业革命以来的五大技术群的演变进行总结，如表 11-1 和表 11-2 所示。从表中可以看出，主导技术群和新兴技术群的演变正在呈现绿色化的趋势[③]。

表 11-1　1750 年以来五大重要主导技术群

类型	1750—1820 年	1800—1870 年	1850—1940 年	1920—2000 年	2000 年至今
能源	水、风、草料、木材	木材、草料、煤	煤	石油、电	燃气、电
交通通信	公路	运河	铁路、轮船、电报	公路、电话、收音机、电视机、电视	公路、航空运输、多媒体通信
材料	铁	铁、炼钢	钢	石油化学产品、塑料、钢、铝	合金、特殊材料

---

① 郭静，乔琦，孙启宏，等. 绿色发展，循环发展，低碳发展与工业园区的实践[J]. 环境工程技术学报，2015，5（6）.

② 约瑟夫·阿洛伊斯·熊彼特. 经济发展理论[M]. 北京：中国商业出版社，2009.

③ GRUBLER A. Technology and globe change[M]. Cambridge：Cambridge University Press，2003.

类型	1750—1820 年	1800—1870 年	1850—1940 年	1920—2000 年	2000 年至今
产业	铸件	固定蒸汽机、机械化	重型机械、化学品、建筑材料	流程型工厂、数控机械、消费品、药品	环境技术、拆卸和循环利用、消费服务
消费品	纺织品	纺织品、陶瓷器	产品多样化	耐用品、食品工业、旅游	休闲度假、定制品

表 11-2　1750 年以来五大重要新兴技术群

类型	1750—1820 年	1800—1870 年	1850—1940 年	1920—2000 年	2000 年至今
能源	煤、焦炭	城市燃气	石油、电	燃气、核能	氢能
交通通信	运河	移动蒸汽机、电报	公路和小汽车、电话、收音机	航空运输、电信、计算机	超音速飞行器、高速列车
材料	炼钢	大规模生产钢	合成材料、铝	定制材料、合成物	可循环和可降解材料
产业	固定蒸汽推动装置、机械装置	煤化学品、燃料、建筑材料	精细化学制品、药品、耐用品	电子学、信息技术	服务（IT）、生物技术
消费品	陶瓷器	照明器	耐用消费品、冰箱	休闲娱乐产品、艺术	综合“包”（产品和服务）

Hargrove 等（2006）也对工业革命以来人类社会所经历的 6 次创新波的演变进行了总结，见图 11-1①。其中第 6 次创新波处于形成之中，可持续性科技创新正在初步展示出勃勃生机和魅力，资源生产率的大幅度提升很有可能引发或创造新一轮的国家竞争优势，成为未来经济和科技竞争的制高点。

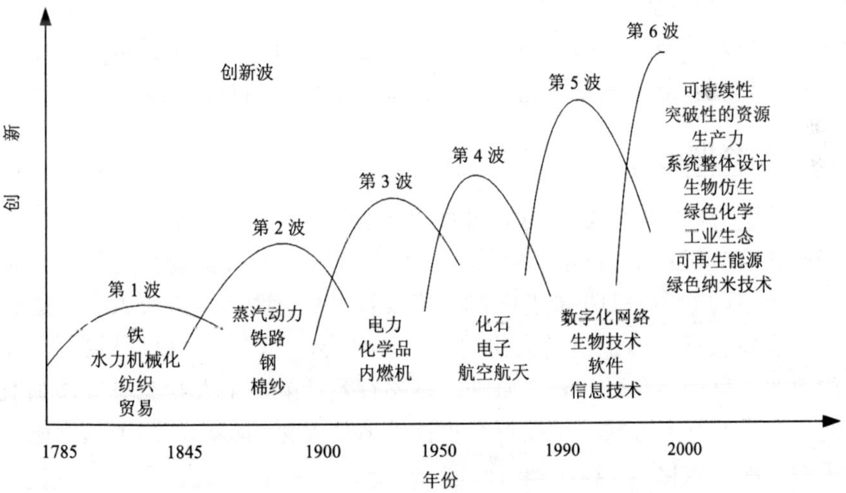

图 11-1　工业革命以来人类社会创新波的演化示意图

① HARGROVES K C，SMITH M H. The natural advantage of nations：business opportunities，innovation and governance in the 21st Century [M]. London：Earthscan，2006.

11.2.2 市场结构理论

熊彼特于 1942 年出版的《资本主义、社会主义与民主》一书中最早提出了市场结构与技术创新之间的关系①，之后，到 20 世纪 50 年代中期，其他经济学家们才开始把市场结构与技术创新二者联系起来进行研究。熊彼特将创新描述为“创造性破坏”，即打破原有的市场均衡，创造出新的盈利机会。在熊彼特的创新思想中，认为垄断与创新有着密切的联系，垄断利润是企业技术创新活动的基本目标，垄断势力是企业家愿意投资于创新的前提条件。

市场集中度高的绿色科技产业更有助于激励企业进行技术创新活动。原因在于，研发活动需要大量的、持续的资金支持，具有垄断势力的大型企业通常拥有更雄厚的研发资本，因此更有实力投资于创新活动，这些创新活动反过来可以为企业在关键技术领域积累知识，带来更多的新产品或新服务，进而提高企业的市场竞争力，扩大其市场势力，最终获得更多的垄断利润。另外，由于绿色科技创新活动的高风险特征，具有垄断势力的大型企业在承担风险方面比小企业有显著的优势。因此，大型企业在技术创新中占有优势地位②。当然，该论点成立的前提条件是存在完美的知识产权保护体制。此时，知识产权能够帮助企业有效保护其创新知识不受侵犯，创新企业可以通过将其创新成果许可他人而盈利。

然而在竞争环境下，企业科技创新易被模仿和超越，企业难以获得长期超额创新收益，只能获取短期超额收益。这时企业势必在短期内努力提高最优绿色科技转化产出，故科技成果转化效率较高。而在垄断环境下，垄断企业通过采取一系列进入壁垒，可在长期内获取超额创新收益，故其在短期内对绿色科技成果转化效率的追求意愿并不高。因此，当市场结构趋于竞争时，企业会努力缩短绿色科技成果转化周期，加速获取新产品市场收益。同时，为保持创新竞争优势，会及时更新产品技术模块，以在研发领域占据竞争优势，并注重保护知识产权。而当市场结构趋于垄断时，企业会保持绿色科技成果转化周期的稳定性，以获取长期创新收益，避免因无法获取短期收益而使科技成果转化项目半途而废。

11.2.3 激励相容理论

获得 2007 年诺贝尔经济学奖的美国明尼苏达大学经济学名誉教授利奥尼德·赫维茨创立了“激励相容”理论③。在市场经济中，每个理性经济人都会有自利的一面，其个人行为会按自利的规则行动。如果能有一种制度安排，使行为人追求个人利益的行为，正好使基层员工与企业实现集体价值最大化的目标相吻合，这就是“激励相容”。现代经济学理论与实践表明，贯彻“激励相容”原则，能够有效地解决个人利益与集体利益之间的矛盾冲突，使行为人的行为方式、结果符合集体价值最大化的目标，即个人价值与集体价值两个目标函数实现一致化④。

绿色科技创新中的一个重要难题就是绿色科技的公共物品属性使其具有外部性，仅仅依靠市场工具进行调节，就会导致“免费搭车”“供给不足”等问题。但如果绿色科技创

---

① 约瑟夫·阿洛伊斯·熊彼特. 资本主义、社会主义与民主[M]. 吴良健，译. 北京：商务印书馆，1999.

② 张庆. 高技术产业技术创新效率研究[D]. 武汉：华中科技大学，2013.

③ 利奥尼德·赫维茨，斯坦利·瑞特. 经济机制设计[M]. 田国强，等译. 上海：格致出版社，2009.

④ 刘小曼，常永华. 公共管理中声誉对官员和组织发展的助推效用[J]. 甘肃社会科学，2021（5）.

新仅仅依靠政府推动，又容易造成市场效率的损失。这就需要政府与市场之间形成合力，而不是成为彼此的阻力。环境资源缺乏明晰的产权结构或者交易费用较高是产生环境污染问题的本质原因，因此，可以通过界定环境资源的产权来促进企业的绿色技术创新。资源滥用和环境破坏的根本性制度原因在于产权不明晰，企业利润最大化的动力使其不愿从事外部经济性较大的绿色技术创新。因此，可以通过对非战略性资源的产权私有化以利于资源的有效配置和使用，进而激励企业基于私人利益进行绿色技术创新以提高资源的利用效率①。

事实上，在 20 世纪 90 年代末到 21 世纪初的 10 年中，中国的绿色发展曾广泛依靠政府推动。这也导致了绿色发展的巨大阻力，出现了大量的“上有政策，下有对策”和“监察一走，排污放手”等现象。从 2010 年开始，国家开始充分利用市场力量，加快建立生态文明市场，特别是推动绿色产业和绿色科技的发展。通过构建多层次、多角度的法律体系将技术创新和解决就业确定为中、小企业的两大功能，就中、小企业的科技计划设立与实施、技术转移、技术推广、知识产权保护等方面进行了全面规范，取得了良好效果。要实现企业的绿色转型，必须要不断增强相关制度供给能力，通过一系列激励相容的制度安排来引导企业，让企业追逐利润的主动行为服务于国家绿色转型的战略目标。

11.2.4　专利保护理论

经济社会发展依赖创新，尤其是科技创新的驱动，而科技创新则依赖知识产权制度，尤其是专利制度的驱动，“专利—创新—发展”构成了现代经济社会发展的循环驱动机制②。专利作为知识产权的一种保护方式，通过授予专利人在法定期限内对专利技术的垄断所有权来激励创新，然而专利产品的垄断定价会损害消费者利益，由此导致社会福利的损失。

“现行的专利制度是一种对创新投入给予最佳回报的利益驱动机制”，专利制度也正是通过“利益驱动”这一核心机制驱动创新的。社会发展实践表明，专利制度也确实强有力地推动了西方发达国家的科技进步和经济发展，尤其是在工业时代其显性作用异常明显，以至于绝大多数企业认为，最有刺激性的因素是“专利制度的存在”，这一因素在技术创新的任何阶段均居首位。专利、创新与发展三者之间的循环驱动机理体现在以下 3 个方面：①专利驱动创新。专利制度是一种对创新投入给予回报的利益驱动机制，专利制度也正是通过这种“利益驱动”核心机制驱动创新。②创新驱动发展。创新驱动发展的主要原理在于创新是发展的引擎，通过创新这个引擎驱动发展。③发展反哺专利，驱动再创新。

专利制度除了应继续发挥其应有的激励创新、推动科技进步等制度功能，还应确保其创新激励等制度功能的方向与创新驱动发展战略之内涵相契合。诞生于工业社会的专利法律制度，因其时代之局限性，并不会自动地调整以契合创新驱动发展战略之内涵。因此，专利法律制度亟须以创新驱动发展战略之内涵为导向、以绿色专利制度之构建为突破口，并从实体制度、程序制度和激励制度三个维度加以变革，从而实现“专利-创新-发展”三

① 李启明. 企业绿色技术创新的激励机制研究[D]. 杭州：浙江大学，2010.
② 邵培樟. 实施创新驱动发展战略的专利制度回应[J]. 知识产权，2014（3）.

者之间良性循环驱动。绿色专利制度正是通过上述理念及运行原理，有效地控制或过滤掉那些高耗能、重污染的技术或设计专利申请案，使其无法获得法律的确权，以降低对有害环保的技术创新的激励和驱动，从而与创新驱动发展战略之内涵相契合[①]。

11.3 循环科技创新

11.3.1 循环科技创新的内涵

循环经济的核心理念是“物质循环使用，能量梯级利用，减少环境污染”，做到“四个提高”，即提高物质的循环使用效率、提高资源使用的再生程度、提高产品的耐用性以及提高产品与服务的强度。这些循环经济的核心理念集中体现在“3R”原则上，即减量化（reducing）、再利用（reusing）和资源化（recycling）。

11.3.1.1 减量化原则

减量化原则是生态效率理念的核心，是针对输入端而言的，旨在实现生产和消费过程中资源消耗减量化和废物排放减量化，也是建设资源节约型和环境友好型社会的基本原则。减量化原则一方面要求企业在生产过程中实现产品体积小型化和重量轻型化，避免过度包装等；另一方面要求把废弃物回收和再资源化，减少或减轻对生态环境的污染。

11.3.1.2 再利用原则

再利用原则是针对过程控制的，目的是延长资源和产品的时间强度。再利用原则是指产品多次使用或修复、翻新后继续使用，以延长产品的使用周期，防止产品过早成为垃圾，从而节约生产这些产品所需要的各种资源投入。它要求消费群体改变产品使用方式，有效延长产品的寿命和产品的服务效能，如纸板箱、玻璃瓶、塑料袋的包装材料的再利用。生产者应采取产业群体间的精密分工和高效协作，加大产品到废弃物的转化周期，最大限度地提高资源产品的使用效率[②]。制造商应使用标准尺寸进行设计，如标准尺寸设计能使计算机、电视机和其他电子装置中的电路更换便捷，而不必更换整个产品。鼓励再制造工业的发展，以便拆卸、修理和组装用过的和破碎的东西，如欧洲汽车制造商把轿车零件设计成易于拆卸和再使用，同时又保留原有的功能[③]。

11.3.1.3 资源化原则

资源化原则属于输出端方法，是把废弃物再次变成资源循环利用以减少最终处理量，并减轻环境压力。它包括废品的回收利用和废物的综合利用。因此，资源化也被称作再回收或再循环。资源化又分两种情况：①原级资源化，即将消费者丢弃的废物资源化形成与原来相同的新产品，如废旧金属；②次级资源化，改变成为新的不同类型的产品。

循环经济是以资源的高效利用和循环利用为目标，按照自然生态系统物质循环和能量

① 邵培樟. 实施创新驱动发展战略的专利制度回应[J]. 知识产权，2014（3）.
② 李爱萍. 推动我国循环经济发展的立法建议[J]. 求实，2005（z1）.
③ 黄选高. 关于循环经济理论与实践探索[J]. 广西社会科学，2005（10）.

流动方式运行，致力于保护环境，实现社会、经济与环境可持续发展的一种经济模式。循环经济科技是指以预防污染和节约资源为目的，综合考虑产品全生命周期，旨在实现资源利用率最高、环境影响最小的多层次技术。它不仅限于传统的生命周期末端的环境污染治理技术，而且着眼于资源能源利用的整个过程，把资源开采、运输、制造、使用、回收处理、再利用等所有过程都连接起来，形成一个闭合的资源能源循环，从整体上贯彻"节约资源、源头削减、污染预防、综合利用"思想，针对具体过程形成的有利于整个闭合循环的技术。同时它又不仅限于企业内部，还应包括区域之间的横向耦合和纵向延伸，形成生态产业链。

11.3.2 循环科技创新的类型

循环经济的建设需要有相应的技术支撑。循环经济的技术载体就是绿色技术，绿色技术的特征是污染排放量少，合理利用资源和能源，更多地回收废物和产品，并以环境可接受的方式处置残余的废弃物[①]。根据循环经济的"3R"原则，将循环科技分成三类：减量化技术、再利用技术和资源化技术。

11.3.2.1 减量化技术

减量化技术是指用较少的物质和能源消耗来达到既定的生产和消费目的，在源头节约资源和减少污染的技术[②]。减量化技术侧重于重点行业的源头减污清洁生产、有毒有害原料、产品替代、过程节能节水及土地集约化技术。最小化资源投入和最小化污染排放技术主要通过以下做法实现：

（1）采用低能耗，污染少的燃料。从成本效益的原则出发，控制生产和消费两头，使其原料成本最小化，从而达到最大化生产产品和服务。如低能耗燃料生产技术，在我国石油依赖程度越来越高，已成为影响国家战略安全的一个重要因素，通过将煤气化后制成合成气，再由合成气合成生产汽油、柴油，或利用先进的"浆态床一步法"工艺大规模生产甲醇（替代汽油）等清洁燃料，这样可以减少环境污染同时节约资源投入。

（2）采用节能技术与工程。在电力工业方面，发展超超临界机组、大型联合循环机组，采用高效、洁净发电技术，改造运行的高污染、高排放的发电设施，提高发电效率。在各行业中加快淘汰落后工艺和设备，提高新建、改建工程能耗准入门槛，矿山重点采用大型、高效节能设备设施和可重复再利用的设备，推广应用先进技术和方法，结合行业特点进行优化更新投入资源的方案，达到降低成本和节约能源的目的[③]。当然，资源投入的减少与整体产业结构提升紧密相关，在粗放型线性经济发展模式下是很难做到的。

11.3.2.2 再利用技术

再利用技术就是延长原料或产品使用周期，通过反复使用来减少资源消耗的技术。再利用与再制造技术侧重于余热、余压、余能回收利用，废水分质利用与循环利用，报废汽车与机电产品再制造技术[④]，主要包括初级资源循环利用技术、简单分解循环利用技术。

---

① 左铁镛. 发展循环经济构建资源循环型社会[J]. 中国城市经济，2005（5）.

② 王国华. 科技对循环经济支撑作用研究[D]. 南昌：南昌大学，2008.

③ 王国华. 科技对循环经济支撑作用研究[D]. 南昌：南昌大学，2008.

④ 王秀腾，黄进，林翎，等. 循环经济技术分类、筛选及评价指标体系研究[J]. 中国标准化，2011（3）.

（1）余热、余压、余能回收利用技术。通过对系统内余热、余压、余能的梯级利用，可有效实现中低温余热、中低品位余能等废能的高效回收与梯级利用技术及成套装备。

（2）废水分质利用与循环利用技术。通过系统内分质供水、串级供水、循环用水、废水回用等手段，可有效提高系统水资源利用效率的技术及成套装备。

（3）报废汽车与机电产品再制造技术。报废汽车、废旧发动机等废旧机电产品的再制造技术及成套装备。

11.3.2.3 资源化技术

资源化技术就是通过对重要元素的工业循环代谢分析，将在生产消费中产生的废弃物变为有用的资源或产品的技术。废物资源化技术侧重大宗工业固体废物、废气、废旧金属、废旧电子电器、废旧高分子材料、城市生物质废弃物、建筑废弃物、农村废弃物的大规模资源化利用技术。从单项技术来说，主要包括以下几项：

（1）大宗工业固体废物资源化利用技术。能源固体废物、冶金废渣、化工固体废物、轻工生物质废弃物等大宗工业固体废物的资源化、高值化利用技术及成套装备。

（2）工业废气资源化利用技术。化工、钢铁、有色等工业过程排放的一氧化碳、二氧化硫、有机废气、氯化氢尾气、二氧化碳等废气的回收与高值化利用技术及成套装备。

（3）废旧金属资源再生利用技术。废钢铁、废杂铜、废铝合金、废铅锌等废旧金属资源的再生利用技术及成套装备。

（4）废旧电子电器产品回收利用技术。废旧家电、废旧电子产品、废电池等废旧电子电器产品的清洁回收利用技术及成套装备。

（5）废旧高分子材料循环利用技术。废橡胶、废塑料、废旧轮胎等废旧高分子材料的高值化再生利用技术及成套装备。

（6）城市生物质废弃物回收利用。城市餐厨垃圾等生物质废物回收与高效高值化利用技术及成套装备。

（7）建筑废弃物回收利用技术。城市建筑垃圾的资源化回收利用技术及成套装备。

（8）农村废弃物资源化利用技术。农业秸秆、畜牧业废物、农副产品加工下脚料及生活垃圾等农村废物的资源化、能源化利用技术及成套装备。

11.3.3 循环科技创新发展

11.3.3.1 企业层面的“小循环”发展趋势

“零排放”企业是指企业内部通过组织厂内各工艺之间的物料循环，延长生产链条，减少生产过程中物料和能源的使用量，降低企业成本，尽可能减少废弃物和污染物的排放量，最大限度地利用可再生资源，提高产品的耐用性、可回收再用性和生产设备再修复等，达到最小的投入和最大的产出，最小的污染。企业层面的小循环发展趋势就是企业零排放发展模式。许多发展中国家正在走企业个体清洁生产之路。这是小范围循环经济实施的开端。零排放企业是小循环的一个典型代表，如美国杜邦化学公司，致力于组织厂内各工艺之间的物料循环，实现企业内部的小循环①。这种循环经济的发展模式是初级阶段的局部反应，未能形成规模效应，力量单薄。

11.3.3.2　生态园层面的“中循环”发展趋势

生态产业园区模式是面向共生企业之间的中循环。世界上工业生态系统运行最为典型的代表“丹麦卡伦堡”。生态工业园区就是要在更大的范围内实施循环经济的法则，将能形成产业链的不同企业连接起来形成资源共享，变废为宝，将工厂的废气、废水、废渣及其他废品分解到生态园区中。这种生态工业园实现了企业间的合作共享，但是挑战了传统的管理和竞争关系，前提是企业间有共融地带，行业有相关性，是发展循环经济趋势。

11.3.3.3　区域层面的“大循环”发展趋势

区域层面的“大循环”包括经济系统（产业系统、消费系统）、基础设施系统、生态系统以及社会系统。区域循环经济系统主要包括 4 个体系：①区域循环经济产业体系，主要涵盖农业循环经济、工业循环经济、服务业循环经济以及废弃物资源化利用和无害化处置等产业。②区域基础设施体系，重点是水系统、能源系统、交通系统和建筑系统。③生态环保体系，要保护和建设区域自然生态系统，包括水系统、绿地系统等。④循环型社会体系，重点是推进环境标志、有机食品和节能产品的认证；推进政府机关、事业单位的绿色采购；通过宣传、引导和利用财政、税收等经济手段，鼓励公众绿色消费等。

发展循环经济在西方发达国家已经成为一股潮流和趋势，循环经济不仅得到了发达国家政府的推动，也得到了企业界的积极响应。西方许多企业在微观层次上运用循环经济的思想，进行了有益的探索，形成了一些良好的运行模式。我国循环经济发展已经由理念进入了实践，由个别试点示范进入了大范围推进阶段，亟须科技的支撑。要努力突破制约循环经济发展的技术瓶颈，重点组织开发和示范有普遍推广意义的资源节约和替代技术、能量梯级利用技术、延长产业链和相关产业链接技术、“零排放”技术、有毒有害原材料替代技术、回收处理技术、绿色再制造技术以及降低再利用成本技术等，不断提高单位资源消耗产出水平，降低资源消耗、减少污染排放，从源头上缓解资源约束和环境压力。研发和应用重大关键、共性技术是发展循环经济的必然要求。然而，无论单个技术多么优化，对循环经济发展都不可能是尽善尽美的，必须把能减少资源消耗和废物产生的各种技术作为系统化的考虑对象，形成有利于循环经济发展的技术体系，才能全面支撑循环经济的发展。关于循环经济科技的研究主要是专项技术，尚未把相应的技术系统整合起来，构建一个适用于循环经济发展的完整的技术体系。因此，必须加强循环经济技术体系研究，为推进循环经济提供全面、整体的技术支撑②。

---

① 王国华. 科技对循环经济支撑作用研究[D]. 南昌：南昌大学，2008.

② 娄会荣. 循环经济科技支撑体系研究[D]. 济南：山东师范大学，2008.

11.4 低碳科技创新

11.4.1 低碳科技创新的内涵

低碳经济的概念是由全球气候变暖引发而来的。低碳经济被认为是继工业革命、信息革命之后的又一次重大的社会变革，它要求用尽量少的能源消耗，尽量低的二氧化碳排放来促进更快的经济发展。低碳经济是通过技术创新、制度创新、产业转型、新能源开发等多种手段，尽可能地减少煤炭、石油等高碳能源消耗，减少温室气体排放，达到经济社会发展与生态环境保护双赢的一种经济发展形态。

低碳科技是指涉及电力、交通、建筑、冶金、化工、石化等部门以及在可再生能源及新能源、煤的干净高效应用、油气资源和煤层气的勘察开发、二氧化碳捕获与封存（carbon-dioxide capture and storage，CCS）等范畴开发的有效控制温室气体排放的新技术[①]。在全球气候变化的背景下，“低碳经济”“低碳技术”日益受到世界各国的关注。

11.4.2 低碳科技创新的类型

低碳科技可分为 3 个类型：①减碳技术，是指高能耗、高排放领域的节能减排技术，如煤的清洁高效利用、油气资源和煤层气的勘探开发技术等；②无碳技术，如核能、太阳能、风能、生物质能等可再生能源技术；③去碳技术，典型的是二氧化碳捕获与封存。

11.4.2.1 减碳技术

工业、交通和建筑是提高能效的关键领域。工业是中国耗能最大的领域，交通和建筑属于能耗快速增长的领域，能源消耗增速均明显高于 GDP 的增长速度[②]。在工业、交通和建筑领域的能源高效利用技术值得重点关注。

（1）煤炭洁净发电技术。改革开放以来，煤炭在我国能源消费结构中一直占有很大的比重，且基本维持在 70%。考虑到中国的能源需求和资源禀赋，煤炭在相当长的时间内仍将是中国的主要能源之一。电力是中国煤炭消费的主要部门，煤炭的高效洁净发电技术和二氧化碳减排技术是未来能源科技的重要发展方向。

超临界和超超临界发电技术是较为成熟的高效发电技术。鉴于大型高参数机组，具有发电效率高，污染控制和技术推广容易，经济性和可靠性高等特点，发展大规模、高效率、高参数发电机组，已经成为我国电力规划所明确的优先发展领域。其中 700℃高效超超临界发电技术是新一代燃煤发电技术，其主要目标是将主蒸汽温度和再热蒸汽温度提高至 700℃或更高，将主蒸汽压力提高至 35 MPa 或以上，机组发电净效率提高至 46%或以上，并减少 CO_2 和其他污染物的排放。据计算，700℃高效超超临界发电技术的节能减排经济效益是现有 600℃超超临界技术的 6 倍，具有明显的环保和经济效益，对以煤炭为主要一次能源的我国来说具有特别重要的意义[③]。

---

① 黄家顺. 刍议中国低碳经济发展路径[J]. 江汉论坛，2010（12）.

② 刘蓓华. 低碳经济系统自组织创新模式研究[D]. 长沙：中南大学，2011.

③ 王东雷. 700℃高效超超临界发电技术的研发现状及建议[J]. 科技视界，2014（36）.

整体煤气化联合循环（integrated gasification combined cycle，IGCC）是指将煤炭、生物质、石油焦、重渣油等多种含碳燃料进行气化，将得到的合成气净化后用于燃气-蒸汽联合循环的先进动力系统。这种系统不仅可以符合 2005—2010 年日益严格的脱硫脱硝除尘要求，而且符合排上 2010—2020 年日程的微颗粒（PM_{10}、$PM_{2.5}$）和金属元素（如汞）的排放要求，同时也克服了天然气供应不足和价格昂贵的问题，并具有延伸产业链，发展循环经济的技术优势。从系统构成及设备制造的角度来看，这种系统继承和发展了热力发电系统几乎所有技术，代表了 21 世纪洁净煤发电技术的发展方向。

（2）工业节能技术。工业节能是节能行业的一个重要领域，即工业领域的节能减排。“十二五”节能减排规划出台后，工业节能已成为“十二五”节能减排工作的重点，也成了节能领域的热搜名词。工业企业是中国能源消费大户，能源消费量占全国能源消费总量的 70%左右。其中钢铁、有色、煤炭、电力、石油、化工、建材、纺织、造纸九大重点耗能行业用电量占整个工业企业用电量的 60%以上，但单位平均能耗却比国外先进水平高出 40%。工业节能是指分析找出工业行业的能耗损失及浪费现状，采取相应的节能技术和节能产品，有效地降低工业能耗，以达到节能减排的目的。

工业节能包含的范围广泛，节能技术非常分散，不同研究提出的关键技术也略有差异。但总体来说，钢铁工业是节能减排潜力最大的行业之一，水泥工业节能降耗是建材工业节能的核心，工业领域 CCS 是工业终端部门最终实现零碳排放的重要技术[①]。表 11-3 表示我国钢铁和水泥工业节能的关键技术以及可以在多个行业领域使用的通用技术。

表 11-3　我国钢铁和水泥工业节能的关键技术以及可以在多个行业领域使用的通用技术

行业	关键技术
钢铁	干熄焦技术（CDQ），煤调湿技术（CMC），余热余压回收技术，燃气-蒸汽联合循环发电技术（CCPP），新一代炼焦技术，高炉喷吹废塑料技术，熔融还原技术，采用微波、电弧和放热加热直接炼钢技术，先进电炉，第三代炼钢技术，薄钢板连铸等
水泥	新型干法水泥生产工艺关键技术、废弃物替代原料和燃料、新型干法低温余热发电、高效磨粉设备及技术等
通用技术	高效的电动机系统、二氧化碳捕获与封存等

（3）交通运输部门节能技术。交通运输行业是仅次于制造业的第二大油品消耗行业，也是实现低碳生活发展路径的重点行业。

混合动力汽车（hybrid electrical vehicle，HEV）是指同时装备两种动力来源——热动力源（由传统的汽油机或者柴油机产生）与电动力源（电池与电动机）的汽车。通过在混合动力汽车上使用电机，动力系统可以按照整车的实际运行工况要求灵活调控，而发动机保持在综合性能最佳的区域内工作，从而降低油耗与排放[②]。中国混合动力的技术概念和专利授权的公开，最早是在中国国家专利局实现的。20 世纪 90 年代末，中国电动自行车的应用开发刚刚起步。电动车技术上的瓶颈首先就暴露出来，即电池的能量有限，

① 刘蓓华. 低碳经济系统自组织创新模式研究[D]. 长沙：中南大学，2011.
② 秦海天. 混合动力在交通运输行业的应用[J]. 港口科技，2012（7）.

导致车辆的功率和行驶里程极其有限。我国各大汽车集团都在进行混合动力电动汽车研发，多数以混合动力电动客车为主。从世界范围内的整个形势来看，日本是电动汽车技术发展速度最快的少数几个国家之一，特别是在发展混合动力汽车方面，日本居世界领先地位。

电动汽车（blade electric vehicle，BEV）是主要以电池为能量源、全部或部分由电机驱动的汽车，是涉及机械、电子、电力、微机控制等多学科的高科技技术产品。普通燃油汽车的发动机是通过活塞运动把燃油在汽缸里燃烧时所产生的能量转变为旋转运动的，其旋转速度是由改变变速器的齿轮组合和控制燃油燃烧的次数来调节的，因而具有振动大、噪声大以及排放污染物较多等问题。电动汽车的动力源是电能，电动机的旋转能直接传递给驱动部分，因而几乎没有噪声和振动，而且运行时无须预热[①]。

城市轨道交通是指具有固定线路，铺设固定轨道，配备运输车辆及服务设施等的公共交通设施。新型的城市轨道交通技术是开发和掌握轨道交通控制和调速系统、车辆制造、线路建设、系统集成等关键技术，构建以城市轨道交通为骨架的城市综合交通体系。发展城市轨道交通是解决大城市交通问题的重要手段，是城市公共交通的主干线，客流运送的大动脉，是城市的生命线工程[②]。

（4）建筑部门节能技术。建筑节能是指在建筑中提高能源利用效率，用有限的资源和最小的能源消费代价取得最大的经济和社会效益。建筑节能具体是指节约采暖供热、空调制冷、采光照明以及调节室内空气湿度，改变居室环境质量的能源消耗，还包括利用太阳能、地热（水）能源的综合技术工程[③]。建筑节能技术主要分成三大领域：①建筑围护结构节能技术；②建筑用能系统节能技术；③可再生能源的应用技术。

建筑围护结构节能技术实则是建筑过程中针对建筑本身的各类节能技术，包括外墙外保温节能技术、外墙内保温节能技术、外墙自保温系统、外墙夹芯保温系统、层面保温隔热技术及建筑门窗保温隔热技术等。建筑用能系统节能技术是指建筑在使用过程中的各类节能技术，包括冷热环境调节系统节能技术、建筑照明系统节能技术以及其他用电系统节能技术等。可再生能源应用技术是指各类可再生能源在建筑各个方面的节能应用，包括太阳能、沼气、风能等各类清洁可再生能源应用技术，还有各类可再生能源在热泵中的应用技术、夜间天空冷资源应用技术等。在建筑节能技术应用的三大领域内，建筑围护结构节能技术属于技术应用的密集领域，各类新材料、新技术在此领域发展迅速。而建筑用能系统是建筑能耗的重头，单是空调能耗就占到了整个建筑能耗总量的1/3～2/3，因此，冷热环境调节节能技术是此领域的重点节能应用技术。此外，建筑节电技术发展比较迅猛，应用效果较为突出[④]。可再生能源应用技术在建筑节能中属于较为先进的节能技术，但技术成熟度及应用难度较大，且一般投资较大，应用前景广阔但发展较慢，只在可再生能源热泵应用技术方面有所突破，应用市场逐步扩大。

① 谢明洁. 电动汽车发展现状及前景[J]. 中国科技信息，2013（22）.

② 施仲衡. 新型城市轨道交通技术[J]. 城市交通，2011（1）.

③ 陈炜. 商业建筑节能运营和管理[J]. 智能建筑与城市信息，2012（9）.

④ 白传永. 建筑节能技术应用研究[J]. 科技与企业，2016（5）.

11.4.2.2　无碳技术

无碳技术包括水能、风能、太阳能、地热能、生物质能、核能和氢能等可再生能源技术。可再生能源规模利用技术主要包括：

（1）水力发电技术。水能是一种取之不尽、用之不竭、可再生的清洁能源。但为了有效利用天然水能，需要人工修筑能集中水流落差和调节流量的水工建筑物，如大坝、引水管涵等。因此工程投资大、建设周期长。但水力发电效率高，发电成本低，机组启动快，调节容易。由于利用自然水流，受自然条件的影响较大，水力发电往往是综合利用水资源的一个重要组成部分，与航运、养殖、灌溉、防洪和旅游组成水资源综合利用体系。但是，水力发电也面临生态系统损害和地质灾害隐患等问题。

（2）风力发电技术。风力发电是新能源发电技术中最成熟、最具大规模开发和最有商业化发展前景的发电方式。由于在改善生态环境、优化能源结构、促进社会经济可持续发展等方面的突出作用，世界各国都在大力发展和研究风力发电及其相关技术①。我国风能资源丰富，可开发利用的风能储量约 10 亿 kW，其中，陆地上风能储量约 2.53 亿 kW（陆地上离地 10 m 高度资料计算），海上可开发和利用的风能储量约 7.5 亿 kW。

（3）太阳能发电技术。太阳能发电主要分为太阳能光伏发电和太阳能热能发电两种。①光伏发电是根据光生伏特效应原理，利用太阳能电池将太阳光能直接转化为电能。无论是独立使用还是并网发电，光伏发电系统主要由太阳能电池板（组件）、控制器和逆变器三大部分组成，它们主要由电子元器件构成，不涉及机械部件，所以，光伏发电设备极为精炼，可靠、稳定、寿命长、安装维护简便。理论上讲，光伏发电技术可以用于任何需要电源的场合，上至航天器，下至家用电源，大到兆瓦级电站，小到玩具，光伏电源可以无处不在。②太阳能热发电技术是利用大规模阵列抛物或碟形镜面收集太阳热能，通过换热装置提供蒸汽，结合传统汽轮发电机的工艺，从而达到发电的目的。采用太阳能热发电技术，避免了昂贵的硅晶光电转换工艺，可以大大降低太阳能发电的成本。而且，这种形式的太阳能利用还有一个其他形式的太阳能转换所无法比拟的优势，即太阳能所烧热的水可以储存在巨大的容器中，在太阳落山后几个小时仍然能够带动汽轮发电。我国太阳能资源十分丰富，适宜太阳能发电的国土面积和建筑物受光面积也很大，其中，青藏高原、黄土高原、冀北高原、内蒙古高原等太阳能资源丰富地区占到陆地国土面积的 2/3，具有大规模开发利用太阳能的资源潜力②。

（4）深层地热工程化技术。地热是第三大可再生能源资源，大约占全球一次能源供应总量的比例为 0.5%，占可再生能源供应的比例为 3.9%。在资源禀赋良好地区，地热发电的成本非常具有竞争力。深层地热能具有稳定、连续、利用效率高等优势，以开采和利用地下低渗透性结晶质干热岩中的热能为目标的增强型地热系统（enhanced geothermal systems，EGS）技术已成为许多国家新能源发展的重点方向。国际能源署（IEA）地热路线图报告（2011）提出如果要将大气中二氧化碳水平保持在 450 μL/L（限制全球气温上升不超过 2℃的一个重要门槛）之下，那么在未来数年，风能、太阳能和地热能等可

① 李军军，吴政球，谭勋琼，等. 风力发电及其技术发展综述[J]. 电力建设，2011，32（8）.

② 余抒阳. 太阳能单罐熔盐储热特性数值模拟研究 [D]. 吉林：东北电力大学，2020.

再生能源在全球能源结构中将需要占有更大的份额。通过一系列行动来鼓励开发未被利用的地热资源和发展新技术，到 2050 年，地热能在全球电力生产和供热中将分别可以占到 3.5%和 3.9%（不包括地源热泵），而 2010 年的水平仅为 0.3%和 0.2%。充分开发利用地热资源，部分替代煤、石油等化石能源，既可减轻环境污染，又能缓解煤、电等资源紧张局面。

（5）第二代生物能源技术。相比于风能、水能、太阳能、核能等其他新能源，生物质能源是唯一可以全面替代传统化石能源的产品。因为风能、水能等只能发电，而生物质能源既可以发电，又可以制油，还能造气，可以满足飞机、汽车、轮船等使用液体、气体燃料的需求。第二代技术使用的原材料更加广泛，包括秸秆、棉花秆、落叶等都能为其所用，所以可以起到“变废为宝”的作用。

（6）核电和核聚变技术。核电技术是利用核裂变或核聚变反应所释放的能量发电的技术。因为受控核聚变存在技术障碍，现行核电站都是采用核裂变技术。20 世纪 50—60 年代建造的验证性核电站为第一代核电技术；70—80 年代标准化、系列化、批量建设的核电站称为第二代核电技术；第三代核电技术是指 90 年代开发研究成熟的先进轻水堆；第四代核电技术是指待开发的核电技术，其主要特征是防止核扩散，具有更好的经济性，安全性高和废物产生量少。

（7）氢能利用技术。氢能是公认的清洁能源，作为低碳和零碳能源正在脱颖而出。氢能是一种二次能源，它是通过一定的方法利用其他能源制取的，而不像煤、石油、天然气可以直接开采，氢能几乎完全依靠化石燃料制取得到，如果能回收利用工程废氢，每年大约可以回收到 1 亿 m^3 氢气，这个数字相当可观。21 世纪，我国和美国、日本、加拿大、欧盟等都制定了氢能发展规划，并且我国已在氢能领域取得了多方面的进展，在不久的将来有望成为氢能技术和应用领先的国家之一，也被国际公认为最有可能率先实现氢燃料电池和氢能汽车产业化的国家。

11.4.2.3 去碳技术

去碳技术的典型是二氧化碳捕获与封存（CCS）。发电厂是碳排放最大的点源，环境、政治和社会的推动力不断加大，迫使企业界寻找低成本方法来减少发电厂对气候变暖的影响；同时，发电厂也最有可能受到未来气候变化法规的影响，需要在未来投资决策和运营策略中考虑碳管理。其中，CO_2 捕获与封存技术是碳管理的重要手段之一。CCS 技术是指将 CO_2 从相关能源的源分离出来，输送到一个封存地点，并且长期与大气隔绝的过程。它被认为是电力等部门减少 CO_2 排放的极有潜力的技术，得到国际社会的普遍关注。

（1）CO_2 捕获技术。二氧化碳捕获技术，简单来说就是将原本排至大气层的二氧化碳收集起来，以便以后的输送和封存。根据捕获原理和技术方法的不同，通常将 CO_2 的捕获技术分为 4 种：燃烧前捕获、富氧燃烧技术、化学链燃烧技术以及燃烧后捕获。

（2）CO_2 运输技术。通过上述一系列手段捕获高纯度的 CO_2 后，需要运输到 CO_2 封存地点进行封存处理。一般可采用管道运输、汽车运输、火车运输或轮船运输至封存地点，被输送的 CO_2 可以是气态，也可以是液态或固态。不管采取哪种方法运输 CO_2，都必须充分考虑封存地和捕获地之间的距离，以便降低操作费用和设备投资。应用最多的是轮船运输和管道运输。

（3）CO_2 封存技术。二氧化碳封存技术就是为了避免 CO_2 进入大气层，采取一定技术手段将原本排放大气的 CO_2 捕获，然后输送至地底或海洋深处进行封存。常用的 CO_2 封存技术有地质封存和海洋封存[①]。

CCS 是短期内解决 CO_2 超排导致温室效应加剧的一种有效途径，其关键技术是 CO_2 捕获、运输和封存。制约 CCS 技术发展的一个重要原因是地质封存和海洋深处封存 CO_2 的建设和运行成本过高，且没有经济效益。而通过 CO_2 气驱强化采油技术（CO_2 enhanced oil recovery，CO_2-EOR）将 CO_2 注入油田，既可以减少 CO_2 排放和水的消耗，又可以提高石油采收率，同时获得可观的经济效益，且已经在实际应用中的效果得到了充分肯定，因此 CCS 技术中最有发展前景的是 CO_2-EOR 技术，也是我国应该优先发展的技术。

11.4.3 低碳技术创新的发展

对于发展低碳经济来说，技术进步是决定因素之一，因为碳生产率是由技术水平决定的。未来，低碳技术将成为国家核心竞争力的一个标志[②]。低碳技术创新可以为实现节能减排和低碳发展的目标提供强有力的支撑，但技术的创新、发展、扩散和大规模的应用需要相应的制度和政策创新的支持。

我国在“十一五”规划中提出了在 2006—2010 年单位 GDP 的一次能源消耗比 2005 年降低 20%的政策目标。这是我国在减缓气候变化方面投入资源最多、量化考核最严格的核心举措，且已经得到了很好的落实。我国能耗增长率自 2005 年以来开始呈现与 GDP 增长脱钩的态势，2010 年单位 GDP 能耗已较 2005 年大幅度降低了 19.1%（未达到规划目标 20%）[③]。“十二五”期间累计完成节能降耗 19.71%，超额完成“十二五”节能降耗 16%的目标。节能目标的实现主要归功于先进技术的应用和经济结构的调整，其中技术应用起到了决定性的作用。在“十二五”期间，虽然结构性节能的重要性比“十一五”期间可能会有所增加，但技术的应用仍将是实现节能减排目标和碳强度目标的中坚力量。根据《“十三五”节能减排综合工作方案》，到 2020 年，全国万元国内生产总值能耗比 2015 年下降 15%，能源消费总量控制在 50 亿 t 标准煤以内。实施结果是，2020 年我国能源消费总量在 49.8 亿 t 标准煤左右，但单位 GDP 能耗是世界平均水平的 1.5 倍，能源效率仍然偏低，节能降耗的空间很大。从中长期来看，中国若要实现控制温室气体排放的目标，现有的和前瞻性技术的部署与应用至关重要。因此，明确重要技术领域、识别关键技术发展路径、探索技术创新的政策保障、合理规划技术路线图，是成就中国特色低碳之路的重要保障。随着气候变化问题在全球范围内成为研究热点，低碳技术路线图等成为国内外研究机构的关注点。中国科学院能源领域战略研究组提出中国低碳技术应用路线图如表 11-4 所示。

---

① 呼晓昌. 二氧化碳捕集与封存技术探讨[J]. 资源节约与环保，2014（11）.

② 何建坤. 气候变化：机遇与挑战并存[J]. 中国政协，2009（7）.

③ 刘蓓华. 低碳经济系统自组织创新模式研究[D]. 长沙：中南大学，2011.

表 11-4 我国低碳技术应用路线

<table>
<tr><th rowspan="2">行业</th><th>第一阶段</th><th>第二阶段</th><th>第三阶段</th><th>远期</th></tr>
<tr><th>2010—2020 年</th><th>2021—2035 年</th><th>2036—2050 年</th><th>2050 年以后</th></tr>
<tr><td>能源供应</td><td>水力发电
第一代生物质利用技术
超超临界发电
IGCC
单/多/非晶硅光伏电池
第二代和第三代核电</td><td>风力发电
薄膜光伏电池
太阳能热发电
电厂 CCS
分布式电网耦合技术
第四代核电</td><td>氢能规模利用
高效储能技术
超导电力技术
新概念光伏电池
深层地热工程化</td><td>核聚变
海洋能发电
天然气水合物</td></tr>
<tr><td>交通</td><td>燃油汽车节能技术
混合动力汽车
新型轨道交通</td><td>高能量密度动力电池
电动汽车
生物质液体燃料</td><td>燃料电池汽车
第二代生物燃料</td><td>第三代生物燃料</td></tr>
<tr><td>建筑</td><td>热泵技术
围护结构保温
太阳能热利用
区域热电联供
LED 照明技术
采暖空调、采光通风系统节能</td><td colspan="3">新概念低碳建筑</td></tr>
<tr><td>工业</td><td>工业热电联产
重点生产工艺节能技术
工业余热、余压、余能利用</td><td colspan="3">工业 CCS
先进材料</td></tr>
</table>

资料来源：中科院能源领域战略研究组，2009；中国发展低碳经济途径研究课题组，2009；国家技术前瞻课题组，2008。

11.5 环保科技创新

11.5.1 环保科技的内涵

环保产业是指国民经济结构中为防治环境污染、保护生态环境、有效利用资源、满足人民群众以环境需求为目的所进行的技术开发、产品生产、商品流通、资源利用、信息服务、工程承包等一系列活动，为经济社会可持续发展提供产品和服务支持的产业，是典型的政府主导型、政策引导型产业。环保产业作为高新技术产业，从产品制造到服务对技术有着极高的依赖性。可以说，环保科技创新是环保产业发展的生命线。环保产业包括以先进的工业技术为基础的技术系环保产业和以社会、经济、人类行为为基础的人文系环保产业。从广义上讲，环保科技是指用于污染治理、清洁生产、生态保护、资源循环利用、洁净产品等方面的知识、技巧、工具、手段等的总称，包括技术研发、技术生产、技术交易、技术实施等过程①。为了区分循环科技、低碳科技和环保科技，这里提到的环保科技专指污染防治技术。

① 蒋洪强，张静. 环境技术创新与环保产业发展[J]. 环境保护，2012，40（15）.

11.5.2　环保科技的类型

根据污染治理对象来分，环保科技包括：水污染处理技术、大气污染防治技术、固体废物污染防治技术、噪声振动控制技术、土壤污染修复技术等。

11.5.2.1　水污染处理技术

"八五""九五"期间，在大中型城市，污水处理厂在技术的使用上，主要通过引进外国技术。"十五"以后，我国基本上依靠自己的技术能力，通过消化、吸收引进技术，应用于大中型城市污水处理厂建设。在这些城市污水应用的新技术中，氧化沟技术成为应用最为广泛的技术；之后，序批间歇式活性污泥（sequencing batch reactor activated sludge process，SBR）技术迅速发展；在颁布新的城市污水排放标准之后，由于脱氮除磷的需要增加，A/O 法（Anoxic/Oxic，厌氧好氧工艺法）在污水处理厂建设中重新得到重视。于是，氧化沟、SBR 和 A/O 三种工艺技术，成为我国大中型城市污水处理厂应用的主流技术①。

（1）SBR 技术。SBR 技术是以间歇曝气方法运作的污水污泥处理系统，污水的混合、沉淀、排水、排泥等过程均在一个反应池中由自动设备调控完成，并处于间歇循环模式中，这也是它的主要特征。除此之外，它还具有使用成本低、沉淀速度快、快速去除有机物、抗冲击、避免污泥膨胀等特点。

（2）氧化沟工艺。氧化沟工艺是 SBR 技术的一种变形，因为其外形酷似封闭的沟渠，因此也被称为连续环状反应器。从本质上讲，氧化沟工艺属于悬浮生物处理技术；从机理上讲，又类似于延时曝气技术。50 余年的实践与发展使得氧化沟工艺在理论、技术和构造上都在不断地发展与创新，由于低成本、高回报而成为国内最受信任的水污染治理技术②。

（3）A/O 法。主要用于水处理方面。它的优越性是除使有机污染物得到降解外，还具有一定的脱氮除磷功能，是将厌氧水解技术用于活性污泥的前处理，所以 A/O 法是改进的活性污泥法③。A 是厌氧段，主要用于脱氮除磷；O 是好氧段，主要用于去除水中的有机物。它除了可去除废水中的有机污染物，还可同时去除氮、磷，对于高浓度有机废水及难降解废水，在好氧段前设置水解酸化段，可显著提高废水可生化性。

随着污水处理设施建设向城镇扩展，治污设施的中小型化和分散化造成设施运营管理的分散，因而水处理设施运营的整合是必然发展趋势。筛选、开发、研制重金属、石化等行业的高含盐、高 COD、高氨氮、低生化性、成分复杂、水质波动大、营养缺失、出水指标高的废水治理技术迫在眉睫，有很大的市场空间。此外，水处理关键技术需求还有水生态修复技术和地下水污染修复技术。应用于受污染的港湾、江河、湖泊、水库等自然水体，特别是生物控制技术和回收藻类、水生植物的厌氧产沼气、发电及沤肥的资源化技术；修复设备与仪器的开发、使用，特别是地下水中主要污染物的去除方法（物理、化学和生物）、地下水中污染物的监测方法、修复试剂的投放方法、修复效果的评估方法等。

---

① 王柱强. 我国水资源污染防控产业研究[D]. 北京：中国地质大学（北京），2010.

② 李璐倩. 我国城镇水污染治理技术探析[J]. 科技传播，2013（13）.

③ 崔亚伟，赵天涛，赵由才. 渗滤液组合处理工艺的探讨与实践[J]. 重庆理工大学学报（自然科学版），2011（1）.

11.5.2.2 大气污染防治技术

我国的经济高速发展导致大气严重污染，空气质量不断降低，尤其是除尘、SO_2及NO_x污染。我国的环境治理以消烟除尘为突破口，从而带动了消烟除尘技术的快速发展，尤其在电除尘、袋除尘技术方面取得了很大进步。在电除尘方面，不论从理论研究、工艺设计，还是设备制造和自动控制等方面都有了很大发展，接近或达到了当代世界先进水平；在袋除尘方面，以技术引进和自主开发并进，产品门类齐全，标准化程度较高，从产品质量、产品规格和总体生产规模上已基本满足我国环保市场需要①。

（1）除尘技术。静电除尘是气体除尘方法的一种，是利用静电场使气体电离从而使尘粒带电吸附到电极上的收尘方法。在强电场中空气分子被电离为正离子和电子，电子奔向正极过程中遇到尘粒，使尘粒带负电吸附到正极被收集。当然通过技术创新，也有采用负极板集尘的方式。以往常用于以煤为燃料的工厂、电站，收集烟气中的煤灰和粉尘。冶金中用于收集锡、锌、铅、铝等的氧化物，也可用于家居的除尘灭菌产品。

袋式除尘器是一种高效干式除尘器。它是依靠纤维滤料做成的滤袋，更主要的是通过滤袋表面上形成的粉尘层来净化气体的。几乎对于一般工业中的所有粉尘，其除尘效率均可达到99%以上。袋式除尘器广泛用于各种工业废气除尘中，如轻工、机械制造、建材、化工、有色冶炼及钢铁企业等。它比电除尘器的结构简单，投资省，运行稳定，还可以回收因比电阻高而难以回收的粉尘；它与文丘里管洗涤器相比，动力消耗小，回收的干粉尘便于综合利用，不存在泥浆处理的问题②。因此，对于细而干燥的粉尘，采用袋式除尘器净化是适宜的。

（2）脱硫脱硝技术。氮氧化物、硫氧化物是空气污染的主要来源之一。烟气脱硫脱硝技术是应用于多氮氧化物、硫氧化物生成化工工业的一项锅炉烟气净化技术。故应用此项技术对环境空气净化益处颇多。已知的烟气脱硫脱硝技术有磷铵肥法（phosphate ammoniate fertilizer process，PAFP）、活性炭纤维法（activated carbon fiber process，ACFP）、软锰矿法、电子束氨法、脉冲电晕法、石膏湿法、催化氧化法、微生物降解法等。烟气脱硫脱硝技术按照燃煤的品质不同可分为烟气脱硫技术、烟气脱硝技术和联合脱硫脱硝技术。

（3）治霾技术。随着工业化和城市化的不断推进、生态环境遭到破坏，很多地区开始出现严重的雾霾天气。雾霾主要由二氧化硫、氮氧化物和可吸入颗粒物组成。其中，颗粒物（Particulate Matter）的英文缩写为PM，北京监测的是细颗粒物（$PM_{2.5}$），也就是空气动力学当量直径小于等于2.5 μm的污染物颗粒。这种颗粒本身既是一种污染物，又是重金属、多环芳烃等有毒物质的载体。雾霾的源头多种多样，如汽车尾气、工业排放、建筑扬尘、垃圾焚烧，甚至火山喷发等，雾霾天气通常是多种污染源混合作用形成的。

解决雾霾问题的根本方法仍然在于源头减排，而源头减排的一项重要措施为提高治污设施的治理效率，开发并升级相关环保技术，降低污染物的排放。现阶段环保技术在雾霾治理问题上的应用有广度但深度有限。较为成熟的环保技术或产品③包括：①油气回收装置：在加油站加油的过程中，车的油箱也会有蒸发现象，其导致的有害物质比机动车尾气

① 郭亚东，薛媛红，赵强. 我国环保产业技术现状与发展方向[J]. 四川环境，2002，21（4）.

② 阎家福，林伦志. 箱式皮灰除尘器及其应用[J]. 重庆环境科学，1993（5）.

③ 廖丽芳. 雾霾防治技术中国专利浅析[J]. 中国发明与专利，2015（6）.

还多，是雾霾的一种重要组分，所以油气回收装置能在一定程度上减少油气蒸发量；②洗煤技术：推行煤炭洗选加工，降低煤的硫分和灰分，限制高硫分、高灰分煤炭的开采；③小锅炉的脱硫、脱硝：整治小锅炉，加快重点行业脱硫脱硝除尘改造；④新能源汽车：推广使用耗油量小、尾气污染少的清洁能源交通工具；⑤油烟净化器：以北京市为例，餐饮业带来的污染占比 6%，全国范围内，餐饮业带来的污染不可忽略，油烟净化器对于油烟污染治理起到很大作用[①]；⑥油品升级技术：升级油品则会很大程度上减少尾气量。中国环境科学院车用燃料及添加实验室研究调查表明，我国油品与发达国家相比低了 2～3 个等级。

11.5.2.3　固体废物污染防治技术

我国的固体废物处理一直落后于大气污染防治和水污染防治，但随着经济的迅速发展和城市化进程的加快，"垃圾围城"的现象日甚一日。我国在工业固体废物处理和城市生活垃圾处理方面进行了大胆尝试和探索，在借鉴国外技术的基础上，自主开发了具有中国特色的一系列技术装备，如粉煤灰和煤矸石的大量综合利用，钢渣和铁渣的分选和综合利用，塑料制品的回收利用都取得了可喜成果。城市生活垃圾的收运机械化程度有了很大提高，城市垃圾的分选、堆肥、填埋、焚烧技术也有一定发展，并取得了一些成果和经验，而在小型焚烧炉的研制方面更为显著[②]。

主要的固体废物处理技术包括工业废渣高效综合利用技术；废旧轮胎与废旧塑料处理利用技术；危险废物安全填埋技术、焚烧技术、等离子体处理技术及稳定化技术；焚烧飞灰的处理利用技术；废弃物无害化、减量化和资源化处理处置集成技术与设备；污泥沼气发电成套技术装备；生活垃圾分类收集技术与设备，垃圾焚烧处理、堆肥、卫生填埋技术等；大型垃圾焚烧设施炉排及其传动系统、循环流化床工艺预处理技术装备、焚烧烟气酸性气体净化关键设备、二噁英控制脱除技术设备、飞灰处置、固化技术设备等[③]。

11.5.2.4　噪声振动控制技术

噪声是长期困扰市民的一个重要污染因素，我国在开展噪声控制达标区建设，相应噪声与振动控制技术发展较早、较快、较成熟。①我国的噪声控制方面的标准、规范较齐全，且大都与国际接轨；②我国在无源噪声振动控制方面已接近国际水平，在某些方面如微孔吸声原理与技术方面处于世界领先地位；③有源噪声振动控制方面加大了研究开发力度，也取得了一些可喜成绩。

未来重点需求的技术和设备主要包括：有关大型高噪声企业的低噪声设备研究与开发；大面积、多声源企业噪声控制技术；各类高效率工业噪声振动控制设备；道路隔声屏障，室内低频噪声和固体传声的识别分析技术和控制技术、设备；室内建筑服务设备的振动控制技术和设备；符合新的国家标准要求的建筑隔声材料和结构，建筑声学设计施工中应用的新型吸声材料；城市轨道交通噪声、振动控制技术；应用于城市轨道交通，重点研发阻尼弹簧浮置道床隔振器及配套技术等[④]。

---

① 王少梅，李茜倩，谷娜. 试论雾霾现况与环保技术[J]. 哈尔滨师范大学自然科学学报，2015（5）.

② 于越峰. 中国环保产业技术现状与市场前景分析[C]//中国国际环保展专题报告会，1999.

③ 蒋洪强，张静. 环境技术创新与环保产业发展[J]. 环境保护，2012，40（15）.

④ 蒋洪强，张静. 环境技术创新与环保产业发展[J]. 环境保护，2012，40（15）.

11.5.2.5 土壤污染修复技术

土壤污染是环境污染的重要环节，主要通过改变土壤的组成、结构和功能，影响植物的正常生长发育，导致有害物质在植物体内累积，并通过食物链进入人体，最终危害人体健康。污染土壤的修复途径主要包括：①降低污染物在土壤中的浓度；②通过固化或钝化作用改变污染物的形态从而降低在环境中的迁移性；③从土壤中去除。下面从物理、化学、生物 3 个方面介绍几种土壤的修复技术①。

（1）物理修复。治理污染土壤的方法在 20 世纪 80 年代以前仅仅限于物理法和化学法。如早期的焚烧法、换土法以及隔离法等都要求高温、人力及机械设备等，不仅成本很高，最主要的是没有从根本上解决污染问题，这些处理方法仅仅是使污染物发生了转移，对这些污染物还需要进一步的处理，这些方法仅仅应用于处理一些突发的紧急事件。而现在出现的一些经济可行的新技术、新工艺等逐渐成了研究的热点，如电修复法、土壤气相抽提法、净化土壤工艺法、热解析法等。

（2）化学修复。化学修复是通过土壤中的吸附、溶解、氧化还原、拮抗、络合、螯合或沉淀作用，以降低土壤中污染物的迁移性或生物有效性。常用的有以下几种：①固化技术。为了控制污染物在土壤中的迁移，一般是将含有重金属的污染土壤与固化剂按照一定的比例进行混合，熟化后形成渗透性较低的固体混合物，从而隔离了污染土壤与外界环境的影响，将污染物固封在固化物中。②稳定化技术。将污染物转化为不易溶解、迁移能力小以及毒性小的形式或状态，主要是通过在土壤中加入化学物质改变重金属的形态或价态实现的。③萃取法技术。使用有机溶剂对石油污染的土壤中的原油进行萃取，主要是根据相似相溶原理进行的，萃取后对有机相进行分离，回收油用于回炼，而分离的溶剂循环使用。④淋洗法技术。受到污染的土壤经过清水淋洗液或含有化学助剂的水溶液淋洗出污染物。

（3）生物修复。在减少土壤中有毒有害物质浓度的时候利用生命的代谢活动使污染的土壤恢复到健康状态，这种修复土壤的方式为生物修复。主要有以下 3 类：①微生物修复。土壤中的某些微生物对一种或多种污染物具有沉淀、吸收、氧化和还原的作用，微生物修复就是利用这种作用来降低土壤重金属的吸收、修复被污染的土壤和降解复杂的有机物。②植物修复。植物修复技术根据植物修复的机理和作用过程可以分为 4 种基本类型：植物提取、植物挥发、植物稳定和植物降解。植物提取主要是靠植物吸收土壤中的污染物，这些污染物运输并储存在植物体内，通过种植和收割植物而达到去除土壤污染物的目的。植物挥发净化土壤可以分为两种方式：一是土壤中的污染物在植物根系分泌的特殊物质的作用下转化为挥发态；二是植物将土壤中的污染物吸收到体内再转换为气态物质释放到大气中。植物稳定是指植物通过某种生化过程使污染基质中污染物的流动性降低，生物可利用性下降。植物降解是通过植物根系分泌物与根际微生物联合作用而达到降解污染物的生物化学过程，这种主要是处理复杂的有机物。③动物修复。动物修复技术主要是通过土壤动物群来修复受污染的土壤。分为直接作用：吸收、转化和分解；间接作用：改善土壤理化性质，提高土壤肥力，促进植物和微生物的生长。动物修复技术包括两方面内容：第一，将生长在污染土壤上的植物体和粮食等饲喂动物，通过研究动物的生化变异来研究土壤的

---

① 梅祖明，袁平凡，殷婷，等. 土壤污染修复技术探讨[J]. 上海国土资源，2010（z1）.

污染状况；第二，直接将蚯蚓、线虫类等饲养在污染土壤中进行研究，这方面较多地应用在石油类污染中①。

11.5.3　环保科技创新发展

我国的环保技术装备已能基本满足环境污染治理的需要，为防治环境污染所提供的新工艺、新技术、新设备不断推出和涌现。改革开放不仅使我国有机会获得国外资金、技术和管理经验，同时也把自己推向了世界市场的竞争之中。

综合来看，我国环境污染治理工艺的研究基本上与国际同步，但工艺水平和环保产品质量却不能与国际先进水平同步，如电除尘、袋除尘、无源噪声防治等个别领域水平较高；一般污水处理技术在工艺上并不落后，但在设备制造上差距较大；我国没有很好地解决造纸废水特别是小造纸的废水处理工艺和设备问题。在高浓度有机废水、制药废水、城市污水成套化设备生产方面都有差距，尤其是环境监测仪器的开发生产更为落后。多年来我国凡高精尖的环保仪器设备几乎都依赖进口。

在废物资源化方面，虽然综合利用率逐年提高，但在固体废物综合利用中缺少大型的成套设备，如废塑料回收利用中的预处理设备（包括分选设备、破碎、清洁、干燥设备）和回收再生利用成套设备。在钢铁渣综合利用中缺少大型钢铁回收成套设备（包括大吨位废钢剪断机、大型破碎机、打包机等）。在粉煤灰综合利用中也缺少收集、挤压、储运、分选的成套设备。

研究展望

绿色科技创新是人类发展的大趋势。只有通过绿色科技创新，才有可能从黑色增长转向绿色发展、从线性增长转向循环发展、从高碳增长转向低碳发展。绿色科技创新的发展需要特别关注的问题：①如何识别绿色科技与非绿色科技？为此，需要有科技绿色化的评判标准，只有明确标准，才可能确定非绿色科技的退出和绿色科技的推进。②如何从成本收益角度判断绿色科技的实用化？绿色科技存在的突出问题是绿色不经济、循环不经济、低碳不经济。从绿色不经济到绿色经济、从循环不经济到循环经济、从低碳不经济到低碳经济，根本的途径还是绿色科技创新。因此，绿色科技创新需要融入经济理念。③如何评估绿色科技创新？怎样细化和明确各项评估指标，使其具有可操作性？如何把绿色科技创新从定性或概念性的描述转变为定量化的表述？如何预测和控制绿色科技创新风险，使绿色科技创新在可控范围内有序稳步进行？这些问题是亟须深入探讨的。

思考题

1．什么是绿色科技和绿色科技创新？其理论基础有哪些？
2．如何理解绿色科技、循环科技、低碳科技之间的联系与区别？
3．循环经济的“3R”原则指什么？分别包含哪些循环科技？
4．低碳科技中的无碳技术指什么？包含哪些类型？
5．你认为绿色科技创新最大的阻碍是什么？并阐述原因。

---

① 徐铁兵，梁静，孙玉艳. 几种典型的土壤污染修复技术综述[J]. 价值工程，2013，32（14）.

第 12 章 绿色科技推广理论

绿色科技创新因其对环境问题的改善和对社会经济的促进双重角色，正日益成为理论界、企业界和政府关注的对象。由于科技创新的外溢效应以及绿色科技创新的特殊性，绿色科技创新对社会和环境有明显的效益，但对企业提高经济效益的作用未必明显。首先，企业绿色科技创新缺乏足够的动力，所以，绿色科技的推广需要政府有效的激励；其次，市场化和现代企业制度被证明是提高科技效率（包括研究、开发、生产、商业化等）的有效方式；最后，公众参与监督和推动对于政府行为和企业行为都是必要的，同时对于绿色科技本身也是不可缺少的。因而，绿色科技推广的基本模式是以政府启动为开始，企业化运作，公众参与监督和推动，各方在绿色科技的运行中都能感受到应得的利益。因此，《中共中央 国务院关于全面推进美丽中国建设的意见》指出："加强企业主导的产学研深度融合，引导企业、高校、科研单位共建一批绿色低碳产业创新中心，加大高效绿色环保技术装备产品供给。"[①]

12.1 绿色科技推广的基础理论

12.1.1 绿色科技推广的过程

技术扩散是促进绿色科技推广、绿色产业升级和优化资源配置的重要手段。熊彼特（Schumpeter J. A.）将技术创新的大面积或大规模的模仿视为技术创新扩散[②]。斯通曼定义技术扩散为"一项新技术的广泛应用和推广"[②]。随着绿色科技的应用规模不断扩大，政策推动效力会逐渐减弱。要实现绿色科技对传统科技的替代，如何优化激励政策的成本有效性和效率成为绿色科技进一步发展和推广的核心问题之一。

绿色科技的推广是一个涉及多主体、多阶段的过程，具有特定的规律和基本特征。投资者对新科技的态度取决于其对科学技术的认知程度和对科技技术未来发展的信心。根据投资者的动态变化，将绿色科技的技术扩散过程分为技术获悉、效益计算和技术认可三个阶段（图 12-1）。

（1）技术获悉阶段：是投资者获悉绿色科技相关信息的过程，是技术扩散的初始阶段。区域内不了解绿色科技的投资者成为潜在投资者，潜在投资者通过新闻媒介等渠道获取相关信息，形成对技术的兴趣。潜在投资者获得信息达到信息充分阈值，即变为兴趣投资者。

---

① 中共中央 国务院关于全面推进美丽中国建设的意见[N]. 人民日报，2024-01-11.

② SCHUMPETER J A. The instability of capitalism [J]. The Economic Journal，1928（38）.

② P. 斯通曼. 技术变革的经济分析[M]. 北京：机械工业出版社，1989.

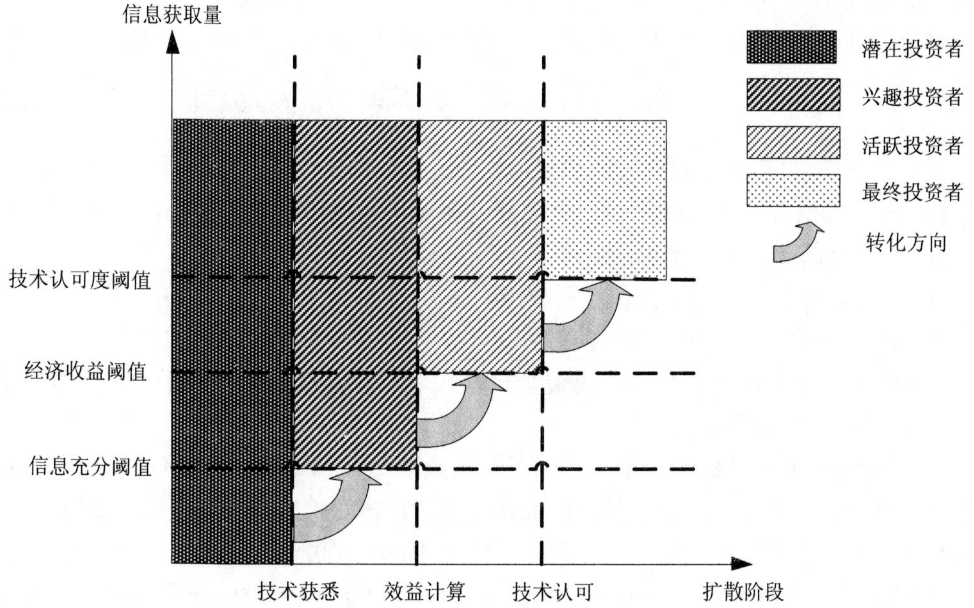

图 12-1　绿色科技的技术扩散过程[①]

（2）效益计算阶段：是绿色科技扩散的核心阶段。获得经济收益是投资者投资绿色科技的重要前提。如图 12-1 所示，兴趣投资者的预期收益达到经济收益阈值后变为活跃投资者。技术的经济收益由成本和产出效益计算得到；前者在技术研发和规模效应等要素影响下，呈现动态变化特征，后者受资源分布等影响，具有空间差异性。

（3）技术认可阶段：是绿色科技推广的最终实现阶段。活跃投资者对绿色科技的接受程度达到一定阈值（技术认可度阈值，见图 12-1）即转化为最终投资者。技术认可度是绿色科技在社会中受到的认可程度，既受到市场环境（技术应用规模、价格、投资成本等）的影响，也受到环境压力、激励政策、社会包容程度等外部因素的影响。

12.1.2　绿色科技推广的模型

技术扩散模型是研究技术进步对促进新技术推广和应用影响的一种普遍接受的方法，尤其是在分析不同类型技术对其早期产品增长的影响方面[②]。1969 年，Frank Bass 第一次使用数学模型描述产品技术扩散的 S 形曲线，即 Bass 模型[③]。假设投资者受到两种信息的影响，一类是外部信息，例如，大众媒体和广告；另一类信息来自内部，像口头传播。这两类信息影响的投资者可以被分为两类，一类是受外部信息影响而采纳的创新者，另外一类就是受内部信息影响的模仿者。该模型适合扩散初期通过外部的渠道和公众媒体，之后通过人与人的沟通进行口碑传播。Bass 模型的核心思想是，创新者可以独立于社会系统的其他成员进行决策；而采用者受到社会系统的影响，影响程度决定其采用新产品所需的时间长度，并且这种影响随着采用人数的逐渐增加而增加。1994 年，Bass 等将冲击函数引

① 周德群，丁浩，周鹏，等. 基于过程划分的可再生能源技术扩散模型[J]. 中国管理科学，2021（15）.

② 曹瑞. 基于技术扩散模型的中国风电发展影响因素分析[D]. 天津：天津大学，2017.

③ BASS F M. A new product growth model for consumer durables[J]. Management Science，1969，15（5）.

入基础Bass模型，首次构建了广义Bass模型，并用此反映市场混合策略的影响①②。

考虑到市场混合策略的影响，也就是广义的Bass模型，如式（12.1）所示。

$$z'(t) = m\,(p + q\frac{z(t)}{m})(1 - \frac{z(t)}{m})x(t),\ \ t \geqslant 0 \tag{12.1}$$

式中，$z(t)$——t时期累积投资者的数量；

m——市场潜力，代表技术扩散全过程潜在的所有投资者的数量，是一个常数；

p——受外部信息影响的创新者系数；

q——受内部信息影响的模仿者系数；

$z'(t)$——投资率，是$z(t)$的微分；

$x(t)$——干预函数，代表市场混合策略，表示政策或经济等的干预对扩散模型的冲击影响。

$x(t)$是围绕1震荡的可积函数，当干预函数$x(t)=1$时，此时该式为标准的Bass模型；当$x(t)>1$时，扩散速度随时间加快，表示冲击对扩散过程有正向的影响；反之，当$x(t)<1$时，扩散速度随时间而衰退，冲击对扩散过程产生阻碍作用。

干预函数$x(t)$随着扩散时间的变化而变化，形式与扩散潜力、扩散系统创新系数、模仿系数无关，仅仅受外部冲击的影响。$x(t)$的影响因素包括：法律、政策、部门规章的执行以及扩散区域宏观经济现状等，它可以表示为下列函数：

$$x(t) = 1 + c_1 e^{b_1(t-a_1)} I_{[t \geqslant a_1]} \tag{12.2}$$

式中，$I_{[t \geqslant a_1]}$——指示函数；

a_1——外生变量干预开始，当$t \geqslant a_1$时，此函数的值等于1，$t<a_1$时该函数的值等于0；

b_1——此干预减弱到0的程度，如果$b_1>0$意味着冲击的作用虽然随时间而减缓，但是未被完全吸收，此项冲击对扩散过程仍有干扰，反之如$b_1<0$意味着冲击随时间已经被完全吸收，不再影响扩散过程；

c_1——开始冲击的强度，若$c_1>0$，说明此时的冲击会加速扩散的速度，反之，将会阻碍扩散过程。

矩形冲击是另一种类型的冲击，作用效果发生在一段时间内，并且在这一段时间内，其作用效果不随时间而改变，对扩散过程的促进或阻碍作用是固定的。$x(t)$可以表示为

$$x(t) = 1 + c_2 I_{[a_2 \leqslant t \leqslant b_2]} \tag{12.3}$$

式中，$I_{[a_2 \leqslant t \leqslant b_2]}$——也是一个指数函数，当$a_2 \leqslant t \leqslant b_2$时值为1，否则值为0；

a_2——冲击开始时间；

b_2——冲击结束时间。

当时间在$[a_2, b_2]$范围内，冲击将会发生，并且扰动冲击对扩散的影响保持不变，之后扰动突然消失。

---

① 曹瑞. 基于技术扩散模型的中国风电发展影响因素分析[D]. 天津：天津大学，2017.

② BASS F M，KRISHNAN T V，JAIN D C. Why the bass model fits without decision variables[J]. Marketing Science，1994（13）.

c_2 定义为外生扰动冲击的作用效果大小，假设其正负值均存在。那么其表示含义与指数冲击相同。当然，由于扰动是代表政策外生的变量，实际中冲击的扰动模式可以是多种多样的，因而 x（t）也可能拥有既包含指数型又包含矩形型的混合性质，表示多个政策同时干预刺激扩散过程。根据外部环境的特异性，冲击函数可能包含任何多个指数型冲击和矩形型冲击的组合。数学模型表示如式（12.4）所示：

$$x(t)=1+c_1\mathrm{e}^{b_1(t-a_1)}I_{[t\geqslant a_1]}+c_2I_{[a_2\leqslant t\leqslant b_2]} \tag{12.4}$$

应用扩散模型可以分析整个 S 形曲线的不同阶段影响因素的贡献，从而针对绿色科技推广的不同阶段采用不同方式进行政策或战略干预以达到预期的效果。扩散模型先被引入能源领域，用来分析石油、天然气行业的技术扩散。为了描述技术扩散过程中的外部因素干预便对广义 Bass 模型进行了改进，又进一步提出可以用指数型和矩形型冲击函数来拟合政策干预对可再生能源等绿色技术扩散的影响，在分析光伏发电、风能发电和核能发电等绿色技术扩散研究中，均取得了良好的效果。

12.2　绿色科技推广机制

绿色科技属于准公共物品。一方面由于其能够实现经济和生态环境的“双赢”而受到各方的推崇，另一方面由于绿色科技创新成果具有公共物品性质，有明显的正外部性，容易给一些企业提供“搭便车”的便利[①]。所以，绿色科技远比传统科技复杂，它的研究开发和推广运用存在更高的风险和不确定性。这样，政府就应该成为绿色科技推广的主体。而企业的技术人员虽然比较了解本企业的产品特性和生产设备等，但对现代高新科技尤其是绿色科技往往缺乏系统而深入的研究。而研发部门（包括高等院校、科研机构等）则比较熟悉国内外绿色科技的发展方向和所处技术水平，是绿色科技创新的中坚力量，可以向企业提供绿色科技支持。企业作为绿色科技创新推广的受体，结合自身需求、政府要求以及公众消费者的消费观念，进行绿色科技的运用，同时，根据社会各行业对新技术的接受能力，选择是否撤出原有技术。公众消费群体作为绿色科技创新推广的另一个受体，对于绿色创新科技的接纳能力主要体现在，当消费群体逐步熟悉非环保技术后，会对绿色科技产生新的需求，此时，企业为了实现更高的经济利润、社会竞争地位等目标，将对非环保技术进行需求改进，绿色创新产品投放到市场中并进行推广。然而，由于非环保类技术已占领了绝大部分的市场份额，因此，将对创新的推广产生强大的抵御作用。但是，消费群体对于绿色创新技术的需求不断提升与演进，处于社会网络中的政府通过宣传、交易等媒介进行绿色创新技术的宣传，可使绿色创新推广效率逐步增加，最终使非环保技术由于“适者生存，不适者淘汰”而被迫退出市场。此外，由于非环保技术的抵抗，若绿色创新技术不足以满足消费群体的需求欲望时，则绿色科技创新在推广过程中会产生“夭折”现象，使非环保科技继续统领市场，直至出现被消费群体接受的绿色创新科技为止[②]。

由此可见，随着我国环境规制的要求逐步深化，政府、研发部门、企业以及公众消费

---

① 李启明. 企业绿色技术创新的激励机制研究[D]. 杭州：浙江大学，2010.

② 曹霞，张路蓬. 企业绿色技术创新扩散的演化博弈分析[J]. 中国人口·资源与环境，2015，25（7）.

群体对绿色科技创新的研发及推广将产生不同的影响。绿色科技推广的主体、受体和中介之间存在着密切的联系。绿色科技推广的利益相关者不是单一的，而是多元化的，拥有以政府政策资金支持、研发部门技术支持为主体，以及公众参与推动并制约企业技术创新行为的多元行为体系（图 12-2）。绿色科技推广机制能否有效运行，取决于政府、研发部门、公众等绿色科技创新主体在推广体系中的角色与作用，也取决于它们与企业之间的相互联系和相互作用[①]。

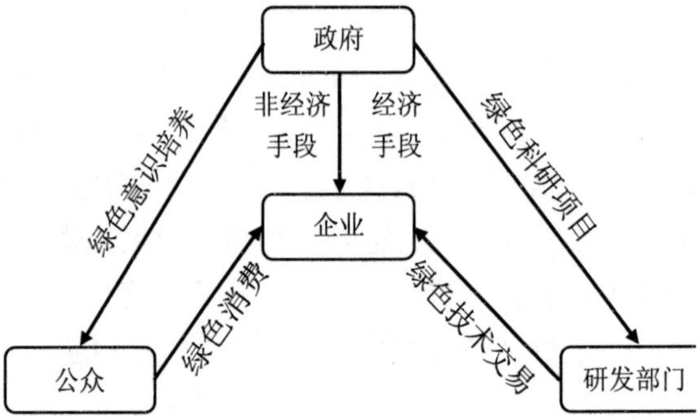

图 12-2 绿色科技创新推广机制参与者关系

12.2.1 绿色科技推广的主体

12.2.1.1 政府

政府是绿色科技推广的主体，也是绿色科技创新的引导者。由于绿色科技是准公共物品，存在着一定程度上的“市场失灵”，仅靠市场化运作容易偏离可持续发展方向。政府作为公共利益的代表，结合可持续发展实际需要，抓住可持续发展需要解决的资源环境问题，启动绿色科技，成为绿色科技创新的发动者。政府通过制定合理的政策和措施，将发展科技的动力引导到对国家和社会整体利益有利的方向，并保证这种社会活动健康有序地开展[②]。政府在绿色科技推广体系中的主体地位主要体现在以下几个方面[③]：

第一，通过各项法律规章制度和标准的建立，给企业绿色科技创新提供一个有着正向激励作用的社会环境。政府通过建立全面的科技创新评估制度和全面的科研机构为绿色科技创新提供技术支持。科技创新评价体系和有关行业的环保标准，促进污染型企业或者高耗能型企业在严格的政府规制下进行绿色科技创新，从而实现向高效率、节约型和环保型的转变。政府还可以通过制定有利于绿色科技创新的法律制度，使其成为市场经济条件下促使企业绿色科技创新最重要、最有效的外部强制力量。除此之外，政府在制定绿色科技创新的专利保护制度、切实保护绿色科技创新成果的知识产权方面具有独一无二的权威，从而成为激发企业进行绿色科技创新的动力之一。

第二，运用经济手段给企业进行绿色科技创新施加压力或提供动力。政府可以通过排污收费制度，使排污费征收额度接近污染处理费或对环境造成的外部成本，或者对企业的

---

① 田建春. 绿色技术创新多元主体分析[J]. 中国高新技术企业，2007（3）.

② 李扬裕. 绿色科技及其支撑体系研究[D]. 福州：福建农林大学，2003.

③ 李启明. 企业绿色技术创新的激励机制研究[D]. 杭州：浙江大学，2010.

环境污染行为征收环境税等，使环境污染的社会成本内部化，增加环境成本的约束力，达到推动企业绿色科技创新的目的。而对有利于节约资源、减少污染的绿色科技创新活动则给以税收优惠和补贴等经济支持。此外，政府也可以通过对绿色环保知识的宣传，提高消费者的绿色消费意识从而促使其购买绿色产品，最终间接激励企业进行绿色科技创新。

第三，财政科技拨款等政府资金支持对绿色科技创新有较强的拉动作用和诱导作用。企业出于经济利益和风险规避的考虑，往往倾向于进行渐进性绿色科技创新，根本性绿色科技创新单凭市场机制难以实现。政府出于社会整体利益的考虑，可以通过财政拨款或专项基金等手段促进企业、高校和科研院所从事根本性绿色科技创新活动，为企业的渐进性绿色科技创新提供技术基础。

第四，政府通过制定科技发展计划宏观引导绿色科技开发或直接启动重大科研项目促进企业进行绿色科技创新。一方面，通过科技发展计划在宏观上对企业绿色科技创新的项目选择进行指导；另一方面，通过自然科学基金、基础研究重大项目前期研究转向和知识创新工程等科研项目的实施取得一系列重大绿色科技创新成果。

12.2.1.2 研发部门

研发部门是我国绿色科技创新的中坚力量，对我国绿色科技的发展起着重要的作用。我国还缺少像发达国家那样能够集应用型基础研究与技术开发于一体的大型企业，而高校、科研机构所拥有较多的知识产权资源。因此，在基础研究、应用基础研究和共性技术研究开发等方面还要发挥科研机构和大学的作用。绿色科技创新推广机制的构建过程中不能忽视对科研机构和高校的合理有效激励。

科研机构本身就是一个独立的经济主体。随着科研体制的改革，这种对经济效益的追求可以激励科研机构走向市场。科研机构在透析政府的环境发展战略目标之后，可以走横向联合的道路，与企业联合开发绿色科技创新项目。科研机构的主体地位主要体现在以下几个方面：①科研机构是绿色产业创新系统的重要组成部分，它的本职工作是从事科学研究，可以向企业提供绿色科技支持，向政府提供关于绿色产业的决策咨询；②科研机构与企业联合开展科技创新，实现绿色科技成果的转化；③科研机构通过创造积极向上的学术氛围和科研环境，促进绿色产业系统的文化创新[①]。

高等院校是绿色科技创新推广的主要动力。高等院校在绿色科技推广中的主体地位主要体现在以下几个方面：①高等院校是绿色科技创新的重要源泉，它们向绿色科技创新系统输送大量的人才，为企业培养科技、管理和专业技能人才；②高等院校是绿色科技创新系统中的信息和技术交流的中心，为绿色科技创新构建了良好的技术与理论创新平台；③高等院校通过参与企业的技术创新，将有关绿色科技创新的科研成果转化为现实生产力。

12.2.2 绿色科技推广的受体

12.2.2.1 企业

企业是绿色科技创新推广机制的主要激励客体，在现代的绿色科技创新过程中，企业

① 张昌勇. 我国绿色产业创新的理论研究与实证分析[D]. 杭州：浙江理工大学，2011.

作为绿色科技创新最终的使用者，其重要地位不言而喻。企业往往能够从生产者和消费者的角度出发，选择符合市场需要的绿色科技创新，从而成为绿色科技的开发者和绿色产品的生产者。

企业作为以追求利润最大化为目标的经济主体，是市场经济活动中的“理性人”。降低生产成本和增加产品销量是企业实现利润最大化的两条重要途径。企业如何通过进行环境污染少、资源消耗小的清洁生产，在降低成本的同时增加供给以满足日益增长的绿色产品需求，以此来获得高于竞争者的市场竞争力和超额利润，是企业面临的重大问题。与此同时，行业内进行绿色科技创新的一些有实力的企业可以通过兼并促进绿色科技推广，使得所在行业实现绿色科技的普及，从而提高该产业的绿色科技水平，促进产业优化升级①。

企业在绿色科技创新推广系统中的地位主要体现在以下几个方面：①在推进绿色科技推广的过程中，企业不是依赖于政府的附属机构，而是必不可少的绿色科技推广受体，企业是产业的基本组织形式，是国民经济的基础，是构成绿色科技产业链的主要组成部分；②企业作为绿色科技创新和绿色产品的生产和销售的直接主体。其行为选择不仅受到自身发展的需要，同时受到政府以及公众消费者的监督。若企业选择绿色科技创新行为而降低对环境的污染，企业将会收到较高的社会利益，但同时需要付出较高的绿色创新成本②。

12.2.2.2 居民

市场需求是技术选择和创新决策的起点和归宿，企业的绿色科技创新需求来自市场，创新的结果最终还是要回归市场，消费者应是绿色科技创新的重要推动者和决定者。公众绿色消费意识的提高有助于形成广大的绿色产品需求市场，有了广阔的绿色产品市场，才会极大地激发企业从事绿色科技创新活动。而形成绿色意识的关键是让公众认识到自己的消费行为与环境资源保护的关系。一旦人们的绿色消费意识得以形成，就会迅速转化为直接的消费需要，进而促进企业重新评估自身的经济活动，实现科技创新的转型。因此，绿色科技创新推广机制实施效果是否理想很大程度上取决于公众绿色消费意识的强弱①。

居民在绿色科技推广体系中的作用主要体现在以下几个方面：一是对生产企业的行为监督，减少企业污染排放；二是对自身行为的规范，如垃圾分类投放，义务植树造林等环保行为；三是对绿色商品的消费，促进绿色科技的发展。只有加强公民绿色科技、绿色产品知识的教育，绿色科技创新才能得到公众的支持。因此，应该把加强绿色科技和绿色产品的教育作为增强公民环保意识的最重要途径，作为推动绿色科技创新的措施之一③。

12.2.3 绿色科技推广的中介

科技服务中介体系有明显的连接创新体系和应用体系的功能，是促进创新和应用活动良好互动的一个重要环节。建立和完善绿色科技服务中介机构，是联系绿色科技和社会大市场的必要条件。它是促进绿色科技增值和优化配置的有效途径，也是进一步推动“产、学、研”联合的重要措施。绿色科技服务体系，主要以科技推广和中介机构的形式存在。在我国，这种机构属于知识密集型服务业，主要以生产力促进中心、企业孵化器、科技咨

---

① 李启明. 企业绿色技术创新的激励机制研究[D]. 杭州：浙江大学，2010.

② 曹霞，张路蓬. 企业绿色技术创新扩散的演化博弈分析[J]. 中国人口·资源与环境，2015，25（7）.

③ 邵俊峰. 绿色技术创新及其政府管理——技术时代的反思与构想[D]. 南宁：广西大学，2003.

询和评估机构、技术交易市场、技术中介服务等形式出现。我国的绿色科技服务体系还不健全，科技服务机构存在管理不规范、发展不平衡等问题、专业化程度低、涉及范围窄、规模太小等问题。实际上，国家对科技中介服务机构的建设和发展、宗旨和任务都提出了明确的要求。在政府转换职能，企业转机建制的情况下，绿色科技的中介服务机构要发挥政府联系企业的“桥梁”纽带作用。按照“政府支持，企业化运作”的模式，面向社会，开展科技信息化服务、科技开发与推广、绿色管理咨询、绿色科技评估和转移、信用体系的建立等。具体地说，科技服务中介要积极做好以下工作[①]：

（1）深入企业，做好信息调研工作。中介机构深入企业，加深对企业的技术特点，科技水平现状的了解，保证技术转移工作的针对性，提高转移成功率，也有利于征集、筛选、整理企业技术需求和难题项目。

（2）联系政府绿色科技工作。中介机构要对政府的科技转移工作情况有认识和把握，对政府的科技规划和依托高校等所开发的绿色科技有所了解，参与配合政府项目的建立工作。

（3）组织合作项目的洽谈。在充分收集、整理企业的技术需求项目和掌握政府对科技转移工作的基础上，组织企业间、校企间或政企间合作项目的洽谈，促进它们信息交流，也要做好项目的跟踪反馈工作。

12.2.4 绿色科技推广的链条

绿色科技推广的链条包括：基础研究、应用研究、小试中试、企业投产和产业转化 5 个阶段。

12.2.4.1 基础研究

基础研究有较强的外部经济性，且基础性研究资金投入需求大，技术难度也大，风险高，成功率低。从投入-产出的角度来看，企业和个人经济主体不愿从事这项工作。但绿色科技基础创新对于可持续发展又是极其重要的，基础研究所产生的科学知识不能立即产生经济效益，但却有潜在的商业应用价值，它的产业渗透性强，潜在的应用领域广。所以在很大程度上，绿色科技基础创新具有很强的公共产品性质。它的承担主体责无旁贷地落在了政府身上。

绿色科技的基础研究体系一般包括科技要素规划、基础研究、政策和法规等。它应以政府和企业提供资金为主，以高等学校和科研机构为研究主体。政府参与绿色科技的基础研究，不仅由于和企业、个人相比，政府有较为充分的信息，也有较强的支配资源的能力，还在于绿色科技具有溢出效应。政府应该利用可利用的资源，借助大学和科研机构或科技型企业的人力资源来支持绿色科技的基础创新活动。政府对绿色科技的基础性研究，应从资金投入、创新机制、人才培养等方面加以完善，而且政府掌握着政策、标准、法规的制定和强制执行权，应注重基础性创新研究和立足于宏观的角度来看绿色科技。

---

① 李扬裕. 绿色科技及其支撑体系研究[D]. 福州：福建农林大学，2003.

12.2.4.2 应用研究

和绿色科技创新的基础研究不同，绿色科技的应用研究应该以企业为主体，因为应用性研究可能直接带来丰厚的利润，可以说，能否成功进行技术创新决定一个企业在激烈的竞争中的地位。技术创新能力和管理创新能力一起构成企业的核心竞争力。企业对自身的生产状况有深刻的了解，它的研究有针对性，而且直接面向市场，开发绿色科技，生产绿色产品，能够从中获利。研发部门的存在，有助于对本企业有利的技术的开发、引进和吸收，也有利于将潜在的商业应用价值显化。正因为如此，几乎所有的企业都在技术竞争上投入大量的资源。但企业却不愿自觉进行绿色科技创新，因为企业基本上无法实现绿色科技创新所带来的全部价值。所以，政府要创造条件，使企业成为绿色科技应用研究体系的主体。绿色科技的应用研究体系主要包括企业的绿色技术和绿色生产、绿色管理和标志、绿色营销、绿色产品等。

12.2.4.3 小试中试

科技成果转化的小试中试阶段是对实验室科技成果的“放大”，是学习、掌握、吸纳已有的科技成果知识，并初步实现科技成果转变为产品原型或样品，对其技术的稳定性和可靠性进行试验及生产设备适应性改造建设的综合过程。这一过程除需要进行性能测试、工程设计、购置设备、组织调整等工作外，还要对原有科技成果进行反复试验、修改和再创新，以使其适应生产环境和市场需求，可见，小试中试是一个反复经历的过程，科技成果大部分的不完善之处都是在这两个过程中得以不断改善的。

在小试中试阶段的反复试验过程中，绿色科技的表现形式既是外生的（专业化），又是内生的（干中学）。所谓绿色科技的“外生”，是指科技成果试验方（主要是需求方）通过接受其他转化方科技的传播与外溢效应，来获取和积累科学知识，如通过技术交易等获得新的知识。面对日新月异的技术革新和千变万化的市场需求，科技成果转化方不能仅靠自己的研发力量来进行小试中试，它必须获得和吸取其他各方机构的知识传播和外溢效应。所谓绿色科技的“内生”，是科技成果试验方通过有目的、有组织的科学研究、技术发明、技术开发等活动，在自己的实验活动中积累经验，进而将感性的经验积累上升为理性化的知识，并通过这类过程不断地进行绿色科技创新知识的积累①。

12.2.4.4 企业投产

绿色科技成果经过小试中试阶段，已经趋于完善和成熟，这样就可以进入科技成果需求方企业投产阶段。科技成果转化的投产阶段是科技成果需求方企业把经过小试中试的新产品原型或样品转变为新产品的过程，是运用新知识进行生产的阶段。科技成果需求方企业通过检测、调试设备、实施经营性批量化生产来寻求实现最低生产成本的生产规模。由于这一过程将改善的绿色科技成果与调整后的生产设备结合在一起，而且在这个设备与软件知识结合的过程经常出现预料外的问题，所以，此过程也是完善科技成果市场化应用的重要一环。科技成果被需求方引进以后，通常要引起需求方企业技术条件、装备水平、人

---

① 王雪晶. 产业科技成果转化的知识创新研究[D]. 哈尔滨：哈尔滨工程大学，2007.

员乃至组织方面的变动，以创造科技成果生长的条件，这就将引起科技成果需求方企业在投产阶段的知识创新活动。

12.2.4.5　产业转化

绿色科技成果推广的市场化阶段是科技成果需求方企业把绿色新科技转变为市场上所需要的产品或技术并促使其产业化的过程，是进行市场开发、信息反馈与改进的阶段，也是对可行性研究中市场预测的一个检验和实现绿色科技成果产业化的阶段。在这一过程中，自始至终存在着调查市场、分析客户需求、不断调整研究开发方向、形成有价值的知识挖掘和创新活动。这些知识创新活动来源于市场或者客户的信息，通过分析研究，进而形成有关市场或者客户知识，并运用这些知识来形成科学的创新决策活动，其目的是建立一定规模的科技成果转化产品市场，以此来保证规模化生产的实施。绿色科技成果转化市场化阶段是为达到开辟新市场目的而进行的绿色科技推广。具体来说包括寻找新用户、发现产品新用途、重新细分市场等知识创新活动。在这个阶段中，往往需要与客户、供应商不断进行交流，以获取他们在科技成果推向市场后对科技成果的意见反馈，这是市场化阶段对外部隐性知识的吸收，也是对绿色科技成果进行再次创新的知识储备①。

12.3　绿色科技推广的政府职能

政府在推动绿色科技创新中扮演着非常重要的角色。从伦理角度来看，理性的政府可以代表未来人，保证资源在代际间分配公平、实现人类的可持续生存和发展。从经济角度来看，由于绿色科技具有公共物品的性质，仅仅依靠市场调节显然是不够的，政府可以在“市场失灵”的情况下从公众利益出发，进行宏观调控，为企业实施绿色生产战略提供公平的市场竞争环境，引导企业实施绿色制造②。我国企业绿色科技创新尚处于起步阶段，政府在绿色科技推广方面具有不可替代的作用，主要体现在政府激励绿色科技推广的法律手段、行政手段和经济手段。

12.3.1　**政府激励绿色科技推广的法律手段**

12.3.1.1　政府环境保护法规

我国环境和科技创新政策，主要由全国人大颁布的法律和国务院及各部委制定的行政法规构成。改革开放以来，我国环境法律体系不断完善。《中华人民共和国宪法》明确规定：国家保护和改善生活环境和生态环境，防治污染和其他公害。以此为基础，全国人大在 1989 年颁布了具有基本法性质的《中华人民共和国环境保护法》，并在 2014 年对该法进行修订。20 世纪 90 年代后，全国人大陆续颁布环境保护单行法，如《中华人民共和国环境噪声污染防治法》《中华人民共和国大气污染防治法》《中华人民共和国清洁生产促进法》《中华人民共和国可再生能源法》等。从宪法到环境基本法，再到环境单行法以及

① 王雪晶. 产业科技成果转化的知识创新研究[D]. 哈尔滨：哈尔滨工程大学，2007.

② 何家霖. 社会主义和谐社会的绿色科技支撑体系研究[D]. 合肥：合肥工业大学，2007.

其他法律中环境条款，我国已经构建起完备的环境保护法律体系。为配合环境保护法律的实施和环境目标的达成，国务院和各部委颁布各种环境保护行政法规。相关法规涉及产业结构调整、节能环保产业发展、优化能源结构、科技创新补贴等多个方面，逐渐完善环境保护体系[①]。

在科技政策法规方面，科技立法对绿色科技创新有激励作用，同时对建立绿色科技市场机制有重要作用。但我国的科技立法各方面还不太完善，制约着绿色科技的发展。①没有将“绿色”这一概念加入各项科技立法当中，如作为科技基本法的《中华人民共和国科学技术进步法》中没有将绿色科技所蕴含的生态效益作为一个基本目标来规定；②缺乏有关政策法规，如绿色科技风险投资、发展民营绿色科技企业方面暂无法可依，有一些绿色科技成果的法律保障还不够完善，如绿色科技的知识产权保护制度等；③缺乏绿色科技创新的评估制度，很多法律中只有原则性的规定，缺乏具有可操作性的规定和地方性规定。同时评估规定大多不全面、单一、不权威，无法对绿色创新的推广起到应有的作用[②]。

12.3.1.2 政府科技创新法规

改革开放以来，我国相继制定了多项与科技创新有关的法规与配套法规，为推动我国科技创新的发展提供了基本准则，特别是知识产权法规方面比较完备。这些科技创新法规明确了科学技术的重要地位，解决了知识产品的外部性和“搭便车”问题，规制了科技创新的技术、市场和道德风险，保障了科技创造者权利，保护了创新主体创新成果，激发了其创新动力，对科技创新行为和其推广产生了激励作用[③]。

12.3.2 政府激励绿色科技推广的行政手段

行政手段主要指政府制定政策，颁布标准，监督协调，对绿色科技创新活动进行引导、规划、监督、服务和必要的行政干预。我国政府制定了合理的环境保护方针政策和环境管理制度，并在科技计划和科技政策中注重有利于环保、节能、资源利用等领域的技术开发和扩散。但是没有制定绿色创新战略计划和建立绿色科技政策体系，缺乏对企业绿色科技创新的宏观指导。政府应建立环境与发展的综合决策机制；完善环境保护激励政策体系；建立绿色科技政策体系，加大政府对企业创新的宏观指导和服务，为企业绿色科技创新营造良好的政策支持环境。并在执行上明确行政责任，加强部门合作，完善管理机制，加大监督力度。

12.3.2.1 环境保护行政手段

（1）淘汰旧技术，鼓励新技术。我国政府高度重视环境保护和绿色生产力的发展，运用行政手段，淘汰落后的工艺设备，关闭取缔污染严重的企业，推行清洁生产，发展绿色经济，促进结构优化升级，推动绿色消费，激励绿色科技创新。国家对浪费资源和严重污染环境的落后生产技术、工艺、设备和产品实行限期淘汰制度，鼓励开发应用新工艺、新材料和新设备。国务院经济贸易行政主管部门会同国务院有关行政主管部门定期发布清

---

① 挈多，董直庆. 绿色技术创新政策研究[J]. 经济问题探索，2016（2）.

② 李蕊英. 试论政府制定政策法规支持绿色科技创新的发展[J]. 重庆科技学院学报：社会科学版，2013（2）.

③ 王昕. 绿色技术创新的政府激励手段[D]. 大连：大连理工大学，2005.

洁生产技术、工艺、设备和产品导向目录和限期淘汰的生产技术、工艺、设备以及产品的名录。淘汰技术落后、浪费资源、质量低劣、污染环境的小煤矿、小钢铁、小水泥、小玻璃、小煤油、小火电等[①]，有效地激励了企业的绿色科技创新。

（2）促进清洁生产，评价企业环境行为。国务院和县级以上地方人民政府，将清洁生产纳入国民经济和社会发展计划以及环境保护、资源利用、产业发展、区域开发等；要求科学技术行政主管部门和其他有关行政主管部门指导并支持清洁生产技术和有利于环境与资源保护的产品的研究、开发以及清洁生产技术的示范和推广工作；要求教育行政主管部门，将清洁生产技术和管理课程纳入有关高等教育、职业教育和技术培训体系；组织开展清洁生产的宣传和培训，提高国家工作人员、企业经营管理者和公众的清洁生产意识，培养清洁生产管理和技术人员。2003年，国家环境保护总局办公厅发布《关于开展企业环境行为评价试点工作的通知》，将企业污染物排放行为、环境管理行为、遵守环境保护法律的情况以及有利于环境保护的生产行为等内容作为评价指标体系，将企业环境行为的评判结果分为很好、好、一般、差、很差5个等级，并向社会公布。

（3）奖励环保科研，发展环境科技。为了奖励在环境保护科学技术活动中做出突出贡献的单位和个人，调动广大环保科学技术工作者的积极性和创造性，促进环保科技事业发展和科技成果转化，原国家环境保护总局和中国环境科学学会设立了“环境保护科学技术奖”，该奖每年评选一次，奖励范围包括应用于环境污染防治、自然生态保护和核安全等领域，具有创新性并取得显著效益的产品、技术、工艺、材料等科学技术成果，这也在一定程度上激励了绿色科技创新行为[②]。

12.3.2.2　技术创新行政手段

20世纪90年代后期以来，面对日益严重的环境和生态问题，我国政府从可持续发展的战略高度，在科技计划和科技政策中注重有利于环保、节能、资源利用等领域的技术开发和扩散。具体体现在：实施“国家重点基础研究发展计划”，定位包括针对自然资源及其有效利用、生态、环境与社会协调发展的关键科学问题的研究。其中规定资源环境领域的发展目标是：“进一步提高对地球资源和地球环境变化规律的认识，并把它转化为可供解决问题的知识和技术，进而科学地组织有序的人类活动，为解决我国重大资源环境问题提供前沿性科学基础，提高资源环境宏观决策水平，增强可持续发展能力；广泛应用现代化技术，在提高研究水平的同时，为资源环境支柱产业和相关技术产品的发展提供若干原始性创新的源头。”《中共中央　国务院关于加强技术创新，发展高科技，实现产业化的决定》提出，“强调加强环境保护和资源综合开发利用领域的技术创新”，要求“大力发展环保技术及其产业，加快清洁能源、清洁生产相关技术及其产业的发展，加强灾害监测、预报与防治相关技术的开发和推广应用，依靠科技进步实现可持续发展战略”。针对我国资源缺乏的状况，特别是水资源严重短缺的局面，加快研究资源合理开发、利用的相关技术和设备。针对我国环境污染严重、自然生态普遍恶化的现状，加强环保领域重大关键技术和环保设备的工程化、成套化研究开发，建立一批环保技术示范工程和产业化基地，带动环保产业的发展[③]。

---

① 李蕊英. 试论政府制定政策法规支持绿色科技创新的发展[J]. 重庆科技学院学报：社会科学版，2013（2）.

② 王昕. 绿色技术创新的政府激励手段[D]. 大连：大连理工大学，2005.

③ 李京文，李志军. 促进科技与经济结合 建设现代化强国[J]. 自然辩证法研究，2002，18（12）.

12.3.3 政府激励绿色科技推广的经济手段

经济手段主要是指政府根据价值规律，利用价格、税收、信贷、投资、微观激励和宏观经济调节等经济杠杆，对环境利用和技术创新进行干预，从而激励绿色科技创新的手段。由于经济手段可以克服法律和行政手段的一些不足，具有成本低、刺激大、灵活性强等特点，能够实现以最小的经济代价获取需要的效果。因此，经济手段在绿色科技创新推广中得到了日益广泛的应用，并发挥着重要作用。

12.3.3.1 排污权交易制度

排污权交易是运用市场机制控制污染、推动绿色科技创新的有效手段，与传统的排放标准排污管制、排污收费制度相比，排污权交易具有高效率、低成本控制污染的优点，有利于政府宏观调控，排污者、非排污者均易于接受。在指令控制系统下，污染企业面临两种选择：一是治理污染；二是反抗标准。由于技术水平低，因此治理意味着要付出高额的费用；而超标却因“省钱”经常会成为污染源的最佳选择。如果改用排污权交易制度，选择技术的自由留给了污染企业，污染企业在企图回避法律责任时无法以技术不可行作辩解，因此付出的费用还不如去开发新的治理技术，或购买排污权。如果因改变技术而节省的费用大于购买排污权或新技术的费用的话，污染企业就会因技术革新而提高竞争能力。而对于出售排污权的企业来说，排污权交易使得企业节约下来的排污许可证能够在市场上出售，或储存起来以备今后企业发展之用，故而能刺激企业采用先进工艺，减少污染排放或采用更有效的控制设备增大污染物的削减量。因此，在排污权交易的条件下，买卖双方的绿色科技创新积极性都很高，对新技术的需求就会增加。面对潜在的更大需求，新技术供应商更加乐于投资开发新技术。因此，排污权交易不仅能鼓励污染源及早采用现有的污染治理技术，而且还能促进开发更新、更有效的绿色科技①。

12.3.3.2 税收政策

通过征收环境税，一方面能够通过对环境资源的定价，改变市场信号，使得企业承担环境污染造成的外部成本，把环境污染的外部不经济性内部化，将环境核算纳入企业的经济核算，从而鼓励有利于环境保护的企业行为，促使企业采取措施节约资源，减少污染物的排放量，进而促进企业绿色科技创新；另一方面征收的环境税可以用于各项环境保护项目，为环境综合治理、绿色科技创新提供资金保障②。

另外，实行差别税收能够通过对符合环境保护要求或进行科技创新的企业及产品实施优惠的税收政策，帮助企业降低成本，提高利润，优化资源配置，使那些绿色科技创新产品产生更为有利的价格，鼓励更多的企业进行绿色科技创新。

12.3.3.3 政府绿色采购

（1）政府绿色采购为绿色科技创新创造市场空间。绿色科技创新需要市场需求的拉动，

---

① 王昕. 绿色技术创新的政府激励手段[D]. 大连：大连理工大学，2005.

② 陈好丹. 绿色技术创新和制度创新问题研究[D]. 福州：福建师范大学，2006.

政府需求具有很大的市场空间，政府作为各国国内最大的消费者，政府采购的总额一般占到国内生产总值的 10%左右，进行政府绿色采购，可以通过政府庞大的采购力量，优先购买对环境影响较少的环境标志产品，这对企业绿色科技创新和绿色科技产业发育可起到极好的扶持和促进作用。绿色新产品、新技术，在刚刚推向市场时，常会面临需求不足的困难。因此，在产品发展的初期阶段，政府采购是一种很重要的激励手段。市场的保证能够弥补绿色科技创新产品竞争力较弱，市场化初期需求不足的缺陷，有利于绿色创新产品的推广。

（2）政府绿色采购对绿色科技创新起着导向作用。政府的消费倾向对市场有重要的引导作用，对消费者有重要的示范作用，所以政府的绿色采购能够对全社会的绿色消费起到强大的示范和推动作用，鼓励和带动更多更广泛的消费者的绿色消费行为，拉动绿色需求，从而引导企业增加绿色科技创新资金投入，激励企业的绿色科技创新[①]。

12.4　绿色科技推广的企业追求

（1）企业是绿色科技推广的受体。政府提供一定的条件，将绿色科技项目交付企业按市场规则运作，使其参与社会经济大循环。以往由于市场失灵，企业的利益得不到应有保证，或将微观利益和宏观利益对立起来。所以，即使政府投入很多资源和制定很优惠的政策，也不一定会收到整体效果。有时，由于各种因素，政府的科技项目不愿向企业转让，而让给自己所属科研院所组织生产。这只是一种科技与经济结合中的小循环。从经济活动的合理规模上看，这是一种不经济、不合理的经济行为。这种小循环产生的整体效益并不大，而其付出的代价却不小，且代价要由整个社会来承担。政府将绿色科技项目或成果交由企业运作，企业按市场规则，实行成本核算、科技攻关和成果推广，保证绿色科技成果在质量和价格上的最优，使绿色科技成果商品化和产业顺利开展[②③]。

（2）企业又是绿色科技创新的直接实施者。市场是资源配置的最有效手段，企业是市场活动中重要的微观经济活动的主体，官产学研合作有利于统筹和集成各类创新资源，实现创新的合力。为完善市场制度，需要强化企业的主体地位，加强官产学研合作，推动绿色科技创新平台建设。

12.4.1　激发企业家创新精神

企业是配置创新要素的核心载体，企业家推动着企业绿色科技创新。通常企业家并不直接参与基于产品、工艺、设备和原材料的技术创新，而是借助生产组织、管理创新和自身的特质创造一种适宜技术创新的氛围，以保证促进企业的科技创新，提高企业科技创新的成功率，最终求得全面发展。也就是说，企业家是企业科技创新的倡导者、激励者、协调者和组织者[④]。激发企业家的创新精神，提高企业绿色科技创新能力是强化企业主体地位的重要措施。①企业家应顺应绿色潮流。大力培育员工的绿色价值观、社会责任感和使命感，强化员工的紧迫感和危机感。由绿色价值观激发而内生的企业发展动力是通过经济

① 谢玉姣. 促进绿色技术创新的财税政策研究[D]. 成都：西南财经大学，2011.
② 李扬裕. 绿色科技及其支撑体系研究[D]. 福州：福建农林大学，2003.
③ 陈好丹. 绿色技术创新和制度创新问题研究[D]. 福州：福建师范大学，2006.
④ 胡忠瑞. 企业绿色技术创新的动力机制与模型研究[D]. 长沙：中南大学，2007.

主体价值取向的变化而生成的，具有更多的自觉、理性、无私成分，所以是最具稳定性和持久性的动力。②企业家应积极承担社会责任。企业家把绿色创新、绿色发展作为企业的社会责任，积极优化产业发展环境、支持相关绿色公益活动，为社会经济的可持续发展贡献力量。③企业家的创新思维。在绿色科技创新实践中，企业家突破各种思维定式的束缚，实现思维方式的创新，在激烈竞争中以创新取胜①。

12.4.2 提高企业绿色科技创新能力

企业开发推广绿色科技，一方面可以获取创新供给的超额利润；另一方面通过利用绿色科技对资源的综合利用而减少环境污染。为提高企业的绿色科技创新能力，可以采取以下措施：

（1）发挥大型企业的创新骨干作用。大型企业既是本行业内的创新骨干和龙头，又是中、小企业的“领头羊”。大型企业有条件申请和承担国家重大科技攻关项目；有实力购买国外先进技术，并进行引进、消化吸收和再创新；能够带领中小企业和科研院所资源共享、优势互补，形成高效的创新集群。

（2）激发科技型中、小企业的创新活力。加快科技型中、小企业发展，对于培育发展战略性新兴产业、促进全民创新创业、增强经济发展活力、增加社会就业、建设创新型国家具有重要的战略意义。坚持吸引聚集、分类培育、整合资源和社会融资的原则，运用“政府扶持＋市场驱动＋金融支撑”的发展模式，集聚各方资源和社会要素，加大对科技型中、小企业的支持和培育。

（3）加强企业技术改造、实施质量和品牌战略、推进大企业和中、小企业协调发展。积极开展 ISO 14000 及环境标志和产品质量认证，促使企业的生产、经营和销售活动更加符合生态安全，顺应绿色消费趋势。ISO 14000 体现了产品生命周期的观念，通过对产品的全过程控制，将废物产生和能源消耗降至最低，规范企业生产和管理。以知识产权为基础，加强企业的内在动力。企业的创新主要体现在知识产权上，更体现在专利特别是发明专利上。采取办班辅导、聘请专家等方式，力争多申报专利。

（4）建立学习型组织。建立学习型组织，有利于企业内部沟通，使员工理解企业的发展战略与目标，从而使研发人员对自己的任务带有使命感，更投入地工作。由于学习型组织鼓励组织成员有多样化的观点和意见，研发人员也容易从中得到启示和构想，实际上不仅研发人员投入到企业的研发工作中，而且全体员工都具有研究创新的意识。建立学习型组织，可以形成不断超越自我的文化氛围，使企业通过不断学习提高应对和处置危机的能力，积极面对市场需求进行绿色科技研发，提高企业绿色竞争力②。

12.4.3 协同创新加强官产学研合作

加强官产学研合作创新，构建优势互补、互利共赢、务实高效、开放灵活的官产学研合作新机制，有利于运用市场机制集聚创新资源，降低企业的研发成本，提高产品的质量和效益，提升产业核心竞争力。激励企业参与和鼓励产学合作是市场经济发达国家科学研

---

① 杨发庭. 绿色技术创新的制度研究[D]. 北京：中共中央党校，2014.

② 杨发庭. 绿色技术创新的制度研究[D]. 北京：中共中央党校，2014.

究与试验发展（research and development，R&D）计划的一个基本特点。例如，美国先进技术计划（advanced technology program，ATP）的激励规则突出体现了鼓励企业联合或产学研联合；韩国 HAN 计划要求民间的企业和参与应达到一定的比例，以保障研究成果和产业化的连接。大力支持高校、科研单位与企业联合建立知识创新体系。积极引导高校和科研单位与企业联合建立重点实验室、工程技术中心、设立产学研基地，与企业组建产学研联盟，使其成为原始创新、知识创新的主力军。鼓励科技中介机构开展技术咨询、技术转让和技术服务。通过不断完善促进官产学研结合的政策环境，利用科技计划、经济和科技政策等手段，以提高产业创新能力和竞争能力为目标。

因此，应进一步完善以企业为主体、高等院校和科研机构广泛参与、利益共享、风险共担的官产学研合作机制，大力培养高科技含量、高附加值、拥有自主知识产权的创新型企业，加快产业多元、产业延伸、产业升级的步伐，有效促进科技与经济的紧密结合，积极促使科技成果快速转化，实现生产力的快速发展①②。

12.4.4　共享平台加强创新平台建设

在绿色科技创新中，需要不断完善创新孵化平台，注重技术研发创新。推动企业实施信息化改造，着力构建以企业为主体、市场为导向、产学研相结合的科技创新体系，提升创新驱动发展水平。采取以奖代补方式，支持企业与科研院所、高校合作共建产学研创新平台。实施技术创新孵化平台建设推进工程，支持企业建设技术研发平台，推动重点工程实验室和企业技术中心建设。

12.5　绿色科技推广的公众参与

社会参与主要包括社会组织、大众传媒和公众的积极参与。社会力量参与到绿色科技创新法律法规和标准的制定过程中，参与到绿色科技创新的社会监督和管理中，为绿色科技创新提供了坚实的社会基础和不竭动力。

社会组织是现代社会管理和服务的重要主体，为社会成员提供政府和市场不能及时或全面提供的公共服务，能够有效弥补政府管理的不足和市场存在的缺陷。我国将社会组织分为社会团体、基金会和民办非企业单位三大类。社会团体包括行业性社团、学术性社团、专业性社团和联合性社团；基金会包括公募基金会和非公募基金会；民办非企业单位是由企业事业单位、社会团体、公民个人等利用非国有资产举办的、从事社会服务活动的社会组织，分为教育、卫生、科技、文化等十大类①。

大众传媒是民生的发声器和信息沟通的桥梁，具有即时性、交互性、实时性强的特点。它们正确传达政府政策，客观反映民众心声，是政府进行绿色科技创新宣传和教育的助手。大众传媒辐射力、渗透力和影响力强，通过电视、广播、刊物、报纸、网络等积极宣传，引导人们树立绿色价值观，追求健康、文明、可持续的绿色生活。

公众参与和支持为绿色科技创新奠定了坚实的群众基础。绿色科技的有效运行，离不

---

① 杨发庭. 绿色技术创新的制度研究[D]. 北京：中共中央党校，2014.

② 杨发庭. 生态危机：特征、根源及治理[J]. 理论与现代化，2016（2）.

开公众参与。①对生产企业的行为监督，减少企业污染排放；②对自身行为的规范，如垃圾分类投放，义务植树造林等环保行为；③对绿色商品的消费，促进绿色科技的发展。当然，前两者特别需要政府提供激励机制，确保公众在参与绿色科技活动中的环境知情权和自身权益。公众对绿色商品的消费，也要求企业能够生产出质优价廉的产品，促使公众形成消费绿色商品的风尚，一旦社会形成消费绿色商品的自发行为，形成对绿色产品的需求，则这种需求对绿色科技的推动力是巨大的，正如恩格斯所言："社会一旦有技术上的需要，则这种需要就会比十所大学更能把科学推向前进[①]。"

12.5.1 NGO 促进绿色科技创新

在国际上民间组织一般被称为 NGO（Non-Governmental Organization），指志愿性的以非营利为目的的非政府组织。NGO 指既不是由国家建立，也不属于国家的独立于政府的组织。NGO 具有独特的属性：独立性、非营利性、自治性、志愿性和公益性[②]。NGO 具有应对问题灵便、易见成效的优势，在政府不愿涉足或不能涉足的领域弥补"政府失灵"的不足。NGO 传播着绿色科技创新理念，影响着人们的行为，推动着绿色科技创新发展。

传播绿色科技创新文化离不开社会公众的参与和大力支持，而民间环保组织正是公众参与的重要载体。从 20 世纪 90 年代开始，我国涌现了一批社会组织（民间环保组织）。例如，中华环保联合会、野生动物保护协会、自然之友、北京地球村、首都大学生环保志愿者协会等。这些社会组织通过组织公益活动、出版书籍、举办讲座、教育培训等方式，弘扬绿色理念，影响公共政策，推动绿色发展。

党的十八届三中全会提出政府要创新社会治理方式，把适合由社会组织提供的公共服务和解决的事项，交由社会组织承担。这势必给社会组织带来前所未有的机遇与挑战。社会组织在社会发展中充当着重要的角色，应采取更有效的措施，让社会组织在绿色文化传播中发挥更大的作用。①明确社会组织的法律地位，用法律保护社会组织的各种权力；②强化对社会组织的多元监督，资金流动透明化，实行独立的第三方评估制度[③]。

12.5.2 大众传媒支持绿色科技创新

大众传媒主要包括报纸、广播、电视、网络等。在生态文明建设的大背景下，大众传媒在绿色文化传播过程中承担着法律、道德、正义、良知等公共责任和社会义务。大众传媒具有文化生成与建构功能。大众传媒将其文化生成与构建的方式运用到对绿色科技创新及其文化的传播上，将会影响全社会的创新理念、道德规范、行为准则，产生巨大的正能量。

大众传媒具有 3 种作用形式：①信息传递。大众传媒是民生的发声器和信息沟通的桥梁，具有即时性、交互性、实时性强的特点。它们正确传达政府政策，客观反映民众心声，为政府制定和实施关于绿色科技创新的决策提供信息参考。②舆论监督。对不履行绿色责任、高污染高能耗的企业进行跟踪报道，形成正确强大的舆论压力，促使企业使用绿色技术，引导企业进行绿色科技创新。③道德守望。坚守大众传媒在绿色文化传播过程中的道德要求，保证媒体的公益性、公信力及权威性，时刻坚守道德高地。

---

① 李扬裕. 绿色科技及其支撑体系研究[D]. 福州：福建农林大学，2003.

② 杨发庭. 绿色技术创新的动力分析[J]. 福建行政学院学报，2016，155（1）.

③ 杨发庭. 绿色技术创新的制度研究[D]. 北京：中共中央党校，2014.

为传播绿色科技创新及其文化，大众传媒可以从以下几个方面进行努力：①大众传媒从业人员不断加深对绿色科技创新的学习，提高业务素质，重视培养懂创新、爱创新的传媒人才。②以公共利益为基础才能激起最广泛的民众参与，正确引领舆论导向，积极引导民众参与绿色文化传播。重点扶持绿色科技创新类广播电视节目，打造绿色科技创新传播媒体品牌，支持现有的关于绿色科技创新的电视广播节目，并适当增加绿色科技创新类节目，提高质量，打造有影响力的媒体精品。③利用各方力量传播绿色科技创新。大众传媒与社会组织结成同盟，能够弥补大众传媒缺乏相应环保知识背景的缺憾，也为社会组织理念的传播找到了相应的途径。大众传媒与社会组织的结合，对传播绿色科技创新起到了事半功倍的效果。④发挥新媒体的巨大影响力。新媒体的产生，提供了一个自由度、互动性、即时性更强的交流平台，可以在传播内容上有所创新，以丰富的内容吸引绿色科技创新的主体。

12.5.3 科技中介服务绿色科技创新

科技中介组织是促进科技知识产生和转移的催化剂，是联系知识创造的源头和客户公司的黏合剂，是技术产品有效供给和消费的有效渠道，是沟通企业与市场的纽带，是科技成果市场化的桥梁。科技中介组织是以提供科学技术服务和信息服务为重点，以创业孵化与科技成果转化为核心的服务型机构[①]。

培育服务绿色科技创新的科技中介组织应做到：①积极建立面向企业技术创新的咨询服务、教育培训、项目评估、成果转让、法律援助等中介组织，建设一支有技术专长、懂经济、会经营的经纪人队伍，实行经纪人资格审核制度，制定规范的中介行为准则，提高服务中介的服务水准；②应发挥科技中介组织的教育培训作用、沟通协调作用、纽带桥梁作用、引导融入作用，以促进绿色科技更好扩散、绿色科技创新更快拓展、绿色科技创新制度更加完善[②]。

研究展望

绿色科技创新的外溢性、不确定性等，导致企业绿色科技创新缺乏动力，需要政府提供持续有效的激励。虽然对于企业的绿色科技创新动力问题得到了学术界的普遍关注，但却很少有学者对绿色科技创新的推广机制进行过全面、系统的研究。然而，我国企业对如何实施绿色科技创新充满困惑，原有的科技创新动力模式已经无法满足现时代的需要。在社会进步和生态文明转型中，制定和实施怎样的制度能够促进技术进步，研发和推广怎样的技术能够推动制度完善，从而在技术与制度的变迁与互动中推动生态文明转型，是未来值得深入研究的课题。绿色科技推广是绿色技术拥有者和非绿技术拥有者的生死较量，既需要外部的“绿色革命”精神，也需要内在的“自我革命”精神。如何从机理上解决技术的绿色转型，是生态经济学的重要使命。

---

① 杨发庭. 绿色技术创新的制度研究[D]. 北京：中共中央党校，2014.

② 杨发庭. 绿色技术创新的动力分析[J]. 福建行政学院学报，2016，155（1）.

思考题

1. 简述绿色科技推广体系中各个利益相关体之间的关系。
2. 政府在绿色科技推广中的手段有哪些？
3. 绿色科技的中介服务机构在绿色科技推广中的作用是什么？
4. 简述绿色科技推广的链条。
5. 公众参与在绿色科技推广中有哪些作用？

第六篇

生态制度篇

绿色发展是对黑色增长的扬弃，发扬的是“增长”，抛弃的是“黑色”。推动绿色发展需要管制性制度和引导性制度，更需要激励性制度——生态经济制度。生态经济制度是基于市场机制的制度，具有微观主体的可选择性、宏观效果的低成本性等特征。绿色发展观认为，生态经济制度不仅可以直接遏制褐色发展并激励绿色发展，生态经济制度还可以通过作用于绿色科技创新进而促进绿色发展。因此，生态经济制度是实现绿色低碳发展的决定性变量，必须高度重视。

本篇采取“1+2”的结构。“1”就是第13章“生态经济制度理论”，主要阐述制度、生态文明制度、生态经济制度等基本概念，生态经济制度的替代性和互补性，基于生态经济制度建设存在的突出问题提出了优化思路，并阐述了生态经济体制改革的方向。“2”就是“绿色财政制度”和“绿色产权制度”，分别对应第14章和第15章。第14章“绿色财政制度”，在对绿色发展及相关概念进行辨析的基础上，阐述了“庇古税”在解决外部性内部化中的功能，并阐述了绿色财税制度的机理效应，进而提出了绿色财税制度改革的策略。第15章首先介绍了科斯定理及绿色产权制度的机理，基于绿色产权的分类提出了绿色产权制度改革的总体框架、主体协调、重点突破和策略选择。

第 13 章　生态经济制度理论

制度是经济发展方式的决定性因素。实现经济社会的全面绿色转型，必须充分利用制度的力量。2015 年 9 月中共中央政治局审议通过的《生态文明体制改革总体方案》通篇强调生态文明体制改革、机制创新和制度建设，提出建立健全自然资源资产产权制度、建立国土空间开发保护制度、建立空间规划体系、完善资源总量管理和全面节约制度、健全资源有偿使用和生态补偿制度、建立健全环境治理体系、健全环境治理和生态保护市场体系、完善生态文明绩效评价考核和责任追究制度等八项制度。[①]其中大多是生态经济制度。这成为生态文明制度的“四梁八柱”。生态经济学需要运用生态经济制度遏制“黑色经济”、促进绿色发展；遏制“线性经济”、促进循环发展；遏制高碳经济、促进低碳发展。同时，还要解决“绿色不经济”“循环不经济”“低碳不经济”等问题，本章阐述生态经济制度建设的一般原理。

13.1　生态文明制度与生态经济制度

13.1.1　制度

在新制度经济学中对“制度”一词的理解主要有三种观点[②]：第一种观点认为，制度就是“组织”；第二种观点认为，制度就是“规则”；第三种观点认为，制度既是“组织”，又是“规则”。较多学者倾向于新制度经济学中的第二种观点。本书也是如此理解。新制度经济学派代表人物之一道格拉斯 • C. 诺斯认为，“制度是一个社会的游戏规则，更规范地说，它们是为决定人们的相互关系而人为设定的一些制约”[③]。丹尼尔 • W. 布罗姆利则认为，对制度的理解应集中在如下意义上，即“确定个人、企业、家庭和其他决策单位做出行动路线选择集的规则和行为准则”[④]。

13.1.2　生态文明制度

20 世纪 90 年代中期以来，生态文明制度越来越多样化，大致可以区分为“胡萝卜”（经济激励制度）、“大棒”（法律强制制度）、“牧师”（教育引导制度）三大类。世界银行把生态文明制度分为管制制度（regulations institution）、利用市场（using markets）、创建市

① 中共中央，国务院. 生态文明体制改革总体方案[N]. 人民日报，2015-09-21.

② 沈满洪. 生态文明制度的构建和优化选择[J]. 环境经济，2012（12）.

③ 道格拉斯 • C. 诺斯. 制度、制度变迁与经济绩效[M]. 刘守英，译. 上海：上海三联书店，1994.

④ 丹尼尔 • W. 布罗姆利. 经济利益与经济制度[M]. 陈郁，郭宇峰，译. 上海：上海三联书店，1996.

场（creating markets）和公众参与（engaging the public）四大类（表 13-1）[①]。

第一类制度——管制制度。包括生态规划、生态红线、法律禁令、法律责任、环境标准、生态功能区划分、保险赔偿制度、问责制度及排放配额。环境规制通常与更广泛的立法和政策执行联系起来，行政手段和法律手段是常见的政策手段。在我国，管制制度还包括下列制度：生态环境督察制度，环境保护党政同责、终身追责制度，领导干部自然资源资产离任审计制度等。

表 13-1　生态文明制度的分类

管制制度	利用市场	创建市场	公众参与
生态规划	资源税	用水权	信息公开
生态红线	环境税	用能权	社区参与
法律禁令	碳税	排污权	生态标签
法律责任	循环补贴	用海权	生态教育
环境标准	生态补偿	用矿权	生态培训
生态功能区划分	低碳补助	碳排放权	绿色文化
保险赔偿制度	押金-退款制度	碳汇权	绿色旅游
排放配额	生态信贷优惠	土地使用权	绿色信用
问责制度	生态基金	可交易的生态股票	生态习俗

第二类制度——利用市场。包括各类资源税、环境税、碳税、循环补贴、生态补偿、低碳补助、押金-退款制度等。该工具还包括各类生态债券、信贷津贴、生态基金等生态金融政策。利用市场的制度主体就是绿色财政制度。

第三类制度——创建市场。由界定权利的机制组成，如用水权、用能权、排污权、用海权、用矿权、碳排放权、碳汇权、土地使用权等。其中最重要的机制与转型中的经济有着特殊联系，比如，创建土地和其他自然资源的私有产权，排污许可证与开采许可证的产权交易制度。创建市场的制度主体就是绿色产权制度。

第四类制度——公众参与。包括生态治理中信息公开、社区参与、生态标签、生态教育、生态培训、绿色文化、绿色旅游、绿色信用、生态习俗等。在信息公开等条件下，公众很可能自愿参与生态管理，这种方法已经成为非常流行的工具。

党的十八大报告首次提出了“生态文明制度”概念。报告指出：“加强生态文明制度建设。保护生态环境必须依靠制度。要把资源消耗、环境损害、生态效益纳入经济社会发展评价体系，建立体现生态文明要求的目标体系、考核办法、奖惩机制。建立国土空间开发保护制度，完善最严格的耕地保护制度、水资源管理制度、环境保护制度。深化资源性产品价格和税费改革，建立反映市场供求和资源稀缺程度、体现生态价值和代际补偿的资源有偿使用制度和生态补偿制度。积极开展节能量、碳排放权、排污权、水权交易试点。加强环境监管，健全生态环境保护责任追究制度和环境损害赔偿制度。加强生态文明宣传教育，增强全民节约意识、环保意识、生态意识，形成合理消费的社会风尚，营造爱护生

① 托马斯·思德纳. 环境与自然资源管理的政策工具[M]. 张蔚文，黄祖辉，译. 上海：上海三联书店，2005.

态环境的良好风气。”[①]虽然报告未对生态文明制度这一概念做出界定，但是，从所阐述的内容可以看出，生态文明制度就是包括管制制度、利用市场、创建市场、公众参与等所构成的有利于生态环境保护和绿色低碳发展的所有制度。其中，利用市场和创建市场就是生态经济制度。

自从世界性的“八大公害事件”以来，生态文明制度演化具有一定的规律性：强制性制度减弱而引导性制度增加，管制性制度减弱而选择性制度增加。在 20 世纪中叶，全球各地纷纷出现严重的环境公害事件时，生态环境制度的“命令-控制”色彩非常明显。但随着环境经济理论的发展，人们发现，有选择的制度比别无选择的制度更佳。于是，各种环境经济手段登台亮相。随着环境经济理论特别是新制度经济学的发展，人们发现，在交易成本较低的概况下，纯粹市场的科斯手段可以替代依靠较强政府干预的庇古手段，市场机制同样可以用于“市场失灵”的领域。随着环境社会学的发展，进一步揭示，“环境保护靠政府”是不够的，必须动员公众参与。

13.1.3 生态经济制度[②]

生态经济制度就是以成本-收益比较为基础的经济激励手段，是指管理者向各类经济主体提供一套经济政策使之通过趋利避害和优化选择实现生态文明建设目标的政策手段，如环境税费制度、生态补偿制度、水权交易制度、排污权交易制度等。管理者权衡利弊地运用生态经济制度，并不作出详细的行动规定，而是设计出一套合理的制度，经济主体在给定的制度环境下按照自己的偏好、所拥有的信息、技术创新的成本等权衡利弊，理性选择对自己最适宜的行动路径。

生态经济制度通过向经济主体提供直接或间接的利益作为驱动，来实现既定的政策目标，借助市场信号使经济主体作出相应的行为决策，而不是制定明确的控制水平或方法来规范人们的行动。如果生态经济制度被很好地设计并加以实施的话，将促成企业和个人在追求自身利益的同时客观上促进生态文明建设。生态经济制度的特点在于，经济主体有多种选择，在给定的制度约束下，可以根据自己的技术条件和其他因素作出最有利的选择，通过市场这一“看不见的手”的引导，生态经济制度可以实现管理者设定的目标，从而实现“激励相容”。

生态经济制度在市场机制国家得到极为广泛的运用。为促进经济的绿色低碳化，欧盟国家普遍实施了绿色税制改革，开征有利于控制碳排放量、保护环境的新税种，调整原有税制中不利于环境保护的相关条目，对节能环保实行多种形式的税收优惠。德国政府则通过减免税、提高设备折旧率和税前计提研发费用的方式鼓励企业积极参与环保行为，并且规定企业享受的税收优惠与节能挂钩，从 1999 年开始对油、气、电征收生态税，从 2000 年开始对国内太阳能企业实施比例为 50 欧分/（kW·h）的税收返还政策。日本政府先后出台了特别折旧制度、特别会计制度等多项税收优惠政策，以鼓励企业使用节能设备，开发节能技术。例如，定期发布节能产品目录，开展节能产品和技术评优活动，对使用列入节能产品目录的 111 种节能设备给予税收减让优惠和特别折旧，减免税收约占设备购置成本

---

① 胡锦涛，坚定不移沿着中国特色社会主义道路前进 为全面建成小康社会而奋斗——在中国共产党第十八次全国代表大会上的报告[M]. 北京：人民出版社，2012.

② 沈满洪. 生态文明制度的构建和优化选择[J]. 环境经济，2012（12）.

的 7%；设备除正常折旧外，给予加速折旧优惠，最高可获得相当于设备总价款的 30%；对电动汽车购买者给予减税 7%的优惠，同时还调低电动汽车的增值税、购买税和年税。日本政府对国民购买低碳产品提供补贴，以促进相关产业的发展。日本通产省规定，电动汽车的购买者和租赁企业将受到相当于电动汽车与普通汽车价格之差 50%的补贴，给当地政府和私人企业的补贴额达到了车辆的 50%和 25%；环境厅规定，地方团体购买电动汽车，可以从健康受害补偿预防资金中抽出 1/2 作购买费用，个人购买可抽出 1/4 作为补助费。澳大利亚在墨累-达令河流域的管理中，成功实施了水权交易和排污权交易双管齐下的市场手段，既保障了生产和生活用水需求，又保障了生态和环境用水需求，实现了全流域人与自然的和谐共生。

生态经济制度在我国的运用主要包括两个方面：一是基于著名福利经济学家庇古提出的“庇古税”理论实施有效的绿色财政制度，包括环境税收制度、生态环境补偿制度等[①]；二是基于著名新制度经济学家科斯提出的“科斯定理”实施有效的资源与环境产权交易制度，包括用水权交易、用能权交易、排污权交易、碳排放权交易等。[②]

13.2 生态经济制度的替代性与互补性

13.2.1 生态经济制度的替代性

经济学中往往把在使用中相当程度上可以替代的物品称为替代品，例如，可口可乐与百事可乐之间，力士香皂与舒肤佳香皂之间，罗蒙西服与杉杉西服之间，均属于替代品。推而广之，当两个事物可以产生相同或者相近的效果，这两个事物就存在竞争性，彼此之间就存在替代性，两者就可以相互替代。

当两个不同制度可以独立发挥作用，并且所产生的效果相近或相同时，这两个制度之间便具有替代关系。制度间的替代关系是由制度之间存在着某种互斥性决定的，使得一个社会无法同时实施两个不同的制度，它们是彼此的替代品，亦即其中一个制度可取代另一个制度，反之亦然。

不同的生态经济制度也存在着替代性。例如，碳权制度和碳税制度，碳权制度可以实现碳减排的效果，碳税制度也可以实现碳减排的效果，虽然两者碳减排的效果未必完全一样。从长期来看，存在替代关系的两个制度是不能并存的。但是在短期内，尤其是在制度转型时期，具有替代关系的两个制度可能暂时并存。在同时使用多项具有替代性的制度时，必须特别谨慎，因为政策实施后会产生叠加影响，对经济体的短期冲击较大。比如，如果在开展环境税收制度的同时又进行资源产权交易制度，势必会扭曲资源的价格，对市场准确掌握资源价格产生较大的影响，这两种制度的叠加在一定程度上减少了制度实施的预期效果。同样，环境税收制度与排污权交易制度也是替代性制度。

---

① 庇古. 福利经济学[M]. 金镝，译. 北京：华夏出版社，2007.

② 科斯. 社会成本问题[M]//科斯 • R，阿尔钦 • 尔，诺斯 • 诺，等. 财产权利与制度变迁[M]. 上海三联书店、上海人民出版社，1994.

13.2.2 生态经济制度的互补性

经济学中往往把两种或两种以上彼此配合才能使用的物品称为互补品，例如，钢笔与墨水之间、照相机与胶卷之间，均是互补品。互补性是有强弱之分的。弱的互补是指，当两个事物可以同时实施，并且共同实施的效果高于其中任何一个事物实施的效果时，这两个事物是互补的，彼此都是互补品。比如，洗衣机和洗衣粉就具有弱互补，两者的共同使用可以提高消费者洗衣服的效率，达到消费者清洁衣物的效果。强的互补是指，两个事物必须同时存在才能发挥事物的效果，否则效果无法实施。比如，镜片和镜框就具有强互补性，只有同时存在才能组成眼镜供消费者使用，两者缺一不可。

当两个不同的制度可以作用于同一事物的不同方面，并且某种政策效果的充分实现需要它们共同实施时，则这两个制度之间便具有互补性。制度间的互补关系意味着制度之间要求相互配合，亦即一种制度需要另一种制度的共同实施，两者的结合可以达到更好的效果，反之亦然。以奖励性制度与惩罚性制度为例，两者可以作用于同一事物。奖励性制度通过精神或者物质上的奖励从正面激励行为人继续从事某件事物；惩罚性制度通过精神或者物质上的惩罚从反面抑制行为人停止从事某件事物。奖励性制度与惩罚性制度的耦合可以从正反两个方面让行为人遵循制度设计者的思路，两者组合的制度成效高于其中任何一种制度的成效。

不同的生态经济制度可能存在互补性关系，如环境税收制度与生态补偿制度、生态保护补偿制度与环境损害赔偿制度等也都是互补性制度，这些属于弱互补性制度。当存在这种互补关系时，要注意制度间的耦合强化，让不同的制度之间通过组合发挥更大的效果，从而促进生态文明的建设。环境税收制度与生态补偿制度具有很好的耦合作用。在改善环境方面，环境税收制度采用对污染性企业征税手段，通过惩罚性措施抑制污染性企业排放污染物，而生态补偿制度是对生态保护者进行补偿，通过奖励性措施激励生态保护者保护生态环境。这两种制度从奖励和惩罚两个不同的角度改善生态环境，起到事半功倍的效果。

13.3 生态经济制度建设中存在的突出问题

我国生态经济制度建设基本做到了体系化。要实现生态环境治理体系和治理能力现代化，必须找准生态经济制度建设存在的突出问题。

13.3.1 生态经济制度设计中缺乏绩效引领问题

一是缺乏生态经济制度绩效比较。生态经济制度可能具有可替代性。对于一些替代性制度本应通过绩效比较进行优化选择，但是相关政府部门往往简单基于自身偏好作出取舍，导致更好的制度无法脱颖而出。例如，政府往往偏好绿色财政制度而拒绝绿色产权制度。

二是缺乏生态经济制度耦合强化。生态经济制度可能具有互补性。对于具有互补性的制度，通过制度耦合和地方环境资源立法的综合化、体系化可以实现“1+1＞2”的绩效，但实践中往往满足于单个制度的“单打独斗”。

三是缺乏生态经济制度演化分析。生态经济制度会随着经济社会的发展而发生更替。

在生态环境问题比较突出的情况下，官员问责制度、刑事追责制度、企业关停制度等“强制性制度”占据主导地位，但这些制度往往是环境效益好而经济效益差。因此，在生态环境质量总体改善的情况下，要及时转向生态经济制度。

四是缺乏生态经济制度事后评估。生态经济制度实施效果如何与效果大小，均需要通过制度事后评估或立法后评估来加以完善。事后评估的缺乏，可能导致“为制度创新而创新”的现象。我国先后出台了许多法律法规和规章制度，部分文件试行多年仍在“试行”。由于缺乏对试行效果的科学评估，该“转正”的制度没有依法“转正”，该“修补”的制度没有适时“修补”，该“废除”的制度没有及时“废除”。

13.3.2 生态经济制度工具箱中存在彼此冲突问题

一是“上位法”存在彼此冲突，导致地方政府无所适从。由于政府的不同部门实质上还是追求自身利益最大化的经济人，所以，诸多生态经济制度带有部门痕迹。即使是由不同部门牵头起草而由同一组织发布的文件也缺乏彼此协调，存在相互冲突，实质上是不同部门标准和要求不一致，甚至是不同部门的偏好不一致。

二是“下位法”存在彼此冲突，导致“多张蓝图不衔接”现象。无论是一个省、一个市还是一个县，均存在城市总体规划、产业发展规划、土地利用规划、环境保护规划等多个规划的不一致，导致农保用地、生态用地等均不能做到彼此重合。

三是“下位法”与“上位法”不一致，“下位法”何时应高于国家标准缺乏原则。如有的地方对水源保护区的划定常常出现高于国家环保标准，而节能减排等则基本停留于“达到国家要求”的水平。在生态经济制度设计中，有时存在对上级政策理解不准确的现象。如“生态优先，绿色发展”并非“只要保护，不要发展”，而是谋求生态、生产、生活“三生”融合的绿色发展。

13.3.3 生态经济制度体系中存在制度拥挤问题

一是生态经济制度多，而主导性制度不清晰，存在诸多制度“浑水摸鱼”和“搭便车”现象。有些生态经济制度形同虚设，没有真正发挥应有的作用。在节水制度的实施中，存在“节约用水，人人有责”变成“节约用水，无人负责”的现象。

二是在制度实施中，针对同一个问题，出现多个层面多种类型的制度。例如，在生态环境保护督察制度实施过程中，出现不同层级的党委巡视、人大督察、政府督察、政协督察及部门督察并存的现象，导致基层党委和政府对付生态环境保护督察应接不暇，无心无力谋求区域绿色发展。

13.3.4 生态经济制度创新中存在制度缺位问题

一是生态经济制度体系不完整。生态文明建设是一个系统工程，与此对应的生态经济制度创新是制度体系的创新而不是某一个具体制度的创新。例如，农村面源污染管控制度缺失，绿色生活方式转变缺乏制度引导。

二是生态经济制度创新力度不足。党的十八大报告就提出“积极开展节能量、碳排放权、排污权、水权交易试点”；党的十八届三中全会明确提出“推行节能量、碳排放权、排污权、水权交易制度”；党的十八届五中全会再次强调“建立健全用能权、用水权、排污权、碳排放权初始分配制度，创新有偿使用、预算管理、投融资机制，培育和发展交易市场”；党的十九届五中全会又一次强调“健全自然资源资产产权制度和法律法规，加强自然资源调查评价检测和确权登记，建立生态产品价值实现机制”。这就说明，通过产权制度改革推进环境资源的市场化配置是中央的顶层设计，但是，排污权交易制度试点试了30多年，水权交易制度试点试了20多年，既不肯定，又不否定。实质上，就是市场化改革会涉及某些部门的自身利益。正因为如此，习近平总书记强调，全面深化改革需要自我革命精神。

三是生态经济制度实施机制不完善。例如，在招商引资过程中，因为缺乏完整的负面清单和正面清单，执行过程中政策较为模糊，部分绿色项目应该落地而没有落地，部分非绿色项目不该落地反而落了地。

13.4 生态经济制度建设的优化思路

13.4.1 根据制度结构的匹配性原则进行生态经济制度的顶层设计①

制度是由正式制度、非正式制度和实施机制共同构成的。②正式制度、非正式制度和实施机制之间要实现相互匹配、相互磨合、相互适应。正式制度要成为制度的内核，非正式制度要为正式制度引领方向，实施机制要为正式制度和非正式制度提供保障。

首先，生态经济正式制度必须适应非正式制度。具体地说，就是要符合我国国情，适应我国国情，服务我国国情。生态经济正式制度建设特别要注重与我国的“以人为本”的文化、“以和为贵”的文化、“天人合一”的文化的匹配，防止生态经济正式制度与非正式制度的冲突。

其次，生态经济非正式制度必须代表时代前进方向。生态文化、生态伦理、生态理念等非正式制度安排必须代表先进文化的前进方向。例如，要通过各种方式强化资源稀缺观、环境价值观、生态增值观、生态优先观等，而不是相反。

最后，生态经济制度建设必须充分发挥实施机制的作用。生态经济制度建设中要十分重视举报机制、监督机制、考核机制、奖惩机制等实施机制的建设，通过实施机制的建设保障新绿色发展观真正落到实处。

13.4.2 根据制度之间的替代和互补关系进行生态经济制度的优化选择

不同的生态经济制度之间既存在替代性关系，又存在互补性关系。③当两个不同的制度可以独立发挥作用，并且所产生的效果相同或相近时，这两个政策工具之间便具有替代性。在同时使用多项具有替代性的制度时应特别谨慎，因为政策实施后会产生叠加影响，对经济体的短期冲击较大。例如，如果在进行资源税改革的同时又开征碳税，则势必对资源价格有较大影响，短期内会明显增加企业成本，特别是对高耗能产业和供给相对缺乏弹性的产业形成较大冲击。因此，当计划实施的不同制度之间存在替代性时要注意取舍。例

① 沈满洪. 生态文明制度的构建和优化选择[J]. 环境经济，2012（12）.

② 卢先祥. 西方新制度经济学[M]. 北京：中国发展出版社，2003.

③ 沈满洪，郅玉玲，彭熠，等. 生态文明制度建设研究[M]. 北京：中国环境出版社，2017.

如，在生态补偿制度设计时，要注意政府补偿与市场补偿的替代关系，由局限于政府补偿转向政府补偿与市场补偿相结合甚至以市场补偿为主。在资源产权不清晰、受益主体难以锁定的情况下，生态补偿原则上只能采取政府补偿模式，但其面临着运行成本高、财政压力大以及灵活性差等诸多问题。与之相对，市场补偿具有制度运行成本低、资金来源广和效率高等特点，在产权结构清晰、补偿方与受偿方广泛参与的情况下，可以更好地发挥市场补偿的优势，实现生态补偿制度的效能。再如，在环境税与排污权制度的权衡中，环境税制度具有“税率确定，总量不定”的特征，排污权制度则具有“总量确定，价格不定”的特征，在排污量超过环境容量的情况下，总量控制就成为主要目标，此时当然选择排污权制度；在排污量控制在环境容量以内的情况下，实施环境税制度同样能够实现环境保护目标，环境税制度就成为选择之一。

当两个不同的制度可以作用于同一事物的不同方面，并且某种政策效果的充分实现需要它们共同实施时，这两个制度之间便具有互补性。就生态经济制度而言，环境税收制度与生态补偿制度、生态保护补偿制度与环境损害赔偿制度等也是互补性制度。生态经济制度的耦合可以有两种情况：一是生态经济制度与其他制度的耦合，如总量控制制度与自然资源产权交易制度的耦合。自然资源产权交易制度必然要与总量控制制度相配合，没有总量控制就不可能有用水权、用能权、排污权、碳排放权等交易发生。因为只有在总量稀缺的情况下，资源环境使用主体才需要去购买相应的权利。因此，必须加强用水总量控制制度与水权交易制度、用能总量控制制度与用能权交易制度、碳排放总量控制制度与碳排放权交易制度的耦合。二是生态经济制度之间的耦合，如生态保护补偿制度和环境损害赔偿制度的耦合。生态保护补偿制度是对生态环境保护者发展机会受限的补偿，其只具备正向激励作用而无负向约束作用。环境损害赔偿制度则是用法律手段向生态环境破坏者索赔，其具有负向约束力但无正向激励作用。只有将两者加以耦合，才能确保对生态环境实施有效保护是各经济主体的唯一理性选择，从而充分保障美丽中国建设目标得以实现。

总之，当存在制度的替代性关系的时候，应该在若干种可以替代的制度中选择一种相对更佳的制度；当存在制度的互补性关系的时候，应该根据制度的实施力度进行制度的有机组合。

13.4.3 基于制度之间的冲突性加强生态经济制度建设的协同性

部门分割带来的部门利益固化和“信息孤岛”效应，导致制度之间常常出现相互冲突。生态经济制度的优化应该加强“两个统筹”：一是统筹多部门生态经济制度综合决策机制。生态经济制度的制定和实施属于公共选择问题，其难免受到不同政府部门自身偏好的影响，因此建立科学合理的决策机制尤为重要。在进行生态经济制度设计和选择的时候，必须要考虑选择者的自身偏好问题，否则会出现适得其反的效果。例如，实施排污权制度就意味着原先由相应政府部门拥有的行政权力要被市场机制所取代，从而部门利益会被削弱。在体制障碍尚未被打破之前，会出现部门权力不愿意让位于市场机制的现象，因此需要统筹决策。二是统筹推进多部门联合监管和多主体联合行动机制。切实转变长期以来不同部门各自为政的碎片化监管理念，推行多部门联合监管和协同执法机制。实行抽查事项清单管理，避免多头执法、重复检查，提高监管效能，减轻企业负担。建立生态环境保护执法部门、公安部门、检察机关、审判机关信息共享、案情通报、案件移送和行刑衔接制度，加大生态环境与自然资源违法犯罪行为的惩处力度。

13.4.4 基于制度的空缺性进行生态经济制度的查漏补缺

生态经济制度的“立改废释”要形成常态化机制。要建立健全“两个+”的机制：一是建立健全“大数据+”第三方治理制度。要充分发挥市场机制的作用，通过完善环境污染第三方治理制度来加快提升全市环保治理水平。结合第三方治理，运用大数据赋能生态环境治理，实现从智能监测、智慧管理到科学治理、精准治理、协同治理和依法治理的闭环联动，打造全生命周期的环境资源大数据平台。基于大数据，实现从发现问题、分析问题到解决问题的智能化监管决策，提高环境治理效率。二是建立健全绿色导向的“生态+”财政金融制度。“生态+”就是要创新性地加强对生态环境与自然资源的非消耗性利用，意味着提供符合市场需求的系列“生态产品”及其良性运行模式。要充分发挥财政和金融在生态经济制度体系建设中的基础性和支柱性作用，进一步整合各级政府的财政资金，充分利用好金融市场，基于生态环境治理绩效合理配置各项政府资源和金融资源，以增量分配优化带动存量结构调整，持续强化财政金融手段的绿色导向。例如，应在试行的基础上加快推广与生态产品质量和价值相挂钩的财政奖补机制，将生态环保财力转移支付资金分配与“绿色指数”相挂钩。

13.4.5 基于制度的效率不佳问题进行生态经济制度的绩效考核

制度绩效是制度“立改废释”的依据。制度的出台和实施必须基于制度实施的收益大于成本，制度更新必须基于新制度的绩效好于旧制度的绩效。因此，制度的绩效考核是一个根本问题。

在科学技术快速发展的今天，制度创新、制度设计、制度实施均不能“拍脑袋”决策，而要基于“数据”进行科学决策。在绿色经济制度设计阶段，需要对制度政策进行仿真模拟研究，以便知晓可能的制度绩效；在绿色制度实施过程中，要对制度政策进行跟踪定量研究，以便知晓制度实施是否偏离正确轨道、是否存在制度绩效的损失，从而做出及时的矫正和修补；在绿色制度实施后要进行全面的绩效评估，以判断绿色制度实施的实际效果及与理论效果的差距，从而为制度的完善提供依据。

13.5 生态经济体制改革方向

13.5.1 按照系统论的观点改革管理部门

生态环境是一个复杂的系统。虽然生态环境系统可以分成森林生态系统、湿地生态系统、湖泊生态系统、海洋生态系统、城市生态系统、农村生态系统等不同的子系统，但是，生态环境系统的整体功能并非各个子系统功能的简单加总。由于人类认知能力的有限性和生态环境系统的复杂性，政府在管理生态环境的过程中往往采取分而治之的方式。例如，水利部门管水的“量”，不得上岸；生态环境部门管水的质，不得下河。[①]又如林业部门管

---

① 沈满洪. 习近平生态文明体制改革重要论述研究[J]. 浙江大学学报（人文社会科学版），2019（11）.

森林生态保护，只管保护，权力有限；水利部门则管水资源调配，尽显权威。这种分而治之方式的优点是，通过专业化分工，可能提高管理效能；其缺点是，对生态环境系统进行碎片化管理，降低了系统的整体性功能，而管理部门过多则导致管理部门之间的协调成本太高甚至不可调和。因此，习近平总书记在党的十八届三中全会上所做的《关于〈中共中央关于全面深化改革若干重大问题的决定〉的说明》中指出："山水林田湖是一个生命共同体……由一个部门负责领土范围内所有国土空间用途管制职责，对山水林田湖进行统一保护、统一修复是十分必要的。"[①]因此，自然资源和生态环境部门的职责应该进行整合。2018 年的政府机构改革就是按照这一思路推进的。当然，部门既不是越小越好，也不是越大越好。部门太大，权力过于集中，会出现权力垄断；部门太小，权力过于分散，会导致协调成本高。但是，在"过于集中管理"与"过于分散管理"之间必然可以寻找到一个合适的"度"。

13.5.2　按照目标论的观点改革核算制度

推动经济社会发展和加强生态环境保护，都是为了改善人类的福祉。因此，一般情况下，发展经济是政绩，保护环境也是政绩。但是，经济效益来得快，环保效益来得慢。所以，政府部门往往热衷于招商引资而不屑于环境保护。这种做法，从静态的角度考察，生态效益与经济效益加总的综合效益是递增的。虽然综合效益是增加的，但是生态效益是降低的，也就是发展经济是建立在破坏生态环境的基础之上的，由此导致发展的不可持续。因此，需要从动态的角度进行考察：以生态环境保护作为约束性前提，以科技创新和制度创新作为驱动力量，努力追求综合效益的最大化。可见，新发展理念必须体现在正确政绩观上，正确政绩观必须体现在科学核算观上。那么，如何进行核算制度改革？第一，不仅要进行经济资本核算，而且要进行生态资本核算，统筹考虑一个区域的资本存量的增减。经济资本增加是政绩，生态资本增加也是政绩。经济资本增加而生态资本下降且后者大于前者，便是负政绩。第二，基于经济资本和生态资本核算理论，要进行主体功能分区，适合搞经济的区域就搞经济，在不降低生态资本存量的前提下努力增加经济资本；适合保生态的区域就保生态，尽可能增加生态资本的存量，通过生态补偿机制践行"保护生态就是保护生产力""绿水青山就是金山银山"等理念。核算制度的改革要求统计制度和考核制度的改革，这种改革需要统计部门、考核部门等来共同推进。[②]

13.5.3　按照产权论的观点廓清所有者权益和管理者职责

我国资源环境领域存在的突出问题是全民所有自然资源资产的所有权人不到位，所有权人权益不落实。例如，水资源国家所有者权益或者没有体现或者体现得极不充分，在水价构成中往往只是体现制水成本、治污成本，而没有考虑国家所有者权益收入。因此，要落实全民所有自然资源资产所有权，建立统一行使全民所有自然资源资产所有权人职责的体制。同时，资源环境作为"公共资源"，需要加强政府的监管，履行政府的管理职能。自然资源管理中存在的突出问题是：条与条的矛盾（例如，林业部门与水利部门的矛盾、

---

① 习近平. 关于《中共中央关于全面深化改革若干重大问题的决定》的说明[N]. 人民日报，2013-11-16（1）.

② 沈满洪. 体制改革应强调系统性与制衡[J]. 环境经济，2014（6）.

水利部门与生态环境部门的矛盾）、块与块的矛盾（上游与下游的矛盾、左岸与右岸的矛盾）、条与块的矛盾（部门与地方的矛盾）。

在区域综合规划、土地规划、空间规划中普遍出现的一个现象是，上游的A区域把自己的水源地规划在自己的上游，而把工业区安排在自己的下游；B区域、C区域也是如此。由此，A区域的工业区成为B区域水源地的上游，B区域的工业区成为C区域水源地的上游。这就说明，加强条与条之间、块与块之间、条与块之间的协调是十分必要的。笼统的条块结合的管理体制是不解决问题的，实际上还是没有明确谁承担责任的问题。在大力推进协同创新的背景下，政府自身要带头进行协同创新。可能的建议方案是：第一，涉及跨区域环境污染问题，实施“条块结合，以条为主”的管理体制。例如，跨界的水环境保护必须依靠跨界流域的最高级政府的协调和负责，跨界的雾霾治理必须依靠中央政府狠下决心，全国协同治理。第二，局限于区域范围内的生态环境管理，实施“条块结合，以块为主”的管理体制。例如，城市垃圾的处理、固体废物的处理等完全属于当地政府的职责。如果地方政府管理不力，上级政府可以问责。明确了主次，就是明确了责任主体。明确了责任主体，就可以对责任主体问责。[①]

研究展望

我国的生态文明制度是全世界最丰富的。生态文明制度如何从“多”转向“好”是一个现实问题。生态经济制度研究远未终结。至少在下列方面有待进一步深化：一是生态经济制度的比较研究，包括制度本身的比较、制度环境的比较、制度实施的比较等；二是生态经济制度的演化和变革研究，在不同的经济社会和生态环境背景下，生态经济制度的自然演化和改革创新规律；三是生态经济制度的绩效评价，探寻生态经济制度的事前评价、事中评价和事后评价的指标体系和体制机制，根据生态经济制度的绩效评价结果进一步优化生态经济制度。

思考题

1．请阐述制度、生态文明制度、生态经济制度之间的逻辑关系。
2．我国生态经济制度建设中存在的主要问题有哪些？
3．如何根据制度的替代性和互补性进行生态经济制度的优化选择？
4．如何进行生态经济制度的绩效评价？请举例说明。

① 沈满洪．体制改革应强调系统性与制衡[J]．环境经济，2014（6）．

第 14 章　绿色财政制度理论

党的十八大报告首次提出“着力推进绿色发展、循环发展、低碳发展”。党的十八届三中全会继续强调“着力推进绿色发展、循环发展、低碳发展”，并在本次全会通过的《中共中央关于全面深化改革若干重大问题的决定》专条阐述了“实行资源有偿使用制度和生态补偿制度”，指出：“加快自然资源及其产品价格改革，全面反映市场供求、资源稀缺程度、生态环境损害成本和修复效益。坚持使用资源付费和谁污染环境、谁破坏生态谁付费原则，逐步将资源税扩展到占用各种自然生态空间。……坚持谁受益、谁补偿原则，完善对重点生态功能区的生态补偿机制，推动地区间建立横向生态补偿制度。”[①]可见，以绿色财政制度推进绿色发展，是重要的实现渠道。本章聚焦阐述绿色发展的财政制度及其改革。

14.1　绿色发展及相关概念辨析[②]

14.1.1　绿色发展与绿色经济

2009 年，时任国家主席胡锦涛同志在联合国气候变化峰会上的讲话中指出：大力发展绿色经济，积极发展低碳经济和循环经济，研发和推广气候友好技术。2012 年，党的十八大报告指出：“着力推进绿色发展、循环发展和低碳发展。”“三个经济”改为“三个发展”，意义重大。绿色发展与绿色经济的关系见表 14-1。从表 14-1 可见，绿色发展比绿色经济具有更加宽泛的内涵，绿色经济主要针对产业绿色化和消费绿色化，绿色发展则涉及绿色理念、绿色产业、绿色消费、绿色环境、绿色资源、绿色科技、绿色制度等方方面面。

表 14-1　绿色发展与绿色经济的关系

比较项目	绿色经济	绿色发展
词的性质	名词	名词或动词
静态或动态	静态：状态	动态：过程
含义广狭	主要针对产业绿色化和消费绿色化	涉及绿色理念、绿色产业、绿色消费、绿色环境、绿色资源、绿色科技、绿色制度等方方面面

---

① 中共中央关于全面深化改革若干重大问题的决定[N]. 人民日报，2013-11-12.

② 沈满洪. 绿色发展及相关概念辨析[J]. 文汇报，2017-06-09.

14.1.2 绿色发展与循环发展、低碳发展

绿色发展与循环发展、低碳发展是三个既十分相近又具有特定含义的概念。不少学者不加区分地使用。严格地说，从含义广狭的角度看，它们彼此之间具有包容关系，绿色发展的含义最广，循环发展其次，低碳发展最窄；从特指的含义看，它们彼此之间存在并列关系，绿色发展应对环境危机，循环发展应对资源危机，低碳发展应对气候危机（表 14-2）。

表 14-2 绿色发展与循环发展、低碳发展的关系

比较项目	绿色发展	循环发展	低碳发展
对应的经济	绿色经济	循环经济	低碳经济
反面的经济	黑色经济	线性经济	高碳经济
基本的内涵	以促进生态修复、环境改善为前提的发展模式	以各种资源的减量化、再使用、再循环为基本特征的发展模式	以二氧化碳为主的温室气体的减排和碳汇的增加为基本特征的发展模式
应对的问题	应对环境危机 建设环境友好型社会	应对资源危机 建设资源节约型社会	应对气候危机 建设气候舒适型社会
含义的广狭	最广（绿色发展可以包括循环发展、低碳发展）	中间（循环发展可以包括低碳发展）	最窄（低碳发展是绿色发展和循环发展的一个方面）

由表 14-2 可见，当绿色发展、循环发展、低碳发展三者并列表达时，三个概念均是从狭义的角度理解的，因为并列的概念从语法上不能有包容关系；当绿色发展单独表述时，可能是狭义的概念，也可能是广义的概念。党的十八大报告所讲的绿色发展就是一个狭义的概念，主要是指经济发展不能以破坏环境为代价；党的十八届五中全会通过《中共中央关于制定国民经济和社会发展第十三个五年规划的建议》所讲的绿色发展就是一个广义的概念，包含了循环发展和低碳发展；党的十九届五中全会通过的《中共中央关于制定国民经济和社会发展第十四个五年规划和二〇三五年远景目标的建议》所指的“推动绿色低碳发展”所讲的“绿色发展”总体上是广义的，“低碳发展”的时代主题特别突出，所以在“绿色”后面加上“低碳”予以加强。

14.1.3 绿色发展与黑色发展、线性发展、高碳发展

当绿色发展作为广义概念理解时，它的反面就是黑色增长；当绿色发展与循环发展、低碳发展并列时，它们的反面就是黑色增长、线性增长、高碳增长。广义的黑色增长就是指经济增长以环境污染、资源枯竭、气候变暖为代价；狭义的黑色增长则是指经济增长以环境污染为代价，线性增长是指经济增长中自然资源的一次性使用、浪费式使用、低效率使用；高碳增长是指经济增长中以二氧化碳等温室气体的排放并导致气候变暖为代价。因此，绿色发展是对黑色增长的扬弃，循环发展是对线性增长的扬弃，低碳发展是对高碳增长的扬弃。正是传统发展模式，导致黑色增长、线性增长、高碳增长盛行，才需要转变发展方式，转向绿色发展。从高速度增长转向高质量发展的重要使命之一就是推动绿色发展、循环发展和低碳发展。

14.1.4　绿色发展与新发展理念

党的十八届五中全会首次系统地提出了创新发展、协调发展、绿色发展、开放发展、共享发展的“新发展理念”。其实，绿色发展与创新发展、协调发展、开放发展、共享发展均有紧密的关联。创新发展、共享发展与绿色发展是单向的因果关系：只有创新发展才能绿色发展，只有绿色发展才能共享发展。其中，创新发展包括理念创新、科技创新、管理创新和制度创新。开放发展、协调发展与绿色发展是双向的因果关系：开放发展促进绿色发展，绿色发展促进开放发展；协调发展促进绿色发展，绿色发展促进协调发展。

上述关系可用图 14-1 表示。

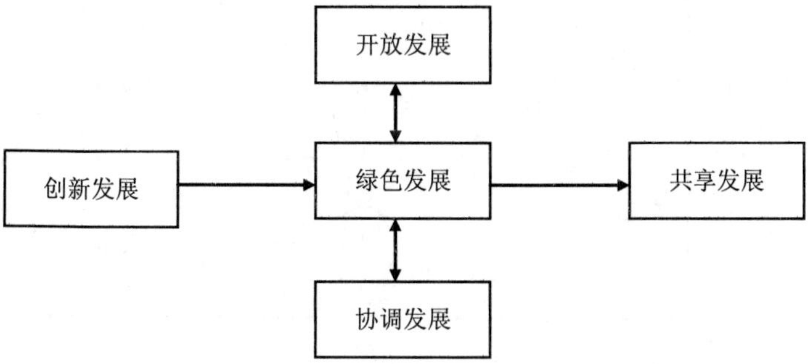

图 14-1　绿色发展在新发展理念中的地位

综上所述，广义的绿色发展就是以绿色理念为指导，以绿色科技和绿色制度为驱动，以产业生态化、消费绿色化、资源节约化、生态经济化为重点的可持续发展模式。在我国，绿色发展的追求目标是建成环境友好型、资源节约型、气候舒适型的“美丽中国”。后续使用的绿色发展都是广义的概念。

14.2　绿色发展的财政制度根源

14.2.1　经济学中的外部性理论

外部性理论是现代经济学的重要理论。一个经济主体的经济行为影响了另一个经济主体的效用，而这种影响没有通过市场价格加以买卖，那么，就存在外部性。当一个经济主体的经济行为给另一个经济主体带来效用增加，而后者并未为此付费时，就存在正外部性，也称外部经济；当一个经济主体的经济行为给另一个经济主体带来效用损失，而前者并未为此补偿时，就存在负外部性，也称外部不经济。在外部经济效应时，私人最优产量小于社会最优产量，导致符合社会最优产出的不足；存在外部不经济效应时，私人最优产量大于社会最优产量，导致产出水平超过社会最优水平。①不论是外部经济还是外部不经济，都会导致资源配置的扭曲，因此，需要一种机制来矫正这种外部性。

① 沈满洪. 环境经济手段研究[M]. 北京：中国环境科学出版社，2001.

14.2.2 黑色增长的负外部性问题

传统经济发展存在的一个突出问题是，以破坏生态环境为代价实现经济增长，这是一种“经济逆生态化”现象，形象地说，这就是“黑色增长”。黑色增长的本质是，企业内部能够实现追求利润最大化的目的，但是，存在环境污染成本的转嫁，转嫁给了社会和他人，存在严重的负外部性。社会或其他经济主体需要为企业排放的污染支付治理成本。见图 14-2。①

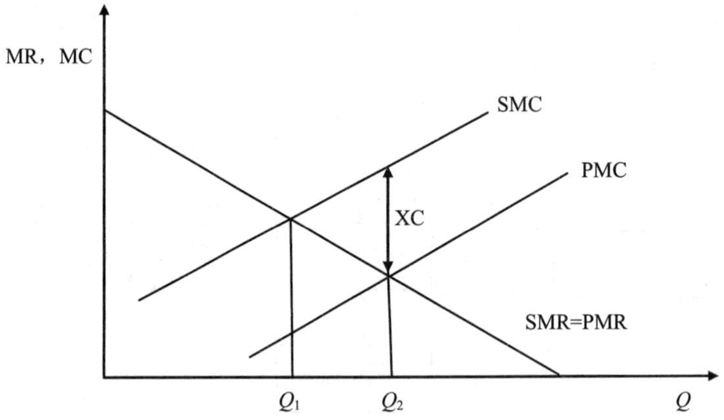

图 14-2　黑色发展的负外部性示意图

在图 14-2 中，横轴表示产量 Q，纵轴表示收益 MR 或成本 MC，负斜率的曲线表示边际收益曲线 MR，假设私人边际收益曲线 PMR 与社会边际收益曲线 SMR 重合。PMC 表示私人边际成本曲线，SMC 表示社会边际成本曲线，两者之间的垂直距离是 XC，可以称之为外部损害或外部成本。根据边际收益等于边际成本的利润最大化原理，私人企业的最佳选择是根据 PMR=PMC 的原则确定产量 Q_2，社会的最佳选择是根据 SMR=SMC 的原则确定产量 Q_1。显然，私人最优的产量 Q_2 大于社会最优的产量 Q_1。（Q_2–Q_1）就属于过度产出，与过度产出相对应的就是过度污染。导致这一结果的原因是企业生产产品时的成本并非全部由企业承担，企业承担的只是私人成本，而外部成本 XC 则由社会其他主体来承担。简单而言，外部成本 XC 的存在导致过度产出（Q_2–Q_1）。这是一种资源配置的扭曲——一方面导致这种产品的过度产出；另一方面是伴随过度产出的环境污染。

14.2.3 绿色发展的正外部性问题

绿色发展取决于技术水平。技术的重大突破确实能够保证做到既绿色又经济。但是，技术进步是一个过程，在很多领域，至今还存在绿色不经济的问题。也就是说，从社会角度看，是能够实现社会净福利的增加的，但是，从企业的角度看，是无法实现利润最大化的，甚至存在严重亏损。由于绿色技术尚未实现根本突破，绿色产品的生产成本太高或收益太低。见图 14-3。

① 沈满洪. 促进绿色发展的财税制度改革[J]. 中共杭州市委党校学报，2016（5）.

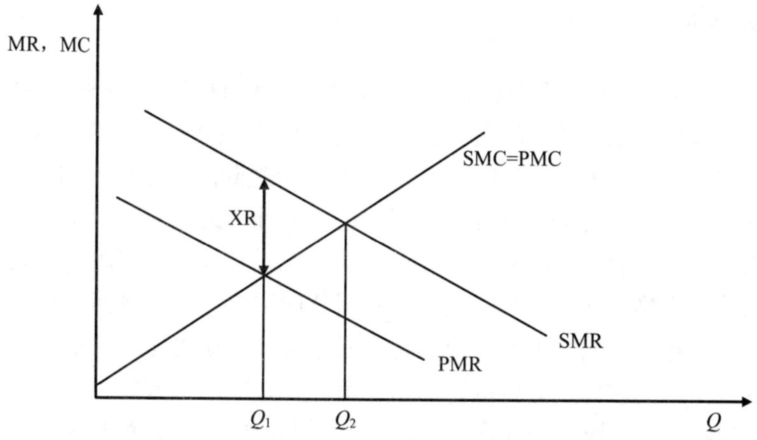

图 14-3　绿色发展的正外部性示意图

在图 14-3 中，横轴表示产量 Q，纵轴表示收益 MR 或成本 MC，正斜率的曲线表示边际成本曲线 MC，假设私人边际成本曲线 PMC 与社会边际成本曲线 SMC 重合。PMR 表示私人边际收益曲线，SMR 表示社会边际收益曲线，两者之间的垂直距离是 XR，可以称之为外部收益 XR。根据边际收益等于边际成本的利润最大化原理，私人企业的最佳选择是根据 PMR=PMC 的原则确定产量 Q_1，社会的最佳选择是根据 SMR=SMC 的原则确定产量 Q_2。显然，私人最优的产量 Q_1 小于社会最优的产量 Q_2。（Q_2-Q_1）就属于产出不足，与产出不足相对应的就是环境治理不足。导致这一结果的原因是企业生产产品时获得的收益并非全部由企业获得，企业获得的只是私人收益，而外部收益 XR 则由社会其他主体获得了。简单而言，外部收益 XR 的存在导致产出不足（Q_2-Q_1）。这也是一种资源配置的扭曲——导致绿色产品的产出不足而无法实现社会福利的最大化。

14.3　促进绿色发展的财政制度创新机理

14.3.1　庇古税对外部性的矫正

推进绿色发展，必须坚持“软硬兼施”的方针。所谓“硬”，就是要运用管制性制度，例如，通过排放禁令、环境标准、准入管控、总量控制等遏制“黑色增长”活动。所谓“软”，就是要运用激励性制度，例如，通过环境税等财政收入制度约束“黑色增长”活动和生态补偿等财政支出制度激励“绿色经济”发展，这种制度就是以著名福利经济学家庇古的名字命名的“庇古税”。在资源危机、环境危机、气候危机比较严峻的背景下，管制性制度往往可以发挥极其重要的作用。管制性制度的环境效果可以立竿见影，但是，其社会成本也是极其巨大的。在资源与环境形势趋缓的背景下，“庇古税”制度可能发挥主导性的作用。这种制度允许企业进行成本收益的权衡比较，在比较选择中以最低成本实现理想的环境效益与经济效益等综合效益的最大化。

14.3.2 以财政收入制度遏制黑色增长

按照庇古税理论，当存在负外部性时，可以通过征税的方式实现外部性的内部化。[①]在图 14-2 中，政府只要向污染排放的企业征税，征税的额度就是每单位产品征收 XC 的税收。通过征税，使得私人企业的边际成本曲线 PMC 与社会边际成本曲线 SMC 正好重合。这样，过度产出就消除了，过度污染也消除了，私人最优和社会最优就一致了。

以财政收入制度遏制黑色增长的主要财政收入包括环境税、资源税和碳税等。环境税主要是针对企业污染排放而征收的税收，在我国长期实施的就是排污收费，已经调整为更具刚性的环境税。环境税的标准是外部损害，问题是外部损害的衡量是比较困难的。这也是环境税制度较少实施的原因。资源税的指向有两个方面：一方面，资源税是对资源所有者征收的一种税收，是国家重要税源之一；另一方面，资源税是对资源开发、利用过程中所产生的负外部性征税，此时，资源税类似于环境税。现行资源税中基本上停留于前者。但也有松动的迹象。在世界石油价格持续下跌的背景下，我国的汽油价格并没有同步下调，理由之一就是为了遏制汽车尾气排放所造成的污染。如果该降而没有降的部分真正进入国库，那就是第二层次意义上的资源税。如果该降而没有降的部分没有进入国库，那就是权力与资本的勾结，成为企业的暴利。碳税就是为了遏制二氧化碳等温室气体的排放而征收的一种税种，它是根据碳当量的排放情况而设定的税收政策。碳税在国外已经有实践，我国基本上还停留在理论探讨层面，在碳排放总量控制的背景下很有可能“登台亮相”。总之，环境税主要是为了解决环境危机，资源税主要是为了解决资源危机，碳税主要是为了解决气候危机。

因此，绿色发展的财政制度改革的一个方面就是通过征收环境税、资源税、碳税等遏制污染物的过度排放、自然资源的低效利用、温室气体的无度排放，从而实现环境友好、资源节约和气候舒适的效应。

14.3.3 以财政支出制度激励绿色发展

按照庇古税理论，当存在正外部性时，可以通过补贴的方式实现外部性的内部化。在图 14-3 中，政府只要向绿色发展的企业补贴，补贴的额度就是每单位产品补贴 XR。通过补贴，私人企业的边际收益曲线 PMR 与社会边际收益曲线 SMR 正好重合。这样，产出不足就消除了，生态保护足额提供，私人最优和社会最优达成一致。

以财政支出制度激励绿色发展的主要财政支出包括生态补偿、循环补贴和低碳补助等。生态补偿制度就是政府或生态保护受益者向生态保护者支付一部分资金，通过正外部性的内部化以激励生态保护者的保护积极性。这一制度在我国已经得到广泛的运用，在生态公益林生态补偿、退耕还草生态补偿制度、水源保护生态补偿制度建设中均运用得十分广泛。循环补贴就是对废弃物回收行业、废弃物资源化利用企业进行税收优惠或减免的一种政策。例如，垃圾本身是不足以发电的，需要添加天然气或煤等燃料才能真正发电，如果不给垃圾发电厂以补助，必然出现企业亏损。由于垃圾发电厂具有资源节约和环境保护等公益属性，具有正外部性，所以需要政府的循环补贴。低碳补助是政府为了控制二氧化

---

① 庇古．福利经济学[M]．北京：中国社会科学出版社，1999.

碳等温室气体的排放对低碳产品的生产或消费给予补助的政策。例如，对于购买电动汽车的消费者给予 50%的价格补贴，同时给予随时上牌的鼓励。

因此，绿色发展的财政制度改革的另一方面就是通过生态补偿、循环补贴、低碳补助等激励生态保护者、资源循环利用者、低碳生产和消费者的积极性，努力形成绿色生产和绿色消费的社会氛围，建成环境友好型、资源节约型和气候舒适型的社会。

14.3.4　绿色财政制度的“双重红利效应”

绿色财政制度的本意是改善生态环境、提升资源效率、遏制气候变暖。但是，实施后却具有显著的“双重红利效应”（double dividend effects）。“双重红利”最早由皮尔斯（Pearce）提出，其后被广泛引用。皮尔斯认为第一重红利是：环境税率提升和降低其他扭曲性租税对环境造成的均衡效果；第二重红利是：税负改革后降低了交互效应所产生的效果。[①]第一重红利比较容易理解，就是促进环境改善，通过绿色财税制度实现私人最优与社会最优的一致。第二重效应需要通过波分伯格（Bovenberg）和莫一奇（Mooij）（1994）的“收入循环效应”（revenue-recycling effect）和“赋税交互效应”（tax-interaction effect）予以解释。[②]收入循环效应是指主管部门将环境税收入用以降低劳动所得税率之后将诱发劳动供给意愿，降低工资率，减少失业等效应。赋税交互效应是指，课征环境税之后将导致污染型产品价格上涨及消费量减少，造成环境税税基缩小，减少劳动者的实际收入并降低工作意愿，因而削弱收入循环效应。当收入循环效应大于赋税交互效应时，就业增加，环境质量改善，“双重红利假说”成立；当收入循环效应小于赋税交互效应时，就业减少，环境质量未必改善，“双重红利假说”不成立。一些实证研究支持了“双重红利假说”的存在。上述只是以环境税为例说明双重红利的存在，其实，资源税、碳税等绿色财政收入政策同样具有“双重红利效应”；而且生态补偿、循环补贴、低碳补助等绿色支出政策也有“双重红利效应”。

14.3.5　绿色财政制度的效率公平兼顾

14.3.5.1　绿色财政收入制度的效率公平兼顾

绿色财政收入制度的效果见图 14-4。

绿色财政制度的具体经济效果对不同的经济主体（如厂商、消费者和政府）是各不相同的。

假如对代表性厂商征收的环境税税率 t 等于它所造成的边际损害成本 MDC，即 t=MDC，则对于整个行业的征税额 T 就是所有厂商单位产品征税额的总额。由于征税，行业的供给曲线由 S 移动到 S_1。因此，T=（P_1-P_2）Q_1。但是，税收（税率）并不是全部由生产者支付的，而是由生产者和消费者共同分担的。

---

① 于连超，张卫国，毕茜. 环境税对企业绿色转型的倒逼效应研究[J]. 中国人口·资源与环境，2018（7）.

② BOVERBERG A L，MOOIG R A. Environmental levies and distortionary taxation[J]. American Economics Review，1994（84）.

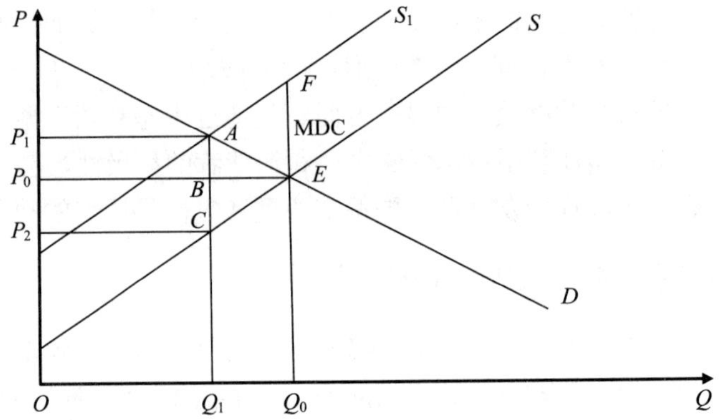

图 14-4　绿色财政收入制度的效应分析

图 14-4 表明，政府征收到矩形 P_1P_2CA 的面积的税收，其中矩形 P_1P_0BA 的面积是由消费者承担的，矩形 P_0P_2CB 的面积是由生产者承担的。生产者和消费者共同纳税的结果，使有污染的产出水平由 Q_0 减少到 Q_1。

那么，征税以后对各个经济主体的影响效果又是如何呢？为了分析这种效应，这里需要引入消费者剩余和生产者剩余这两个概念。所谓消费者剩余就是消费者对购买的商品或劳务所愿意支付的价格与他实际支付的价格之间的差额，它是消费者从消费一种商品中得到的全部收益减去购买该商品全部成本后的余额。所谓生产者剩余就是生产者实际得到的价格与他愿意提供出售的价格之间的差额。

（1）征税对生产者的影响。征税前生产者剩余是价格线（$P=P_0$）以下、供给曲线以上的那个三角形面积。征税以后，产量从原来的 Q_0 下降到 Q_1，生产者剩余的增量是：梯形 P_0P_2CE 的面积的减少。这个梯形的面积又可以分成两个部分：①矩形 P_0P_2CB 的面积，这是生产者对政府税收的贡献；②三角形 BEC 的面积，这是生产者为减少污染的产出的损失。如果用ΔPS 表示生产者剩余的增量，那么：

$$\Delta \text{PS} = -（\square P_0P_2CB + \triangle BEC） \tag{14.1}$$

（2）征税对消费者的影响。征税前消费者剩余是价格线（$P=P_0$）以上、需求曲线以下的那个三角形面积。征税以后，产量从原来的 Q_0 下降到 Q_1，消费者剩余的增量是：梯形 P_0P_1AE 的面积的减少。这个梯形的面积又可以分成两个部分：①矩形 P_0P_1AB 的面积，这是消费者对政府税收的贡献；②三角形 ABE 的面积，这是消费者为减少有污染的产出的代价。如果用ΔCS 表示消费者剩余的增量，那么：

$$\Delta \text{CS} = -（\square P_0P_1AE + \triangle ABE） \tag{14.2}$$

生产者和消费者负担税额比重的大小取决于需求曲线和供给曲线的价格弹性的大小。如果供给曲线一定，有污染的产品的需求曲线越富有弹性，生产者承担的税额比重越大，消费者承担的税额比重越小；需求曲线越缺乏弹性，消费者承担的税额比重越大，生产者承担的税额比重越小。如果需求曲线一定，有污染的产品的供给越富有弹性，消费者承担的税额比重越大，生产者负担的税额比重越小；供给越缺乏弹性，生产者承担的税额比重越大，消费者承担的税额比重越小。

（3）征税对政府的影响。通过征税，政府从中获得了税收，其数量是矩形 P_1P_2CA 的面积。这个矩形中，矩形 P_0P_2CB 来自生产者剩余的损失，矩形 P_0P_1AE 来自消费者剩余的损失。

（4）征税对社会的环境影响。因为征税税率本身就是按照单位产品所造成的社会损失来计算的，也就是说，每减少一个单位的产出，就可以带来相当于 t 的环境收益。在这一模型中，由于产量从 Q_0 减少到 Q_1，因此，环境收益就等于菱形 $AFEC$ 的面积，这个菱形的面积正是两个三角形 AEC 的面积。

（5）征税的社会净收益。上述 4 个方面影响的总和就是征税的社会净收益。也就是说，它等于政府的税收收益加上环境收益，减去生产者剩余的损失，再减去消费者剩余的损失。如果用ΔNR 表示社会净收益，那么：

$$\begin{aligned}\Delta \mathrm{NR} &= \square P_1P_2CA + 2\triangle AEC - (\square P_0P_2CB + \triangle BEC) - (\square P_0P_1AE + \triangle ABE) \\ &= 2\triangle AEC - (\triangle BEC + \triangle ABE) \qquad (14.3) \\ &= \triangle AEC\end{aligned}$$

这就是说，三角形 AEC 的面积就是对产生环境污染这种外部不经济效应的企业实施征税的净收益。①

由此可见，对污染企业的征税的效应不同于一般产品的征税。如果图 14-4 表示的是对一般产品（无污染产品）的征税，那么，从社会净收益来看，总的是一种损失，损失的数量是三角形 AEC 的面积。这部分效率损失也许正是实现社会公平（如征收累进税以缩小贫富差距）的代价。对污染产品征税和对无污染产品征税所得到的社会净收益的差别就在于环境收益。对前者存在两个三角形 AEC 的环境收益，而后者没有。因此，征收污染税，不仅可以得到效率上的提高，提高的数量是三角形 AEC 的面积，而且可以促进社会公平，对有污染产出的生产者征税同时也让消费有污染的产品的消费者共同分担税收。征税手段兼顾了效率和公平，特别受到经济学家的推崇。

当然，征税的使用也受到一些条件的约束，主要障碍是技术水平。要征收庇古税，必须计算出准确的税率，而税率的计算又取决于边际污染损害成本的计量。但是，边际污染损害成本的计量是比较困难的。

14.3.5.2　绿色财政支出制度的效率公平兼顾

类似于征税的效应分析，政府对产生正外部效应的厂商补贴等于外部收益 XR 的数量，也就是（P_2-P_1），使得 XR=（P_2-P_1）。这一补贴对不同经济主体的影响效果是不同的，见图 14-5。

（1）补贴对生产者的影响。由于企业得到了政府的补贴，供给曲线向右移动，从 S_0 移向 S_1，结果是使具有正外部性的产品的生产由 Q_0 增加到 Q_1，而均衡价格则由 P_0 下降到 P_1。这样，生产者剩余增加了梯形 $P_1E_1BP_3$ 的面积，它也等于梯形 $P_0E_0AP_2$ 的面积。

（2）补贴对消费者的影响。补贴使消费者能够以更低的价格购买更多的生态建设及环境保护产品，价格从 P_0 下降到 P_1，产品的数量则由 Q_0 增加到 Q_1，消费者剩余增加了梯形 $P_0E_0E_1P_1$ 的面积。

① 沈满洪. 庇古税的效应分析[J]. 浙江社会科学，1999（7）.

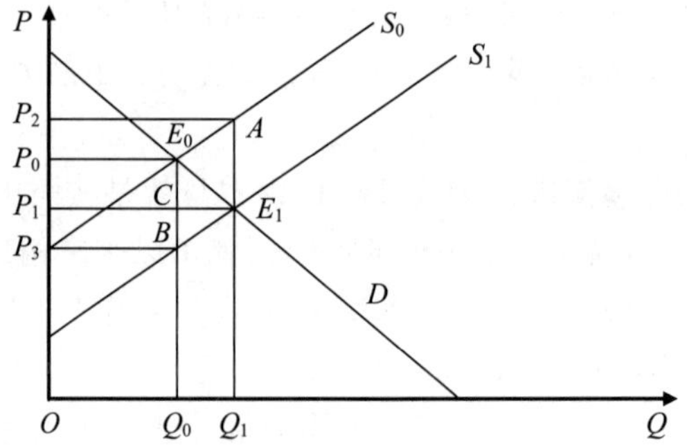

图 14-5　绿色财政支出制度的效应分析

（3）补贴对政府的影响。政府为了鼓励环境保护，需要支付补助金，其数量就是图 14-5 中的矩形 $P_1E_1AP_2$ 的面积。

（4）补贴对环境的影响。补贴促使环境保护供给的增加，从而生态环境质量得到改善。由于从 Q_0 开始，每增加一个单位的产出，就可以获得如图 14-5 所示的等于外部收益 XR 的环境收益，那么增加（Q_1–Q_0）的产出，就可以获得 XR·（Q_1–Q_0）的环境收益，它正好等于如图 14-5 所示的菱形的 AE_0BE_1 的面积。

（5）补贴的社会净收益。实施补贴手段后的社会净收益是上述各种收益增量的总和，它等于生产者剩余的增加，加上消费者剩余的增加，加上环境收益，减去政府的补助金。如果用ΔNR 表示社会净收益，那么：

$$\begin{aligned}\Delta \mathrm{NR} &= \triangle\!\!\!\!\!\square\, P_1E_1BP_3 + \triangle\!\!\!\!\!\square\, P_0E_0E_1P_1 + \diamond\, AE_0BE_1 - \square P_1E_1AP_2 \\ &= \triangle E_0E_1B\end{aligned} \tag{14.4}$$

可见，对产生正外部性的企业给予补贴，从整个社会来看可以获得一个三角形 E_0E_1B 面积的净收益。

14.4　绿色发展的财政政策工具

通过上述分析可见，绿色发展的财政政策与一般财政政策一样，包括收入和支出两个方面，具有多种具体手段可以选择。从支出政策看，包括环境税、资源税和碳税等政策手段；从支出政策看，包括生态补偿、循环补贴和低碳补助等政策手段。把这一系列政策集合在一起可以形成绿色发展的财政政策工具箱[①]，见图 14-6。

14.4.1　环境税

环境税有广义和狭义之分。广义的环境税又称“环境相关税收”，是指政府制定商品和服务相对价格的重要工具，包括能源税、交通税、污染税和资源税四大类，涵盖空气污染、生物多样性、气候变化和海洋等领域。能源税是对电力、汽油、柴油和化石燃料等能源产品征收的税，包括用于交通的汽油、柴油等能源产品，以及与二氧化碳相关的税收。

① 沈满洪，郅玉玲，彭熠，等. 生态文明制度建设研究[M]. 北京：中国环境出版社，2017.

交通税是对机动车辆和运输等征收的税，包括对运输设备征收一次性进口税或销售税，对机动车所有权、登记或使用征收的经常性税，以及其他与运输有关的税。污染税包括氮氧化物和硫氧化物排放税、对消耗臭氧层物质、四氯化碳和氯氟甲烷征收的税、废水排放税、包装税（如塑料袋）、固体废物最终处置税，以及其他与废物有关的税（如电池、轮胎）等。资源税包括水资源开采税、森林产品税、狩猎和捕鱼税、采矿特许权使用税、挖掘税（如砂石），但不包括与供水有关的费用。狭义的环境税就是广义的环境税中的与环境保护相关的那一部分。

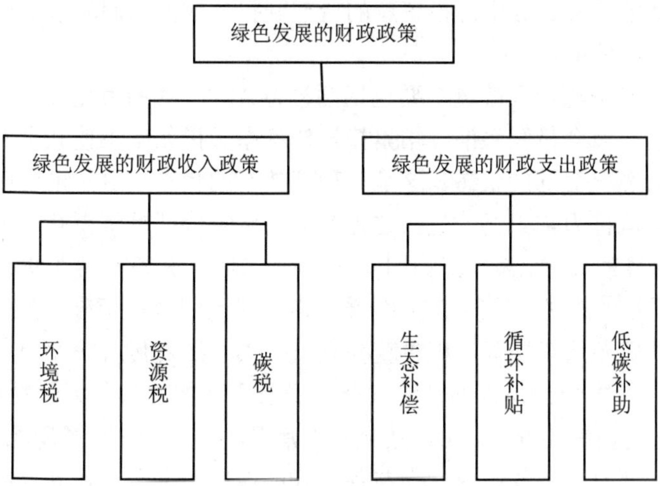

图 14-6　绿色发展的财政政策工具箱

14.4.2　资源税

资源税是以应税自然资源为课税对象，在开采环节开征的税种。设立资源税的初衷是在资源禀赋、开采条件存在差异的情况下，为企业提供公平的竞争环境，对不同品质的自然资源征收“级差税”。资源税设立之初是税率累进制下的从价计征，本质上是利润型资源税。我国的资源税改革经历了“从价税”到“从量税”再到“从价税”的曲折历程。之所以将资源税纳入绿色财政收入制度，是基于在税收政策设计时，政府可以根据资源的绿色与否、高碳与否设置不同的税率，以鼓励绿色发展、遏制黑色增长。例如，对于煤炭等高碳资源实施高税负政策，对于风电等低碳资源实施低税负甚至负税负政策。

14.4.3　碳税

碳税是指针对二氧化碳排放所征收的税。它以应对气候变化为目的，希望通过削减二氧化碳排放来减缓全球变暖。碳税通过对燃油和石油下游的汽油、航空燃油、天然气等化石燃料产品，按其碳含量的比例征税来实现减少化石燃料消耗和二氧化碳排放的目的。因此，碳税也有被纳入能源税范畴的。与总量控制和以排放贸易等市场竞争为基础的温室气体减排机制不同，征收碳税只需要额外增加非常少的管理成本就可以实现。

14.4.4 生态补偿

对生态补偿的理解有广义和狭义之分。广义的生态补偿包括污染环境的补偿和生态功能的补偿，即对损害资源环境的行为进行收费和保护资源环境的行为进行补偿，以提高该行为的成本与收益，达到保护环境的目的。狭义的生态补偿是指对生态保护的补偿，即通过制度创新实行生态保护外部性的内部化，让生态保护成果的受益者支付相应的费用；通过体制创新解决好生态产品这一特殊的公共产品中的“搭便车”现象，激励生态产品的足额供应；通过机制创新解决好生态投资者的合理回报，激励人们从事生态保护投资并使生态资本增值的一种经济制度。

人类社会对自然资源管理改进主要包括两种方式：一是帕累托改进。帕累托改进是与帕累托最佳状态这一概念相联系的。帕累托最佳状态是指如果不使某个人的境况变坏，就不能使另一个人的境况变好的状态，这是一种高效率的状态。由非帕累托最佳状态向帕累托最佳状态的变化就称为帕累托改进。这种改进的基本特征是至少有一个人受益，但不会有任何人受损，这样的改进往往依赖于市场机制。二是卡尔多-希克斯改进。这是一种既有人受益，又有人受损的改进。按照卡尔多-希克斯意义上的效率标准，在社会的资源配置过程中，如果那些从资源重新配置过程中获得利益的人，只要其所增加的利益足以补偿在同一资源重新配置过程中受到损害的人的利益（受益人增加的效益大于受损人的损失），那么，通过受益人对受损者的补偿，可以达到双方满意的结果，这种资源配置就是有效率的。实现这样的改进需要有个条件：建立损益各方开展谈判的平台，建立补偿制度。生态保护补偿属于卡尔多-希克斯改进，通过受益地区、行业对生态保护付出代价、作出贡献的地区、行业及生态保护者提供应有的补偿，达到生态环境质量改善的目的。这也是国际上广为使用的一种环境保护措施，多数发达国家通过建立完善的生态保护立法体系，设立专项的生态保护补偿费，保证生态保护补偿的顺利实施。生态保护补偿属于卡尔多-希克斯改进的性质，决定了实施这一制度既离不开不同区域、不同行业、不同部门、不同经济主体之间的讨价还价和自愿协商，又离不开政府的强制力和行政协调。①

14.4.5 循环补贴

循环经济是生态经济的重要组成部分。循环经济是指以资源的高效和循环利用为目标，以减量化、再使用、再资源化为原则，以物质闭路循环和能量梯级利用为特征的经济模式。在技术水平达到一定临界点后，物质的循环利用就可以做到经济的循环和增值，真正做到既循环又经济；在技术水平尚未达到一定的临界点前，往往面临着“循环不经济”问题，即资源可以循环利用但成本收益比不经济的现象。对此，可以通过循环补贴的方式鼓励企业实施资源的循环利用。

14.4.6 低碳补助

低碳经济是生态经济的重要组成部分。低碳经济是指以二氧化碳为主的温室气体减排为基本特征的经济形态，主要表现为能源低碳化、产业低碳化、建筑低碳化、交通低碳化、

---

① 沈满洪，陆菁. 论生态保护补偿机制[J]. 浙江学刊，2004（7）.

消费低碳化、技术低碳化等。在技术水平达到一定临界点后，可以做到既低碳又经济；在技术水平尚未达到一定的临界点前，往往面临着“低碳不经济”问题。针对“低碳不经济”现象，政府可以对低碳资源开发、低碳产品生产、低碳产品消费等实施补助政策，激励全社会的低碳化。

14.5　促进绿色发展的财政制度改革策略①

14.5.1　绿色发展的单一制度选择

（1）财政收入政策与财政支出政策的选择。如果把政府当作一个理性的经济人，那么政府往往存在偏好财政收入政策而厌恶财政支出政策。因此，在财政政策设计中首先需要防止的是政府失灵。在不同的发展阶段政府对政策的选择态度也是不同的。在财政收入相对不足而环境污染比较严重的情况下，政府往往偏好税收政策；在财政收入比较宽裕而环境质量亟须改善的情况下，政府往往偏好支出政策。

（2）财政收入政策中环境税、资源税与碳税的选择。一般而言，国家作为资源的所有者向资源开发使用者征收税收，是最普遍也是容易实施的。从环境保护角度入手征收资源税就要困难一些。从环境保护角度征收环境税也是比较容易实施的，我国实施了 30 多年的排污收费就是环境税的低级形式。碳税的征收相对比较困难。我国面临的是环境问题、资源问题、气候问题同时并存。针对这一现状，需要对环境税、资源税和碳税进行统筹设计。而且，对于政府而言，一种税收的增加意味着另外一种税收的减少。因此，绿色发展的税制改革必须同时启动整个税制的改革。

（3）财政支出政策中生态补偿、循环补贴与低碳补助的选择。在政府税收宽裕的情况下，对循环补贴和低碳补助的实施相对比较容易，因此，这种补贴往往是针对具体的资源或产品的。相对而言，生态补偿比较困难，由于生态效益的外溢性和跨界性，生态价值评价方法的难统一性，基于市场的生态补偿机制的推进十分困难。由于我国面临的问题是，随着收入水平的上升，消费者对绿色环境和绿色产品的需求呈现出递增的趋势，在这一背景下，亟须大力推进绿色生产和绿色消费，因此，需要统筹推进生态补偿、循环补贴、低碳补助的政策设计。

14.5.2　绿色发展的多重制度的组合使用

绿色发展的财政制度可以选择某种工具单独使用，也可以选择两种或两种以上的政策工具的组合使用。如果政策工具组合得当，可以发挥更加有效的作用。例如，在流域生态建设和环境保护中，如果实施单一生态补偿政策，难以起到责权利结合的效果。如果生态补偿政策与环境损害赔偿政策耦合使用，就可以起到事半功倍的效果。全国第一个跨界流域——新安江流域的生态补偿政策就是这样设计的，达到了非常好的生态保护效果。再如，为了推进我国能源结构的调整，可以同时实施高碳能源征收碳税与低碳能源给予补贴的组合政策。根据调查，2010 年，我国火力发电成本大约 0.2 元/（kW·h），风力发电成本大约

① 沈满洪．促进绿色发展的财税制度改革[J]．中共杭州市委党校学报，2016（3）．

0.5 元/（kW·h），太阳能光伏发电成本大约 1 元/（kW·h）。纯粹按照市场原则，低碳能源根本无法与高碳能源竞争。但是，同时实施高碳能源征收碳税而低碳能源给以补贴，完全有可能做到发展和使用低碳能源是合算的而发展和使用高碳能源是不合算的。由于我国大力支持低碳能源的发展，给予低碳能源企业以补贴，由此大大促进了低碳能源的技术创新，到 2020 年前后，太阳能光伏发电的成本已经降低到 0.3 元/（kW·h）以下，因此，太阳能光伏发电企业的补贴政策可以退出历史舞台。

14.5.3 绿色发展的财政制度改革方向①

（1）“由无到有”的绿色财政制度改革。有些绿色财政制度理论上讲可以有，但是，政策实践中还没有。例如，碳税制度就是属于尚处于理论研究层面的绿色财政制度。碳税制度使用与否不仅局限于该制度本身的优劣，还取决于碳税制度与碳权制度的优劣比较。如果决策者基于学者的研究认为碳权制度比碳税制度更优，那么，碳税制度就会靠边站；如果决策者基于学者的研究认为碳税制度比碳权制度更优，那么碳税制度就会成为一种由无到有的绿色财政制度。

（2）“由弱到强”的绿色财政制度改革。有些绿色财政制度在政策实践中已经存在，只是政策实施的力度还不够。之所以出现这种现象，或者是政策操作层面没有全面覆盖，或者是“绿色财政收入”或“绿色财政支出”的力度没有达到“外部成本”或“外部收益”的额度。基于此，就要判断已有政策的实施效果，只要政策效果是好的，就要坚定不移地予以实施和推广；只要政策效果是好的，就要想方设法使得“绿色财政收入”等于“外部成本”，“绿色财政支出”等于“外部收益”。

（3）“由下到上”的绿色财政制度改革。有些绿色财政制度在局部地区已经取得显著效果，但是，尚未在全国层面得到普遍推广。对于这类源于基层的绿色财政制度的创新，要尽快完成从“自下而上”的改革转向“自上而下”的改革。在低碳城市创建中，试点城市出台了新能源汽车的补贴政策。这一政策改善了化石能源汽车与绿色能源汽车的比例结构，有利于大气环境质量的改善。既然是一项好的政策，就应该在全国予以推广。

研究展望

绿色财政制度可以直接促进绿色发展，实现既生态又经济的效果。财政制度具有极大的刚性，如何解决财政制度的“统一性”与地区发展的“差异性”的矛盾是理论研究需要关注的问题。绿色财政制度实施中特别需要防范的是“权力寻租”的危害，这需要制度加以遏制。绿色财政制度还可以通过作用于绿色科技创新进而促进绿色发展，这样，便引发了环境外部性和科技外部性的“双重外部性”问题，这也是一个十分重要而亟须解决的现实问题与科学问题。绿色财政制度需要解决的一个重要问题是，如何通过财政制度实现生态产品的价值转化，以促进乡村振兴，进而促进城乡的共同富裕。绿色财政制度要根据其制度绩效进行完善，如何识别不同的制度绩效并据此进行改革？对于无效、相互冲突的政策要做好“废除”，有效的新政策要“补充”，尚未充分发挥作用但仍有效的政策要“强化”，

① 沈满洪. 促进绿色发展的财税制度改革[J]. 中共杭州市委党校学报，2016（3）.

过时且作用效果递减的政策要加以“弱化”。

思考题

1. 试对绿色发展及其相关概念进行辨析。
2. 用几何模型图示并说明外部性是如何导致资源配置扭曲的。
3. 用几何模型图示并说明利用财政制度实现外部性的内部化。
4. 绿色财政制度有哪些主要类型？
5. 何为“双重红利效应”？
6. 结合实际谈谈如何推进我国绿色财政制度改革。

第 15 章　绿色产权制度理论

产权是使自己或他人受益或受损的权利。产权界定越明确，产权的价值就越大，资产被无偿占有的可能性就越小，资源配置效率就越高。产权制度改革是生态文明制度建设的基础性和关键性内容。就产权清晰是资源高效配置的前提而言，产权制度改革是生态文明制度建设的基础；就产权交易是资源高效配置的根本手段而言，产权制度改革是生态文明制度建设的关键。[①]党的十八大以来，中央反复强调积极推进排污权、用能权、用水权、碳排放权市场化交易。党的十八届三中全会通过的《中共中央关于全面深化改革若干重大问题的决定》强调："发展环保市场，推行节能量、碳排放权、排污权、水权交易制度，建立吸引社会资本投入生态环境保护的市场化机制，推行环境污染第三方治理。"[②]《中共中央　国务院关于全面推进美丽中国建设的意见》进一步强调："健全资源环境要素市场化配置体系，把碳排放权、用能权、用水权、排污权等纳入要素市场化配置改革总盘子。"[③]但是，资源与环境市场建设总体上相对滞后于实践需要。因此，本章在介绍绿色产权基本理论的基础上，重点介绍自然资源产权、环境资源产权和气候资源产权制度及其改革思路。

15.1　绿色产权制度的理论基础

15.1.1　科斯定理

绿色产权制度是建立在著名新制度经济学家科斯理论基础之上的。科斯在《企业的性质》和《社会成本问题》两篇经典文献中确立了科斯定理。中国学者把它概括为由三个定理组成的科斯定理组。[④]

科斯第一定理：如果市场交易费用为零，不管权利初始安排如何，当事人之间的谈判都会导致那些使财富最大化的安排，即市场机制会自动地驱使人们谈判，使资源配置实现帕累托最优。科斯第一定理描述的是，在一种理想状态下（交易费用为零）的市场机制（自愿谈判）达到资源最优配置（帕累托最优）的故事。

科斯第二定理：在交易费用不为零的世界里，不同的权利界定，会带来不同效率的资源配置。也就是说，由于交易是有成本的，不同的产权制度下，交易成本不同，从而对资源配置的效率有不同影响。所以，为了优化资源配置，法律制度对产权的初始安排和重新

---

① 沈满洪. 推进生态文明产权制度改革[J]. 中共杭州市委党校学报，2015（6）.

② 中共中央关于全面深化改革若干重大问题的决定[N]. 人民日报，2013-11-12.

③ 中共中央　国务院关于全面推进美丽中国建设的意见[N]. 人民日报，2024-01-11.

④ 黄少安. 产权经济学导论[M]. 北京：经济科学出版社，2004.

安排的选择是重要的。科斯第二定理描述的是，在现实世界中（交易费用不为零）不同的法律制度会导致不同的产权界定，不同的产权界定会导致不同的资源配置效果。因此，要优化法律制度选择，优化产权制度选择，优化经济资源配置。

科斯第三定理：由于制度本身的生产不是无代价的，因此，生产什么制度，怎样生产制度的选择将导致不同的经济效率。这就意味着，制度供给的优化选择是重要的，要优化制度的生产程序，要优化制度生产的主体结构，真正实现国家治理体系和治理能力现代化。

15.1.2　绿色产权制度的机理分析

15.1.2.1　最优污染模型及庇古税

根据科斯定理，在交易成本为零的情况下，可以通过自愿协商达成绿色产权交易；在交易费用不为零但交易费用有限的情况下，也有可能通过自愿协商达成绿色产权交易。当然这种机制的运行需要政府提供明确的产权界定等外部条件，同时这种机制的应用离不开政府的许可。

戴尔斯首先将科斯定理应用于排污权市场。[①]下面以排污权为例，分析排污权交易制度如何实现外部性的内部化。在图 15-1 中，横轴 Q 表示污染物排放量，假定生产过程中不可避免地要排放会导致污染的废弃物，那么，横轴 Q 也表示与污染物有关的生产规模。当然，这里有一个前提，即污染物排放量与生产规模呈同比例增加。纵轴代表边际成本 MC 或边际收益 MR。[②]

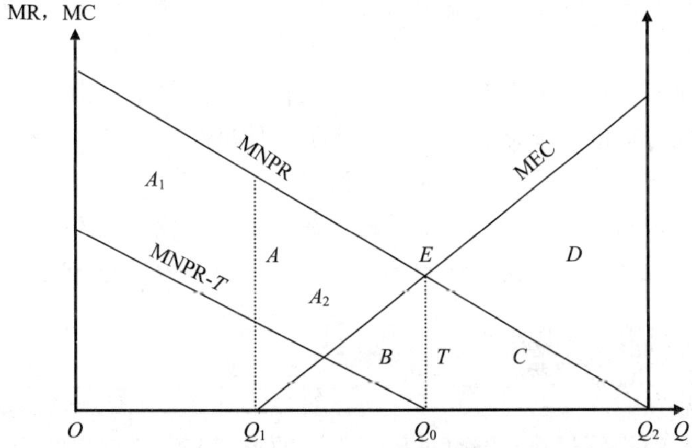

图 15-1　最优污染模型及其绿色产权交易[③]

MNPR 是边际私人净收益曲线，它等于厂商不考虑外部成本时从事生产活动所得到的

① DALES J H. Pollution，property，and prices：an essay in policy-making and economics[M].Toronto：University of Toronto Press，1968.

② 沈满洪. 庇古税的效应分析[J]. 浙江社会科学，1999（7）.

③ 戴维 • 皮尔斯，杰瑞米 • 沃福德. 世界无末日——经济学 • 环境与可持续发展[M]. 张世秋，译，北京：中国财政经济出版社，1996.

边际收益减去它所支付的边际成本之后的差额。MNPR 线向右下方倾斜，意味着随着生产规模的扩大，边际私人净收益是逐步下降的。这是因为，随着生产规模的扩大，边际生产成本将递增，同时该产品的市场价格将随着产量的扩大而下降，从而导致厂商的边际收益下降。

MEC 线是边际外部成本曲线（实际上就是边际外部损害成本），它向右上方倾斜，意味着随着生产规模的扩大，污染物排放量的增加，边际损害是递增的，所以边际外部成本逐步上升。按理说，只要有生产就会有污染，因而 MEC 似乎应从原点出发向右上方延伸。这种想法没有考虑到环境容量的因素。事实上，自然环境具有一定的容纳废弃物的能力，这种能力就是环境容量。如果将环境容量考虑在内，MEC 线的起点就是 Q_1 点了。当生产规模及相应的污染物排放量低于 Q_1 时，自然环境本身就可以将污染物稀释到不至于造成环境污染的程度，因而社会也不必支付任何外部成本。

E 点是 MNPR 与 MEC 两条曲线的交点即均衡点，该点所对应的生产规模或污染物排放量是 Q_0，Q_0 就是最优污染水平。A、B、C、D 分别代表所在区域的面积，其中，$A=A_1+A_2$。

追求私人利润最大化的厂商，只要边际私人（纯）收益 MNPR 大于 0，就会继续扩大生产规模，直到 Q_2。这时，厂商得到的私人总收益是（$A+B+C$）。同时，厂商造成的环境污染，迫使社会为此支付外部成本。当生产规模为 Q_2 时，社会支付的外部成本就是（$B+C+D$）。在产量为 Q_2 时，社会收益为

$$(A+B+C)-(B+C+D)=A-D \tag{15.1}$$

之所以把 Q_0 称为最优污染水平，是因为这时 D 等于 0，社会总收益达到最大化。所谓最优污染水平是指能够使社会收益最大化的污染水平。在产量为 Q_0 时，产量做出任何调整，都会使得社会收益下降。

最优污染水平不是厂商所期望的。厂商不会自动把产量水平由 Q_2 调整到 Q_0。这就需要一种机制。以庇古理论为基础的征税手段就是一种机制。只要向厂商征收每单位产品为 T 的税收，就可以自动地使厂商将产量调整到 Q_0。因为征税后，相当于把 MNPR 曲线下移到（MNPR-T）的位置。为了使其税后利润最大化，厂商会自动地将生产规模移向 Q_0 点，从而实现了私人最优与社会最优的统一，消除了环境污染所致的外部不经济性。

15.1.2.2 科斯的自愿协商与产权交易

按照科斯的思路，在寻求解决外部性问题的办法时，关键是如何实现社会总收益的最大化，而不是完全消除外部性。同时外部性问题的求解要注意损害的相互性。既然如此，在产权明确界定的情况下，未必一定要采用庇古手段才能解决生态环境问题，自愿协商同样能够实现资源配置的帕累托最优。

现在继续用图 15-1 的最优污染模型来说明科斯的思路。科斯是通过分别假设受污染者拥有或不拥有对环境资源的财产权这两种情况来说明问题的。①

（1）假设受污染者不拥有对受污染物质的财产权，即污染者拥有污染权。那么，受污染者就应该同污染者进行商量并询问污染者需要多少补偿才能放弃污染行为。从图 15-1

① 科斯，阿尔钦，诺斯，等. 财产权利与制度变迁[M]. 上海：上海三联书店，1991.

可以看出，如果污染者将产量定在 Q_2 的水平上，那么，受污染者可以同污染者协商，让污染者将污染减少到 Q_0 的水平。这样对双方都有利，因为受污染者愿意支付不超过（$C+D$）的任何他需要承受的成本，而污染者则愿意接受任何高于 C 的补偿。讨价还价的结果就是 Q_0 的水平，Q_0 正是最优污染水平。

（2）假设受污染者拥有被污染的物质的财产权，即污染者没有污染权，那么，受污染者不会允许污染产品的生产量超过 Q_1 的水平，但是，污染者会支付给受污染者一些补偿金，以使其自身的产量增加。如果边际私人净收益曲线 MNPR 高于边际外部成本曲线 MEC，那么，受污染者会同意增加产量。这种讨价还价的结果又使生产规模达到 Q_0。这一点对双方都是有利可图的，因为受污染者只要得到高于 B 的补偿，污染者只要支付低于（A_2+B）的成本。

可见，在产权明确界定的情况下，通过自愿协商进行绿色产权交易同样可以达到最优污染水平，可以实现和庇古税一样的效果。

15.1.3 绿色产权制度与绿色财政制度的比较

图 15-1 表明，理论上讲，绿色财政制度和绿色产权制度都有可能使外部性内部化，实现环境资源配置的最优，其他自然资源、气候资源的配置也大致如此。但实际操作层面还是存在显著的差异性，绿色财政制度用得多，绿色产权制度用得少。原因是两大类制度存在差异性。

15.1.3.1 理论基础比较

绿色财政制度是建立在政府财政制度之上的，征税和补贴是政策刚性极大的政府手段，实际上是政府利用市场机制的核心——价格机制的一种手段，属于政府干预程度很强的政策。绿色产权制度是建立在纯粹的市场机制之上的，政府需要做的仅仅是产权界定和保护，与其他资源的产权界定和保护没有本质差别。

15.1.3.2 主体偏好比较

政府往往偏好绿色财政制度，无论是绿色财政收入制度还是绿色财政支出制度均可增加政府的“权力”，其中，绿色财政收入制度还可以增加政府财政收入。正因为如此，两类制度比较，绿色财政制度已经得到了广泛应用，绿色产权制度应用领域依然有限。也因为如此，有些地方搞水权交易试点不了了之，试了 20 年收效甚微；搞水资源税制度试点“一试就灵”，全省推开。学者往往偏好绿色产权制度，虽然绿色产权交易制度可能面临交易费用等“市场失灵”问题，但相对于绿色财政制度可能面临的“政府失灵”问题，风险更小。

15.1.3.3 使用情景比较

绿色财政制度（以环境税为例）的特征是“税率确定，总量不定”，税率确定，也就意味着“价格确定”，而绿色产权制度（以排污权为例）的特征是“总量确定，价格不定”。由于税率确定的情况下，“纳税即可排污”，面临污染增排的风险。在环境污染总体控制在环境容量范围之内的时候，对于少数超标排污的企业征收环境税是可行的，但是，在环境污染已经远远超越环境容量范围的情况下环境税是不可行的。而排污权制度要求以总量控制为前提，如果排污总量已经超过环境容量，那么所确定的总量是以逐年递减为前提的。虽然排污权价格会波动，但是污染减排的目标可以实现。

正因为两类制度存在如此显著的差别，我国在谋求碳达峰、碳中和的进程中，能源、建材、石化等碳排放大户碳减排任务交给“碳市场”，量大面广的碳排放小户则可能交给“碳税”，由此实现碳税制度和碳权制度的组合。因为，大户决定总量，我国面临的主要矛盾就是碳排放量如何在缓慢达峰以后实现快速减排直至实现碳中和。

15.2 绿色产权的内涵与分类

广义的绿色产权制度是指有利于生态文明建设的整个产权制度，狭义的绿色产权制度主要是指自然资源产权制度、环境资源产权制度和气候资源产权制度。本书所讲的是狭义的绿色产权制度。

15.2.1 自然资源产权

党的十八届三中全会通过的《中共中央关于全面深化改革若干重大问题的决定》明确提出“完善产权保护制度”“健全自然资源资产产权制度”。概括地说，自然资源产权主要包括森林资源产权、水资源产权、矿产资源产权、能源资源产权、海洋资源产权等。理论上说，绿色产权包括所有权、占有权、使用权和处置权等组成的权利束。由于我国法律规定，大多数自然资源的产权为国家所有，因此，从产权交易意义上均是指使用权，如用林权、用水权、用能权、用海权等。其中，用能权是指在能耗总量控制的前提下，可用能源指标的产权化。如何区分电费与用能权的价格？电费是基于能源生产成本的成本加成法确定的价格，用能权价格是可用能源稀缺性具体化的价格。

15.2.2 环境资源产权

环境资源产权主要包括生态产权、环境产权，具体可行的主要是排污权。排污权并非每个区域、每个企业、每个居民都有无限的污染排放权。恰恰相反，排污权是指在环境容量范围之内的可允许排放污染物指标的产权化。因此，排污权绝非有的人宣扬的“犯罪合法化”，而是基于环境阈值、环境容量考量的排放指标稀缺性的具体化。

15.2.3 气候资源产权

气候资源产权涉及碳源与碳汇两个概念。碳源是指造成温室气体排放的自然界过程或人类活动，其数量用二氧化碳当量或碳当量来表征。一般采用能耗总量及化石燃料系数或碳排放因子来估算碳排放量。因此，碳源可以分为自然碳源和人为碳源。温室气体减排主要针对的是人为碳源。碳汇是指从大气中清除二氧化碳的过程、活动或机制，主要包括：生态碳汇，如森林碳汇、湿地碳汇、农用地碳汇、海洋碳汇等，这是碳吸收；工程碳汇，通过碳捕捉技术、碳封存技术、碳填埋技术等减少大气层中的碳，这是碳移除；生产碳汇，按照循环经济的理念将生产过程中排放出来的碳进行捕获并加以资源化利用，这是碳利用。气候资源产权主要包括碳排放权和碳汇权。碳排放权是指温室气体排放总量控制前提下碳排放总量指标的产权化。碳汇权则是吸收二氧化碳等温室气体的能力的产权化。吸收 1 t 二氧化碳相当于减少 1 t 二氧化碳排放，因此，1 t 碳排放权的价格等于 1 t 碳汇权的价格。碳市场包括碳排放权和碳汇权，这是气候资源产权区别于自然资源产权和环境资源产权的重要特征。

15.3　绿色产权制度改革的总体思路①

阐述绿色产权制度改革的内容就是回答“改什么”的问题。绿色产权制度改革是一个从“不控总量”到“总量控制”的转变过程，是一个从“开放产权”到“封闭产权”的转变过程，是一个从“无偿使用”到“有偿使用”的转变过程，是一个从“不可交易”到“鼓励交易”的转变过程。

15.3.1　生态优先，总量控制

资本资源、信息资源和科技资源等社会资源的开发使用一般不受总量约束和控制。但自然资源、环境资源和气候资源等资源不同于社会资源，因为这些资源的开发使用直接影响到生态平衡、环境质量和气候状况。过度开发使用水资源会导致生态用水的不足而影响生态系统的安全，过度排放污染物会超过环境容量从而导致环境质量的退化乃至不可逆转，过度排放温室气体会超过气候容量而导致气候变暖。因此，按照敬畏自然、尊重自然、顺应自然、保护自然的原则，开发使用水资源、森林资源等自然资源时不能超采超伐而突破“生态阈值”，排放污染物要控制在环境容量之内而不能突破“环境阈值”，排放温室气体要控制在气候容量之内而不能突破“气候阈值”。以水资源为例，一个区域的水资源要保持供求平衡，必须做到：

$$水资源供给量=生活需水量+生产需水量+生态需水量 \tag{15.2}$$

这就表明，在水资源供给量给定的前提下，生态需水量与生活用水量、生产需水量之间是一个此消彼长的关系。生态需水量多了，生活需水量或生产需水量就少了；反之，生活需水量和生产需水量多了，生态需水量就少了。在不少地区出现的情况是，为了增加生产用水和生活用水量，侵占生态用水，由此导致生态系统退化。这就是以生态破坏为代价的增长模式。

按照生态优先的原则，那么，作为水权开发使用的取水量必须首先扣除生态需水量，即：

$$取水量=生活需水量+生产需水量=水资源供给量-生态需水量 \tag{15.3}$$

因此，绿色产权制度改革首先要考虑生态需要，在满足生态需要的基础上核算可以开发使用的自然资源的总量，在这个总量范围之内来统筹各种用途。也就是说，绿色产权的数量要小于自然资源、环境资源、气候资源的供给总量。这就是“以水定城，以水定人，以水定产，以水定地”的依据。

“生态优先，总量控制”是否行得通？国内外的大量实践证明，只要真正坚持“生态

① 沈满洪. 推进生态文明产权制度改革[J]. 中共杭州市委党校学报，2015（6）.

优先”观念，“总量控制”是完全能够做到的。澳大利亚墨累-达令河流域既面临缺水又面临盐碱化的威胁。针对这一情况，流域管理当局决定减少取水总量、减少排污治理，实施水权交易制度、排污权交易制度，由此顺利实现了水资源和水环境资源的优化配置，实现人与自然的和谐共生。21 世纪之初，由于位于黑河中游的张掖市过多用水，黑河下游断流，严重影响内蒙古西部额济纳旗的东居延海和西居延海的生态安全。为此，中央政府决定，不论中上游来水多少，都要确保黑河不断流。为此，张掖市大约需要压缩一半取水量。由于取水总量控制，倒逼张掖市的产业转型升级，促进张掖市走上了以节水型社会为特征的绿色发展之路。

15.3.2 分配总量，界定产权

当一个区域或一个流域可以开发使用的自然资源总量确定以后，还需要进一步予以分配。以流域水资源为例，假如一个流域的水资源总量是 M，生态需水量为 N，那么，可以开发使用的水资源数量 T 便是水资源总量与生态需水量之差：

$$T=M-N \tag{15.4}$$

如何分配 T 的产权？首先，应该在流域内的区域之间进行分配。如果流域是由上游、中游和下游三个地区构成的，那么，取水总量 T 在三个区域之间的分配可以按照基期年的取水基数、人口基数、产值基数等因素进行分配。如果现状取水基数大于 T 的话，那么，首先要把取水量核减到 T，再进行区域之间的分配。无论是上游、中游还是下游获得一个取水量后还需要继续进行层层分解，直至最小区域单位。其次，每个区域单元获得取水量后，还需要进一步分解到各个部门，如农业用水量、工业用水量、服务业用水量、公共用水量、城乡居民用水量等。最后，各个部门把用水量分配到各个农户、企业等。

绿色产权制度的建设往往是建立在许可制度基础上的。在许可基础上微观主体获得的自然资源数量、环境资源数量、气候资源数量就是一个绿色产权的数量。只要产权的初始分配是清晰的，那么，在产权得到充分保护的前提下，产权所有者就可以自由支配自己所拥有的那部分产权。

15.3.3 有偿使用，珍惜资源

各个区域、各个部门、各个企业、各个家庭在获取自然资源产权、环境资源产权和气候资源产权时，到底采取无偿使用还是有偿使用？在发达国家两种情况都有。在市场机制健全的情况下，即使是无偿使用，市场机制的作用也能够很快形成产权的均衡价格。我国与发达国家的差异在于：一方面，我国的市场机制尚处于进一步完善的过程中，由政府配置转向市场配置尚需时日；另一方面，我国对自然资源、环境资源和气候资源的需求比发达国家强烈得多，我国长江两岸布局的企业尤其是重化工业，比欧洲的莱茵河、美国的密西西比河要密集得多。这么多的企业和家庭追逐那么有限的自然资源、环境资源和气候资源，如果采取无偿使用，必然导致浪费式使用、低效率使用。反之，实施有偿使用制度，可以让企业和家庭更加珍惜资源、高效利用资源、优化配置资源，并努力使每一种资源产生最高的价值。因此，在我国实施自然资源产权、环境资源产权、气候资源产权的有偿使用，是保障资源集约开发、资源节约利用、资源高效配置的重要条件。党的十八届五中全

会通过的《中共中央关于制定国民经济和社会发展第十三个五年规划的建议》明确指出："建立健全用能权、用水权、排污权、碳排放权初始分配制度，创新有偿使用、预算管理、投融资机制，培育和发展交易市场。"党的十九届五中全会通过的《中共中央关于制定国民经济和社会发展第十四个五年规划和二〇三五年远景目标的建议》进一步强调："全面实行排污许可制，推进排污权、用能权、用水权、碳排放权市场化交易。"可见，自然资源、环境资源、气候资源的有偿使用已经成为大势所趋。

15.3.4　产权交易，优化配置

在产权清晰、自由交易的情况下，商品和要素通过交易必然导致交易双方双赢。这是经济学经典著作《国富论》早已证明了的结论。在自然与环境领域也能够实现绿色产权配置的高效化。下面以黄河流域为例来说明水权交易可能带来的福利增进。1987 年 9 月 11 日，国务院办公厅转发了国家计划委员会和水电部《关于黄河可供水量分配方案报告的通知》。这是我国首次由中央政府批准的黄河可供水量分配方案。该水量分配方案由国务院办公厅以国办发〔1987〕61 号文通知各省（区、市）作为南水北调工程生效前黄河可供水量的分配方案。在南水北调工程生效前，沿黄河各省（区、市）分配耗用的黄河河川径流量为 370 亿 m^3，分配到省（区、市）的情况见表 15-1。

表 15-1　黄河可供水量分配方案（南水北调工程生效前）　单位：亿 m^3

地区	青海	四川	甘肃	宁夏	内蒙古	陕西	山西	河南	山东	河北、天津
年耗水量	14.1	0.4	30.4	40.0	58.6	38.0	43.1	55.4	70.0	20.0

姑且不论"八七分水方案"①的科学性和合理性。以 600 万人口的宁夏和 9 000 万人口的山东进行比较，宁夏的用水效益是山东的 1/3。假如宁夏的用水效益是每吨水增加 1 个单位的净收益，那么，山东的用水效益便是每吨水增加 3 个单位的净收益。因此，如果宁夏的取水量从 40 亿 t 减少到 30 亿 t，把减少下来的 10 亿 t 以每吨 2 个单位的价格卖给山东，那么，宁夏和山东分别可以增加 10 亿个单位的净收益。这就是水权交易的妙处。之所以在浙江的东阳和义乌之间、内蒙古的鄂尔多斯和巴彦淖尔之间开展区域之间的水权交易，就是基于区域之间的水资源效率的差异。

同样，基于不同微观经济主体之间用水效率的差异性和节水边际成本的差异性，也可以在微观经济主体之间开展水权交易。甘肃的张掖已经开展了基于"水票"工具的农户间的水权交易，内蒙古的阿拉善盟已经开展了工业企业与农户之间的水权交易。遗憾的是，由于工业部门推进不力，产权制度不够健全，至今尚无工业企业之间的水权交易。只要坚定不移推进水权制度改革，工业企业之间的水权交易必将发生。

同样的道理，实施用能权、排污权、碳排放权交易制度，也可以大大提高这些资源的配置效率和使用效益。

① "八七分水方案"是以 1987 年的农业取水量为主进行考虑的，当然存在时代的局限性。况且，南水北调后受水区域应该酌减黄河取水量。

15.4 绿色产权制度改革的主体协调

阐述绿色产权制度改革的主体就是回答“谁来改”。推进改革需要明确主体。自下而上地渐进式改革的主体往往是基层单位或微观主体，自上而下地激进式改革的主体往往是上级政府乃至中央政府。绿色产权制度改革是一个从自下而上地探索到自上而下地推进过程。假如说党的十八届三中全会之前中国的绿色产权制度改革属于自下而上地探索，那么党的十八届三中全会以后便是自上而下地推进。因此，中国绿色产权制度改革的主体是一个上下级政府的互动和政府、企业、居民等不同主体的公共治理结构。

15.4.1 政府是绿色产权制度改革的引导力量

长期以来，自然资源、环境资源、气候资源领域被认为是市场失灵的领域，因为这些领域往往存在外部性问题、公地悲剧问题、自然垄断问题。正因为市场失灵，所以这些领域往往是政府管制的领域。

随着自然资源、环境资源、气候资源产权界定技术的进步，产权界定的成本日益下降。例如，二氧化硫、化学需氧量、氮氧化物、氨氮等主要污染物基本上可以做到在线监控而且成本不高。源自浙江省桐乡市的刷卡排污设备只要每套 4 万多元。与产权界定成本下降相对应的是，自然资源、环境资源、气候资源的稀缺性则日益递增。稀缺性的递增意味着其产权价值也是递增的。由此决定了，产权界定的收益可以大于产权界定的成本。

因此，不仅是传统意义上的竞争性产品和要素的配置可以让市场机制发挥决定性作用，而且自然资源、环境资源、气候资源等新古典经济学认为是市场失灵的资源配置也可以让市场机制发挥决定性的作用。当然，自然资源、环境资源、气候资源的特殊性决定了市场配置的复杂性，还需要政府发挥更好的作用。

绿色产权制度的变革在经历了自下而上多年试点以后，已经可以转向自上而下顶层设计。党的十八届三中全会正是给出了顶层设计的框架，《生态文明体制改革总体方案》则全面展示了顶层设计的思路。但是，由于自然资源、环境资源、气候资源产权制度改革对政府部门而言是一场自我革命，必然面临改革的阻力。我国的排污权交易制度改革试点从 1988 年开始计算试点了 30 多年，水权交易制度改革试点从 2000 年开始计算试点了 20 多年，迟迟没有全面推出，其中一个重要原因就是，由政府配置转向市场配置是面临着原来从事这些资源配置的政府部门和政府官员的抵制。

由于政府是以科层制的形式组织起来的层级机构。顶层设计的绿色产权制度改革方案设计完成以后，需要层层传递到基层。在传递过程中，往往面临中央政府相关部门的“自我利益保护”和地方政府“地方保护主义”。因此，政府在引领绿色产权制度改革的过程中，必须充分认清改革的阻力，扫除这些阻力，变阻力为动力，以“赎买”“补偿”乃至“巡视”等方式推进改革的顺利进行。只有这样，才有可能取得成功。

15.4.2 企业是绿色产权制度改革的主导力量

绿色产权制度改革总体上是从“不控总量”转向“总量控制”、从“开放产权”转向“封闭产权”、从“无偿使用”转向“有偿使用”、从“不可交易”转向“鼓励交易”的过程。在这一过程中，实质上是绿色产权从政府手里转到企业手里，政府是绿色产权的“让渡者”，企业是绿色产权的“受纳者”。

作为“受纳者”的企业自然是绿色产权制度改革的主导力量。绿色产权制度明确了，企业就知道什么可以为、什么不可以为；企业就知道什么产权需要买进、什么产权需要出让；企业就知道选择技术创新减少排污量还是选择购买排污权增加排污量。总体上看，在绿色产权制度明晰的情况下，就可以使企业以最低的成本实现给定的环境保护目标。

对于国有企业，环境成本与其他的劳动成本、土地成本、资金成本等是打混账的。企业盈利了，利润交给政府；企业亏损了，亏损由政府买单。排污权无偿使用状态下的盈利或亏损与排污权有偿使用情况下的盈利或亏损，对企业而言是无差异的。这样的产权制度安排，必然导致低效率。所以国有企业的产权制度改革需要进一步推进，特别需要建立包括自然资源、环境资源、气候资源约束在内的硬约束。

对于民营企业，不管是劳动力成本还是资源与环境成本，都是同等重要的。自然资源低价格使用，就会导致更多使用自然资源；环境资源零价格使用，就会无视环境资源的稀缺性。绿色产权制度一旦明确，企业就要权衡：通过技术进步提高资源生产力还是扩大外部购买增加资源消耗？通过技术进步减少污染排放还是增加购买排污权扩大排污量？哪一个方案的净收益大就选择哪一个方案。

绿色产权让渡到企业以后所带来的极大好处，便是使得企业拥有选择权。选择权的意义是什么呢？“两利相权取其重，两弊相权取其轻”，让企业在更大净收益的方案和较大净收益的方案之间可以权衡。这种权衡是导致企业利润增进的，也是导致社会福利增进的。

15.4.3 公众是绿色产权制度改革的推动力量

总体上看，经济中高速增长与自然资源有限供给、自然资源利用效率不高之间的矛盾十分尖锐，经济总量扩张与环境容量有限、环境资源利用效率不高之间的矛盾十分尖锐，人民群众日益增长的生态环境质量需求与政府不尽理想的生态环境质量供给之间的矛盾十分尖锐。因此，对以“美丽中国”为目标的生态文明建设的期盼，就是公众关注绿色产权制度改革的动力源泉。

公众作为生态经济制度改革的推动力量具体表现为三个层次：第一个层次是广大居民的绿色期盼。他们期盼提高生活质量，就必须提高环境质量；提高环境质量就必须改革环境产权制度。这种改革的期盼通过选票等途径会传递到政府，对政府形成一种压力。第二个层次是非政府组织的绿色宗旨。非政府组织尤其是绿色非政府组织的一个重要目标，就是通过自己的组织行为对政府和企业形成一种环境压力。例如，支持政府的绿色、循环、低碳政策，反对政府的黑色、线性、高碳政策；支持企业的绿色、循环、低碳发展，反对企业的绿色、线性、高碳发展。第三个层次是生态文明专家学者的绿色价值实现。实现自我价值是人的需要的最高层次。从事生态文明建设研究尤其是从事生态文明制度研究的专家学者的追求是通过自己的研究成果有助于生态文明建设。他们往往以政府智囊的形式向政府传递政策建议，通过政策建议的采纳和使用实现自身价值。在日益强调科学决策的大背景下，专家学者的功能表现得越来越重要。

公众参与绿色产权制度改革，还不局限于上述动力。随着收入水平的上升，公众的需要已经从生存的需要、安全的需要上升到社交的需要、尊重的需要和自我实现的需要。公众不仅要求改善环境质量，而且要求参与环境质量改善的方案的决策。这是一种政治需要和社会需要。因此，没有公众的参与，绿色产权制度改革是难以顺畅运行的。

15.4.4 绿色产权制度改革的治理结构

绿色产权制度改革的三个主体并非孤立的，而是联动的。从社会管理转向社会治理的重要标志就是每个主体都是主动的，而不是被动的。绿色产权制度改革就是要形成政府、企业、公众相互支持、相互支撑、相互制约的格局。生态文明建设中政府与企业和公众之间的管理与被管理、主动与被动、强势与弱势之间的关系转向绿色产权制度改革中的平等主体之间的治理关系，这是社会的重大进步。中共中央、国务院发布的《生态文明体制改革方案》明确指出："到 2020 年，构建起由自然资源资产产权制度、国土空间开发保护制度、空间规划体系、资源总量管理和全面节约制度、资源有偿使用和生态补偿制度、环境治理体系、环境治理和生态保护市场体系、生态文明绩效评价考核和责任追究制度等八项制度构成的产权清晰、多元参与、激励约束并重、系统完整的生态文明制度体系，推进生态文明领域国家治理体系和治理能力现代化，努力走向社会主义生态文明新时代。"[①]在这段话中，"环境治理体系""环境治理和生态保护市场体系""产权清晰、多元参与、激励约束并重、系统完整的生态文明制度体系""推进生态文明领域国家治理体系和治理能力现代化"等关键词和关键句都是与绿色产权制度改革密切相关的。可见生态文明治理体系和治理结构的变革不仅是生态文明建设的手段，而且是生态文明建设的目标。

15.5 绿色产权制度改革的重点突破

绿水青山就是金山银山理念已经成为我国生态文明建设的指导思想。部分地区已经部分实现了绿水青山的价值转化，但是，还有相当一部分地区尚未做到绿水青山的价值实现。究其原因，就是绿色产权制度建设存在技术性障碍和制度性障碍。

15.5.1 技术性保障

第一，产权计量技术。绿色产权的计量比社会资源产权的计量要复杂得多。矿产资源的开采量、渔业资源的捕获量、水资源的获取量等相对比较简单，但是，污染物的排放量、温室气体的排放量、碳汇的增值量等就没有那么简单了。虽然，随着环保技术的进步，已经可以对主要污染源实施在线监控，但是监控的数据依然存在较大误差。解决检测和计量误差成为环境产权制度建设中的一个突出问题。

第二，产权监控技术。初始产权分配到微观主体以后，必须做到产权制度是真正得到遵守的。尤其要防止突破给定自然资源、环境资源和气候资源总量的问题。例如，企业在使用给定的自来水的同时又以自备井的方式偷采地下水，企业在正常排污口排放核定的污染物的同时又以偷排的方式排放污染物。只有严厉打击这些生态文明建设的违法行为，才有可能使得绿色产权制度真正奏效。

第三，产权定价技术。社会资源的产权定价制度比较成熟，绿色产权定价则是一个新

---

① 中共中央，国务院. 生态文明体制改革总体方案[N]. 人民日报，2015-09-22.

生事物。如果定价权交给市场，市场供求关系自然可以确定出价格；如果定价权留给政府，政府往往难以计算出价格。例如，一亩森林的生态价值和碳汇价值是多少？虽然已经有市场价值法、替代市场法和假想市场法等进行评估，至今尚无类似于 GDP 核算那样得到普遍接受的方法。这是需要突破的方面。其实，在市场机制完善的情况下，绿色产权制度建设的重点在于“总量控制”，在“总量控制”前提下绿色产权的价格自然会通过买卖双方的讨价还价达成均衡价格。

15.5.2　制度性保障

第一，产权保护制度。绿色产权一旦界定到企业和居民，必须得到有效的保护，做到绿色产权神圣不可侵犯。只要微观经济主体合法取得的绿色产权，就拥有使用权、支配权、转让权等一系列的权益，这些权益不应受到其他力量的左右，更不能由政府强行没收。例如，某个区域核定的排污权总量是 X，按照这一数量排放仍然达不到广大公众的环境质量需要，因此，需要把排污权总量核减到 Y。那么（$X-Y$）的核减量，要么政府利用税收予以回购，要么绿色社团组织发动公众购买，从而保证排污权控制在 Y 数量之内。

第二，产权交易制度。可交易性是产权制度的基本特征。绿色产权只有可以交易，才有可能提高配置效率和使用效益。绿色产权交易制度的建设，需要强化下列几点：一是加强绿色产权交易规则的建设。一般而言，要规则先行，在科学合理的规则下开展交易，从而做到有章可依。二是加强绿色产权交易的平台建设。我国各地既有综合的产权交易中心，又有独立的排污权交易中心，处于“八仙过海，各显神通”的状态。可以考虑各个地区分别设置常规的产权交易中心和绿色产权交易中心。把自然资源产权、环境资源产权、气候资源产权的交易职能纳入绿色产权交易中心。三是控制绿色产权交易的交易费用。交易费用过高会遏制绿色产权交易的发生。要根据各种绿色产权的特殊性，创设一些独特的具体工具，例如，农村水权交易可以设置“水票”，水权交易的仲裁可以让用水户协会承担。

第三，信息甄别制度。信息甄别涉及两个方面：一方面是绿色产品、优质环境如何识别，另一方面是非绿色产品、低劣环境如何识别。消费者为了实现自己效用的最大化，愿意以更高的价格购买绿色产品，以更低的价格购买非绿色产品。但是，面对非绿色产品充当绿色产品的市场的时候，便出现了“劣币驱逐良币”的现象。只有产品和要素的信息是充分的，消费者才有可能真正购买到绿色产品。为此，就需要建立有效的绿色产品标识制度或定点供给制度等信息甄别制度。同时，对于“黑色产品”“低劣环境”等要敢于披露信息，让公众来驱逐“劣币”，制约黑色发展和环境污染。

正因为绿色产权制度的改革面临技术性障碍和制度性障碍，所以绿水青山只有部分转化成金山银山。不过，上述障碍并非不可逾越，依靠生态科技创新和生态制度创新，加强科技攻关力度，加强制度顶层设计，是完全有可能扫除这些障碍的。

15.6　绿色产权制度改革的策略选择

阐述绿色产权制度改革的策略就是要回答“怎么改”的问题。绿色产权制度改革需要统筹考虑重要性、紧迫性和可行性。重要性和紧迫性问题主要回答改革的轻重缓急问题，可行性主要回答改革的可达性问题。

15.6.1 影响绿色产权制度改革的因素

绿色产权制度改革的重要性是由各种生态文明制度对生态文明建设成效的影响强弱而定的。习近平总书记指出："山水林田湖是一个生命共同体，人的命脉在田，田的命脉在水，水的命脉在山，山的命脉在土，土的命脉在树。"①植树造林、退耕还林、退耕还草等生态林业建设是生态文明建设的源泉。因此，林权制度建设是十分重要的。由于水资源的不可替代性，水权制度的建设也具有极端重要性。

绿色产权制度改革的紧迫性，取决于两个方面：一是某种自然资源的稀缺性状况；二是某种自然资源产权制度的效率状况。自然资源越是稀缺，越需要产权制度予以保障；现有自然资源产权制度导致的资源配置效率越低，越需要推动这种自然资源产权制度的改革。以水资源和土地资源而言，就资源稀缺性而言，都是十分稀缺，因此，都是十分重要的；但是，就资源配置效率而言，我国的土地资源的配置效率是相对较高的，而水资源的配置效率是相对较低的。因此，相对而言，水资源产权制度改革比土地资源产权制度改革更加重要。

绿色产权制度改革的可行性是指，某种自然资源的产权界定和产权交易的技术条件和制度条件的具备程度。就水资源与气候资源的比较而言，液态的水和气态的温室气体都具有流动性，都比较复杂，但相对而言，水资源的计量技术比较简单，温室气体的计量技术比较复杂，因此，水资源产权界定的可行性更大一些。就制度层面看，也是如此，对水进行产权界定和交易的制度障碍要少于温室气体，因此，也是水资源产权制度改革的可行性大于气候资源。

15.6.2 绿色产权制度改革的策略安排

就自然资源产权、环境资源产权和气候资源产权制度改革的重要性、紧迫性和可行性进行排列组合，可以形成表 15-2 的框架。

表 15-2 绿色产权制度改革的轻重缓急及可行性

资源产权类别	具体资源产权	重要性	紧迫性	可行性
自然资源产权	水资源产权	十分重要	十分紧迫	基本可行
	森林资源产权	十分重要	比较紧迫	基本可行
	矿产资源产权	比较重要	比较紧迫	基本可行
	渔业资源产权	比较重要	比较紧迫	难度较大
环境资源产权	排污权	十分重要	十分紧迫	基本可行
	生态权	十分重要	比较紧迫	难度较大
气候资源产权	碳排放权	十分重要	十分紧迫	基本可行
	碳汇权	十分重要	十分紧迫	难度较大

绿色产权制度改革的策略安排是：在紧迫性和可行性同等的情况下，越是重要的制度

① 习近平. 关于《中共中央关于全面深化改革若干重大问题的决定》的说明[N]. 人民日报，2013-11-16（1）.

越要优先改革；在重要性和可行性同等的情况下，越是紧迫的制度越要优先改革；在重要性和紧迫性同等的情况下，越是可行性大的制度越要优先改革。就自然资源、环境资源和气候资源比较而言，自然资源产权制度建设基本可行，气候资源产权制度改革的难度则较大，因此，改革的先后顺序应该是：自然资源产权制度改革优先于环境资源产权制度改革，环境资源产权制度改革优先于气候资源产权制度改革。但是，在我国生态环境质量显著改善的前提下，碳达峰和碳中和成为紧迫任务。因此，气候资源产权制度改革的紧迫性凸显出来了。

由上述三个类别八大资源的产权制度改革分析可见，水资源产权、排污权等制度改革既十分重要，又十分紧迫，而且基本可行，因此，它们是生态文明制度改革中的“先行者”。森林资源产权虽然也十分重要，而且基本可行，但由于林权制度建设起步较早，生态公益林补偿制度、林权抵押贷款制度、森林法处罚制度等均已实施，因此，就现状而言并不十分紧迫。与自然资源紧密相关的是能源问题。在我国的能源结构中，化石能源依然居高不下。化石能源的比例不下降、总量不控制，我国的环境污染减排和温室气体减排目标就难以实现。而国际社会对我国的碳减排压力层层加码。因此，必须实施用能权、碳排放权制度。这恐怕就是党的十九届五中全会强调排污权、用能权、用水权、碳排放权改革的缘由吧。

研究展望

绿色产权制度改革的核心是交易。开展绿色产权交易需要扫除两大障碍：一是来自政府的障碍，如何使政府尤其是主管部门来推进绿色产权交易是重点之一；二是来自市场，如何降低绿色产权交易的交易成本是制度实施的关键，交易成本的降低既需要科技创新，也需要制度创新。绿色产权交易在理论上存在国内市场和国际市场，什么情况下只能在国内交易，什么情况下可以在国际上交易，这是值得深入研究的重大课题。

思考题

1. 简述科斯定理，举例说明其应用。
2. 绿色产权有哪些类型？举例说明绿色产权界定的重要性。
3. 简述绿色产权制度改革的总体思路。
4. 通过构建模型说明用水权交易的机理和效果。
5. 通过构建模型说明排污权交易的机理和效果。
6. 通过构建模型说明碳市场建设的机理和效果。
7. 如何降低绿色产权市场的交易成本？

后 记

主编本书源于由中国生态经济学学会主办、青岛大学承办的中国生态经济学学会2006年年会。要参加一个学术会议，就得递交一篇论文。基于多年来主攻生态经济理论与政策、资源与环境经济学、区域经济可持续发展等领域研究的诸多体验和感悟，本人冒昧地递交了《生态经济学的发展与创新——纪念许涤新先生主编的〈生态经济学〉出版20周年》一文。这篇很难说是学术研究的论文被大会吸收编入论文集，而且被置于论文集70篇论文之首，还安排了我在大会上发言。本来这是参加学会年会的平常之作，但是，大会发言后产生了极为强烈的反响。我国生态经济学界的前辈、生态经济学界的骨干以及生态经济学界的后生均希望我主编一部《生态经济学》以满足学术市场之需求。

主编《生态经济学》并不是当时我敢奢望的。因此，会后我便将此事搁置下来。但是，时隔不久，中国生态经济学学会原副理事长兼生态经济教育委员会原主任刘思华教授专题召开部分专家座谈会，讨论“经济可持续发展前沿论丛”的编撰等事宜，其中涉及编写《生态经济学》一事。我因公务繁忙无法赴会，但是，浙江工商大学杨文进教授参会并迅速转达了会议精神。杨教授听说我有一个《生态经济学》的大体框架，感到十分高兴，敦促我抓紧主编一部《生态经济学》。在杨教授的鼓励下，我认真地向刘思华教授做了汇报。刘教授当即决定，让我尽快启动《生态经济学》编写工作。市场意识敏锐的中国环境科学出版社陈金华编审一听说我有主编《生态经济学》的设想，马上主动与我联系，要求将该书的出版事宜委托她所在的出版社，而且将它列入2007年的重点出版计划。

经过一段时间的缜密设计，终于拿出了一份具有章节的写作提纲。提纲形成后，约请一批年轻的生态经济学者共同参与，反复讨论细化写作提纲，直至章、节、目及各章的核心观点、主要参考文献等。在汇总各章写作提纲的基础上，举行了两次别开生面的“读书报告会”，读书报告的过程是一次“头脑风暴”的过程。读书报告会对于完善写作提纲、明确写作重点、注意前后衔接等方面起到了十分重要的作用。写作提纲审定后便开始分工写作。各章作者递交初稿后，我逐章审读并提出详尽的修改意见；各章作者递交第二稿后，我和副主编高登奎又分别进行认真审读和修改，有的再次退还作者进行改写。在此基础上形成了《生态经济学（征求意见稿）》，并将该稿呈送刘思华、贾华强、陈德昌、严立冬、杨文进、林卿、任保平、张俊飚等学者及陈金华编审审读，得到他们的宝贵意见后再修改定稿。这便是我们于2008年出版的第一版《生态经济学》。

该书出版后受到同行学者的广泛欢迎，于是出版社数度加印。由于体例新颖，内容充实，该书还被另一本《生态经济学》整整抄袭了一半左右。经过交涉，抄袭者承认错误，赔礼道歉，并通知该书出版社停止发行盗版的《生态经济学》。我到宁波大学履职后于2014年有幸结识了海洋科学家丁德文院士，得知他十分关注生态经济问题并特别关注海洋生态经济问题后，我主动给丁院士赠送了一部《生态经济学》。没有想到，丁院士十分认真地阅读了这部教材，并在2015年第二次见面时反馈了他的阅读意见。他说："你主编的《生态经济学》很好，阅读后很受启发。如果有机会再版，希望增加一个'科技篇'。这样，体系就完整了。"于是，我便启动了《生态经济学》再版工作。我自己审读修改原书稿，邀请浙江理工大学王颖博士担任副主编，负责补充第四篇"科技篇"的内容。这便是我主编的于2016年出版的《生态经济学》(第二版)。

随着习近平生态文明思想的形成与发展，绿色发展成为新发展理念的重要内容。与此同时，生态经济学从"隐学"变成了"显学"，从"旁支"变成了"主流"，从"冷门"变成了"热门"。我主编的《生态经济学》(第二版)经过几次重印均已售罄。陈金华编审再次催促我，希望修订出版第三版。我主编的《资源与环境经济学》(第三版)修订工作启动于2020年年初，定稿于2020年年中，出版于2020年年底。我主编的《生态经济学》(第三版)修订工作启动于2021年年初，定稿于2021年秋季，出版于2022年秋季。两部教材的修订工作正处在新冠疫情的暴发和反复期间。新冠疫情再次告诉我们，人类必须敬畏自然、尊重自然、保护自然、顺应自然，必须坚持人与自然和谐共生的方略，必须妥善处理生态系统与经济系统的关系。

《生态经济学》(第三版)仍然是集体合作的结晶，是全体作者精诚合作的成果。我作为主编负责设计全书的框架，审读各章修订稿并向各章负责人提出修改意见，最终审定书稿。本书是在第一版、第二版基础之上的修订和完善，各篇负责人及各章执笔分工如下：

第1章 引论：沈满洪

第一篇 生态系统篇：沈满洪负责

第2章 生态经济系统理论：陆蕾、沈满洪

第3章 生态经济功能理论：陆蕾、沈满洪

第二篇 生态产业篇：谢慧明负责

第4章 生态产业理论：高登奎、谢慧明

第5章 生态生产理论：谢慧明、刘婕

第6章 生态产品理论：谢慧明、郑瑶琪

第三篇 生态消费篇：谢慧明负责

第7章 生态消费理论：冯晓、谢慧明

第8章 生态经济市场理论：冯晓、谢慧明

第四篇 生态价值篇：王颖负责

第9章 生态经济价值理论：王颖、李凤玲

第10章 生态经济核算理论：王颖、李凤玲

第五篇 生态科技篇：王颖负责

第11章 绿色科技创新理论：王颖

第12章 绿色科技推广理论：王颖

第六篇 生态制度篇：沈满洪负责

第13章 生态经济制度理论：沈满洪

第14章 绿色财政制度理论：沈满洪

第15章 绿色产权制度理论：沈满洪

《生态经济学》（第三版）的修订工作主要有：第一，以习近平生态文明思想为指导。把“绿水青山就是金山银山”“坚持人与自然和谐共生”“生态优先，绿色发展”等理念充分贯穿于本书的始末。第二，调整了“产业篇”的逻辑结构及具体内容。放弃了“产业篇”按照第一产业、第二产业、第三产业分类的逻辑，而是按照生态产业理论、生态生产理论、生态产品理论的框架进行撰写，其中生态产品理论是全新撰写的。第三，重新撰写了“制度篇”的全部内容。按照“生态经济制度理论”“绿色财政制度理论”“绿色产权制度理论”的框架来写，更加具有经济学色彩。第四，大大压缩了篇幅。删除第一版和第二版均有的所有专栏，可有可无的文字全部删除，如此整整压缩了 1/4 的篇幅。

在书稿定稿后，我心存忐忑地邀请中国生态经济学学会理事长、中国社会科学院农村发展研究所原所长李周研究员给本书作序。没想到他欣然答应，写了题为“中国特色生态经济学学科构建的创新力作——沈满洪主编的《生态经济学》（第三版）序言”。该序言深深地打动了我。衷心感谢李周会长长期以来对我的支持和帮助！

在本书再次付梓之际，我享受到了经过艰苦跋涉到达目的地时的快感，从中所获得的满足是难以言表的。但是，一本 50 余万字的书稿难免存在这样或那样的缺点。因此，期望各位专家和读者对本书提出宝贵的批评意见甚至是毫不留情的批判。我和本书的全体作者愿意并欢迎真正学术意义上的严肃批判。

2023 年 8 月 16 日，由中国人民大学郑新业、浙江农林大学沈满洪、北京理工大学廖华共同主持的“能源双碳与生态经济学”（项目编号：2023JZDZ030）被批准为教育部 2023 年度哲学社会科学研究重大专项一般项目，纳入中国人民大学原校长刘伟教授主持的教育部“建构中国自主的经济学知识体系研究”重大专项系列课题。为此，我开始思考《生态经济学》（第三版）的修订或再版工作。教育部办公厅于 2023 年 11 月 20 日印发的《“十四五”普通高等教育本科国家级规划教材建设实施方案》，对所要申报的教材的出版或重印时间有明确的规定。为此，浙江农林大学教务处及经济管理学院建议我修订《生态经济学》（第三版）。于是，我于 2023 年底正式启动修订工作。

本次修订工作主要有三个方面：一是进一步强化习近平生态文明思想的指导地位。每章章引均引用了习近平总书记的重要论述或中央有关重要文件内容。二是进一步对文字表述做了推敲和完善。在通读全书的过程中发现了一些需要优化的地方，也吸收了审读专家的修改建议。这两项工作由主编沈满洪教授负责。三是提供与本教材基本对应的《生态经济学》（第三版）PPT 课件。根据出版社和读者的要求，宁波大学谢慧明教授团队以读书报告会的形式完成全书的 PPT 课件，以方便教师备课。

在修订前，浙江农林大学教务处郭建忠处长专门邀请本校李彦教授、伊力塔教授和王文杰教授，对《生态经济学》（第三版）进行了审读，提出了中肯的评价和建议。对各位老师表示衷心感谢！

《生态经济学》（第三版）的修订是教育部一般项目“能源双碳与生态经济学”（项目编号：2023JZDZ030）的阶段性成果。值此完稿之际，正好教育部学科目录面世，“能源与生态经济学”成为应用经济学的二级学科。这一修订版可谓生逢其时。

浙江农林大学　沈满洪

2024 年 1 月